Mein Weg zum Koloss ....und wieder zurück ins Leben

eine fast unglaubliche Biografie
von
Ron Nashville

Inhaltsverzeichnis

K	Titel	Seite
1	Übergewichtig von Geburt an	1 - 12
2	Von der Stadt aufs Land	13 - 30
3	Auf ins Berufsleben	31 - 49
4	Übergewichtig im Beruf	50 - 59
5	Gewichtig in der Liebe	60 - 74
6	Auf geht's nach Bayern	75 - 100
7	Ein Anfang vom Ende ???	101 - 127
8	Dick und allein.....aber befreit	128 - 138
9	King Size Cowboy trifft Country Lady	139 - 163
10	Imbisschef ???....Der Bock wird zum Gärtner!	164 - 174
11	Album mit Gewicht	175 - 185
12	Herzbube	186 - 188
13	Gewichtig über die Berge	189 - 212
14	Die Badewanne des Grauens	217 - 220
15	Countrystar in Österreich?	221 - 236
16	Friss dich krank – Das Schicksal schlägt zu	237 - 252
17	Abnehmen unter extremen Stress	253 - 268
18	Die Sache mit dem Grill	269 - 284
19	Schlaganfall?? – Das Leben geht weiter	285 - 293
20	Die Kur und die Fehlentscheidung	298 - 313
21	Abnehmen mit Internetunterstützung	314 - 326
22	Der letzte Kraftakt	327 - 330
23	Meine Lieblingsrezepte	331 - 349
24	Resümee	350 - 352

*Dieses Buch widme ich
Silvia,
die immer an meiner Seite stand
egal wie viele Kilos ich wog*

Bibliografische Information der Deutschen Nationalbibliothek
verzeichnet diese Publikation in der deutschen National Bibliografiedetaillierte bibliografische Daten sind im Internet über http://dnb.de abrufbar

Herstellung und Verlag: BoD – Books on Demand, Norderstedt.

Copyright © 2017 Ron Nashville
ISBN 978-3-7412-8446-5

Kapitel 1

Übergewichtig von Geburt an

Damals, es war ein schöner Tag, als ich im Sommer, an einem Mittwochmorgen im Juli kurz nach 7:00 Uhr, das Licht der Welt erblickte. Es war wohl eine schwere Geburt. Mit schwer meine ich nicht den Geburtsvorgang, der war wohl relativ einfach, wie mir meine Mutter nach einigen Jahren erklärt hatte. Nein, ich war mit 58 cm und 9 Pfund nicht gerade ein Leichtgewicht. Im Grunde fingen damals schon die Probleme mit dem Übergewicht an.
Nun, obwohl ich nicht gerade geplant war, war ich plötzlich da und entwickelte mich ziemlich prächtig. Mein Bruder ist 14 Jahre älter und meine Schwester wurde 10 Jahre vor mir geboren. Ich war also ein richtiger Nachkömmling und wurde von allen nur verhätschelt und verwöhnt. Vielleicht lag es auch daran, dass meine Eltern bei meiner Geburt nicht mehr die Allerjüngsten waren und viel Leid und Elend im Zweiten Weltkrieg erlebt hatten. Sie wollten mir wahrscheinlich nun alles das geben, was sie konnten und meine Geschwister nicht hatten, denn mein Bruder hatte erst mit 6 Jahren die erste

Apfelsine als Geschenk bekommen Dass das nicht immer die beste Erziehungsmethode ist, sollte ich aber erst nach vielen Jahren herausfinden.

Ich wuchs also wohlbehütet und gut genährt heran und entwickelte mich langsam aber sicher zu einem richtigen Wonneproppen. Nur mit dem Essen hatte ich damals schon ein wenig Probleme. Wenn nach dem Essen meine Eltern meinten, dass ich satt sein müsste, fing mein Hunger gerade erst an. Als ich dann begann, sprechen zu lernen, war es für mich von immensem Vorteil. Ab da konnte ich mich mehr oder weniger äußern, wenn ich noch nicht satt war. Und das passierte öfter, als es meiner Mutter lieb war. Heute denke ich, dass es für meine Mutter richtig stressig war und ihr tat es im Herzen weh, immer Nein sagen zu müssen, wenn ich nach dem Frühstück und nach dem Abendbrot oft noch nach einem Bütterchen (Brot und Butter und Wurst) oder etwas anderem verlangte, weil ich noch Hunger hatte. Oftmals hatte sie dem psychischen Druck, der von mir ausging leider nachgegeben (so sehe ich das heute).

So ging es eine Zeit, mehr oder weniger, ganz gut. Ich wuchs nicht nur relativ schnell in der Größe sondern auch in der Breite. Trotz allem fühlte ich mich sehr gut, im Gegensatz zu meiner Mutter. Irgendwann wurde ihr das mit meinem unbändigen Hunger zu viel und sie beschloss, mit mir zu einem Kinderarzt, zu gehen. Schon allein, um sicherzustellen, dass dieser Hunger nichts Krankhaftes ist. Wir zogen also los mit Bussen und Bahnen und ich wurde von diesem Kinderarzt gründlich untersucht. Nachdem er fertig war, wandte er sich meiner Mutter zu und sagte ihr im schroffen Ton, dass sie dabei wäre, mich zu mästen. Und er fragte sie, was sie machen würde in ein paar Jahren, ob sie dann einen Elefanten groß ziehen würde? Egal was passiert - sie müsse hart bleiben, wenn sie meinte, dass ich genug gegessen hätte. Ich hatte das alles nicht verstanden.... aber Hunger. Naja, ich war ja auch noch ein Kleinkind. So gingen wir wieder nach Hause, ich freute mich dabei des Lebens, doch meine Mutter war dann doch, ob des Anpfiffs des Arztes, wohl ziemlich frustriert. Sie war nun in einer Zwickmühle. Sollte sie wirklich immer hart beim Nein bleiben und dadurch sich viel Stress und Ärger einholen, oder sollte sie dann doch nachgeben, wenn ich ihr mit traurigen Augen sagte, dass ich noch Hunger habe.

Ich meine, es war für jeden erkennbar, dass ich von ihr die Veranlagung zum dick werden geerbt hatte. Doch sie war aber nie so dick wie ich in meinen besten Zeiten, sondern nur mollig. Sie entschied sich dafür, nicht jedes Mal nein zu sagen, wenn ich mal wieder einen übermäßigen Hunger hatte, und entschloss sich eine zweite Meinung von einem anderen Kinderarzt einzuholen. Und wieder musste ich laufen, obwohl das Laufen gar nicht so mein Ding war und bis heute auch noch nicht ist.

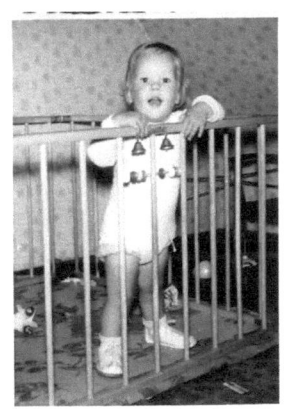

Jedenfalls waren wir bei dem anderen Arzt und der kam zu einer ganz anderen Diagnose. Er meinte, dass ich doch ein großes Kind sei und mehr Nahrung für mein Wachstum brauche. Sie hätte alles richtig gemacht. Meine Mutter war sehr zufrieden, als wir die Praxis verließen und von da an war ein Nein von ihr nach dem Essen kaum noch zu hören. Naja, nur dann, wenn es wirklich viel zu viel wurde.

Ich wuchs also weiter in Höhe und Breite und die Jahre vergingen, bis ich dann in den Kindergarten kam. Zunächst bin

ich dort gerne hin gegangen, obwohl ich intuitiv schon festgestellt hatte, dass ich anders war, als die anderen Kinder. Klar, ich war größer und schwerer, aber auch unbeweglicher. Es dauerte gar nicht so lange, bis einige andere Kinder hinter mir herriefen »Dicker Bär«. Und außerdem mochte ich die Spiele, die dort im Kindergarten gespielt wurden, auch nicht. Ja, Kinder können grausam sein. Also beschloss ich, dort nicht mehr hinzugehen. Oh je, es gab den größten Ärger für mich, als ich das meinen Eltern erzählte. Aber es nützte nichts, ich wurde weiterhin dorthin gebracht, wenn auch mit weinen und Geschrei. Gut, dass sich der Kindergarten nur gegenüber auf der anderen Straßenseite unserer Wohnung befand (wegen dem Laufen *g). Nach einiger Zeit, als es morgens mit dem Weinen und Jammern nicht besser wurde, brachte mich meine Mutter in den Kindergarten und redete längere Zeit mit der Kindergärtnerin. Ich weiß nicht mehr, was sie alles besprochen hatten und auch nicht, was die Kindergärtnerin mir hinterher gesagt hat, aber von da an ging es wesentlich besser. Ich ging wieder ganz gerne in den Kindergarten. Und ich glaube auch, seit der Zeit war es vorbei, dass ich dort gehänselt wurde. Das war wohl die erste negative Situation in meinem Leben, die nur durch mein Gewicht ausgelöst wurde. Ich wusste es damals noch nicht, aber es sollten in den nächsten Jahrzehnten noch viele blöde Situationen folgen, die nur wegen meiner vielen Kilos entstanden sind. Ja, es gibt leider viele Menschen, die füllige oder auch dicke Personen nur auf ihr Gewicht reduzieren.... eigentlich Schade.

Aber in den nächsten Jahren lief mein Leben, wie schon beschrieben, wohlbehütet und in ruhigen Bahnen ab. Klar, ich war immer noch Propper, obwohl meine Eltern in regelmäßigen Abständen versuchten, mich davon zu überzeugen, dass etwas weniger essen auch viel besser wäre für meine Beweglichkeit. Das schafften sie aber immer nur für kurze Zeit. Ich hab zwar in der Zeit keine spezielle Diät gemacht, sondern nur etwas weniger gegessen. Aber meistens hielt es nicht sehr lange vor. Denn es gab schon damals in der Zeit zu viele leckere Dinge, auf die ein Junge im Alter von 4 oder 5 Jahren nicht verzichten wollte. Und dann waren da noch die tollen Süßigkeiten … Ach herrlich, doch immer hörte ich: iss doch nicht so viel. Irgendwann, wenn man diesen Satz zu oft hört, stumpft er doch merklich ab. Ich kann mich noch gut daran erinnern, dass mein Vater sich öfter einen Seelachs-Salat zum Abendbrot machte. Das Wort Salat war für dieses Gericht total deplatziert, denn es bestand aus Seelachsschnitzel aus einem Gläschen, hart gekochte Eiern und viel Mayonnaise. Das wurde alles zusammen gerührt und musste im Kühlschrank ca. eine halbe Stunde bis Stunde durchziehen. Dieser Belag kam dann auf frische, halbe Brötchen oder eine Scheibe frischen Weißbrotes mit Butter. Man war das lecker. Aber es hatte auch durchschlagende Nebenwirkungen. Bevor ich es gegessen hatte, da hatte ich fürchterlich Appetit darauf, und nachdem ich es gegessen hatte, da war mir fürchterlich schlecht. Das war dann der Zeitpunkt, als mein Bruder sagte: **»Satt kennt er nicht, entweder hat er Hunger, oder ihm ist schlecht.** Dieser Spruch ist bei uns in der Familie bis heute ein geflügeltes Wort geworden. Au man, wenn ich noch an diese Zeit denke … aber irgendwie schön war sie trotzdem.

Irgendwann sagte meine Mutter mal »Jetzt beginnt für dich der Ernst des Lebens«. Das hieß, dass ich bald eingeschult werden würde. Ich freute mich darauf, neue Kinder kennen zu lernen und viel Spaß zu haben (so dachte ich damals *lach). Wir gingen Bücher, Hefte und die ganzen Utensilien einkaufen, die man in der Schule benötigt. Natürlich waren auch ein Schulranzen und eine Schultüte mit dabei. Je näher der Tag der Einschulung kam, desto aufgeregter wurde ich.

Die Zeit verging wie im Schneckentempo, doch dann war es endlich soweit. Mein erster Schultag, auf den ich so lange gewartet hatte, ging heute Gott sei Dank los. Frisch gewaschen und gekämmt zog ich meine besten Anziehsachen an, die mir vorher meine Mutter herausgelegt hatte. Dann machten wir uns auf den Weg zu der Schule, die in den nächsten Jahren wochentags von morgens bis mittags mein Aufenthaltsort werden sollte. Ich hatte die Schultüte im Arm und war stolz wie Oskar, dass es jetzt endlich losging. Als wir das Gebäude betraten, es war eine ganz alte Schule mit einem total komischen Geruch, sah ich mich erst mal um, denn wir waren ja nicht alleine dort. Viele Kinder, die genauso aufgeregt waren wie ich, standen mit ihren Müttern, Vätern oder beiden Eltern dort in dem Vorraum und warteten auf unsere Einteilung in die Klassen.
Ein Junge sah längere Zeit mir herüber und ich hörte, wie er zu seiner Mutter flüsterte und gleichzeitig mit dem Finger auf mich zeigte: »Der ist aber dick«. Oh man, da war es schon wieder. Ich tat so, als hätte ich nichts gehört und gesehen, doch irgendwie traf es mich schon. Ich widmete mich dann den anderen Kindern. Nach einer kurzen Rede des Schuldirektors war es dann endlich soweit, dass wir den Klassen zugeteilt wurden. Ich lernte die anderen Kinder und den Lehrer und die Lehrerin meiner Klasse kennen, außerdem bekamen wir Gelegenheit uns alle erstmals richtig zu beschnuppern.
Die Lehrerin erzählte uns später, was uns alles an diesem heutigen Tag erwartet. Ansonsten verlief der Tag sehr

spannend für mich, aber nach 2 oder 3 Std. war mein erster Schultag beendet.

Wir wurden wieder von unseren Müttern, Vätern oder Eltern abgeholt und dann ging es nach Hause. Ich hatte ja noch die Schultüte und da waren unter anderem so viele leckere Dinge drin, die nur darauf gewartet hatten, von mir gegessen zu werden. Also tat ich ihnen den Gefallen. Trotz der mahnenden Worte meiner Mutter „esse nicht so viel, sonst wird dir noch schlecht«, ließ ich mich nicht beirren und aß, was mir schmeckte. Ich musste hinterher zugeben, dass meine Mutter doch irgendwie recht hatte, denn mir wurde leider etwas schlecht. Ja, es ist schon ein Drama mit der ganzen Esserei. Ich hatte schon damals die Erkenntnis gewonnen, dass mir in meinem Körper einfach das Sättigungsgefühl fehlt. Und immer wieder dachte ich an diesem Spruch»Entweder hat er Hunger, oder ihm ist schlecht« … Ich wusste es damals noch nicht, aber dieses fehlende Sättigungsgefühl würde mich leider noch in den nächsten Jahrzehnten begleiten. Und es wurde noch viel schlimmer. Aber dazu später mehr.

So, ich war jetzt also ein Schüler. An dem neuen Tagesrhythmus gewöhnte ich mich relativ schnell ging auch ganz gerne in die Schule. Mit meinen Schulkameraden verstand ich mich ziemlich gut und auch das Hänseln ob meines Übergewichtes blieb in der Klasse weitgehend aus. Auf dem Schulhof war das etwas anders. Da musste ich mich öfters schon mal wehren, denn Kinder, die mich nicht kannten, guckten auch nur nach dem Gewicht und ich bekam von denen auch mal blöde Sprüche.

Natürlich merkte ich auch, dass sich vom Gewicht runter muss, obwohl es mir eigentlich richtig gut ging. Aber wollte ich mir nicht dauernd die dummen Kommentare anhören, so musste das Gewicht weg. Nur das wie, das war, hier die Frage. Mithilfe meiner Eltern versuchte ich das Gewicht, zu reduzieren, doch leider gewann ich den Eindruck, dass sie selbst nicht wirklich einen Plan hatten. So aß ich immer nur die Hälfte, von dem was Sie mir vorsetzten und versuchte, die

Süßigkeiten für mich ganz zu streichen. Im Anfang klappte das einigermaßen gut. Ich nahm auch etwas ab, aber das war nicht von langer Dauer.

Da es zu dem Zeitpunkt noch keinen PC und auch noch keine Videospiele fürs Fernsehen gab, war ich in meiner Freizeit viel draußen. Mit meinen Freunden fuhr ich Fahrrad, spielte Fußball und tobte genauso wie alle anderen Kinder in meinem Alter draußen herum. Aber anscheinend war das immer noch nicht genug Bewegung. Jedes Mal, wenn ich keine Lust mehr aufs Abnehmen hatte, nahm ich wieder zu und zwar mehr wie es vorher war. Das war ein fürchterlicher Kreislauf, dem ich wohl scheinbar nicht entrinnen konnte. So wurde ich langsam aber sicher immer dicker. »Jeder sah, wenn ich zugenommen hatte, aber keiner sah, wenn ich Hunger hatte«. Das ist heute mein Spruch für diese Zeit, in der ich nicht mehr ganz so glücklich war. In der Schule hatte ich mich mit meinen Klassenkameraden arrangiert. Dort fühlte ich mich einigermaßen wohl. Naja, bis auf die eine Sache, die wohl jeder kennt, der als Kind mal dick gewesen ist.

Es war im Sportunterricht. Ich war sowieso nicht der Beweglichste, aber ich versuchte alle Übungen mitzumachen und auch gut zu Ende zu bringen. Aber durch meine Unbeweglichkeit gab es auch viele Situationen, in denen ich Heiterkeit ausgelöst habe. Zum Beispiel wenn ich gegen das Pferd gerannt bin, über das ich eigentlich drüber springen sollte, auch bei Klimmzügen, oder wenn ich ein Seil hoch klettern sollte … ich muss dabei wohl eine sehr traurige aber auch lustige Figur abgegeben haben. Was mich aber am meisten geärgert hatte war, wenn im Unterricht Sportspiele gemacht wurden und dazu zwei Mannschaften gebildet werden mussten. Dazu wurden alle Kinder an den Rand des Spielfeldes gestellt und zwei Kinder, die je eine Mannschaft bildeten, durften auswählen, wer in ihr Team durfte. Sie wählten und wählten, nur ich war nie dabei. Meistens musste der Sportlehrer mich in ein Team berufen. Das nervte mich ohne Ende. Ich sagte mir dann: »na was soll's,« und spielte dann in der Mannschaft mit, der ich zugeteilt wurde.

Sie lieber Leser, Sie werden sich jetzt fragen, warum ich denn nicht einfach abgenommen habe, damit das alles vorbei war mit der Unbeweglichkeit. Ich kann Ihnen nur sagen, dass das leichter gesagt als getan ist. Ich hatte als Kind immer die Auffassung, dass wenn man mir nicht so viel zu essen gibt, dass man mich bestrafen will. Ich wusste nur nicht für was. Aber vielleicht war ich auch noch nicht im Kopf so weit, dass ich wirklich abnehmen wollte. Als 9 oder 10 jähriger hat man auch ganz andere Dinge im Kopf, als abzunehmen. Auch wenn alle in der Familie mir das immer wieder geraten haben.

Ich glaube nach vier Jahren Grundschule (wir hatten damals zwei Kurzschuljahre) kam ich dann auf die Realschule. Wieder gab es alles neue Gesichter, aber ich gewöhnte mich sehr schnell ein und kam auch sehr gut mit meinen neuen Mitschülern zurecht. So verging die Zeit ohne große Höhen und Tiefen, ich nahm nicht ab, aber im Großen und Ganzen hielt ich mein Gewicht.

Das ging so weit, bis ich eines Tages die Nachricht von meinen Eltern erhalten habe, die mein ganzes Leben bis heute verändern sollte. Eines schönen Tages sagte meine Mutter zu mir, dass die Mieter unter uns, mit denen wir ein sehr gutes Verhältnis hatten, im Sauerland bauen würden und hier ausziehen. Ich dachte mir zunächst nichts dabei, war nur ein bisschen traurig, weil sie doch immer sehr nett zu mir gewesen sind. Zu der Frau sagte ich Tante und zu ihm Onkel, obwohl sie überhaupt nicht mit uns verwandt waren. Aber ich dachte mir nur, wenn es ihnen im Sauerland besser gefällt als hier, sollen sie dahin ziehen. Was ich damals nicht wusste, war, dass sie schon längst dabei waren zu bauen und bald in ihr neues Haus einziehen würden.

Einige Zeit später war es dann soweit. Der Möbelwagen kam und am nächsten Tag waren sie fort. Bei uns ging das Leben weiter, bei mir speziell, denn ab und zu dachte ich immer mal wieder an das Abnehmen. Meist war es aber nur mit mäßigem Erfolg. Dafür klappte das Zunehmen umso besser.

Ca. ein halbes Jahr später sagte meine Mutter zu mir, dass wir nächstes Wochenende ins Sauerland fahren, um unsere Ex-Nachbarn zu besuchen. Bei der Gelegenheit wollten meine Eltern auch gucken, wie schön die Natur dort ist und ob man dort gut wohnen kann. Gesagt - getan, wir fuhren also ins Sauerland. Die Fahrt dauerte ziemlich lange und für mich kam es vor, als wenn wir eine halbe Weltreise machten. Das Ziel war ein Nest mit ein paar 100 Einwohnern. Es gab da sonst nichts außer Wald, Wiesen und Kühe. Was für ein Unterschied zur Großstadt. Ich dachte mir noch so »hier möchte ich auch nicht tot über dem Zaun hängen«. Während sich die Erwachsenen angeregt unterhielten, ging ich in den Garten um etwas zu spielen. Es war total langweilig bei den Erwachsenen. Naja, jedenfalls gab es gutes Essen und wir übernachteten sogar dort. Ich denke für meine Eltern war es ein richtig guter Ausflug, denn sie waren am nächsten Tag immer noch gut gelaunt. Ich weiß nicht warum, aber mir hat es dort überhaupt nicht gefallen. Ob ich vielleicht schon etwas ahnte, was auf mich zukommen könnte? Auf jeden Fall ging es erst mal wieder zurück in die Großstadt und ich war froh, als wir wieder zu Hause waren.

Die nächsten Wochen und Monate gingen ins Land, ohne dass irgendetwas Außergewöhnliches passierte. Doch irgendwann fragte mich meine Mutter, als ich aus der Schule kam und meine Hausaufgaben erledigte, so ganz unvermittelt, ob ich mir vorstellen könnte, auch im Sauerland zu wohnen. Boah, ich dachte erst, dass sie mich auf den Arm nehmen will, obwohl ich dafür doch viel zu schwer war, doch dann merkte ich an ihrem Gesichtsausdruck, dass es ihr wohl doch ernst war, mit dem was sie sagte. Ich meinte nur zu ihr, dass ich hier nicht weg will, weil ich hier meine Freunde habe und hier in die Schule gehe und dass im Sauerland sowieso nichts los ist. Sie beendete dann das Gespräch und viel später wurde mir dann klar, dass sie wohl erst meine Reaktion abklopfen wollte, auf die Frage, die Sie mir stellte. Ich denke, meine Eltern haben dann später miteinander ohne mich dieses Thema ausführlich besprochen und sind zu dem Entschluss gekommen, dass sie diesen Umzug wagen wollten, wenn die Finanzierung für das Haus steht. Ich selbst bekam davon fast überhaupt nichts mit.

Es dauerte aber noch eine ganze Weile, ich glaube es waren sogar Monate, bis man mir sagte, das wir im Sauerland ein Haus bauen werden und dann auch dorthin umziehen. Es war für mich ein richtiger Schock, keine Freude darüber, dass wir aus der kleinen Mietwohnung ausziehen und in ein großes Haus einziehen würden, indem ich sogar mein eigenes Zimmer hatte. Es war besonders schlimm, weil mir die Realschule kurz vorher angeboten hatte, Geige zu lernen. Das Instrument hätte ich gestellt bekommen. Ich hätte nur noch lernen müssen. Sie wollten wohl, oder hatten schon ein Schulorchester auf die Beine gestellt. Heute weiß ich, dass es mir in meiner „Musikerkarriere" sehr weitergeholfen hätte. Denn gerade in der Country-Musik war doch eine Fiddle fast zwingend notwendig. Naja, aber damals wusste ich noch nicht, dass ich später mal Musiker werden sollte. Und das noch in der Country-Musik. Man was war ich sauer, dass meine Eltern umziehen wollen. Es hätte alles so schön werden können, denn ich hatte mich schon immer für Musik interessiert. Das war jetzt alles auf einen Schlag wie weg. Man, warum konnten wir nicht hier wohnen bleiben. Es war doch so schön hier. Alles war in der Nähe, Geschäfte, Kindergarten, Schulen. Wer weiß, wie es an unserem neuen Zuhause sein würde. Im Stillen hoffte ich ja immer noch, dass das ganze Vorhaben nicht klappen würde, doch ein paar Monate später wurde meine letzte Hoffnung zunichte gemacht. Sie eröffneten mir, dass sie eine Zusage für das Grundstück erhalten haben und dass die Finanzierung auch steht.

Ich wollte es einfach nicht wahrhaben und wehrte nicht so gut ich konnte. Aber letztendlich war meine Gegenwehr zwecklos. Ich musste mich damit abfinden, ob ich wollte oder nicht. Die

Nachricht, von meiner Heimatstadt wegzuziehen und dann noch in so ein Nest war für mich wohl unheimlich stressig, obwohl ich das Wort Stress gar nicht kannte. Irgendwie freute ich mich ja für meine Eltern, weil sie schienen da ihr Glück gefunden zu haben, doch ich war tot unglücklich. Ich sagte jedem, der es wissen wollte und auch denen, die es nicht wissen wollten, dass ich nicht aus meiner Heimatstadt weg will. Es war für mich eine schlimme Zeit. Keiner verstand mich. Weder meine Schwester, mein Bruder noch die Nachbarn und schon gar nicht meine Eltern. Ich fühlte mich hundeelend.

Irgendwann sagte jemand, ich weiß gar nicht mehr, wer das war zu mir, ich solle doch erst mal abwarten und gucken, wie es in meinem neuen Zuhause wirklich ist. Vielleicht ist es ja sehr schön und du willst gar nicht mehr weg. Naja gut, auf den Kompromiss habe ich mich dann schließlich eingelassen und mit knirschenden Zähnen und der Faust in der Tasche den Umzugsplänen meiner Eltern zugestimmt. Etwas anderes wäre mir ja auch wohl kaum übrig geblieben. Es ist komisch, ich habe in den Jahrzehnten danach oft über mein Essverhalten nachgedacht und mir ist im Laufe der Zeit ziemlich klar geworden, dass der Umzug aufs Land, das ich so sehr gehasst habe, und die ersten Jahre danach waren einer der Grundsteine für mein unkontrolliertes Essverhalten. Wenn ich Stress hatte oder man mich nicht verstand, egal ob es in der Schule war oder im privaten Umfeld, habe ich mich mit Essen belohnt. Ansonsten habe ich mich ziemlich zurückgezogen. Aber über mein Essverhalten, das mit den Jahren immer schlimmer wurde, werde ich später noch ausführlicher berichten. Nur noch eins: Der Umzug muss bei mir ein wahres Trauma ausgelöst haben, denn noch heute sage ich, wenn mich jemand fragt, wo ich aufgewachsen bin, dass ich als Kind ins Sauerland verschleppt wurde. Kommt dann ein erstaunter Blick, dann kläre ich auf, dass meine Eltern im Sauerland nur gebaut hatten und keine Straftat vorlag.

Kapitel 2

Von der Stadt aufs Land

Wir zogen dann also um in ein kleines Dorf, in dem sogar der Pastor vorschreiben konnte und es auch tat, dass in den zwei Geschäften, die es dort gab, keine Bild-Zeitung verkauft werden durfte. Mein Vater las gerne sonntags die Bild am Sonntag. Wenn er sie lesen wollte, musste er immer in den Nachbarort fahren, um sie zu kaufen. Später wurde sogar von diesem komischen Pastor mein Neffe nicht getauft, nur weil meine Schwägerin nicht katholisch war. Zur Taufe fuhren wir dann in einen anderen Ort.
Zunächst ging es also für uns erst mal in eine kleine möblierte Wohnung, 5 Häuser von unserem Baugrundstück entfernt. Mein Vater fand dort in der Kreisstadt auch sehr schnell neue Arbeit am Bau. Er war ja Stuckateur und Innenputzer, mein Bruder war Klempner und Installateur und mein Schwager Elektriker. Die Drei bauten das Haus mit einigen Hilfskräften neben ihrer normalen Tätigkeit in ihren Berufen. Ich glaube, die einzigste Firma, die bei uns am Bau gearbeitet hat, war eine Dachdeckerei. Alles andere wurde in Eigenleistung von den Dreien erledigt.
Ich ging derweil auf die Realschule in der Kreisstadt. Um dorthin zu kommen, musste ich erst ein ganzes Stück laufen und dann mit dem Bus oder dem Zug, ja, in dem Nest gab es sogar einen Bahnhof, an dem ab und zu ein Zug hielt. Meistens war es ein Schienenbus. Heute sieht man die nur noch im Fernsehen in der Sendung „Eisenbahnromantik". Aber in der Kreisstadt angekommen, musste ich umsteigen und vom Bahnhof zum Busbahnhof laufen. Meistens musste ich rennen (oh man …), weil die Abfahrtspläne zwischen Zug und Bus sehr eng gesteckt waren. Hatte ich den Bus verpasst,

weil ich zu langsam war, musste ich zur Schule hoch oben auf dem Berg laufen. Man war das immer ein Drama. Und leider verlor ich dadurch auch keine Kilos, hatte nur immer Atemnot, wenn ich bei der Realschule ankam. Mittags oder am frühen Nachmittag ging es dann genau anders herum. Nur das war besser, da ging es ja den Berg runter. Auf dem Weg zurück zum Busbahnhof kamen die Schüler und ich natürlich auch an einer Bäckerei & Konditorei vorbei. Den „Bäcker Becker" werde ich nie vergessen. Dort verkauften sie loses Marzipan nach Gewicht, oder auch einen Gewürzkuchen. Das war total lecker, und wenn wir dort vorbeikamen, machten wir regelmäßig Rast bei ihm. Ich kaufte mir dann immer für 2 oder 3 DM, je nachdem wie viel Geld ich dabei hatte, Marzipan oder ein großes Stück Gewürzkuchen. Darauf freute ich mich schon in den ganzen Schulstunden. Aber im Nachhinein gesehen nützte die ganze Lauferei zur Schule nichts, wenn ich mir nachher Hunderte oder Tausende Kcal einverleibte. Aber mir machte das nichts aus, denn es war sehr lecker und für mich Nervennahrung. So kam ich dann mittags wieder mit dem Bus oder dem Zug nach Hause, wo schon ein leckeres Mittagessen auf mich wartete. Das habe ich mir natürlich auch nicht entgehen lassen. Wenn ich aber mal durch das ganze Marzipan oder den Gewürzkuchen nicht mehr so viel Hunger hatte und dadurch die Hälfte der Hausmannskost auf dem Teller ließ, hörte ich von meiner Mutter nur: „iss den Teller leer, wir können nicht alles wegschmeißen" ... oder: „Kinder in Afrika wären froh, wenn sie zu essen hätten". Irgendwann dachte ich mir dann, dass die Kinder in Afrika auch nicht satter werden, wenn ich jetzt den Teller leer esse und es mir hinterher schlecht wird. Aber meistens tat ich ihr den Gefallen, um keinen Stress zu bekommen.

Nach dem Essen ging es dann wie fast immer mit richtig vollem Bauch an die Schulaufgaben. Dabei beeilte ich mich regelmäßig, denn ich wollte ja noch etwas von dem Tag haben. Die Schule auf dem Land war irgendwie ganz anders als meine letzte Schule in der Stadt. Es wurde ganz anders unterrichtet und auch mit den Themen tat ich mich schwer. Es war alles irgendwie total verändert. Nach den Schulaufgaben ging ich dann entweder ins Dorf oder zur Baustelle. Wenn ich an der Baustelle war, durfte ich nie etwas machen, außer fegen, aufräumen oder so was. Bei anderen Dingen hörte ich immer nur: Du bist zu jung, du bist zu klein, das kannst du nicht und alles solche Dinge. Das steigerte unheimlich meine Motivation, zu helfen. Ich sah mir das alles ein paar Monate an, und als ich dann immer noch so behandelt wurde, beschloss ich für mich, dass ich mich total von dem Bau zurückziehen werde. »Dann sollen sie eben alleine ihr blödes Haus bauen, ich mache nichts mehr« so waren meine Gedanken. Ich war tief enttäuscht, dass man mir so wenig zugetraut hatte. Vielleicht lag es auch an mir, und vielleicht hätte ich mich durchboxen sollen, statt zu resignieren. Aber ich merkte immer, dass ich in den Augen meiner Eltern ein Nachkömmling war, der total verwöhnt war und auch nichts konnte. Auf jeden Fall hatte ich seit dem Tag immer Schulaufgaben zu machen oder irgendetwas anderes für die Schule zu tun, wenn es hieß, dass ich rüber zum Bau gehen sollte, um zu helfen. Das war natürlich meinen Eltern auch nicht recht. Dann hieß es plötzlich: er ist nur dick und faul und hat keine Lust zum arbeiten. Aber mir machte das nichts aus, ich hatte damit abgeschlossen. Und außerdem ... wenn ich mal mit Ihnen reden wollte, hatten sie nie Zeit, immer war was anderes und ich wurde vertröstet. Ach man, ich fühlte mich überhaupt nicht wohl an meinem neuen Wohnort. Die Leute waren auch dort ganz komisch. In so einem kleinen Dorf sind die Einwohner halt eine eingeschworene Gemeinschaft. Da kommt keiner dazwischen, schon gar nicht jemand aus der Stadt. Was habe ich nicht alles probiert - Schützenverein, Sportverein, man ließ mich immer spüren, dass ich ein Zugereister bin. Meine Eltern hatten dasselbe Problem, aber die störte es wohl nicht. Sie redeten sich alles schön. Da konnte man abends mit den Leuten einen Sack Salz zusammen fressen, doch am nächsten Tag kannten sie einen trotzdem nicht. Nein, ich fühlte mich dort überhaupt nicht wohl. Aber es nützte alles nichts, ich musste da durch. Manchmal dachte ich mir: »je kleiner der Ort, desto größer die Inzucht« Man, was war ich oftmals sauer, dass ich mit in dieses Nest ziehen musste.

Aber es war nicht alles schlecht dort. Ich fand im Nachbarort einen Freund, der mit mir auch in die gleiche Schulklasse ging. Wir waren ständig zusammen, wenn es die Zeit zuließ. Freddy spielte schon Gitarre und er zeigte mir auch, wie man mit dem Musikinstrument umgehen sollte, erklärte mir die Griffe, Akkorde usw. außerdem war Freddy auch immer da, wenn ich zum Beispiel auf einem Fest wegen meines Gewichtes angemacht wurde und dadurch Probleme bekam. Er stand immer an meiner Seite. Ja, es war eine schöne Zeit. Die Freundschaft zu ihm machte mir das Leben zwischen den 7 Bergen etwas erträglicher. Für ihn spielte mein Gewicht keine Rolle, er nahm mich so, wie ich war. Und das war klasse.

Zwischendurch hatte ich immer mal wieder daran gedacht, wie ich mein Gewicht reduzieren konnte. Aber es war sehr schwer über einen längeren Zeitraum, wenig zu essen. Ich wusste, dass es an meinem neuen Wohnort sogar einen Fußballverein gab. Und die hatten auch eine Jugendmannschaft. An das abnehmen hatte ich gar nicht gedacht, als ich mich in diesem Verein anmeldete. Ich wurde auch aufgenommen und sofort wurde ein Spielerpass beantragt. Aber dann musste ich erst mal trainieren. Ich weiß nicht, aber ich glaube es war zwei- oder dreimal in der Woche. Naja, um in der Mannschaft mitzuspielen, musste ich schneller und flinker werden. Ich hatte ja zu dem Zeitpunkt eine Beweglichkeit, wie einer Eisenbahnschiene in der Sonne. Das Training war für mich fürchterlich hart und ich musste mich oftmals überwinden dorthin, zu gehen. Aber ich machte es, ging immer wieder zum Training, denn ich wollte ja dabei sein, wenn die Saison wieder anfängt und wir um Punkte spielen würden. Es dauerte noch eine ganze Weile, aber dann ging es los mit der Saison. Es war Wahnsinn, ich wurde sogar aufgestellt. Man, was bin ich gerannt auf dem Platz (naja, so gut ich konnte. Ich glaub für andere sah das nicht übermäßig schnell aus). Trotz meines massiven Einsatzes konnte ich die Schmach nicht verhindern und wir verloren ich glaube 0:7 oder 0:8. Trotzdem war ich zufrieden mit mir. Ich weiß nicht, ob es der Trainer auch war. Ich habe jedenfalls kein „mecker" bekommen. Die Woche darauf wurde wieder fleißig trainiert, denn am Wochenende stand das nächste Spiel an. Aber ganz ehrlich … mich schlauchte das Training ganz schön. Man was war ich immer fertig danach. Am Wochenende darauf war ja wieder das nächste Spiel und, ich traute meinen Augen nicht, ich wurde wieder aufgestellt, wieder auf rechts außen. Warum habe ich mich bloß nicht für das Tor beworben. Diese Lauferei war sehr ätzend. Das Spiel ging los und ich rannte wieder, was das Zeug hält. Immer auf der rechten Seite hoch und runter. Und ich war auch für die Ecken zuständig. Es hat mich gewundert, dass meine Eckbälle sogar bis vor das Tor flogen. Hatte ich gar nicht damit gerechnet, dass ich so einen strammen Schuss hatte. Und dann lief und rannte ich weiter auf der rechten Seite. Gerade, als ich beim Schiri ein Sauerstoffzelt für mich bestellen wollte, pfiff er zur Halbzeit (Gott sei Dank, was war ich froh). Die 2. Halbzeit brauchte ich nicht mehr zu spielen, denn der Trainer wechselte mich aus. In der 2. Halbzeit, die ich vom Spielfeldrand verfolgte (wir verloren übrigens 0:11), hinterfragte ich mich dann doch, ob Fußball die richtige Sportart für mich war. Nach einigem überlegen stand es am nächsten Tag für mich fest: **definitiv NEIN**. Aber was nun? Ich erfuhr, dass der Verein für den ich Fußball gespielt habe (1 1/2 Spiele) auch eine Tischtennisabteilung hatte. Da ich schon vor meinem Umzug ca. ein Jahr Tischtennis gespielt hatte und wie ich meine auch ganz gut war, ging ich an dem Tag, an dem Training war, zur Schützenhalle, wo diese Sportart gespielt wurde, um mir alles Mal genau anzusehen. Was ich da sah, gefiel mir, denn es waren viele Leute und auch Kinder dort zum trainieren. Also nahm ich mir ein Anmeldeformular mit, um es zu Hause von meinen Eltern ausfüllen zu lassen, damit ich bald im Verein Tischtennis spielen konnte. Sie taten das auch ohne Murren, aber auch, um mir bei dieser Gelegenheit zum wiederholten Male vorzuhalten, dass ich schon wieder zugenommen hätte. Mir ging das mittlerweile ins linke Ohr rein und aus dem rechten wieder raus. Ich wusste ja nicht, was ich dagegen tun sollte. Ich habe ja nicht gekocht, obwohl ich mich immer mehr für das Kochen interessiert habe. Jedenfalls war ich bei dem nächsten Tischtennistraining dabei. Und es war sehr schön. Endlich mal etwas für mich. Ich trainierte wie besessen, obwohl mir im Laufe der Zeit immer wieder schwindelig wurde. So ein Gefühl, als wenn jedes Mal der Kreislauf absackt. Aber trotzdem machte es mir sehr viel Spaß. Mit diesem Schwindel bin ich dann zu unserem Dorfarzt gegangen und habe ihm das gesagt. Nachdem er mich gründlich untersucht hatte, meinte er nur, dass ich dringend abnehmen müsste, denn dann würde es mir wieder gut gehen. Danach war das Thema abnehmen bei mir wieder höchst aktuell. FDH war angesagt. 3 oder 4 Wochen hungern löste bei mir nicht gerade Jubelstürme aus. Aber irgendwas muss ich machen, denn ich wollte ja, dass der Schwindel weggeht. Ich zog es durch, doch nach 4 Wochen konnte ich nicht mehr und der Schwindel war auch nicht weg. So ging ich wieder zurück in den alten Ernährungstrott und ruck zuck hatte ich wieder mehr drauf als vor der FDH-Geschichte. Viel später erfuhr ich, dass ich nicht alleine bin mit dieser Erfahrung, sondern fast alle Abnehmwilligen kennen dieses Phänomen. Es hat auch einen Namen. Es heißt „Jojo". Jetzt war ich wieder um eine Erfahrung reicher. Und damals wusste ich es noch nicht, aber Jojo sollte die nächsten Jahrzehnte mein ständiger Begleiter werden. Jojo hatte kein Gesicht, er hatte eine Fratze, die mir immer erschien, wenn ich sie überhaupt nicht gebrauchen konnte. Aber ich musste mich mit ihm irgendwie arrangieren. In den nächsten Jahren nahm ich zwar Jojo wahr, aber ich konnte nichts gegen ihn tun. Er war einfach zu stark und ich hatte nicht die richtigen Mittel dagegen. Jedenfalls versuchte ich, gegen ihn anzukämpfen. Tischtennis war mein Hilfsmittel, weil man sich dabei ja doch sehr viel bewegt und auch Kalorien verbrennt. Aber mit der Ernährung hatte ich meine Probleme. Es ging einfach nicht, wenig zu essen, ohne Bauchkrämpfe vor Hunger zu bekommen. Ich hatte leider niemanden, der mir sagt, wie es geht. Ernährungsberatung gab es damals noch nicht, oder vielleicht nur im Krankenhaus. Dabei war das doch so wichtig, dass ich an Gewicht verlor, zumal ich langsam aber sicher begann, mich für das andere Geschlecht, zu interessieren. Ja, das war schon eine spannende Zeit. Ich spielte also Tischtennis. Das Schöne war, dass es in dem Tischtennisverein auch eine Mädchenmannschaft gab. In den Trainingspausen kam man sich näher und man konnte dann auch flirten (oder was wir dafür hielten). In den Pausen gingen wir auch gerne hinter die Halle, weil man dort viel ungestörter war. Da ging das auch viel besser mit dem Flirten (aber alles total harmlos, wenn ich denke, wie das heute abgeht in dem Alter). Wir waren mehrere Jungens und Mädels, die da so hinter der Halle rumturtelten. Dann irgendwann, wurde auch richtig geknutscht. (Aber wie gesagt: ganz harmlos). Es endete dann damit, dass Zettelchen den Besitzer wechselten mit der Aufschrift: Willst du mit mir gehen x ja x nein x vielleicht. Ja, es war schon eine sehr schöne Zeit. Aus diesem Treiben hinter der Halle ist auch meine 1. Freundin hervorgegangen. Es war zwar nur kurz, aber doch sehr schön. Ja, in diesem Alter dreht sich das Bäumchen-wechsel-dich Spiel sehr schnell.

Zu diesem Zeitpunkt war dann unser neues Haus weit gehend fertig gestellt und wir konnten umziehen. Es war schon eine gute Sache, dass ich jetzt mein eigenes Zimmer hatte. Ich bekam sogar einen eigenen Kellerraum mit fester Tür und nicht nur so Holzverschläge, die man meistens in Mietwohnungen hatte. Den richtete ich mir ein zu einem Partyraum. Mit meiner Stereoanlage und sogar eine Lichtorgel hatte ich. Alte Sessel und ein Tisch wurden auch schnell besorgt es kam auch ein altes Sideboard dort hinein, indem ich die Gläser und Getränke aufbewahrte (meistens natürlich

alkoholfreie). Ich nannte dieses Sideboard meine Bar. Die Wände wurden teilweise mit Alufolien tapeziert und unter der Decke wurden zwecks des Schallschutzes bunt bemalte Eierkartons geklebt. Jetzt ging es los. Ich konnte mal meine Freunde und Freundinnen einladen und wir konnten feiern (egal, was auch immer). Auch Geburtstage wurden dort gefeiert. Und schön war auch, dass ich dort in Ruhe und ohne Störung der anderen das Gitarrenspiel erlernen konnte. Kein Gemecker der anderen mehr: „nun höre doch mal endlich auf, es reicht nun. Spiel morgen weiter". Ach, das war herrlich.
Aber mit einer Sache merkte ich, dass ein ganz großes Problem auf mich zurollte. Das Problem war die Schule. In meiner Geburtsstadt kam ich auf der Realschule mehr oder weniger noch ganz gut mit, aber im Sauerland bekam ich arge Probleme. Vor allem mit der Mathematik. Es war komisch, beide Orte lagen in Nordrhein-Westfalen und trotzdem wurde ganz anders unterrichtet. Im Sauerland hatten wir Mengenlehre. Ich wusste gar nicht, was die Lehrer mir damit sagen wollen. Auf jeden Fall waren das alles für mich »böhmische Dörfer«. Ich strengte mich an, so gut ich konnte, doch irgendwie lief alles an mir vorbei. Ich wusste nicht mehr was ich machen sollte. Meine Eltern konnten mir natürlich dabei auch nicht helfen. Von der Mengenlehre hatten sie auch Null Plan. Ich hab mich mit Mitschülern zusammengesetzt und gehofft, dass sie mir in ruhiger Form wenigstens die Grundkenntnisse vermitteln können. Aber egal wie ich mich anstrengte, es wurde nicht besser - im Gegenteil, es wurde eher schlechter. Die anderen Fächer wurden durch den Stress, den ich durch die Mathematik hatte, in Mitleidenschaft gezogen. Zu dem Zeitpunkt hatte ich nur noch Stress. In der Schule, weil ich nicht mitkam und zu Hause, weil ich schlechte Noten mitbrachte. Ich hatte niemanden, mit dem ich rede und der mir hätte helfen können. Meine Eltern hatten ja auch genug mit dem neuen Haus zu tun. So auf mich allein gestellt, war ich noch nie. Ich versuchte aber trotzdem alles, damit die Noten besser wurden. Viel half es nicht. Ich konnte

es schon nicht mehr hören, wenn meine Eltern immer zu mir eindringlich sagten: „Junge, du bist nicht dumm, du bist nur viel zu faul". In dieser Zeit kompensierte ich alles über das Essen. Stopfte alles in mich hinein, was ich zwischen die Zähne bekam. Nur meine Erzeuger merkten nicht, was mit mir los war und warum ich so übermäßig alles in mich hinein schlang. Ich ging davon aus, dass sie meinten, dass ich überhaupt keine Disziplin besitzen würde. Doch zum Ende des Schuljahres sahen sie es auch ein, dass es wohl nicht nur an mir lag, dass ich so schlecht in der Schule geworden bin. Nach langem Hin und her kamen wir denn alle über ein, dass es für mich die beste Lösung wäre, wenn ich das Schuljahr wiederholen würde. Ich drehte also eine Ehrenrunde auf der Realschule. Ein ganzes Jahr war verloren. Seit dem Zeitpunkt, an dem feststand, dass ich das Schuljahr wiederhole, hatte ich das Gefühl, dass meine Eltern, wenn sie mit mir redeten, etwas ganz anderes dachten, als sie mir sagten. Besonders meine Mutter. Wenn Sie mit mir sprach, war das alles lieb, nett und freundlich. Aber ich wurde den Eindruck nicht los, dass sie, während sie redete dachte: „Der Junge ist dick, faul und gefräßig. Er kann nichts und ist auch zu blöd für die Schule". Diesen Eindruck hatte ich nicht nur einmal, sondern er kam immer öfter. Es tat mir zwar weh, aber meistens ließ ich mir nichts anmerken. Nur wenn sie ab und zu mal richtig wütend war, hat sie diese Sätze mir auch ins Gesicht gesagt. Dann war ich zwar sauer, aber ich konnte ja nichts dagegen tun. Vielleicht war das der Grund, warum ich von diesem Zeitpunkt an immer nur das Gegenteil gemacht habe, was sie mir sagten. Wenn sie meinten, der Himmel ist blau, dann sagte ich ihnen, dass der Himmel grün ist. Oh man, das war ein Kampf. Aber vielleicht war es auch nur die Pubertät, in der ich damals noch steckte. Mit meinem Gewicht ging es in dem Zeitraum relativ gut. Ich war zwar immer noch pummelig, aber nicht mehr ganz so dick. Leider hat das nicht an mir gelegen, sondern hatte einen viel einfacheren Grund. Ich schoss plötzlich in die Höhe. Ich weiß nicht, ob ich schon damals die Größe von 1,86 m hatte, so wie heute, oder ob es noch etwas weniger war. Jedenfalls bekam ich diesen Schub nach oben. Man sagte mir auch, dass ich jetzt ziemlich gut aussehen würde, so etwas schlanker. Doch ich denke, dass das nicht lang gehalten hat. Dafür habe ich viel zu gerne gekocht und gegessen. Vor allem gegessen.

Aber auch diese Zeit hatte etwas Schönes. Eines Tages machte ich mich auf den Weg in die Kreisstadt, um dort in einer Tanzschule nach den Preisen zu informieren. Ich wollte sehr gerne tanzen lernen. Der Tanzlehrer drückte mir eine Preisliste in die Hand und sagte mir, was ich zu erwarten hätte, wenn ich einen Kurs buchen würde. Man, das war richtig toll. Ich war total begeistert. Zurück zu Hause zeigte ich meinen Eltern diese Preisliste und flehte sie an, mir so einen Kurs bezahlen. Zuerst meinten sie, ich solle mir einen kleinen Job suchen und von dem Geld, was sich dort verdienen würde, den Tanzkursus bezahlen. Das stellte sich für mich zunächst als Riesenproblem dar. In dem kleinen Dorf gab es gar keine Jobs und motorisiert war ich ja auch noch nicht. Na gut, ein Fahrrad hatte ich zwar, aber damit über Berg und Tal war nicht so wirklich mein Ding. Schließlich nach langem Hin und her willigten sie ein, dass ich diesen Tanzkurs besuchen durfte. Ich war total glücklich. Es dauerte noch etwas, bis dieser Kursus begann und die Zeit verrann wie im Schneckentempo. Aber irgendwann war es dann soweit. An was ich nicht alles denken musste … vorher zum Friseur, die Haare schick machen lassen, Fingernägel mussten noch geschnitten und Schuhe geputzt werden und außerdem brauchte ich ja noch ein Deo. Ich machte mich richtig ausgefein, oder wie man heute sagt: ich brezelte mich auf. In meinen besten Sachen, geschniegelt und frisch frisiert (rasieren brauchte ich mich noch nicht *gg) machte ich mich dann auf in die Kreisstadt zu meiner 1. Stunde im Tanzkurs. Es war einfach nur herrlich. Wir Jungens mussten uns auf die eine Seite der Tanzhalle aufstellen und die Mädels standen auf der anderen Seite. Dann gab der Tanzlehrer den Befehl, dass wir Jungens auf die Mädels zugehen und uns eines aussuchen sollten. Mit einer leichten Verbeugung sagten wir dann: Darf ich bitten? Und die Mädchen sagte mit einem leichten Knicks: Ja. Es war wirklich toll, nicht nur die 1. Tanzstunde sondern der ganze Kursus. Mit einem Mädchen, ich weiß leider gar nicht mehr wie sie hieß, tanzte ich den ganzen Kurses durch. Und natürlich auch auf den Abschlussball. Es war schon eine tolle Erfahrung für einen pubertierenden vierzehnjährigen beim Tanzen ein Mädchen im Arm zu halten. Aber ansonsten hatte ich mit den Mädchen noch nicht so viel am Hut. Nicht weil ich nicht wollte, sondern ich denke, dass mein Gewicht mir sehr im Weg stand. Die anderen Jungens waren halt wesentlich schlanker wie ich. In dem Alter wollten die Mädchen nur Freund und Kumpel sein, aber nicht mehr. Ich hatte mir so viele Körbe abgeholt, dass ich schon auf dem Markt einen Korbstand aufmachen konnte. Aber ich dachte mir, dass irgendwann mal die Richtige kommen wird. Und damit sollte ich auch viel später recht behalten.

Ich ging also nach den großen Sommerferien wieder in eine neue Klasse, um das Schuljahr zu wiederholen. Dort bekam ich natürlich auch neue Schulkameraden, die zwar ein Jahr jünger waren, aber mit denen ich sehr schnell warm wurde. Zuerst hatte ich ja gedacht, dass mir das Wiederholungsjahr sehr viel helfen würde, um den Stoff zu lernen, aber das war ein Trugschluss. Im Laufe des Schuljahres merkte ich, dass ich immer mehr Schwierigkeiten hatte, den ganzen Lehrstoff zu verfolgen. Ich meinte immer öfter, dass ich, um den ganzen Stress den ich hatte, zu verringern, essen müsse. War das schon ein Zeichen, dass ich mich mit Nahrung belohnen wollte? Es wurde immer schlimmer und ich aß immer mehr. Aber die Essensbelohnung tat mir nicht mehr gut. Ich hatte durch den Stress und dadurch, dass ich wieder viel essen musste vor dem Essen ein ziemlich schlechtes Gefühl, aber nach dem Essen wurde es noch schlimmer. Ich fühlte mich nicht besser, sondern nur noch viel elendiger. Meinen Eltern fiel das nicht auf. Meine Mutter sagte nur in ihrer

Schönrederei: „Ach, das wird schon wieder. Du darfst eben nicht so viel essen ". Ich war total in der Zwickmühle. Irgendwann fasste ich den Entschluss, dass ich runter will von der Realschule. Ich hatte die Jahre der Schulzeit voll und wollte irgendwie arbeiten gehen. Meine Eltern fielen aus allen Wolken, als ich ihnen das sagte. Zuerst war die Reaktion von ihnen, dass das gar nicht in die Tüte kommt. Du machst einen Realschulabschluss und damit basta. Wir wollen nichts mehr von diesem Unsinn hören, dass du von der Schule willst. Bumm, das hat gesessen. Da hatten sie dann wohl erstmals eine klare Meinung. Ich zog mich in der nächsten Zeit etwas zurück und überlegte den ganzen Tag, was ich tun könnte, um meinen Eltern und mir gerecht zu werden. Aber mir fiel nichts ein, solange ich auch darüber nachdachte. Irgendwann kam ich dann zu dem Entschluss, dass ich das machen musste, was ich für mich als den richtigen Weg ansah. Also dachte ich mir: Wenn sie meinen, ich müsste unter allen Umständen auf dieser Schule bleiben, dann werde ich in der Schule nichts mehr machen. Weder Hausaufgaben, noch werde ich mich am Unterricht beteiligen. Zweimal Sitzenbleiben geht ja nicht. Beim zweiten Mal muss ich sowieso von der Schule. Man, das war für mich eine sehr schlechte und schwierige Zeit. Das einzigste was mir blieb, war der Ärger, den ich dann permanent hatte, durch Essen zu kompensieren. Obwohl es mir danach auch nicht besser ging. Seit dieser Zeit machte ich nur noch das notwendigste für die Schule, bekam natürlich auch Ärger mit den Lehrern und meine Noten wurden dann natürlich auch zusehends noch schlechter. Stress war auf der ganzen Linie. In der Schule sowie zu Hause. Das Leben hätte so schön sein können, wenn da nicht der blöde Umzug aufs Land gewesen wäre. Ich glaube nicht, dass ich in meiner Geburtsstadt so viele Probleme in der Schule bekommen hätte. Aber ich musste da jetzt durch. Ich hatte es angefangen und wollte es auch zu Ende bringen, egal was jeder über mich sagt. Irgendwann merkten meine Eltern auch mal, was los war. Sie sprachen mich darauf an und ich sagte ihnen ins Gesicht, dass

ich die Schule verlassen werde. Entweder werde ich da runter genommen, oder ich fliege am Ende des Schuljahres. Sie sagten erst mal nichts. Ich denke, dass sie noch Zeit brauchten, um nachzudenken, wie es weitergehen sollte. Ein paar Tage später, ich war gerade in meinem Zimmer, kam meine Mutter rein und wollte mit mir reden. Sie meinte, wie es denn wäre, wenn ich auf eine andere Schule gehen würde. Im Auge hatte sie die höhere Handelsschule. Da könnte ich dann auch meine mittlere Reife nachholen und würde zugleich auf das Berufsleben vorbereitet. Ich weiß nicht, ob sie sich überhaupt an dieser anderen Schule informiert hatte, denn hinterher war das bei uns kein Thema mehr. Vielleicht war das auch eine Privatschule, in der semesterweise Schulgeld bezahlt werden musste. Ich weiß, das hätten sie nicht aufbringen können. Das Haus war zu teuer. Aber das war mir auch egal, ich wollte sowieso arbeiten gehen und mein eigenes Geld verdienen. In den nächsten Wochen sagte mir mein Vater, dass ich jetzt bald von der Realschule runter gehen könne. Und ob ich mir überhaupt schon überlegt hatte, was ich werden will. Da ich schon zu Hause sehr gerne gekocht habe und ich mich für das Kochen sehr interessierte, sagte ich ohne mit der Wimper zu zucken und es kam wie aus der Pistole geschossen: „Koch will ich werden, Papa". Er sagte darauf nichts, aber ich denke, er dachte sich sein Teil. Vielleicht hätte er anders reagiert, wenn ich ihm einen handwerklichen Beruf genannt hätte. Aber handwerklich talentiert war ich bestimmt nicht. Bei meinen zwei linken Händen, die ich hatte ... Aber nun gut.
Ein paar Tage später eröffnete mir meine Mutter, dass wir am darauf folgenden Tag zum Arbeitsamt gehen werden, um uns über den Beruf des Kochs zu informieren und vielleicht schon ein Ausbildungsangebot bekommen würden. Ich freute mich, denn ich kochte wirklich gerne. Aber ich wusste noch nichts über die Verdienstmöglichkeiten, Arbeitszeiten und alles, was dieser Beruf mit sich bringt. Am nächsten Tag fuhr ich dann mit meiner Mutter im Bus zur Kreisstadt und wir liefen zum Arbeitsamt. Wir waren auch relativ schnell bei dem

Arbeitsberater zum Vorsprechen an der Reihe und nachdem er uns gefragt hatte, was er für uns tun kann, erzählten wir ihm, dass ich gerne Koch werden würde und fragten ihn ob das auch ginge. Er lehnte sich zurück in seinen Sessel sagte irgendwie von oben herab, dass er erst mal die Schulunterlagen von mir brauche. Da wir alles dabei hatten, händigten wir sie ihm aus. Nachdem er sie gelesen hatte, sagte er erst mal gar nichts und schaute uns nur an. Nach ziemlich langer Zeit sagte er dann doch zu mir: „Du hast ja gar keinen Schulabschluss". Ich wurde nervös und schüttelte nur verlegen den Kopf. Meine Mutter stammelte etwas von nicht geschafft oder so. Danach zog er seine Augenbrauen hoch und meinte nur noch, dass er in diesem Fall überhaupt keine Chance sehen würde, dass ich den Beruf des Kochs erlernen könne. Ein Auszubildender zum Koch braucht mindestens die mittlere Reife. Ich könnte ja eventuell mal als Restaurantfachmann versuchen eine Ausbildungsstelle zu bekommen. Da würde das anders aussehen mit der mittleren Reife. Die ist da nicht zwingend notwendig. Es täte ihm leid, er könne als Koch nichts für mich tun. Meine Mutter sagte nur noch kleinlaut, dass man dann nichts daran ändern kann und wir verabschiedeten uns von diesem Halbgott. Auf dem Weg aus dem Gebäude dachte ich nur noch: „So ein Sesselfurzer". Ich war total enttäuscht. Natürlich hatte ich mich so darauf gefreut, in einer Hotelküche zu arbeiten. Aber ich hatte ja noch etwas Zeit bis die Ausbildungen begannen. Es konnte sich ja noch etwas tun mit meinem Berufswunsch.

Anmerkung: *Die Zeit damals im Arbeitsamt war sehr wichtig für meinen beruflichen Werdegang. Dem Mitarbeiter dort werfe ich heute noch vor, dass er uns total mies beraten hat. Aus welchen Gründen auch immer hat er uns einfach etwas gesagt, damit er uns wahrscheinlich schnell los wurde. Meiner Mutter kreide ich ihr Obrigkeitsdenken an. Sie hat zu allem nur ja und Amen gesagt. Keine Nachfrage, kein aufbäumen. Meine* *berufliche Zukunft hätte besser verlaufen können.*

Mein Vater besorgte mir derweil einen Job in der Firma, in der er arbeitete. Ja, es war am Bau. Ich glaube ich habe in meinem ganzen Leben noch nie so viel Bitumen von außen an Kellerwände von Rohbauten gestrichen, wie zu der Zeit. Das Zeug klebte abartig und ich sah abends aus, als wäre ich in ein Teerfass gefallen. Zu dem Zeitpunkt wusste ich schon, dass ich mit Sicherheit nicht mein ganzes Leben am Bau arbeiten würde.

Die nächste Baustelle war auf einem Schlachthof. Wir mussten den Hof und die Einfahrt betonieren oder Estrich verlegen. Ich weiß es nicht mehr ganz genau, auf jeden Fall kamen da Metallgitter in die Erde, bevor dann der Beton oder Estrich darauf kam. Die Arbeit war wohl nicht so schmutzig für mich, aber es stank dort total zum Himmel. Da wurden Knochen vorbereitet für die Kosmetikindustrie und auch für die Gelantine. Ein Hoch auf die Gummibärchen. Man, was war das eklig. Wenn ich heute irgendwo auf einem Kosmetik Produkt lese: **mit jugendfrischem Kollagen,** dann weiß ich, dass das Zeugs aus diesen Knochen stammt. Collagen ist halt nichts anderes wie Knochen. Und den Geruch habe ich manchmal heute noch in der Nase, pfui.

Ich kämpfte mich aber durch und da ich ja runter von der Realschule war, hatte ich keine Sommerferien mehr und arbeitete durch. Natürlich besprach ich abends mit meinen Eltern, wie es weitergehen sollte. Die Arbeit auf dem Bau sollte ja nur eine Übergangslösung sein. Meine Mutter meinte, dass ich mir den Beruf als Koch aus dem Kopf schlagen sollte, denn dafür hätte ich keine schulische Qualifikation, so wie es der Mann vom Arbeitsamt auch sagte. Aber wir könnten es probieren, wie es wär als Restaurantfachmann? Dann würde ich ja auch im Hotel arbeiten. Da ich noch immer den Koch im Kopf hatte, schmeckte mir der Vorschlag mit dem Restaurantfachmann nicht so richtig gut. Aber das wäre eine

Lösung gewesen. Ich ging erst mal weiter am Bau arbeiten überlegte und überlegte.

Dann kam ein Zufall dazu, dass wir ein paar Wochen später einen Onkel und eine Tante von mir besuchen fuhren. Dort war ihre Tochter, also meine Cousine, die einige Jahre älter war als ich, auch anwesend. Nachdem wir erzählten, dass ich solche Probleme habe, eine Ausbildungsstelle als Koch zu finden, schwärmte meine Cousine sofort von dem Beruf als Restaurantfachmann. Sie hatte vor Jahren eine Ausbildung zur Hotelfachfrau gemacht und arbeitete seitdem im Service von einem Hotel. Außerdem meinte sie, dass man als Restaurantfachmann auch sehr viel Trinkgeld bekommt und dieser zusätzliche Verdienst, der ja steuerfrei wäre (damals waren Trinkgelder noch steuerfrei), ist doch auch eine Überlegung wert. Nachdem meine Cousine so geschwärmt hatte, war ich Feuer und Flamme von dem Beruf als Restaurantfachmann. Da mir meine Eltern bei der Berufswahl freie Hand ließen, sagten sie auch sofort ja (oder war es Bequemlichkeit von ihnen, Hauptsache ich hatte eine Lehrstelle?).

Als wir wieder zu Hause waren, sagte ich ihnen abends dann, dass ich Hotels anrufen und fragen würde, ob sie zufällig eine Ausbildungsstelle als Restaurantfachmann frei hätten. Das kam bei meinen Eltern gut an. Wie ich es versprochen hatte, suchte ich aus dem Telefonbuch mehrere Hotels aus und telefonierte dann. Manche Hotels suchten niemand, bei einigen war der Ansprechpartner gerade nicht anwesend und andere Hotels sagten, dass sie nicht mehr ausbilden würden.

Es dauerte also ein paar Tage und ich telefonierte die Liste ab, die ich mir in der Zwischenzeit gemacht hatte. Aber irgendwann nach ein paar Tagen hatte ich Glück. Ein Hotel, Familienbetrieb, der so ca. 35 km in einem Urlaubsort von meinem Wohnort entfernt war, suchte Auszubildende. Ich gab den Hörer meiner Mutter weiter und sie regelte dann alles mit einem Termin für ein Vorstellungsgespräch. Vorher brauchte

ich nichts hin zu schicken, ich sollte alles, Zeugnisse usw., mitbringen.
Oh man, mir ging es seit Wochen oder Monaten mal wieder so richtig gut. Meine Zukunft war geklärt. Ich wusste, dass ich jedes Wochenende und jeden Feiertag arbeiten musste, aber mehr wusste ich eigentlich nicht über den Beruf. Naja, in dem Moment überwog die Freude bei mir, endlich einen Ausbildungsplatz in Aussicht zu haben.
Eine Woche später fuhren wir dann zu dem Hotel, in dem ich mein Vorstellungsgespräch hatte. Wir wurden in das Büro des Chefs gebeten und nach kurzer Zeit kam auch der Seniorchef hinzu. Ich schätzte, dass er schon damals kurz vor der Rente stand. So als Teenager sind ja alle Menschen ziemlich alt, die das 30. Lebensjahr überschritten hatten. Er war aber sehr freundlich und nett und ich freute mich zu hören, dass ihm das nichts ausmachte, dass ich die Realschule geschmissen hatte. Er wollte erst mal sehen, wie ich mich in seinem Betrieb anstelle und deshalb bekam ich auch 4 Wochen Probezeit. Danach wollte er weiter sehen.
Wieder zuhause angekommen, machten wir einen Plan. Ich musste ja auch Arbeitskleidung haben. Schwarze Hosen, schwarze Schuhe, weiße Hemden, schwarze Socken, Kellnerjacken und natürlich auch eine schwarze Fliege. Das ging bei meinen Eltern natürlich ins Geld, aber im Moment waren sie nur froh, dass ich in einem Betrieb untergekommen war. Es war ausgemacht, dass ich, während ich arbeitete, im Hotel in einem Personalzimmer schlief. Verköstigt wurde ich auch vom Hotel. An den freien Tagen konnte ich dann mit dem Bus nach Hause fahren (Weltreise). Das hörte sich sehr gut an, nur der Schock sollte bei meiner ersten Gehaltsabrechnung kommen.
In den nächsten Tagen klapperten wir einige Geschäfte ab, um meine Arbeitsbekleidung einzukaufen. Ich bin damals gerade 16 Jahre alt geworden und hatte etwas über 90 kg (Au Backe). Die Klamotten fielen schon ziemlich groß aus, das waren Größen von einem erwachsenen Mann. Am besten passten mir

die Fliege und die Socken. Die Kellnerjacke spannte etwas, aber ich hatte ja die Hoffnung, dass ich etwas abnehmen würde, bei dieser ganzen Bewegung. Aber letztendlich passte alles.

Ich hatte noch zwei Wochen Zeit, bis ich meinen Dienst antreten musste. Aber diese zwei Wochen genoss ich in vollen Zügen. Jetzt war es wirklich so, dass bei mir der Ernst des Lebens begann. Aber ich war auch irgendwie froh, dass ich aus diesem kleinen Nest weg kam. Der Ort im Sauerland war für mich für Anfang an ein sehr großes Missverständnis. Aber meine Eltern fühlten sich dort sehr wohl. Ich denke, großen Anteil trug auch dazu bei, dass sie nun Eigentum besaßen, obwohl das meiste noch der Bank gehörte, und sie nicht mehr in einer kleinen Mietwohnung wohnen mussten. Naja gut, das Haus war auch größer, Doppelstöckig. Meine Schwester zog zunächst mit ihrem Mann in die zweite Wohnung und es war geplant, dass der Dachboden ausgebaut werden sollte. Aber damit hatte ich nichts mehr zu tun. Ich war ja dann 30 km weg in einem Hotel.

Kapitel 3

Auf ins Berufsleben

Auf der einen Seite freute ich mich schon auf meinem neuen Lebensabschnitt, aber auf der anderen Seite hatte ich auch ein wenig Bammel vor dem Neuen, was auf mich zukam. Aber bald war's ja soweit, dann ging es ans Geld verdienen. Ich freute mich schon auf die Trinkgelder, doch im Moment wusste ich noch gar nicht, was ich netto verdienen würde.
Dann war es endlich soweit. Die Koffer und alles was ich sonst noch mitnehmen wollte waren gepackt und so fuhr ich einen Tag früher als mein Dienst beginnen sollte zum Hotel, um mich dort einzurichten. Das Personalzimmer befand sich ganz oben unter dem Dach Juchee. Auch war es zwar kein Fünf-Sterne Apartment, aber es war alles da, was man so brauchte. Ein Schrank, ein Bett, ein Tisch mit Stuhl und ein TV Gerät. Nur das Bad und die Toilette waren auf dem Flur. Das war irgendwie nicht so schön. Aber was soll's, ich wollte dort ja nicht mein ganzes Leben verbringen, nur die nächsten 3 Jahre sollte es mein Zuhause werden. Es war schon ein komisches Gefühl, als ich meine Koffer auspackte, alles war neu und wie schon oben beschrieben, wusste ich noch nicht, was auf mich zukam. Als die Koffer leer und auch alles andere verstaut war, machte ich mich auf den Weg das Hotel zu erkunden. Es stand direkt gegenüber einer Kirche. Also, wenn ich Beistand brauchte ... das Hotel hatte zwei Restaurants und eine Bierstube, eine Terrasse und 30 Gästezimmer. Es war ein alteingesessener Familienbetrieb und hatte in der Branche

einen sehr guten Namen. Als ich runter ging zu den Restaurants musste ich durch die Küche. Es waren schon Köche anwesend und ich stellte mich vor. Sie begrüßten mich auch herzlich. Ich war der einzigste Auszubildende, der dieses Jahr eingestellt wurde. Aber der Betrieb bildete noch mehr aus. In der Küche gab es 3 Azubis, 2 Jungens und ein Mädel, die aber schon im 2. oder 3. Lehrjahr waren. Außerdem waren da noch ein Chefkoch und 3 andere Köche. Im Restaurant gab es einen Oberkellner, einen Chef de Rang und nun mich Pummelchen. Die anderen waren alle so fürchterlich dünn, so dass ich fast Komplexe bekam. Nur ein Kochazubi hatte mehr auf den Rippen.

Ich sah mir erst mal alles alleine an wurde dann plötzlich zum Mittagessen gerufen. Es gab einen leckeren Hackbraten mit Salzkartoffeln und Erbsen und Möhren. Und davon war alles sehr reichlich. Ich stellte zufrieden fest, dass sich in diesem Hotel nicht verhungern werde. Beim Mittagessen erzählte ich ein wenig über mich, dass ich aus dem Ruhrgebiet komme und dass meine Eltern im Sauerland gebaut hatten. Die Kollegen waren verständlicherweise ziemlich neugierig und ich gab aber auch gerne Auskunft.

Das Mittagessen war sehr gut und hat mir klasse geschmeckt. Danach ging ich aber ein wenig raus in den Ort, um zu sehen, wo ich überhaupt gelandet bin. Naja, das war ein Urlaubsort und es war eigentlich sehr viel los. Es war zwar keine Hauptsaison mehr, aber es waren immer noch viele Urlauber da, die spazieren gingen und sich ihres Urlaubs erfreuten. Von Geschäften war alles da, was man zum leben brauchte. Lebensmittel waren für mich nicht so wichtig, weil ich ja verköstigt wurde. Da war's schon wichtiger, dass ich einen Imbissbetrieb und eine Imbissbude gefunden hatte. Ich meine ja nur so für den Notfall. Ich aß doch so gerne Pommes mit Majo, oder besser noch Pommes mit doppelter Majo. Aus einer Eisdiele nahm ich mir ein Eis mit und schlenderte weiter durch den Ort. Es war ein sehr schöner, sauberer Ort mit vielen Fachwerkhäusern. Als ich an der Sparkasse vorbeikam,

fiel mir ein, dass ich ja auch noch ein Konto einrichten sollte. Das habe ich dann sofort gemacht. Stolz wie Oskar ging ich langsam zurück zum Hotel, in der Gewissheit, dass ich jetzt ein Kontoinhaber war. Jetzt müsste nur noch viel Geld auf das Konto fließen, dann wäre ich sehr zufrieden.
Da ich am nächsten Tag um 9:00 Uhr morgens meinen Dienst antreten musste, ging ich wieder zurück ins Hotel auf mein Zimmer und verarbeitete erst mal all das Neue, das an dem Tag auf mich eingeprasselt ist. Abends setzte ich mich noch ein wenig vor den Fernseher und schaute ein paar Sendungen. Ich wollte eigentlich früh ins Bett, damit ich am nächsten Tag ausgeschlafen war und pünktlich zum Dienst erscheinen konnte, aber das war ziemlich schwierig. Ich war noch zu nervös und wälzte mich lange Zeit im Bett hin und her ohne zu schlafen. Irgendwann spät abends schlief ich aber doch ein.
Durch ein richtig großes Getöse wurde ich am nächsten Morgen pünktlich um 7:00 Uhr geweckt. Oh man, ich stand im Bett und hatte Schnappatmung. Zunächst wusste sich gar nicht was los war, aber dann realisierte ich, dass die Kirche nebenan zum Frühgebet rief. Da mein Zimmer fast die gleiche Höhe hatte, wie der Glockenturm, hatte ich das Gefühl, die Glocke schlug bei mir im Zimmer. Himmel, dachte ich, das soll ja was werden in der nächsten Zeit. Nachdem ich mich gewaschen und angezogen hatte, ging ich in die kleine Gaststätte neben den Restaurants, um zu frühstücken. Die Seniorchefin bereitete fast jeden Morgen für die Hotelgäste und auch für uns Personal das Frühstück zu. Wenn sie mal nicht da war, mussten wir die Aufgabe für die Hotelgäste mit übernehmen. Es war ein gutes Frühstück mit Wurst, Käse, Marmelade, Brötchen und Brot und zusätzlich gab es noch Eier. Ich griff kräftig zu und stärkte mich für den Tag. Nach dem Frühstück um 9.00 Uhr zeigte mir der Kollege, der Frühdienst hatte, wo die Servietten, das Besteck, die Teller und alle anderen Dinge, die man im täglichen Arbeitsablauf braucht, liegen. Er erklärte mir auch das Wort Mise en place, was es bedeutet. Das sind die Vorbereitungen, die gemacht werden müssen, bevor das

Geschäft losging. Er zeigte mir in dem Restaurant eine Form um Servietten zu falten. Davon sollte ich erst mal 150 Stück falten. Puh, jetzt ging aber bei mir schon die Post ab. Ich machte es so gut ich konnte und zwischendurch, wenn er Zeit hatte, half mir der Kollege dann auch. Er meinte, wenn ich das tausendmal gemacht habe, würde ich auch ganz von allein schneller werden. Das waren ja gute Aussichten …
Der Tag verlief sehr spannend. Ich lernte viele neue Dinge, die man als Außenstehender oder Restaurantbesucher gar nicht mitbekommt. Ich erfuhr, dass es 3 Dienstschichten gab. Den Frühdienst von 7 bis 18:00 Uhr, im Teildienst von 11 bis 14:00 Uhr und von 18 bis 23:00 Uhr und den Spätdienst von 14:00 Uhr bis Schluss. Vor dem Mittagsgeschäft zeigte man mir noch, wie man Gläser auf einem Tablett trägt, ohne dass sie umkippen oder runter fallen. Im Mittagsgeschäft durfte ich dann schon die leeren Gläser von den Tischen holen und sie zum Buffet bringen. Es dauerte nicht lange, sondern nur einige Tage, da durfte ich schon Getränke den Gästen servieren. Und langsam lernte ich Teller zu tragen … erst 2, dann 3, dann 4 usw. Das dauerte aber eine Weile, bis ich mit den Tellern Sicherheit hatte. Und einige gingen auch dabei zu Bruch. Aber von Tag zu Tag kam ich im Restaurant immer besser zurecht. Mit dem Trinkgeld war es aber erst mal noch nichts, da ich ja noch keine eigene Kasse hatte und bei den Gästen auch nicht kassieren durfte. Aber man sagte mir schon, dass es bald dazu kommen würde, wenn ich mich weiterhin so gut anstelle. Ich war gespannt.
Nach ca. 14 Tagen nahm mich der Seniorchef mal an die Seite und sagte mir, dass meine Haare zu lang für die Arbeit im Restaurant wären. Ich solle heute Nachmittag zum Friseur gehen und sie schneiden lassen. Oh man, meine schönen langen Haare. Naja, die Spitzen könnten ja etwas abgeschnitten werden „Na gut" dachte ich, „dann lass ich mal heute Nachmittag den Figaro an meine Haarpracht".
Um 14:00 Uhr bekam ich dann frei, um zum Friseur zu gehen. Ihm sagte ich, dass er mir doch bitte die Spitzen kürzen

möchte. Er legte sich ins Zeug und machte dass auch so, wie ich es ihm gesagt hatte. Stolz und frisch frisiert ging ich nach meiner Freistunde zurück zum Dienst in das Restaurant. Als ich gerade dabei war Bestecke zu polieren, lief mir der Seniorchef wieder über den Weg. Er sagte, dass er mir doch freigegeben hätte, damit ich zum Friseur gehen könne und fragte mich, warum ich das nicht gemacht hätte? Als ich ihm sagte, dass ich doch beim Friseur war, lief er rot an und begann zu brüllen: „Wenn ich dir sage die Haare müssen ab, dann müssen sie ab. Die Ohren werden frei und im Nacken schön kurz". Dann sagte er weiter in schroffem Ton, dass ich sofort nochmal zu diesem Friseur gehen sollte, um mir die Haare richtig abzuschneiden. Puh, das war mein erster Anpfiff. Aber ich glaube, der Chef hat vorher schon etwas mit hohem Blutdruck zu tun gehabt. Wie ich es schon nach zwei Wochen mitbekommen hatte, waren der Chef und der Oberkellner sehr streng, aber meistens auch gerecht. Nur manchmal hatte ich das Gefühl, dass sie ihren eigenen Frust an uns Lehrlingen ausgelassen haben.

Ich stiefelte dann wieder zurück zum Friseur und diesmal machte er bei mir einen Kahlschlag. Die Ohren waren frei, der Nacken war frei und meine schönen langen Haare waren weg. Als ich wieder zurück zum Hotel kam und zum Chef ging, meinte er nur, dass es so richtig gut aussieht. Dann war die Sache für ihn erledigt.

Ja, Lehrjahre sind keine Herrenjahre. Das merkte ich schon ziemlich schnell. Aber trotzdem gefiel es mir in dem Betrieb.

Jetzt ging auch wieder die Berufsschule los. Das lustige daran war, dass ich in die Berufsschule in meiner alten Kreisstadt musste. Die Berufsschule jetzt war früher meine Realschule. Zweimal in der Woche musste ich dort hin. Einmal, der theoretische Unterricht ging bis nachmittags, danach brauchte ich nicht zurück in den Betrieb und das andere Mal, der praktische Unterricht, ging nur bis mittags. Danach musste ich wieder in den Betrieb zurück und abends dann arbeiten. Es war eine Himmelfahrt bis zu der Schule und zurück.

Stundenlang saß man im Bus. Aber es war alles eine reine Gewohnheitssache. Während der Busfahrt konnte man sich gut ausruhen, oder Schularbeiten machen.

Ein paar Tage später sagte mir der Küchenchef, dass ich doch bitte bei dem Metzger, ein paar Straßen weiter, seine Erbsenfüllmaschine holen sollte, da er sie dringend brauchte. Ich ging also den Berg hoch zu dem Metzger und fragte nach dem Gerät. Der Metzger sagte mir, dass sie kaputt gewesen wäre und er hätte sie in das Haushaltswarengeschäft gefahren, um sie reparieren zu lassen. Sie müsste aber mittlerweile schon fertig sein. Wenn ich dorthin gehen würde, könnte ich sie direkt mit zum Hotel nehmen. Ich machte mich also auf zu dem Haushaltswarengeschäft, den ganzen Berg wieder runter und am anderen Ende ein Stück wieder hoch. In dem Geschäft fragte ich einen Mitarbeiter nach der Erbsenfüllmaschine. Er wusste zuerst nicht Bescheid, aber dann fiel es ihm doch ein. Er sagte, er hat die Maschine zum Testen in den Imbissbetrieb gebracht. Wenn ich dorthin gehe, kann ich sie sofort mitnehmen. Man, so langsam wurde ich aber sauer. Aber ich machte mich auf den Weg zu diesem Imbiss, wieder den Berg hoch. Als ich dem Imbisschef mein Anliegen geschildert hatte, lächelte er etwas und meinte, dass es ihm leid tun würde, aber er hätte diese Maschine nicht. Er sagte mir noch, dass das wohl ein Missverständnis sei und ich solle zu meinem Küchenchef gehen und fragen, ob das ein Missverständnis ist. Ich bedankte mich und lief wieder los den endlos langen Weg zum Hotel. Dort angekommen, ging ich ganz aufgebracht zu meinem Küchenchef und erzählte ihm was vorgefallen war.

Ich wusste gar nicht warum, aber die ganze Küche und der Service lachten sich scheckig. Sie konnten gar nicht mehr reden vor Lachen. Nach einer Weile, als sie sich wieder beruhigt hatten, erklärten sie mir, dass es gar keine Erbsenfüllmaschine gibt und dass sie mich nur auf den Arm genommen hatten. Zuerst war ich sauer, aber hinterher musste ich mit lachen. Ich erfuhr, dass so ein Spaß mit jedem Auszubildenden gemacht wird, der gerade seine Lehre anfängt. Im nächsten Jahr sollte dann ein Kochazubi eine Kümmelspaltsmaschine holen.*lach

Am Anfang des zweiten Monats meiner Tätigkeit bekam ich meine erste Gehaltsabrechnung und damit den nächsten Schock. Ausgezahlt und überwiesen wurden mir netto 65 DM (in Worten: fünfundsechzig). Wie sollte ich davon bloß nur leben? Die Verköstigung und das Wohnen in dem Zimmer wurden mir abgezogen. Und Trinkgeld habe ich bis dato auch nur sporadisch bekommen. Irgendwie war ich total geknickt, denn unter arbeiten und Geld verdienen habe ich mir dann doch etwas ganz anderes vorgestellt. Aber was sollte ich machen? Dass es nur noch besser werden konnte, wenn ich im Restaurant mein eigenes Revier und damit auch eine eigene Kasse bekomme, habe ich mir gedacht. Aber auf jeden Fall war meine Laune am Boden, ich ging zu der Imbissbude und kaufte mir eine Currywurst mit Pommes und doppelt Majo. Das war sehr lecker und hat mir total gut geschmeckt, doch besser ging es mir hinterher auch nicht - im Gegenteil. Ich hatte ein schlechtes Gewissen, weil ich doch durch die viele Bewegung und die Lauferei doch einiges an Gewicht abgenommen hatte. Zu der Zeit freute ich mich, dass ich etwas abgenommen hatte, aber mir war auch bewusst, dass ich bestimmt nicht richtig schlank werden würde, wie andere Jugendliche. Doch ich probierte es. Meistens waren es nur 10 Kilo die runter gingen und danach wieder 12 Kilo drauf. Ich hatte das Gefühl, dass das ein Gewichtsverlauf wird, ohne Happyend. Meine Mutter war dick, mein Bruder war dick und ich auch. Naja, Mutter und Bruder hatten niemals auch nur im Entferntesten so viel Gewicht wie ich. Mein Vater und meine Schwester hingegen waren schlank. Ich war dann also auch auf der mütterlichen Linie. Und von klein auf wurde mir sowieso immer eingeredet, dass ich zwar abnehmen könnte, aber so richtig schlank würde ich nie werden. Das hatte ich im Hinterkopf. Und zu dieser Zeit war ich genau wie der Mond -. Mal zunehmend mal abnehmend.

Ich machte also weiter in der Hoffnung, dass sich in der nächsten Zeit etwas bessern würde. Und ich sollte Recht behalten. 3 oder 4 Wochen später sagte mir mein Oberkellner, dass ich ein kleines Revier bekomme, für das ich selbst verantwortlich sei. Mit eigener Kasse, eigenem Portemonnaie und eigener Abrechnung. Ich bekam einen Kassenschlüssel und der Oberkellner erklärte mir, wie man die Kasse bedient. Da ich bald alle Gerichte, Getränke und auch Preise im Kopf haben musste, war in der nächsten Zeit erst mal Speise-und Getränkekartelernen für mich angesagt. Während meines Dienstes und auch in meiner Freizeit lief ich nur noch mit der Speisekarte durch die Gegend.
Aber irgendwann hatte ich es dann geschafft. Alle Gerichte, Getränke und Preise waren in meinem Kopf. Nun konnte es losgehen.
Mittlerweile hatte ich gelernt, mindestens vier Teller zu tragen und wie man einen Gast behandelt, das habe ich mir bei den Kollegen abgeschaut. Ich konnte aber auch immer nachfragen, was richtig und was falsch ist. Die Kollegen und auch der Chef gaben mir immer gute Tipps. Eines Morgens, ich hatte an dem Tag Teildienst, kam mein Chef zu mir mit einem Kellnerportemonnaie mit ca. 300 DM Wechselgeld und sagte, dass ich ab heute ein eigenes Revier habe. Ich musste das Geld nachzählen und unterschreiben, dass ich es erhalten habe. Dann zeigte er mir die Tische, die zu meinem Revier gehörten. Sofort begann ich mein Mise-en-Place vorzubereiten: das hieß Bestecke polieren, Servietten falten, eindecken, nachsehen ob die Menagen (Salz, Pfeffer, Essig, Öl) gut gefüllt waren und das Rechaud anmachen. Dann ging es los, die ersten Gäste kamen und ich begann am Tisch zu arbeiten. Es war noch nicht professionell, eher ein wenig hackelig, aber irgendwie lernte ich schnell (da brauchte man kein Abitur für).
Natürlich habe ich auch einige Wochen später in der Berufsschule erzählt, wie weit ich schon war. Köche und Restaurantfachleute waren ja zusammen in einer Unterrichtsklasse. Während der Unterhaltung erfuhr ich auch

ganz zufällig, dass einige Kochazubis, genauso wie ich, gar keinen Schulabschluss hatten. Ich musste nochmal nachfragen, um mich zu vergewissern, dass ich alles richtig verstanden hatte. Nachdem man mir nochmal bestätigt hatte, dass einige Kochazubis ohne einen Schulabschluss in Hotelküchen ihre Ausbildungen machten, merkte ich, wie ganz langsam die Wut auf meine Mutter in mir hochkroch. Wieso hatte sie nicht bei diesem Blödmann am Arbeitsamt nur gebuckelt und nicht mal alles hinterfragt oder ihn ein wenig unter Druck gesetzt? Man, was war ich sauer.

Als ich den Tag im Anschluss der Berufsschule nach Hause kam, erzählte ich natürlich sofort meiner Mutter, was ich heute in der Schule erfahren hatte. Sie fing nur an zu stottern und erzählte etwas, dass der Mann dort wohl Recht und sie keine Ahnung hätte. Ich war aber davon überzeugt, dass mehr Engagement von ihrer Seite besser gewesen wäre, dann hätte ich bestimmt Koch werden können. Aber jetzt war es zu spät, ich habe die Ausbildung angefangen und ich werde sie auch zu Ende bringen. Aber von dem Zeitpunkt hatte ich immer das Gefühl, dass ihr, alles was mit mir zu tun hatte, total egal war. Trotz ihres freundlichen Getue. Und dieses Gefühl hatte ich bis zu ihrem Tod 2014.

Ich hatte also jetzt im Betrieb mein eigenes Revier. Das spürte ich auch an meinen Finanzen. Das Trinkgeld tat richtig gut. Ich konnte mir ab und zu etwas erlauben und auch nach Feierabend mal auf die Piste gehen. Wir hatten da im Ort eine Diskothek, die gehörte den Geschwistern Leissmann (Renate und Werner Leissmann). Die älteren unter ihnen, werden sie noch kennen. Ab und zu war Werner Leissmann auch abends in seiner Diskothek. Man kannte sie aus den TV Shows, die samstags abends im Fernsehen liefen. Dort sahen sie immer aus, als wären sie eben aus dem Ei gepellt. Als ich Werner Leissmann zum ersten Mal dort gesehen habe, habe ich ihn nicht erkannt. Unrasiert, total gestresst und irgendwie fertig, so kannte ich ihn gar nicht aus dem TV. Aber jetzt war er ja privat und nicht vor irgendeiner Kamera.

Ja, es war schon gut, was das Trinkgeld bewirkt hatte. Ab und zu konnte ich mal ausgehen, es durfte aber nicht zu kräftig sein, denn mein Chef hatte seine Augen und Ohren überall. Nur einmal hat er überhaupt nichts mitbekommen.
Die Lehrlinge aus dem Hotel und ich sind an dem Abend in die Diskothek gegangen. Bei mir klappt das ganz gut, weil ich am nächsten Tag Spätdienst hatte und so erst um 14:00 Uhr anfangen musste, zu arbeiten. Wir feierten in der Diskothek richtig schön ab. Mit Bier, Asbach Cola und anderen Mixgetränken ging die Post ab. Als wir dann irgendwann in der Nacht zurück ins Hotel durch die Küche in unsere Personalzimmer gingen, sagte mir der Koch Azubi und zeigte dabei mit einem Finger auf einen großen Topf: „da vorn in dem Topf sind Eisbeine … nicht abgezählt. Und da ich sowieso von dem Alkohol tierischen Hunger hatte, nahm ich mir einen Teller und ein großes Eisbein aus dem Topf und ging damit auf mein Zimmer. Genüsslich, mit sehr viel Appetit verspeiste ich dieses Rieseneisbein. Das Beste war die Haut mit dem Fett darunter. Ohhh man …
Es dauerte vielleicht 2 oder 3 Std., ich war schon eingeschlafen, da wurde es mir schlecht ohne Ende. Ich musste mich tierisch übergeben, schaffte es leider aber nicht mehr bis zur Toilette. Oh backe, sahen das Bett und der Fußboden davor aus. Meine Kollegen mussten das wohl mitbekommen haben und stürmten in mein Zimmer. Ich war total benebelt und wusste gar nicht was mir geschah. Gott sei Dank halfen mir meine Kollegen alles wieder in Ordnung zu bekommen. Bett abziehen und neu beziehen, Fußboden putzen und den Bettbezug haben wir in die Waschküche gebracht, kurz bevor morgens die Waschfrauen kamen. Ich kann Ihnen eines sagen: vom Alkohol und von Eisbeinen hatte ich erst mal die Nase voll und Alkohol trinke ich bis heute nur noch in Maßen. Man, war das eine Nacht. Die werde ich in meinem restlichen Leben nicht mehr vergessen. Aber auf jeden Fall kam es nie heraus bei meinem Chef und den anderen Vorgesetzten, was in dieser Nacht wirklich passiert ist. Auch wenn es mir sehr schlecht

ging am nächsten Tag, habe ich in meiner Schicht trotzdem gearbeitet. Das musste sein.

Ja, so gingen die Wochen und Monate ins Land, ich arbeitete viel, hatte nur einen freien Tag in der Woche plus den Tag, an dem ich zur Schule musste. Das, was ich am Anfang der Ausbildung durch die ungewohnte Bewegung abgenommen hatte, war auch mittlerweile wieder längst gut drauf. Das Trinkgeld, das ich jeden Tag bekam, half mir auch gut dabei, dass ich einigermaßen gut leben konnte. Essen war für mich immer noch ein Hauptthema. Ich wurde Stammgast in der Frittenschmiede, wie der eine Imbissbetrieb jetzt hieß. Da war ich ziemlich oft, obwohl ich wusste, dass es mir nicht gut tat. Es war schlimm, aber bei Stress im Beruf oder im privaten, belohnte ich mich immer mehr und öfter mit Essen. Eine Belohnung die schlecht für mich war. Aber ich konnte zu diesem Zeitpunkt nicht anders. Das kann keiner nachempfinden, der es nicht selbst schon mal erlebt hat. Ich wusste es damals noch nicht, aber dieses Frustessen würde mich noch viele Jahre begleiten. Ich habe so oft überlegt woher das kommt und warum das so ist, aber ich habe bis heute noch keine Erklärung gefunden. Am Ende des Buches werde ich mal eine Vermutung äußern, wobei ich nicht weiß, ob das stimmt.

Dann kam die Zeit, in der ich ernsthaft überlegte, den Führerschein für Pkw und Motorrad zu machen. Aber der war sehr teuer. Mit meinen 65 € Monatsgehalt und dem Trinkgeld hätte ich jahrelang sparen müssen, um überhaupt in die Nähe der Führerscheinkosten zu kommen. Es blieb mir nichts anderes übrig, als zu meinen Eltern zu gehen und nachzufragen, ob sie sich an den Kosten beteiligen. Das tat ich dann irgendwann auch. Es war natürlich wie immer zunächst ein klares Nein meiner Eltern mit der Erklärung, dass sie ja überhaupt kein Geld hätten, um dafür 1000 oder 1500 DM zu bezahlen. Dann wurde wie immer aufgezählt, was sich in den letzten Wochen und Monaten bezahlen mussten und dass ich zu sehen sollte, dass ich den Führerschein vom Trinkgeld bezahle. Ach man, immer das gleiche Lied. Ich weiß nicht was sie damit bezwecken wollten, dass sie aus allem, was mich betraf, erst immer so eine Hängepartie machten. Im Anfang habe ich ja immer gedacht, dass sie wirklich keine Mittel, oder Geld hatten, aber je öfter sie der Spiel spielten, wurden sie immer unglaubwürdiger.

So war es dann auch diesmal. Bei meinem nächsten Besuch eröffnete mir meine Mutter, dass sie den Führerschein bezahlen würden, um sofort hinterher zu sagen, dass sie aber mit dem Auto nichts zu tun hätten. Dafür müsste ich aber selbst sparen, wenn ich eines haben möchte. Und sie sagten noch, dass ich noch ein wenig abnehmen sollte, damit ich auch vernünftig in das Fahrschulauto passe. Egal was war, so Spitzen waren immer dabei, wenn sie mir etwas sagten. Ich weiß es nicht, aber ich glaube sie fanden das lustig.

Natürlich war ich froh, als ich diese Zusage von ihnen bekam, denn es erleichterte doch alles ungemein. Ich musste noch einige Monate warten, bis ich mich in einer Fahrschule anmelden konnte, doch das war mir im Moment dann auch egal. Die Hauptsache war, dass ich irgendwann starten konnte und das finanzielle geregelt war.

Die Monate vergingen und irgendwann konnte ich mir dann eine Fahrschule aussuchen. Ich hatte mich umgehört die meisten, mit denen ich gesprochen hatte, nannte mir eine der beiden Fahrschule im Ort. Dort ging ich dann auch hin, und meldete mich ganz stolz an. Die Theorie war immer montags. Das passte ganz gut, weil ich montags meistens meinen freien Tag hatte, so meinte ich wenigstens.

Ich freute mich schon auf meine erste Theoriestunde in der Fahrschule und war ganz aufgeregt, als ich dort hin ging. Uns Fahrschülern wurden viele Unterlagen ausgehändigt, unter anderem auch der Fragenkatalog mit Antworten für die Prüfung. Aber das war ja erst mal noch weithin. Nur ich wusste, dass ich jetzt wieder lernen, lernen, und nochmals lernen musste, damit ich die theoretische Prüfung bestehe. Wir mussten einen Fragebogen ausfüllen, danach besprach der

Fahrlehrer mit uns die Fragen und Antworten. Die Fahrschule war mal was ganz besonderes für mich, nicht nur der normale Trott wie arbeiten, ausruhen, wieder arbeiten und eventuell ab und zu mal ausgehen. Ich nahm mir jedenfalls vor, in jeder freien Minute mich mit den Prüfungsfragen zu beschäftigen. Damit ich so schnell wie möglich, den Führerschein bekomme.

Aber das sollte nicht so einfach sein. Nicht das Lernen, oder das Fahren, nein die Zeit spielten mir oftmals einen Streich. Immer war etwas los am Montag im Hotel und man erklärte mir so oft, dass ich diesem Montag nicht weg könne. Man, ich war dann sehr oft schlecht gelaunt. Es zog sich und zog sich mit der Theorie in der Fahrschule. Aber endlich irgendwann hatte ich auch meine erste Fahrstunde. Boah, meine Mutter hatte total unrecht. Ich passte recht gut in den Fahrschulgolf. Ich muss ganz ehrlich sagen, dass ich ein wenig Bammel hatte, ob ich genug Platz hinter dem Lenkrad hätte. Aber meine Sorgen waren total unbegründet und es ging los mit der 1. Stunde. Ach was war das für ein schönes Gefühl, mal so hinter dem Lenkrad zu sitzen und ein Auto zu bewegen. Ich habe es sehr genossen.

Der Fahrlehrer plante seine Fahrstunden immer länger im Voraus. Man bekam sofort 3 oder 4 Termine auf einen Schlag. Es kann ja auch eine Autobahnfahrt und eine Nachtfahrt dazu. Es ergab sich so, dass ich leider viele Termine für die Theorie, als auch für die Fahrstunden absagen oder verschieben musste. Es zog sich immer länger hin, und so oft hatten wir Veranstaltungen im Hotel, das ich nicht wegkam. Manchmal hatte ich schon Befürchtungen, dass ich meinen Führerschein nie bekommen werde, so langsam ging es voran.

Zwischendurch absolvierte ich meine Zwischenprüfung zum Restaurantfachmann und hatte sie ganz gut bestanden. Das war schon mal ein Erfolg für mich. Aber dass es nicht voran ging mit der Fahrschule, nervte mich doch sehr. Irgendwann war es aber dann doch so weit. Ich absolvierte die Nachtfahrt und auch die Autobahnfahrt, hatte die ersten Fahrstunden einen

Automatikwagen und danach wechselte ich auf einen Schaltwagen. Die Prüfung sollte auf einen Automatikwagen abgehalten werden. Ich weiß, heute ist das alles viel anders. Damals war es wohl wesentlich einfacher. Dann kam der Tag der theoretischen Prüfung. Den habe ich nicht verpasst. Ich füllte den Fragebogen aus, gab ihn ab und hoffte, dass ich so wenig Fragen wie möglich falsch hatte. Aber irgendwie hatte ich ein gutes Gefühl, obwohl ich beim Ausfüllen der Fragebögen in den Theoriestunden nicht einmal Null Fehler hatte. Ich war ganz schön nervös, als die Fragebogen ausgewertet wurden. Dann wurden zwei Fragebögen verteilt und der Prüfer sagte zu uns, dass in den beiden Fragebögen, die er jetzt zurückgegeben hatte, zu viele Fehler wären. Der Rest hätte die theoretische Prüfung bestanden. Ich jubelte ohne Ende. Ein Teil ist schon mal geschafft. Darauf gehe ich mir jetzt Pommes essen.*lach.

Die praktische Prüfung sollte sich aber noch eine Weile hinziehen, weil ich wieder Probleme mit der Zeit hatte. Aber ich war froh, dass ich schon mal den theoretischen Teil, wo so schnell etwas schief gehen konnte, jetzt in der Tasche hatte. Das andere wird dann auch noch kommen, auch wenn es noch eine Zeit lang dauert. Es war Wahnsinn, ich habe für meinen Führerschein über ein Jahr gebraucht. Ich hätte viel eher den „Lappen" gehabt, wenn ich mehr Zeit von meinem Arbeitgeber bekommen hätte. Aber so ist das nun in der Gastronomie. Man muss arbeiten, wenn andere frei haben. Da wird dann oft durch die eigenen Pläne einen Strich gemacht.

Dann war endlich der Tag der praktischen Prüfung. Ich war wieder total aufgeregt, zumal unser Fahrlehrer sagte, dass wir aufpassen sollten, wie wir fahren, denn der Prüfer wäre ein scharfer Hund. Ich versuchte an alles zu denken was mein Fahrlehrer vorher zu mir gesagt hatte, als ich in das Prüfungsauto einstieg. Dann ging es los. Ich fuhr etwas, musste einmal wenden und nachdem ich noch ein Stück weiter gefahren bin, sollte ich in eine Parklücke rein. Das klappte, wie ich meinte, ganz gut. Dann musste ich weiterfahren und plötzlich sagte der Prüfer, dass ich jetzt irgendwo rechts ran fahren und den Motor abstellen sollte. „Oh je" dachte ich mir, „jetzt hast du es verbockt" schoss es mir durch den Kopf. Mir kam die Prüfung viel zu kurz vor, deshalb konnte es nur sein, dass ich durchgefallen war. Der Prüfer nestelte in seinen Unterlagen und sagte dann zu mir: „Herzlichen Glückwunsch, Sie haben die Prüfung bestanden." Ich wusste gar nicht wie mir geschah und freute mich unbändig darüber. Er gab mir noch einige Tipps für den Straßenverkehr und das ich heute nicht mehr losfahren, sondern die bestandene Prüfung erst mal sacken lassen sollte, aber irgendwie bekam ich das gar nicht mehr mit, so freudetrunken war ich.

Anmerkung: *Natürlich ist der Führerschein für einen gerade mal 18-jährigen Teenager das allerwichtigste auf der Welt. Ich habe mich sehr oft über meine Vorgesetzten geärgert, weil ich Unterrichtsstunden nicht besuchen durfte, oder auch teilweise Fahrstunden absagen musste. Es war schon sehr stressig, dass der Führerschein weit über ein Jahr gedauert hat bei mir. Dabei lag die lange Dauer nicht an mir. Dieser Stress hat sich auf mein Essverhalten ebenfalls sehr negativ ausgewirkt*

Natürlich bekam ich am Tag der Prüfung vom Hotel frei und so fuhr ich, nachdem ich alle Unterlagen hatte, zum Haus meiner Eltern, um ihnen von der Prüfung zu berichten. Sie freuten sich natürlich mit mir, obwohl ich mir nicht sicher war, ob die Freude echt war. Aber ich fuhr an dem Tag mit dem Auto meines Vaters noch ein wenig herum. Natürlich mit ihm auf dem Beifahrersitz. Man, endlich hatte ich den Führerschein, auf den ich so lange warten musste. Diesen grauen Lappen habe ich heute noch in meinem Portemonnaie.

Am nächsten Tag fuhr ich zurück, wieder mit dem Bus, zu meinem Betrieb. Das Hallo war groß, als ich dort ankam und alle wollten wissen, ob ich die Prüfung bestanden hatte. Nachdem ich das bejahen konnte, gab ich für jeden einen aus, um den Tag zu feiern. Jetzt war für mich nur noch die Frage, wie ich an ein Auto komme, und wie ich es bezahlen könne. Aber diese Frage sollte sich in der Zukunft nicht mehr stellen, weil sie relativ schnell beantwortet würde.

In dem Hotel hatte sich im letzten Jahr auch viel getan. Der Seniorchef hat den Betrieb nach sehr vielen Diskussionen zunächst an seinen Junior, der vorher die Gastronomie im Frankfurter Flughafen leitete, übergeben. Nach einem guten halben Jahr merkte der Junior, dass dieser Betrieb viel zu klein für ihn war und wollte deshalb auch weg. Das Hotel wurde zum Kauf ausgeschrieben und bald darauf meldete sich schon ein ernstzunehmender Kaufinteressent. Ich glaube, er kam nicht aus der Branche, sondern war Diamantenhändler. Den Betrieb sollte ein Geschäftsführer, der angeblich die Qualifikation hatte, leiten. Der neue Inhaber hatte viel vor mit dem Betrieb, denn er wollte ihn vergrößern. Ein großes Hotel sollte auf der anderen Straßenseite gebaut werden und beide Immobilien über eine gläserne Brückenkonstruktion verbunden werden. Über diese Baumaßnahme hatte der neue Inhaber auch schon mit der Sparkasse gesprochen. Als Sicherheiten sollten Diamanten dienen. Eines Tages kam unser neuer Chef in seinem großen Daimler vorgefahren und hatte einen Koffer in der Hand, den er in seinem Büro auf den Schreibtisch legte. Darin befanden sich Diamanten, die alle, auch wir, das Personal einschließlich der Auszubildenden ansehen mussten. Sie sahen richtig gut aus, funkelten und glitzerten nach allen Richtungen. Aber leider waren sie, wie sich einige Zeit später herausstellte, nur aus Glas.

Das war ein Riesenskandal in dem kleinen Ort und auch darüber hinaus. Die Sparkasse stand kurz vor der Insolvenz, Köpfe rollten, weil der Sparkassenleiter, den ich sehr schätzte, einfach nur zu gutmütig war. Ein Notar war plötzlich auch

kein Notar mehr. Und das Schlimmste an der Geschichte war, dass das Geld auch weg war. Zu dieser Zeit war es sehr spannend in dem Ort, ein richtiger Krimi. Am Anfang kamen die Honoratioren des Ortes jedes Mal ins Hotel gestürmt, wenn der große Daimler dort stand. Das machten sie hinterher auch noch, aber da mit Knüppeln bewaffnet, weil Rechnungen nicht mehr bezahlt wurden *lach.
Gott sei Dank stand ich kurz vor meiner Abschlussprüfung und musste mir dieses Drama nur noch kurz ansehen. Denn auch die Mitarbeiter wurden nicht mehr bezahlt.
Zu der Zeit war ich schon längst damit beschäftigt, mir die Stellenangebote in der Hotel- und Gaststättenzeitung zu studieren, denn in diesem Betrieb, in dem ich gelernt hatte, wollte ich nicht länger als nötig bleiben. Es gab dort viele interessante Angebote, aber sie lagen alle leider weit weg. Doch das nahm ich in Kauf, um einen guten Job zu finden.
An das Abnehmen war zu dieser Zeit überhaupt nicht zu denken. Durch den ganzen Stress kam ich nicht durch mit leerem Magen. Ich stand kurz vor meiner mündlichen Prüfung für die Gehilfenprüfung und lernte intensiv die Dinge, bei denen ich noch nicht so sattelfest war. Zusätzlich musste ich ja auch noch im Restaurant arbeiten. Es kam der Tag, als der Gerichtsvollzieher vor der Tür stand. Wir mussten alles, was wir an Geld vom Hotel hatten, dem Gerichtsvollzieher aushändigen. Das war eine sehr schlimme Situation, weil noch Gäste im Restaurant waren. Es dauerte nicht mehr lange, da hieß es, dass der zweite Sohn meines damaligen Seniorchefs den Betrieb übernehmen würde, da der jetzige Besitzer nur ein Bruchteil vom Kaufpreis bezahlt hatte. Und so kam es dann auch. Das war nun mein dritter Chef in zweieinhalb Jahren. Aber ich bereitete mich noch auf meine Prüfung vor und dachte mir immer, dass ich sowieso bald weg bin aus diesem Laden.
Dann war es endlich soweit, ich musste zur Industrie- und Handelskammer und legte dort meine schriftliche Prüfung ab. Ich hatte zwar ein gutes Gefühl, aber man weiß ja nie, ob man

vom eigenen Gefühl betrogen werden könnte. Schlimm war nur wieder die Wartezeit, bis das Ergebnis da war. Nach zwei Wochen wusste ich Bescheid, dass ich die Prüfung bestanden hatte. Juchuu, ein Teil war schon mal geschafft. Vor der praktischen Prüfung machte ich mir keine großen Sorgen, da der praktische Teil, mir viel mehr lag. Diese Prüfung legten wir Prüflinge in einem anderen Restaurant ab. Für mich ging das alles kurz und schmerzlos von statten. Auch die mündliche Prüfung war Gott sei Dank kein Problem für mich. So hatte ich nach drei, gefühlt endlosen Jahren meine Ausbildung zum Restaurantfachmann abgeschlossen. Während den Prüfungen wechselte zum dritten Mal der Besitzer des Hotels. Ich bekam das nur noch sporadisch mit, weil ich mit den Gedanken schon an einem neuen Arbeitsplatz war.

Nachdem ich meinen Gehilfenbrief in der Hand hatte, kündigte ich sofort meinen Job. Ich hatte noch Urlaub zu bekommen, den nahm ich dann, damit ich mir ein neues Arbeitsverhältnis suchen konnte.

Als mein Arbeitsverhältnis beendet war, zog ich zum Übergang in das Haus meiner Eltern. Das war ganz praktisch, da der Dachboden schon ausgebaut und mittlerweile auch alles möbliert war.

Der Zufall wollte es so, dass sich zu diesem Zeitpunkt meine Eltern im Begriff waren ein neues Auto, zu kaufen. Ich sagte ihnen, man, das wär doch eine Gelegenheit für mich, euer altes Auto zu übernehmen. Und dann kam es jetzt wieder: „Nein, das geht nicht, wir wollen das Auto ja in Zahlung geben. Du bist jetzt volljährig und jetzt haben wir mit dir nichts mehr zu tun. Da musst du jetzt selber sehen, wie du klar kommst. Sie meinten nur damit die Unterstützung, nicht, dass ich nicht mehr ihr Sohn wäre. Ich sagte dann nichts dazu, doch ein paar Tage später kam es so wie es kommen musste. Meine Mutter sagte mir, dass ich ihr altes Auto haben könne, damit ich flexibel werde. Man, man, man, jedes Mal das gleiche Spiel… Es machte keinen Spaß mehr.

Ich hatte jetzt ca. 100 kg und versuchte, während ich Bewerbungen schrieb, aber auch einfach Hotels anrief, um mich telefonisch zu bewerben, wieder viele Kilos abzunehmen. Das war leichter gesagt als getan. Ich lief den ganzen Tag nur mit Hunger rum und war meistens dadurch auch schlecht gelaunt. Nichts war's mehr mit dem gemütlichen Dicken, der immer gut drauf war. Dazu knurrte mein Magen viel zu sehr. Bei einer Hotelkette, die auch ein Hotel im Norden Deutschlands besaß, da hatte ich mit meinem Anruf Glück. Sie suchten zu dem Zeitpunkt Personal für Küche und Service. Man sagte mir am Telefon, dass ich alle meine Unterlagen mitbringen sollte und wir verabredeten einen Vorstellungstermin ein paar Tage später.

Kapitel 4

Übergewichtig im Beruf

Auf ging es also in den Norden unserer Republik. Nach ein paar Stunden Autofahrt, war ich dann auch am Ziel. Nachdem ich mich unterwegs in einem Imbiss gestärkt hatte, ging ich in das große Hotel und wartete auf den Personalchef, der mit mir das Interview führen würde. Ich war richtig gespannt auf die Dinge, die auf mich warten würden.
Nachdem man mich in das Personalbüro geführt hatte, kam auch sehr schnell der Personalchef, wir begrüßten uns und er führte mich zu einer Sitzgruppe, auf der wir auch Platz nahmen. Nachdem ich ihm über meinen beruflichen Werdegang, in dem ja noch nicht so viel passiert war, berichtete, erzählte er mir, was ich im Falle einer Anstellung erwarten würde. Es gab eine fünf Tage Woche, ich würde an meinen Arbeitstagen von 10-19 Uhr arbeiten, also den Mitteldienst haben. Man würde mir auch helfen bei der Wohnung- oder Zimmersuche. Bis ich eine Bleibe gefunden hatte, könne ich im Hotel in einem Doppelzimmer schlafen. Er sprach mich zwar auch auf mein Gewicht an und dass ich wohl ein paar Kilos zu viel hatte, aber als ich ihm versicherte, dass ich keine Probleme mit dem Laufen oder mit der Bewegung habe, meinte er, dass es für ihn o. k. ist. Außerdem sagte ich ihm, dass ich ja jetzt bald wieder Bewegung hätte und ich bestimmt wieder dadurch einige Kilos verlieren würde. Das hörte sich alles sehr gut an, was er mir erzählte. Das einzigste, was mir nicht so gut gefiel war, dass ich erst mal nur 1000 DM brutto Gehalt bekommen würde. Aber in dem Moment machte mir es nicht sehr viel aus, denn er signalisierte mir, dass er mich gerne nehmen würde. Ich war froh, dass alles so

reibungslos geklappt hatte. So einfach hatte ich mir das alles nicht vorgestellt. Wir verabredeten, dass ich am nächsten ersten des Monats meinen Dienst antreten solle.
Nachdem wir uns verabschiedet hatten, sah ich mir noch ein wenig die Restaurants im Hotel an und aß in einem Restaurant zu Mittag, bevor ich wieder die Heimreise antreten wollte. Ich war so glücklich, doch wahrscheinlich nur deshalb, weil ich zu dem Zeitpunkt noch nicht wusste, was noch auf mich zukommen würde.
Gut gesättigt trat ich dann den Weg zurück nach Hause an. Ich wollte natürlich meinen Eltern erzählen, dass ich es so schnell geschafft habe, einen neuen Job (meinen ersten Job), zu bekommen. Über alles andere machte ich mir zu dem Zeitpunkt keine Gedanken.
Zurück zu Hause, freuten sich meine Eltern, dass alles so gut geklappt hatte. Ich erzählte ihnen die Einzelheiten, doch niemand wies mich darauf hin, dass mein Gehalt doch sehr klein wäre. Sie waren wohl nur froh, dass ich wieder Arbeit hatte und weg von der Straße war.
Die Zeit bis zum Arbeitsanfang verging relativ schnell ich fuhr einen Tag vor meinem Dienstbeginn zu meiner neuen Arbeitsstätte. Dort angekommen, zeigte man mir mein Zimmer, ein schönes Doppelzimmer mit Dusche, Toilette, TV Gerät und alles was man so braucht. Danach bekam ich meine Arbeitskleidung ausgehändigt, die ich natürlich sofort anprobierte. Oh man, sie passte soeben. Es wurde Zeit, dass ich wieder ans Arbeiten kam mich bewegte.
So begann ich am nächsten Tag meinen Dienst, der nicht viel anders war, wie in meinem Ausbildungshotel. Natürlich war alles viel größer und dementsprechend hatte ich auch viel mehr Kollegen in Service und Küche. Und es machte Spaß.
Nach dem ersten Monat bekam ich dort den ersten Schock, als ich meine Gehaltsabrechnung ausgehändigt bekam. Da standen tatsächlich nur 721 DM netto, die mir auf mein Konto überwiesen worden. Mein erster Gedanke war, wie das gehen sollte, da ich ja noch eine Unterkunft brauchte und ein kleines

Auto besaß. Trinkgeld gab es auch nicht viel denn es wurde im Tronc abgerechnet. Das hieß, alles kam in eine große Kasse und am Ende des Monats wurde das Trinkgeld nach einem Punktesystem ausbezahlt. Selbst die Putzfrauen und Zimmermädchen hatten Punkte und bekamen auch Trinkgeld. Ich hatte aber manchmal das Gefühl, dass der Oberkellner nicht alles, was er bekam, in die große Kasse einzahlte, sondern für sich behielt. Beweisen konnte ich das natürlich nicht.

Eines Tages musste ich dann ins Personalbüro gehen. Dort sagte man mir, dass das Hotel für mich ein Zimmer besorgt hatte und ein Mitarbeiter würde mit mir dorthin fahren, damit ich es mir anschauen kann. Das haben wir dann auch gemacht. Dieses Zimmer war in einer größeren, gepflegten Siedlung mit Zweifamilienhäusern und Gärten. Es war ein möbliertes Zimmer und sollte 300 DM kosten. Mir gefiel es, obwohl ich in Anbetracht meines Budgets meinte, dass die Miete für mich zu hoch ist. Aber letztendlich nahm ich es dann doch und ich hatte wieder ein Zuhause. Trotzdem musste ich irgendwie zusätzlich mein kleines Auto unterhalten, denn ich brauchte es, um jeden Tag zur Arbeit zu kommen.

So vergingen dann die Monate. Ich hatte ganz schön zu kämpfen mit meinem geringen Gehalt, damit ich über die Runden kam.

Mein Dienst im Restaurant hat sich im Laufe der Monate auch um einiges verändert. Aus der Mittelschicht wurde ein Teildienst, bei dem ich teilweise von morgens 8:00 Uhr bis nachts um 1:00 Uhr arbeiten musste. Dazwischen waren natürlich immer längere Freistunden, aber um nach Hause zu fahren, lohnte es sich nicht. An so Tagen, die immer öfter vorkamen, war der ganze Tag kaputt. Ich konnte nichts anderes unternehmen, weil die Freizeit nur immer ein paar Stunden dauerte. Längst hatte ich mir schon überlegt, irgendeinen Nebenjob anzunehmen, um noch etwas Geld zu verdienen, doch durch diese komischen Teildienste, bestand da gar keine Möglichkeit. Ich saß plötzlich total in der Klemme und wusste, dass es auf Dauer nicht so weiter gehen könnte. Mein Auto fuhr ja auch nicht mit Wasser.

Als ich dann das nächste Mal bei meinen Eltern anrief und erwähnte in welchem Dilemma ich steckte, hatte ich so das Gefühl, dass sie das irgendwie nicht interessierte. Sie gaben mir weder Tipps, wie ich aus meiner Situation herauskommen könnte, noch boten sie mir Geld an. Ich war dann auch zu stolz, um nach Geld zu fragen. Als wir dann das Telefongespräch beendet hatten, war ich dann doch ziemlich stark enttäuscht. Ich meine, es war ja nicht nur alleine meine Schuld, dass ich jetzt so mies dastand. Sie hätten mir doch auch sagen können, als ich ihnen von den 1000 DM brutto erzählt hatte, dass ich wohl mit dem wenigen Geld nicht auskommen würde und dass ich mir einen anderen Arbeitgeber suchen sollte, der mehr bezahlen würde. Sie hatten doch die Erfahrungswerte, nicht ich. Aber so waren sie halt. Für mich interessierten sie sich nicht so besonders. Ich war für sie immer nur der verwöhnte Kleine, der sowieso nichts konnte und auch nicht klar kam im Leben.

Ich schluckte zweimal, um das Gespräch zu verdauen und machte weiter in meinem üblichen Trott. An Ausgehen und feiern, oder ähnlichem war überhaupt nicht mehr zu denken in meiner begrenzten Freizeit. Dafür fehlten mir auch die finanziellen Mittel. Die ganze Geschichte ging dann noch so einige Monate weiter, bis dann ein Ereignis eintrat, dass für mich der große Supergau bedeutete. Mein Auto machte schlapp an Altersschwäche. Jetzt stand ich wirklich vor einem Riesenproblem. Das Auto war sehr wichtig, denn bei meinen unregelmäßigen Arbeitszeiten bis spät in die Nacht war ich, wenn ich Busse und Bahnen benutzen musste, total aufgeschmissen. Ich nahm mir vom Hotel 2-3 Tage frei, um zu prüfen, wie ich dann zu meinem Arbeitsplatz gelange. Die Chance war gleich null. Um ein anderes Auto zu kaufen fehlten mir die Mittel, denn mit meinem Gehalt vom Hotel kam ich gerade so über die Runden. Mir blieb nichts anderes

übrig als bei meinen Eltern anzurufen und zu fragen, ob sie vielleicht eine Lösung hätten.
Der Anruf fiel mir nicht leicht, doch er musste sein. Es ging einfach nicht anders. Nachdem ich meinen Eltern von meinen Problemen erzählt hatte, meinte meine Mutter nur: „Kind, was sollen wir tun. Wir können dir doch kein Auto kaufen." Das ging so eine Weile hin und her, bis mein Vater sich einschaltete und zu mir sagte, dass ich doch in dem Hotel kündigen sollte, weil ich bei weitem nicht genug verdiene um überleben zu können. Das war endlich mal eine klare Ansage von ihm. Aber das hätten wir schon viel früher haben können. Er meinte noch, dass er mich am nächsten Feiertag, der ein paar Tage später war, abholen würde und ich so lange, bis sich etwas Neues gefunden habe, bei ihnen wohnen könnte. Naja, das war mal ein Wort.
So wie wir es verabredet hatten, geschah es dann auch. Meine Eltern fuhren diese paar 100 km zu mir hoch und als erstes schleppten wir mein Auto auf einen Autofriedhof. Dann machten wir uns auf den Weg in mein Zimmer, um es zu räumen. Ich hatte natürlich vorher alles gekündigt. Jetzt kann nur noch hinzu, dass ich meine letzte Miete von 300 DM noch nicht bezahlt hatte, die aber mein Vater dann auch übernahm. Wir fuhren dann zurück ins Sauerland und ich zog erst mal bei meinen Eltern ein. Dass diese Abhol-Aktion so große Wellen schlagen würde, konnte ich damals noch nicht im Geringsten ahnen. Aber mein Vater hielt mir bis zu seinem Tod letzten Jahres immer wieder bei jeder passenden, aber auch unpassenden Gelegenheit vor, dass er mich abgeholt und auch noch die 300 DM Miete bezahlt hat. Irgendwann konnte ich es nicht mehr hören und habe daraufhin meine Ohren auf Durchzug gestellt.
Nun war ich also wieder im Sauerland. Ich forstete die Stellenanzeigen der Zeitungen durch und fand auch ziemlich schnell neue Arbeit. In den nächsten Jahren blieb ich noch in der Gastronomie, mein Gewicht pendelte immer so um die 100-105 kg. Da ich mittlerweile nicht mehr in Kellnerjacken

arbeitete, sondern im schwarzen Anzug, war das Größenproblem der Jacken vom Tisch. Anzüge bekam man größer als Kellnerjacken.

Doch irgendwann war es vorbei mit meiner Affinität zum Gastgewerbe. Kein freies Wochenende, kein freier Abend, jeden Feiertag arbeiten und teilweise noch eine Sechs-Tage Woche. Und alles für das bisschen Geld, das zwar wesentlich höher lag, wie damals in der Hotelkette, aber dafür, dass ich kaum Freizeit hatte, war es immer noch viel zu gering. Ich überlegte also was ich noch machen könnte. Einerseits sehnte ich mich nach geregelten Arbeitszeiten, ein freies Wochenende und an Abenden, an denen ich nicht arbeiten müsse, aber andererseits war ja der Restaurantfachmann mein erlernter Beruf, in dem ich mich auskannte. Aber ich gab mir noch Zeit zum überlegen, wie es weitergehen sollte. Wenn ich was ändern wollte, musste ich ja auch einen neuen Job in einer anderen Branche haben.

Nach einiger Zeit, an einem Tag mit richtig viel Stress, hatte ich meine Entscheidung getroffen. Ich wollte nichts mehr mit der Gastronomie zu tun haben. Und außerdem wollte ich endlich mal beruflich und privat ins ruhigere Fahrwasser kommen.

Ich kündigte in dem Hotel, in dem ich zurzeit tätig war, nahm mir meinen Resturlaub zog wieder einmal in das Haus meiner Eltern in das Dachgeschoss. Dort konnte ich mir in Ruhe überlegen, wie es weitergehen sollte.

Irgendwann fiel mir ein, da ich auch einen Führerschein hatte, dass ich mich bewerben könnte, um einen kleinen Lkw zu fahren. Bis 7,5 t durfte ich ja mit meiner Fahrerlaubnis.

Ich bewarb mich schriftlich und telefonisch bei vielen Unternehmen. Von den meisten bekam ich eine Absage, doch bei einer Firma hatte ich Glück. Es war ein Bierverlag, der Gaststätten, Hotels, Kioske usw. mit Bier, Schnaps, alkoholfreie Getränke und alles was es sonst noch dort gab belieferte. Ich freute mich auf den neuen Job und dass sich mein Leben bald in geregelteren Bahnen ablaufen sollte. So

kam es dann ja auch. Ich durfte zunächst nicht alleine auf den Lkw, weil ich mit einem Kollegen fuhr, der die Führerscheinklasse 2 besaß. Das war notwendig, weil dieser Lkw einen Anhänger dahinter hatte, den ich nicht fahren durfte. Es war herrlich zu dieser Zeit. Ich hatte geregelte Arbeitszeiten und es machte richtig viel Spaß. Klar musste ich auch Bierfässer und Kisten bewegen, aber es war kein Vergleich zu der Bewegung, die ich im Restaurant hatte. Während der Fahrten war auch viel sitzen angesagt.
So gut es mir auch gefiel, ein Problem war größer denn je geworden bei mir … **Mein Gewicht**. Durch diese wenige Bewegung wog ich nach einem dreiviertel Jahr so zwischen 120 und 125 kg. Ich konnte gar nicht so schnell gucken, wie mein Gewicht auf der Waage hochschnellte. Aber zu dem Zeitpunkt ignorierte ich mein Gewicht, in dem ich mir größere Klamotten kaufte. Dann passte alles wieder. Aber im Hinterkopf hatte ich trotzdem ein schlechtes Gewissen, weil ich ja wusste, dass das nicht alles normal sei. Ich war noch jung und hatte schon so ein Gewicht. Es nervte mich zwar, aber ich wusste bei besten Wissen und Gewissen nicht, wie ich etwas daran ändern konnte. Klar, werden sie sagen. Einfach weniger essen. Zu dem Zeitpunkt war das nicht die Menge meiner Nahrung, sondern eher die Qualität. Und heute weiß ich, wenn ich mehr Energie zu mir nehme, wie ich verbrauche, dann geht das Gewicht hoch. Doch Energie zu reduzieren ging damals nicht, da ich, sobald ich es ernsthaft versuchte, eine Schwindelattacke nach der anderen bekam. Die Schwindelattacken sahen so aus, als würde mein Kreislauf absacken. Es war nicht der Drehschwindel oder Schwankschwindel, es wurde mir nur schwarz vor den Augen, ich bekam Sehstörungen und dachte ich würde umfallen.
Natürlich ging ich sofort zu meinem Hausarzt und erzählte ihm alles. Er meinte nur, dass ich unbedingt abnehmen müsste. Das würde alles am Gewicht liegen. Mit weniger Gewicht würde es mir sofort besser gehen. Das war wie eine Katze die sich in den Schwanz beißt. Aß ich viel, ging's mir nicht gut.

Aß ich wenig, ging's mir noch schlechter. Ich konnte mir nicht vorstellen dass alles nur vom Gewicht her kam. Sicher wird das ein Beitrag dazu geleistet haben, aber nur alles vom Gewicht ... Nee, das glaubte ich nicht.

Es gab Zeiten, da ging es mir besser und andere Zeiten, da war ich schlechter dran. Die Ärzte, bei denen ich in meinem ganzen Leben war, hatten nur ein Thema: Gewichtsreduzierung, Abnehmen und nicht rauchen. Auf irgendetwas anderes wurde ich gar nicht untersucht. Ich fühlte mich von allen Ärzten irgendwie nicht für voll genommen. Aber dagegen konnte ich auch nichts machen. Sie hatten eine Meinung, und davon ließen sie sich nicht abbringen.

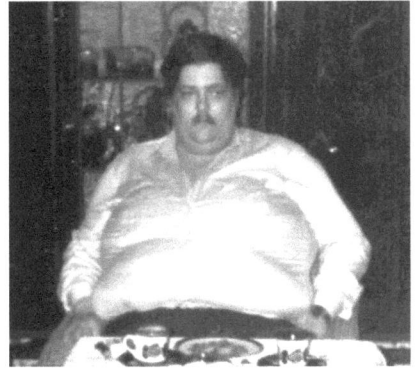

Als dieser Schwindel nach ein paar Wochen immer noch nicht weg war, wies mich mein Hausarzt in ein Krankenhaus ein, um mich mal richtig durchchecken zu lassen. Dort ging ich dann auch hin und die Mitpatienten erzählten mir, dass in diesem Krankenhaus eine sehr gute Küche wäre. Man könne sich mittags mehrere Menüs aussuchen und sie wären sehr zufrieden. Als der Stationsarzt dann später kam und mich das erste Mal sah, sagte er nur zwei Worte: **1000 kcal**. Das war es dann mit dem Menü aussuchen. Ich bekam eine Diätkost vorgesetzt. Fast jeden Tag Rinderbraten oder Rindergulasch, immer mit einer anderen Sauce. Und das Schlimmste daran war, dass es salzlos gekocht wurde. Ich bin sehr genügsam in Essensdingen und ich hab das auch gegessen. Aber diese Kost war die schlimmste, die mir jemals vorgesetzt wurde. Ich weiß heute, dass ich mein ganzes Leben aufpassen muss, dass ich nicht wieder hoch gehe mit dem Gewicht. Aber das Essen muss wenigstens schmecken, auch wenn es auch weniger Kalorien hat, als normal. Man kann nicht das ganze Leben lang so fürchterliche Diätgerichte essen. Das hält kein Mensch durch. Heute ist es so, dass ich mich auf meine Mahlzeiten sehr freue, obwohl sie wenige Kalorien haben.

Mal abgesehen von der Ernährung in diesem Krankenhaus, taten sie doch viel für mich. Es wurde Blut abgenommen, jede Menge sogar und vor allem oft. Ich bekam sehr viele Untersuchungen. Jeder Tag brachte Überraschungen, in welche Abteilung ich schon wieder musste. Aber das war gut, denn ich wollte ja endlich wissen was mit mir los ist.

Zwei Wochen später waren die ganzen Untersuchungen abgeschlossen und die Ärzte hatten auch ein Ergebnis:

Sie müssen abnehmen!!! Alles andere sei bei mir gesund. Auch die Werte wären alle im normalen Bereich. Ich dürfe dann nach Hause gehen aber ich sollte immer dran denken, dass ich unbedingt und sofort Gewicht reduzieren muss, damit es mir bald wieder gut gehen würde, meinte der Stationsarzt noch.

Was für eine Nachricht. Jetzt war ich genauso schlau wie vor dem Krankenhausaufenthalt. Aber ich ging nach Hause und nahm mir vor, weiterhin etwas für mein Gewicht zu tun. Ich war mir aber nicht sicher, ob mir das jemals gelingen würde. Doch so 10 kg nahm ich in der nächsten Zeit ab. Bei meinem Gewicht war das aber der Tropfen auf dem heißen Stein.

Da ich aber den Bier Verlag geregelte Arbeitszeiten hatte, konnte ich am Wochenende und manchmal auch in der Woche eine Nebentätigkeit ausüben. Durch Zufall bekam ich in einer Ortschaft, nicht weit entfernt von mir, in einer Diskothek einen Job als Discjockey. Man, was war das klasse. Es gab etwas Geld und diese Arbeit gefiel mir ungemein. Aber die 10 kg, die ich abgenommen hatte, waren sehr schnell wieder drauf. Ich kann mich noch daran erinnern das ich mich am Feierabend in der Diskothek mit den Worten verabschiedete:

Gute Nacht, schlaft gut wünscht euch euer 2 ½ Zentner Ronnie.

Das, was mir noch zu schaffen machte war, dass ich mit dem Gewicht kaum eine Chance hatte, bei dem weiblichen Geschlecht zu punkten. Ich hatte zwar viele Freundinnen, doch leider war es alles nur rein platonisch. Ich konnte sogar irgendwie die Mädels verstehen. In dem Alter geht man nicht mit einem Koloss ins Bett. Er sollte rank und schlank sein wie eine Tanne, ich war zu der Zeit aber schlank wie eine Tonne.

Naja, ich nahm es erst mal alles so als gegeben hin wie es war, doch gab ich die Hoffnung nicht auf, dass ich irgendwann mal ein Mädchen oder eine Frau treffen würde, bei der alles passte und bei der auch mein Gewicht nicht die ganz große Rolle spielte. Denn wie heißt es so schön: Jeder Topf findet irgendwann mal seinen Deckel.

Kapitel 5

Gewichtig in der Liebe

Es war eine schöne Zeit damals, denn durch die Arbeit in der Diskothek lernte ich viele neue, nette Leute kennen und einige wurden sogar meine Freunde.
Und eines Abends standen bei mir den halben Abend lang zwei Mädels vor dem Plattenteller, guckten immer hoch zu mir, redeten aber kaum. Sie waren beide ziemlich hübsch und in einer kleinen Pause sprach ich die beiden an. Wir kamen ins Gespräch, zunächst Smalltalk, doch dann, nach einer Weile wollten sie einiges von mir wissen. Ich gab Ihnen gern Auskunft, doch ich selbst war genauso neugierig auf sie, wie sie auf mich. Es wurde ein sehr schöner Abend und die beiden Mädels taten mir richtig gut. Später am Abend, zu vorgerückter Stunde begann ich mit einer der beiden, Miriam (Miri) hieß sie, sogar zu Flirten. Den Namen der anderen weiß ich heute schon gar nicht mehr.
Ca. 1 Stunde vor meinem Feierabend sagten sie mir, dass sie nun aufbrechen müssten, da sie noch einiges zu fahren hätten. Mir tat das sehr leid, denn es war wirklich wunderschön mit den beiden. Da gingen sie nun, aber Miri vergaß nicht mir zu sagen, dass sie am nächsten Wochenende wiederkommen wolle. Ob das stimmte was sie sagte? Bei Frauen weiß man ja nie … ich dachte mir nur so, dass ich mich sehr freuen würde, wenn ich Miri wieder sehen würde. Sie war noch ziemlich jung, nicht mal volljährig und wohnte noch bei ihren Eltern. Eine Ausbildung hat sie nicht gemacht, sondern ging nach der Schule direkt in einer Fabrik arbeiten. Ich war gespannt, ob

sich mit uns beiden etwas entwickeln könnte. Die ganze nächste Woche dachte ich nur an Miri, ob sie wohl wirklich wieder in die Diskothek kommen würde und freute mich schon riesig auf den nächsten Samstag.
Tatsächlich, sie hat Wort gehalten. Um 21:00 Uhr schritt sie durch die Tür zur Diskothek. Aber diesmal war sie allein, die Freundin war nicht dabei. Wir begrüßten uns erst mal von weitem und ich war ganz plötzlich total guter Laune. Es war schön, dass sie da war.
„Hey, du hast also deine Drohung wahr gemacht" sagte ich lächelnd zu ihr, als sie wieder vor dem Plattenteller stand.
„Ja" erwiderte sie „ich wollte doch mal sehen ob du viel arbeiten musst".
Es wurde wieder ein sehr schöner Abend. Wir flirteten heftig und es tat mir gut, dass mein Gewicht bei ihr offenbar überhaupt gar keine Rolle gespielt hat. An dem Abend hatte sie sehr viele Plattenwünsche und kam immer zu mir an den Plattenteller. Die Plattenwünsche konnte ich ihr natürlich nicht abschlagen. Außerdem lachten wir sehr viel an diesem Abend.
Aber irgendwann sagte sie zu mir, dass sie jetzt nach Hause müsse, um keinen Ärger mit ihren Eltern zu bekommen. Wir verabredeten uns aber für Mitte der darauffolgenden Woche. Nachdem Sie mir Ihre Adresse gegeben hatte, versicherte ich ihr, dass ich sie um 18:00 Uhr abholen und mit ihr etwas Schönes unternehmen würde. Ihre Augen strahlten und sie meinte, dass sie sich sehr drauf freuen würde. Ich sagte, dass es ihr dann so genauso ging wie mir. Mit einem Kuss auf die Wange verabschiedeten wir uns und konnten es kaum erwarten bis zum unserem ersten Date.
Ach ja, das war schon eine schöne Zeit. Endlich mal kein schlechtes Gewissen wegen meines hohen Gewichtes. Ich konnte einfach so sein wie ich war.
Als ich sie abholte, waren wir beide ganz aufgeregt. Sie sah richtig chic aus und wir beide fuhren in ein gutes Restaurant, um erst mal etwas Leckeres zu essen. Auf dem Weg dorthin, erzählte sie so einiges über sich. Dass sie noch drei

Schwestern hatte und einen Bruder und dass sie die zweitjüngste war. Der Bruder war schon verheiratet, doch die anderen alle noch ledig.

Das Essen war sehr gut und danach gingen wir noch in ein Café, um etwas zu trinken und um uns weiter zu unterhalten. Der Abend verging wie im Fluge und ich musste daran denken, dass sie spätestens um 22:00 Uhr zu Hause sein musste, da sie ja noch nicht volljährig war und am nächsten Tag um 7:00 Uhr morgens wieder in der Fabrik arbeiten musste.

Wir brachen dann auch frühzeitig auf, damit wir uns nicht verspäteten. Ich wollte ja nicht dass Miri Ärger bekam. Ich parkte den Wagen ein Stück vor ihrem Wohnhaus und da gab es dann den ersten Kuss. Es war einfach herrlich. Wir verabredeten, dass wir in den nächsten Tagen telefonieren würden und das taten wir dann auch.

Ein paar Wochen später kündigte ich meinen Nebenjob in der Diskothek, um am Wochenende mehr Zeit für Miri zu haben. Wir haben dann so einiges unternommen und es war eine sehr schöne Zeit. Dann kam auch das Wochenende, an dem sie bei mir zum ersten Mal übernachtete. Man war das aufregend. Ich dachte nur, dass ich mich daran gut gewöhnen könne.

Nach drei oder vier Wochen überlegten wir gemeinsam, ob wir nicht zusammenziehen sollten. Wir beide fanden die Idee fantastisch, nur ihre Eltern waren „not amused". Im Gegensatz zu Miri, spielte bei ihnen mein Gewicht wohl eine ganz wesentliche Rolle. Außerdem wussten sie, dass ich bei einem Bierverlag arbeitete. Sie hatten sich vielleicht etwas Besseres für ihre Tochter gewünscht, obwohl sie Miri keine Ausbildung machen ließen. Naja egal, wir beschlossen dann eben, wenn wir nicht zusammen ziehen dürfen, dann werden wir halt heiraten, sobald sie 18 Jahre alt ist. So lange dauerte das ja nicht mehr.

Zwischendurch besuchte ich meine zukünftigen Schwiegereltern auch, damit sie mich kennenlernen konnten und sich nicht nur eine Meinung aus Hören-Sagen bilden mussten. Sie waren recht freundlich, doch irgendwie hatte ich den Eindruck, dass ihre Meinung über mich schon feststand und sie mich als Schwiegersohn ablehnten. Mich störte das zu diesem Zeitpunkt nicht, denn ich wollte sie ja nicht heiraten, sondern ihre Tochter Miriam.

So verrann die Zeit und Miri war fast jedes Wochenende bei mir. So konnten wir uns erst mal beschnuppern, ob es auch funktionieren würde, mit dem Zusammenleben. Nach einer Weile merkten wir, dass es mit uns beiden ganz gut lief und wir konnten Pläne für unsere spätere Zukunft machen. Ich merkte, dass Miri sehr viel Angst vor ihren Eltern hatte und vor allem ihnen zu sagen, dass wir heiraten würden. Ich hielt mich derzeit noch etwas zurück, denn es waren ja ihre Eltern. Doch es kam alles etwas anders, wie wir es geplant hatten.

Dann kam der Tag, an dem sie ihren 18. Geburtstag feierte. Wir telefonierten an diesem Tag nur, denn wir wollten ausführlich am darauffolgenden Wochenende ihre Volljährigkeit feiern. Ach es war schon eine schlimme, nein, besser ungewisse Zeit damals. Ich hätte es lieber gehabt, wenn alles etwas harmonischer abgelaufen wäre. Doch ihre Eltern waren auf Krawall gebürstet und legten uns Steine in den Weg, wo sie nur konnten. Aber wir waren jung, verliebt und unbeschwert und sahen diesen Problemen mit einer gewissen Leichtigkeit entgegen. Diese Unbeschwertheit ist das Recht der Jugend, weil ihnen noch die Lebenserfahrung fehlt.

Zwei Wochen später sagte Miri ihren Eltern, dass sie ausziehen und bei mir einziehen würde. Plötzlich war es raus wovor sie solche Angst hatte. Ihre Eltern taten alles Mögliche um diesen Auszug zu verhindern, aber Miri setzte sich dann doch letztendlich durch.

In dieser Zeit war bei mir an Diät überhaupt nicht zu denken. So viel Stress, das wäre auch nicht gut gegangen mit leerem Magen. „Das wird sich schon wieder alles einspielen, wenn wir beiden zusammengezogen und die ganzen Wogen geglättet sind", dachte ich mir des Öfteren zu der Zeit. Oder wollte ich mich damit vielleicht nur beruhigen? Ich wusste es nicht, was noch passieren würde.

Dann kann der Tag des Umzugs. Ich holte Miri ab, half ihr dabei die ganzen Kisten und Koffern in das Auto zu laden und dann ging es los, zu ihrer neuen Wohnung. Von den Eltern und Geschwistern war an diesem Tag überhaupt nichts zu sehen. Ich hoffe, sie wussten was sie ihrer Tochter antaten. Eine Aussteuer hatte Miri auch nicht. Aber das war uns egal, denn ich hatte ja eine komplett eingerichtete Wohnung. Und alles was wir noch brauchen sollten, würden wir uns nach und nach zusammen kaufen.

Wieder zu Haus angekommen, lagen wir uns erst mal in den Armen und freuten uns darüber, dass dieser schwierige Teil des Umzugs vorbei war. Jetzt konnte es wieder in ruhigeres Fahrwasser gehen.

Wir nahmen uns erst mal ein paar Tage Zeit, um wirklich anzukommen in unserem neuen Leben. Doch dann musste es auch weitergehen. Dadurch dass Miri ja ihren alten Job gekündigt hatte, suchte sie sich nun einen neuen. Wider Erwarten ging das relativ schnell. Sie bekam neue Arbeit in einer Fabrik für Küchengeräte bei uns in der Nähe. Das Gute an der neuen Arbeit war auch, dass sie von firmeneigenen Bussen morgens zur Arbeit geholt und abends auch wieder nach Hause gebracht wurde. Da Miri noch kein Führerschein hatte, wäre es für sie oder für uns sonst ein Problem geworden zur Arbeit und wieder zurück zu kommen, da ich ja selbst das Auto brauchte, um zu meiner Arbeit zu gelangen.

So vergingen die Wochen und Monate. Wir arbeiteten, waren glücklich bis auf eine Sache. Ich merkte, dass Miri es sehr mitnahm, dass sich ihre Eltern bei ihr überhaupt nicht meldeten. Sie erkundigten sich nicht, wie es ihr erging, ob sie sich wohl fühlte – im Gegenteil. Wenn Miri die Eltern mal anrief, baten sie sie zum Gespräch. Aber dieses Gespräch sollte ohne mich stattfinden. Um weiteren Ärger zu vermeiden, willigte sie auch zu solch einem Gespräch ein. Und es kam wie wir es befürchtet hatten. Ihre Eltern boten ihr an, wenn sie sich von mir trennen und wieder zu ihnen ziehen würde, ihr den Führerschein bezahlen und ein Auto zu kaufen. Ich weiß bis heute nicht was diese Leute gegen mich hatten. Ich hatte ihnen nie was getan und ich habe auch ihre Tochter nicht schlecht behandelt. Miri lehnte natürlich ihr Angebot ab und kam zu mir zurück. Diese Angebote kamen im Laufe der Zeit öfter, doch Miri hielt immer stand.

Irgendwann nach ein paar Monaten fragte ich Miri, ob sie mich heiraten möchte. Mit diesem Antrag hegte ich die Hoffnung, dass nach der Hochzeit das Verhältnis von uns zu ihren Eltern normalisieren würde, da sie ja dann wussten, dass eine Trennung nicht mehr so einfach wäre.

Miri willigte ein und wir suchten uns einen Termin aus. Es sollte erst mal nur eine standesamtliche Hochzeit werden. Kirchlich hätten wir später immer noch heiraten können, wenn das Verhältnis zu ihren Eltern besser geworden wäre. Dann ging es an die Vorbereitungen. Wo feiern wir, wie feiern wir, wie viele Leute wollen wir einladen. Wir verschicken natürlich auch Einladungen an ihre Eltern und Geschwister. Leider kam nach ein paar Wochen von denen eine Absage. Das war ein großer Schock für Miri. Sie war total traurig und ich musste sie immer wieder aufbauen. Aber wir konnten es nicht ändern. Meine Devise war dann irgendwann: wer nicht will der hat schon. So machten wir die Hochzeit etwas kleiner. Miri hatte die Hoffnung, dass das Verhältnis zu ihren Eltern sich bis zu der kirchlichen Hochzeit gebessert hätte und dass sie dann kommen würden.

Am Tag vor der Trauung brezelte eine ältere Freundin von uns Miri richtig auf und gab ihr Tipps wegen der ganzen Schminkerei und so.

Am nächsten Tag ging es dann um 10:30 Uhr zum Standesamt und wir ließen uns trauen. Miri sah wundervoll aus. Danach fiel es uns ein, dass wir einen Fotograf vergessen hatten. Aber das war auch kein Problem. Fast direkt neben dem Standesamt gab es ein Fotostudio, in das wir einfach hineingingen und fragten, ob man sofort Fotos von uns machen könne. Oh man, wenn ich das heute überlege … Aber wir hatten Glück. Der Fotograf hatte Zeit und so bekamen wir doch noch unsere Fotos. Auch wenn sie mit knapp 1000 DM nicht gerade günstig waren, so waren wir doch froh, Fotos bekommen zu haben.

Nach der ganzen Aufregung mit den Fotos, gingen wir dann mit den Trauzeugen und meiner Familie in ein Restaurant zum Essen. Es war ein sehr schöner Tag, doch Miri dachte immer daran, dass ihre Eltern nicht dabei waren. Abends feierten wir dann mit unseren Freunden in einer Diskothek, in der wir Stammgäste waren. Das rundete den Tag sehr gut ab. Trotz des ganzen Stresses im Vorfeld der Trauung mit den Eltern von Miriam, konnten wir den Tag hinterher als sehr gelungen bezeichnen. Es war wunderschön trotz allem.

Wir hatten uns von unseren Betrieben ein paar Tage Urlaub genommen, damit wir die Hochzeit so richtig genießen konnten. Jetzt waren wir ein Ehepaar und ein neuer Lebensabschnitt begann für uns beide. Wird diese Ehe wohl ein Leben lang halten? Zu dem Zeitpunkt waren wir uns sicher, dass es so werden wird. Glücklich und zufrieden genossen wir unseren Kurzurlaub, bevor uns dann der Alltag wieder ein holte.

Jetzt wäre eigentlich ein guter Zeitpunkt für mich gewesen, mal wieder einen Versuch zu starten, um abzunehmen. Ich nahm es mir fest vor und benötigte auch 3-4 Anläufe, bis ich merkte, dass es nicht klappen wird. Man, ohne Unterstützung ist das so schwer. Mein Hausarzt verschrieb mir auch einen Kursus bei einer Ernährungsberatung. Die gute Frau sah aus, als würde sie bei der „Auferstehung des Fleisches" liegen bleiben. Wie kann jemand, der noch nie etwas mit abnehmen am eigenen Leib zu tun gehabt hat, anderen erklären, wie man Gewicht reduzieren soll. Das geht doch nur in der Theorie aus Büchern. Das ist mittlerweile hinlänglich bekannt, dass das nicht funktioniert.

Man sagt ja immer dass, wenn Paare sich finden und Zusammenleben, das Gewicht nach oben geht. Ich weiß zwar nicht wodurch, aber sei es vielleicht durch die Bequemlichkeit, da man ja nicht mehr auf dem freien Markt zur Verfügung steht, oder sei es durch das gute, geregelte Essen, das man hat, wenn man zusammen lebt und kocht.

Bei mir war das etwas anders da wir beide arbeiteten, waren wir abends oftmals so geschafft von unserem Tagwerk, dass wir einfach gar keine Lust mehr hatten einzukaufen und dann auch noch zu kochen. So hielten wir dann mit unseren häufigen Einkäufen und Bestellungen mehrere Imbissbetriebe und Pizzerien am Leben. Chinesen oder McDonald's gab es bei uns zu dem Zeitpunkt noch nicht.

Das machte sich bei mir mit der Zeit auch bei meinem Gewicht bemerkbar. Ich quoll auf, als wenn ich aus Hefe bestehen würde. Ich weiß noch, dass ich zu dem Zeitpunkt schon 150 kg hatte und keine kleinen, preiswerten Autos mehr fahren konnte, einfach aus dem ganz simplen Grund, da ich dort nicht mehr reinpasste. Ein Auto, in dem ich viel Platz hatte und mich wohl fühlte, war der Ford Granada. Da saß man drin wie auf der Wohnzimmercouch. Der einzige Nachteil war auch bei dem Auto, dass ich ca. jedes Jahr einen neuen Fahrersitz benötigte, da der alte durchgesessen, oder die Rückenlehne abgebrochen war. Mein Ersatzteillager für Autositze war damals ein Schrottplatz. Ja, ich war schon ein gewaltiges Kaliber.

Dass es mittlerweile höchste Zeit war, Gewicht zu verlieren merkte ich inzwischen selbst. Das brauchte mir kein Arzt mehr zu erklären. Das Problem war nur wie. Kein Arzt und keine Ernährungsberatung hatten da einen Königsweg. Ich hab zu der Zeit schon gelernt, dass jeder Mensch verschieden ist und jeder Mensch hat auch ein anderes Abnehmenverhalten. Alles das, was in den schlauen Büchern steht, zeigt doch nur eine ganz kurzfristige Wirkung. Ich z.B. habe ja Veranlagung zum dick werden von meiner Mutter geerbt. Also würde ich immer zunehmen, sobald ich mehr Energie zu mir nehme, als ich verbrauche. Das bedeutete für mich, dass ich mein ganzes Leben mein Gewicht kontrollieren müsse. Und diese Kost, die in den schlauen Büchern der Ärzte und Ernährungsberater drin steht, hält kein Mensch ein ganzes Leben durch. Was ich damals schon wusste war, dass ich keine Diät brauchte, sondern eine Ernährungsumstellung, die richtig gut schmeckt, gesund ist und langfristig auch was bewirken kann.

Aber diese Ernährungsform bekam ich von keiner der Ernährungsberaterinnen (ich habe viele verschlissen *gg) mitgeteilt. Wie auch, diese dünnen Frauen mussten ja auch noch nie abnehmen.

Ich sah mich dann erst mal auf dem freien Markt um, was es an Angeboten gab, um abzunehmen. Ich wollte herausfinden, was persönlich für mich die richtige Methode sein würde. Diäten gab es ja ohne Ende in Zeitschriften.

Zuerst entdeckte ich ein Ernährungsshake, von dem man nur drei Becher am Tag trinken musste und dadurch alle Stoffe und Vitamine, die der Körper braucht, erhält. Man sollte durch diesen Shake sehr schnell abnehmen und trotzdem fit bleiben. Essen war aber leider dadurch nicht mehr angesagt. Als ich mir dieses Zeug in der Apotheke kaufte, hatte ich aber nicht bedacht, dass ich ein Gewicht, dass ich in 25 Jahren zugenommen habe, nicht in vier Wochen wieder runter bekomme.

Jedenfalls kaufte ich mehrere Geschmacksrichtungen davon und begann voller Zuversicht und Euphorie meine Diät. Zunächst begann die Gewichtsabnahme sehr sehr flott, was auch eigentlich klar ist in meiner Gewichtsklasse, denn man verliert zunächst sehr viel Wasser. Natürlich habe ich gedacht das geht jetzt so weiter und ich bin in ein paar Wochen schlank ... Pustekuchen, Nix war es damit. Ich hätte mit dieser Diät wahrscheinlich auch weiterhin abgenommen, aber ich merkte, dass sie meinem Körper nicht gut tat. Diese Getränke hatten am Tag 800 kcal und bei meiner körperlichen Arbeit im Bierverlag war ich mit diesen paar kcal total überfordert. Außerdem nervte es mich tierisch, dass ich nichts mehr zwischen die Zähne bekam, was ich beißen musste. Ich hatte auch schon die Befürchtung, dass ich mich nach einiger Zeit

mit Messer und Gabel nur noch verletzen und meine Zähne ausfallen würden, weil ich ja nichts mehr zu beißen hatte.
So schmiss ich diese Getränke voller Wut in die Ecke und musste überlegen, was nun zu tun ist.
Als nächstes sagte ein Bekannter von mir, er hätte von Weight Watchers gehört, und dass die Leute, die an diesem Programm teilnahmen, gute Erfolge erzielten. Außerdem wäre jetzt eine neue Gruppe in der Nähe meines Wohnortes aufgemacht worden. Vielleicht sollte ich da mal vorbeischauen und gucken, ob das etwas für mich ist.
Naja, das war wenigstens wieder eine Möglichkeit, um Gewicht zu verlieren. Ich hoffte nur, dass ich mit dem Programm besser zurecht kommen würde, wie mit diesen modifizierten Getränken.
Also ging ich zum nächsten Gruppentreffen dorthin und hörte mir an, was die Gruppenleiterin zu sagen hatte.
Das hörte sich in der Theorie alles richtig gut an, aber ob sich das so umsetzen ließ, wie man mir es erklärte, da war ich mir nicht so sicher. Jedenfalls meldete ich mich erst mal an, bekam eine ganze Tüte voll mit Unterlagen und wurde natürlich auch gewogen. Das war ganz gut, denn meine Waage wog nur bis 120 kg und deshalb war ich schon länger nicht mehr auf ihr. Mittlerweile waren es 154 kg, die ich lebendgewichtig auf die Waage brachte. Das war im ersten Moment ein richtiger Schock, zumal, wenn ich zu Hause vor dem Spiegel stand, ich mir immer gedacht habe: „och man, so dick bist du doch gar nicht". Diese Einstellung hat sich leider bis zu meinem Höchstgewicht nie geändert.
Ich nahm mir also diese Unterlagen mit nach Hause und begann sie zu studieren. Da waren viele leckere Gerichte drin, so wie ich meinte, und die ich auch gut nachkochen könnte. Ich probierte auch vieles in der ersten Woche davon aus und hielt mich außerdem an die Regeln. Das zeigte Wirkung. Nach einer Woche war wieder Gruppentreffen und natürlich wurde ich wieder auf die Waage gestellt. Oh man, ein Applaus brannte auf von meinen Leidensgenossen, als die

Gruppenleiterin sagte, dass ich in meiner ersten Woche bei Weight Watchers satte 8 kg abgenommen hätte. Ich war damals natürlich auch ein wenig stolz, doch heute weiß ich, dass es nur Wasser war, was ich abgenommen hatte. Aber erst mal war ich zufrieden.

Weight Watchers war leider nicht gerade eine preiswerte Möglichkeit, Gewicht abzunehmen. Jedes Gruppentreffen kostete 15 DM ohne dass, was man uns dort noch zum Kauf angeboten hatte. Auch die Gerichte zum nachkochen hatten es in sich. Man musste sehr viel einkaufen und leider auch sehr viel wegschmeißen, weil viele Dinge, wenn sie einmal geöffnet wurden und nicht alles gebraucht wurde, sehr schnell schlecht wurden.

Das, was mir auch nicht so behagte war, dass man den ganzen Tag am Herd stehen würde, wenn man alles richtig machen wollte. Dazu hatten wir gar keine Zeit. Ich konnte ja nicht meinen Job hin schmeißen, nur wegen Weight Watchers. So zog ich das erst mal einige Wochen durch. Natürlich nahm ich auch weiterhin ab, auch wenn es nicht mehr in dem Rahmen war, wie nach der ersten Woche bei Weight Watchers.

Ich ernährte mich so gut es ging von den Vorschlägen der Kursleiterin der Abnehmgruppe. Aber ganz ehrlich gesagt. Das ewige Kochen und am Herd stehen, ging mir irgendwann ganz gehörig auf die Nerven. Ich hab ja eigentlich ganz gern gekocht, doch wenn die Zeit nicht da ist, weil man ja auch arbeiten musste, artete dieses Kochen schon in Stress aus. Zumal Miri brauchte ja nicht abnehmen, sie war richtig schön schlank. Also musste ich immer für zwei Personen etwas Unterschiedliches kochen.

„Es muss doch eine Möglichkeit geben sich kalorienbewusst und wirklich schmackhaft zu ernähren, ohne dass man den ganzen Tag vor dem Herd steht und trotzdem abnimmt" dachte ich mir in dieser Zeit so oft. Ich hatte ja schon von einer Ernährungsberaterin ein Heftchen bekommen, in dem eine Kalorientabelle war. Da stand aber auch nicht alles drin, meistens war es nur ein Überblick von Lebensmitteln, die am meisten verkauft wurden. Oh man, was war das schwierig damals zu der Zeit mit meiner Ernährung. Heutzutage geht alles viel einfacher, aber damals musste ich da einfach nur durch.

Sechs oder acht Wochen später überlegte ich ernsthaft, ob ich es lassen sollte mit Weight Watchers. Das Essen, das ich mir gekocht hatte, schmeckte zwar einigermaßen gut, doch ich freute mich nicht mehr auf die Mahlzeiten. Irgendwie wurde ich bei jedem Mittagessen daran erinnert, dass ich auf Diät war. Und bei mir im Kopf ging es immer rum, dass ich diese Ernährungsform ja mein ganzes Leben lang machen müsste, um vom großen Gewicht runter zu kommen und dann das kleinere Gewicht zu halten. Das versetzte mir jedes Mal einen Schrecken. Und wenn ich daran gedacht hatte, wie viele Kilos ich noch abnehmen müsse, bis ich auf Normalgewicht war, verging mir die ganze Lust an Diäten. „Das würde zig Jahre dauern" schoss es mir immer öfter durch den Kopf. Und als nächstes dachte ich mir sofort immer, dass ich sowieso nie Normalgewicht bekommen könne, weil ich erstens schon zu lange viel zu dick war und weil ich zweitens die Veranlagung zum dick werden von meiner Mutter geerbt hatte. Dass ich damals mit meiner Meinung total verkehrt lag, konnte ich zu diesem Zeitpunkt noch nicht ahnen. Außerdem habe ich viel später erst erfahren, dass die Ernährung von Weight Watchers bei einem Volumen von 1500 kcal/Tag lag. Mit etwas Ausdauer hätte ich vielleicht selbst so eine Ernährungsform hinbekommen. Aber damals waren die Nährwertangaben auf vielen Lebensmitteln noch nicht vorhanden. Ich hatte mir zu der Zeit Kochbücher bestellt, in denen auch nichts von den Nährwerten stand.

Acht Wochen später war es dann soweit, ich ging nicht mehr zu dieser Abnehmgruppe. Auf der einen Seite war ich froh, dass ich jetzt nicht mehr so an den Herd gefesselt war, aber auf der anderen Seite wusste ich auch, dass, wenn mir jetzt nicht etwas anderes einfiel, mein Gewicht wieder steil an Höhe gewinnen würde. Und davor hatte ich tierische Angst.

Dann las ich etwas in einer Frauenzeitschrift von der Brigitte Diät. Obwohl ich nicht überzeugt war, dass diese Diät mir helfen würde, begann ich doch die Gerichte aus der Zeitung nachzukochen. Da merkte ich aber schon sehr schnell, dass das überhaupt nichts für mich war. Viel zu teuer, viel zu kompliziert und man musste dauernd die Zeitungen kaufen (was wohl der Sinn und Zweck dieser Diät war). Nein das klappte alles nicht, wie ich mir das vorstellte.

Nach der Brigitte Diät kam der absolute Tiefpunkt in meiner Diätkarriere. Das war der Supergau aller Diäten. Ich probierte abzunehmen mit einer Essensumstellung nach Dr. Atkins. Das bedeutete für mich ab sofort überhaupt keine Kohlenhydrate mehr. Weder Brot, Brötchen, noch Kartoffeln oder Nudeln, geschweige denn Gemüse. Dr. Atkins schrieb in seinem Buch: »warum sollte man Gemüse essen, wenn es doch diese guten Pillen gibt, bei denen der Körper alles bekommt was er braucht«. Oh man, was war das für eine Horrordiät. Nur Fett und Eiweiß. Ich konnte morgens schon ein Eisbein oder eine Schweinshaxe essen, mittags dann ein Steak und Würstchen und abends noch mal viel Fleisch. Zuerst fand ich das gut. Man konnte davon so viel essen wie man wollte und ich griff am Anfang richtig kräftig zu. Ich schmorrte mir Schweinenacken, aß öfter gegrillte dicke Rippe, oder auch die Patties von den Hamburgern. Frikadellen schmeckten auch ganz gut wenn keine Brötchen drin war.

Aber irgendwann hing mir das ganze Fleisch zum Hals raus. Obwohl ich jedes Mal nach einer Mahlzeit ziemlich satt wurde, konnte ich kein Fleisch mehr sehen. Es ging einfach nicht, dass ich diese Ernährungsform beibehalten konnte. Zumal ja der Körper auch Kohlenhydrate braucht.

Später erfuhr ich, dass es über diese Kohlehydrat-freie Ernährung auf der ganzen Welt nicht eine einzige Langzeitstudie gab. Und das nur aus dem einfachen Grund, weil keiner der Probanden diese Ernährungsform lange durchhielt.

Als ich das gelesen hatte, war ich sehr zufrieden, denn ich hatte mir schon eingeredet, dass nur ich kein Durchhaltevermögen hatte. Und außerdem ist Dr. Atkins in jungen Jahren an einem Herzinfarkt gestorben. War es dann doch vielleicht zu viel Fett?

Von den ganzen Diäten hatte ich mittlerweile die Nase gestrichen voll. Ich beschloss deshalb, dass ich in der nächsten Zeit nur viel weniger von diesen hochkalorischen Dingen essen würde, um etwas Gewicht zu verlieren. Pizza, Pommes, Pasta und vor allem Majo waren erst mal für mich gestrichen. Da ich derjenige war, der zu Hause meistens kochte, konnte ich mir die Dinge aussuchen, die auf den Keller kamen. So lief das die nächsten Monate und Jahre eigentlich ganz gut. Mal ging es etwas hoch mit dem Gewicht, mal ging es aber auch wieder runter. Wenn ich das heute so überlege, war ich wohl fast mein ganzes Leben lang auf Diät.

Mit meinen Schwiegereltern lief es mit der Zeit auch etwas besser. Wir besuchten sie ab und zu. Doch was mir am besten gefiel, war, dass die Geheimtreffen mit Miri, ohne mich vorbei waren. Deshalb war ich aber immer noch nicht überzeugt davon, dass sie mich in ihr Herz geschlossen hatten. Vielleicht war es auch nur die große Ruhe vor dem Sturm. Aber jedenfalls hatten wir die nächsten Jahre erst mal Ruhe und kein Stress mit ihnen.

An den Wochenenden hatten Miri und ich ja Zeit, um etwas zu unternehmen. Das taten wir dann auch. So war ich dann zum ersten Mal auf einer Country Night. Das war dort schon beeindruckend, diese Outfits. Und vor allem die richtig klasse Livemusik. Ich glaube, an dem Abend hat es mich gepackt. Das war wohl der Grundstein für mein späteres Countryfeeling. Und auf der Bühne saß ein Mann, ich musste zweimal hinsehen, der hatte bestimmt über 200 kg. Aber im Outfit von einem Michelin Männchen mit Stetson. Er saß nicht auf einem Stuhl, er saß auch nicht auf zwei Stühlen, er saß auf einer stabilen Bank links von der Band. So wie es aussah, hatte er dort nichts zu tun, sondern war nur das Maskottchen für die

Veranstaltung. Heute weiß ich, der Mann hieß Ulli Totzki und nannte sich Ulli, Brummi Deutschland. Er ist mittlerweile leider schon tot, aber er war eine Legende in der Szene. Damals war ich einfach nur froh, dass sich Leute auf die Bühne trauten, die wesentlich mehr Kilos hatten, wie ich. Aber ich genoss die Veranstaltung sehr. Die Bands machten sehr gute Musik, die ins Ohr ging und den Topact des Abends kannte ich sogar … Truck Stop. Ich kannte von denen zwar nur ein Lied »Der wilde wilde Westen«, aber auf der Bühne und im Publikum ging mit ihnen die Post ab. Ja, ich bin mir ganz sicher, dass der Abend der Beginn meiner Liebe zur Country Music war.

Miri war nicht so sehr begeistert, sie hörte lieber andere Musik. Aber das war mir an dem Abend egal. Es wurde im Rhythmus geklatscht und geschunkelt, so etwas hatte ich vorher noch nicht erlebt.

Zurück zu Hause habe ich erst mal meine Plattensammlung durch gestöbert (CDs gab es damals noch nicht), ob auf den Schallplatten ein paar Titel mit Country-Musik waren. Ich hatte Glück, etwas war dabei. Seitdem lief bei mir Zuhause fast nur noch Country-Musik. Es sei denn, Miri wollte etwas anderes hören.

Kapitel 6

Auf geht´s nach Bayern

Dann begann die Zeit, in der ich, entweder von meinem Gewicht, oder von meinem Job »Rücken« bekam. Man, das waren höllische Schmerzen. Es ging nach einer Zeit nicht mehr weiter in dem Bierverlag. Ich konnte die schweren Fässer und Kisten nicht mehr heben.
Notgedrungen ging ich dann zum Arbeitsamt und hab mich erkundigt, was man jetzt machen könnte. Nachdem mir der Mitarbeiter dort so einiges erzählt hatte, meinte er zum Schluss, dass er glaube, da ich ja schon Restaurantfachmann gelernt hatte, dass eine Umschulung zum Hotelkaufmann, genau das richtige für mich wäre.
Das hörte sich für mich alles sehr gut an, was der Mann mir sagte. Er meinte aber auch, dass diese Umschulung in Regensburg stattfinden würde. Doch da könnte ich mir in dem Wohnheim ein Zimmer nehmen. Jedenfalls war ich erst mal begeistert und wollte das, was ich erfahren hatte, zunächst einmal verarbeiten. Ich musste mich ja auch nicht sofort entscheiden, wie der Mitarbeiter vom Arbeitsamt mir gesagt hat. Ich solle erst einmal alles in Ruhe überlegen. Aber das wäre eine Möglichkeit, wieder in einen guten Job zu kommen.
Zuhause haben Miri und ich das ausführlich besprochen und wir sind zu dem Ergebnis gekommen das, wenn die Umschulung genehmigt würde, wir zusammen nach Regensburg ziehen würden. Noch war es ja nicht so weit aber für uns hieß es dann aber auch, eine Wohnung dort zu suchen. Am liebsten hätten wir sie gern möbliert gehabt. Die

Umschulung dauerte anderthalb Jahre, so lange hätten wir es ja in einer möblierten Wohnung ausgehalten. Und vor allem, wir wollten normalerweise nicht länger in Regensburg bleiben, wie die Umschulung dauerte. Aber im Moment konnten wir sowieso noch nichts unternehmen, denn wir mussten erst auf den Bewilligungsbescheid für die Umschulung warten.
Obwohl noch nichts genehmigt war, hatte ich eine große Vorfreude, auf das, was eventuell kommen würde. Ich weiß nicht, ob die Vorfreude bei Miri genauso war, denn manchmal hatte ich das Gefühl, dass sie froh wäre, wenn alles abgelehnt werden würde. Aber ich sah das als Chance für mich, noch mehr zu lernen und später einen besseren Arbeitsplatz zu bekommen. Natürlich nur unter der Voraussetzung, dass alles so abläuft, wie geplant. In einem großen Hotel am Empfang, oder in der Verwaltung zu arbeiten, das übte schon einen gewissen Reiz auf mich aus.
Doch erst mal lief unser Leben im normalen Trott weiter d.h. nicht ganz. Ich musste morgens nicht mehr zum Bierverlag und den ganzen Tag schwer heben. Dafür hatte ich jede Menge Arzttermine. Es sollte mir auch schnell und gut geholfen werden. Komischerweise erzählten mir die Ärzte kaum etwas über meine Krankheit und über meine Beschwerden, sondern sprangen nur auf mein Gewicht an. Ich bekam Spritzen und Tabletten und damit sollte es mir bald besser gehen. Alles andere interessierte mich nicht. Dass ich zu dick war wusste ich selbst
Mehrere Wochen später war ein Brief vom Arbeitsamt im Briefkasten. Ich machte ihn ungeduldig auf und tatsächlich war es der Bescheid für meine berufliche Rehabilitation in Regensburg. Im August sollte die Umschulung beginnen.
Man was war ich nervös, es würde bald losgehen. Ich fuhr zu guten Bekannten, um ihnen mitzuteilen, dass ich bald für die nächsten anderthalb Jahre in Bayern wohnen werde. Sie beglückwünschten mich, dass doch noch alles positiv verlaufen ist und hofften, dass ich als Hotelkaufmann zurückkommen würde.

Ungeduldig wartete ich auf Miri, um ihr die gute Neuigkeit auch zu erzählen. Am Nachmittag gegen 16:00 Uhr drehte vor unserem Haus der firmeneigene Mitarbeiterbus von der Küchenmaschinenfabrik wie fast jeden Tag und Miri stieg aus. Sie kam die Treppe hoch und ich erzählte ihr von dem Brief, den wir vom Arbeitsamt bekommen haben. Sie freute sich mit mir, obwohl ich mir nicht ganz sicher war, ob diese Freude echt war. Wenn nicht, konnte sie sich gut verstellen.
Jetzt ging es an die Planung. Am nächsten Tag bestellte ich die Zeitungen für mittwochs und samstags aus Regensburg, damit wir uns eine Wohnung aussuchen konnten. „Wir müssen bestimmt ein Wochenende mal dorthin fahren, um die Wohnungen, die für uns infrage kommen würden, anzusehen" ging es mir so durch den Kopf. Aber erst musste ich ja mir aus den Zeitungen Mietobjekte aussuchen, die für uns gut und bezahlbar sein würden und dann Termine mit den Vermietern machen. Ach man, das war alles so aufregend. Wieder ein neuer Abschnitt im Leben. Aber es war ja noch etwas Zeit bis August.
Die Zeitungen kamen wie bestellt und Miri so wie ich durchforsteten den Wohnungsmarkt akribisch. In der ersten Woche war nichts für uns dabei. Entweder zu groß, zu teuer oder nicht möbliert. Aber es kamen ja auch wieder Zeitungen in der nächsten Woche. Ein wenig enttäuscht war ich dann doch, weil ich überhaupt nichts gefunden hatte, was annähernd richtig für uns gewesen wäre.
Den Abend gingen wir aber trotzdem aus, um ein wenig zu feiern, dass das mit dem Arbeitsamt so gut geklappt hat. Es wurde ein richtig schöner Abend.
In der darauffolgenden Woche war es dann aber soweit. Die von mir ungeduldig erwartete Mittwochsausgabe der Mitteldeutschen Zeitung aus Regensburg kam wie zuvor auch mit der Post. Ich öffnete den Brief, nahm die Zeitung und stürzte mich sofort auf die Wohnungsangebote. Und diesmal hatte ich Glück. Da stand eine Annonce von einer kleinen möblierten Wohnung in einer Gemeinde etwas außerhalb von

Regensburg. Es stand zwar kein Preis dabei, aber eine Telefonnummer. Ich wollte nur noch auf Miri warten, bis sie von der Arbeit kam, um sie zu fragen, was sie zu dem Angebot sagt. Wenn ihr die Annonce auch gefällt, dann würde ich am nächsten Morgen dort anrufen, mich nach dem Preis erkundigen und sofort einen Termin machen, damit wir uns die Wohnung ansehen können.
Ungeduldig erwartete ich Miri, die dann auch wie immer pünktlich nach Hause gebracht wurde. Ich hielt ihr sofort die Zeitung unter die Nase und sie las auch die Annonce, die wieder einen großen Einschnitt in unserem Leben bewirken sollte. Ihr gefiel auch was dort stand und so vereinbarten wir, dass ich am nächsten Tag bei dem Vermieter anrufen und einen Termin zur Wohnungsbesichtigung am darauffolgenden Wochenende vereinbaren sollte.
Ich konnte in der kommenden Nacht kaum schlafen, so aufgeregt war ich. So weit weg von Zuhause und dann noch in Bayern. Ich war total gespannt darauf, wie die Menschen dort sind und ob ich die Sprache überhaupt verstehen könnte. Das einzigste was ich wusste war, dass sie leckere Schmankerln haben, die wahrscheinlich für mein Gewicht nicht so optimal wären. Ach, es ging mir so viel im Kopf rum, da war an Schlaf nicht viel zu denken. Miri war ziemlich still an diesem Abend, obwohl ich merkte, dass sie auch aufgeregt war. Wollte sie vielleicht gar nicht mit nach Bayern ziehen? Ich konnte doch nicht meine Umschulung aufgeben, nur weil Miri nicht aus dem Sauerland wegziehen wollte. Und außerdem wäre es ja nur für anderthalb Jahre gewesen. Sie sagte mir dann auch, dass sie sehr gerne mit mir nach Bayern gehen würde, aber so richtig überzeugt davon war ich nicht. Doch diesmal musste ich an mich denken. Ich hatte die Nase voll von Bewilligungsbescheiden und Ablehnungsbescheiden. Mein großes Ziel war endlich wieder Arbeit und am Monatsanfang ganz normales Gehalt auf dem Konto haben. Im Sauerland stand meine berufliche Zukunft, so wie es jetzt war, in den Sternen.

Am nächsten Tag rief ich also meinen vermeintlichen neuen Vermieter an und erfuhr, dass die Miete für diese kleine möblierte Wohnung 350 DM/Monat kosten solle. Das war für mich o. k. und wir vereinbarten einen Termin zur Besichtigung für den kommenden Samstag.

Ich sah sofort im Autoatlas nach, wie weit es nach Regensburg ist und wo ich her fahren musste. 500 km waren es dann doch. Es wird einige Stunden brauchen, bis wir dort sein würden. Aber wir werden diese Wohnungsbesichtigung mit einem schönen Wochenendausflug verknüpfen.

Als Miri um 16:00 Uhr von der Arbeit kam, sagte ich ihr sofort, dass ich den Anruf erledigt hatte und wir am kommenden Wochenende nach Regensburg fahren werden. Irgendwie hatte ich das Gefühl, dass sie nur so tat, als wenn sie sich freute. Doch das war mir in dem Moment egal, denn es muss ja wieder aufwärts gehen mit meiner beruflichen Zukunft. Jedenfalls war ich sehr aufgeregt und freute mich sehr auf den kommenden Samstag. Denn wenn wir den Mietvertrag unterschreiben, dann wird es so langsam ernst mit unserem neuen Leben.

Dann war es endlich soweit. Wir standen den Samstagmorgen um 5:00 Uhr auf, machten uns fertig, so dass wir um 6:00 Uhr die Reise nach Bayern antreten konnten. Samstags morgens um diese Uhrzeit war auch kaum etwas los auf den Straßen, sodass wir gut vorankamen. Das Einzigste, was mir nicht so gut gefiel war, ich merkte, dass ich bald wieder einen neuen Sitz im Auto brauchte. Aber noch hielt er. Schnell waren wir an Frankfurt vorbei fuhren in Richtung Würzburg. Auch dort war samstags morgens nicht sehr viel Verkehr. Es war ein schöner Tag mit Sonnenschein, so dass das Fahren mir auch sehr viel Spaß machte.

Um 11:30 Uhr kamen wir dann bei dem neuen Vermieter an. Es war ein freundlicher, älterer Herr der, so wie ich schätzte, kurz vor der Rente stand. Wir begrüßten uns und ich merkte, wie er sich innerlich sagte: „man, ist der dick". Aber es kam mir nicht so vor, als wenn das eine abfällige Reaktion von ihm gewesen wäre.

Wir sahen uns dann die Wohnung an. Es waren zwei Zimmer, eine Küche und ein Bad mit Toilette. An Möbel war alles dort drin, was man so zum Leben braucht. Die Heizung war ein Ölofen, indem man jeden Morgen Öl nachgießen musste, damit er nach dem Einschalten warm wurde.

Uns gefiel jedenfalls diese Wohnung, auch weil sie nur 10 km über die Autobahn von Regensburg entfernt war. Zur Not hätte man dort auch mit dem Bus hinfahren können. Also unterschrieben wir den neuen Mietvertrag zum 1. August, den unser Vermieter vorsorglich schon mal ausgefüllt hatte.

Nachdem wir das geschäftliche komplett erledigt hatten, verabschiedeten wir uns und er wünschte uns eine gute Rückfahrt freute sich auf den 1. August.

Wir fuhren zurück nach Regensburg und sahen uns die Altstadt an. Mir gefiel es sehr gut dort es sah alles sehr romantisch aus. Bei manchen Häusern hatte man den Eindruck, dass sie in jedem Moment zusammenbrechen könnten, da sie fürchterlich schief standen. Aber ich denke, sie werden heute noch stehen. Dann gingen wir in ein Nudelhaus, um etwas essen. Sie hatten nur Pasta in sämtlichen Variationen auf der Karte. Aber es war sehr lecker. Ich merkte da schon, dass mir die bayerische Küche nicht sonderlich gut tun würde, obwohl ich noch gar keine bayerischen Schmankerl gegessen hatte. Aber zunächst dachte ich erst mal nicht mehr an mein Gewicht. Wenn ich platzen würde, dann würde ich es schon noch merken (wer macht dann bloß die Sauerei weg *g).

Es war ein wunderschöner Tag. Wir suchten uns erst mal ein Hotelzimmer, denn der Weg zurück ins Sauerland wäre für mich viel zu anstrengend gewesen. 1000 km an einem Tag hätte ich wahrscheinlich nur im Notfall geschafft. So buchten wir eine Übernachtung in einem kleinen, aber feinen Hotel und gingen dann runter zur Donau, um den wunderschönen Tag ganz langsam und ruhig ausklingen zu lassen.

An der Donau entdeckten wir ein Restaurant mit einem riesengroßen Biergarten. Da wir noch nichts zu Abend gegessen hatten, kehrten wir dort ein. Es war einfach nur herrlich. Zwischen den Tischen standen Bäume, die herrlich Schatten spendeten. Als die Bedienung zu uns kam und uns die Speisekarte brachte bestellten wir erst mal jeder ein Spezi (das erste bayerische Getränk für uns). Sehr verwundert waren wir, dass auch alkoholfreie Getränke und nicht nur Bier in 0,5l Gläser ausgeschenkt wurde. Jetzt sollte es bei uns auch so weit sein, dass wir unsere ersten bayerischen Schmankerl essen würden. Ich bestellte mir die Schweinshaxe mit Kraut und Reiberknödel. Miri nahm den Schweinsbraten mit Bayrisch Kraut und auch einen Knödel. Man, was war das lecker. Die Bayern wissen schon was gut ist. Vor allem war das Essen in Regensburg sehr preiswert. Der Schweinsbraten kostete nur 5 DM und die Haxe nur 6,50 DM. Bei uns in Nordrhein-Westfalen hätte man für diese Gerichte bestimmt das Doppelte oder Dreifache bezahlen müssen.

Wir genossen diesen Tag in vollen Zügen. Nach dem Abendessen gingen wir noch in eine urige bayerische Kneipe, die keine Theke, sondern nur Tische hatte, um den Abend zu beschließen. Ja, für mich war es schon sehr schön in Regensburg. Irgendwie ganz anders wie bei uns in Nordrhein-Westfalen. Die Leute hatten alle irgendwie viel mehr Ruhe und es gab viel weniger Hektik. Das war es, was ich nach dem ganzen Stress im Vorfeld des Umzuges gebraucht hatte.

Nachdem wir in der kleinen Kneipe gute 2 Stunden verbracht hatten, bezahlte ich und wir gingen zurück ins Hotel. Geschafft von dem Tag, ließen wir uns auf das Bett fallen und ließen ganz ruhig den Tag in unseren Köpfen Revue passieren. Relativ schnell schliefen wir ein.

Am nächsten Morgen wurden wir von der Sonne geweckt. Wir hatten sehr gut und sehr tief geschlafen und waren ziemlich fit, als wir aufstanden. Nach der obligatorischen Dusche gingen wir in den Frühstücksraum, um die ersten Kalorien des Tages zu uns zu nehmen. Bei Miri war das kein Problem, denn sie

war schlank, obwohl sie auch immer sagte, dass sie zu dick sei. Ich fand, das war Jammern auf hohem Niveau. Ich achtete derzeit nicht auf Kalorien. Im Frühstücksraum stand ein Buffet mit allem darauf, was das Herz begehrte. Ich nahm mir zwei Brötchen, oder sind es doch drei gewesen? Außerdem nahm ich mir etwas Wurst und Käse, zwei Eier, Butter und ein Glas Orangensaft, dann ließ ich es mir gut gehen. Ich musste ja gut gestärkt sein für die lange Fahrt zurück. Ja, solche Ausreden hatte ich nicht immer, aber immer öfter.
Nachdem wir ausgiebig gefrühstückt hatten, gingen wir wieder hoch in unser Zimmer, packten unsere Sachen und machten uns auf den Weg runter an den Empfang, um die Rechnung zu bezahlen. Das war sehr schnell erledigt und so starteten wir dann langsam die Reise zurück ins Sauerland.
Das Wetter war wieder sehr schön, die Sonne strahlte vom Himmel und am Sonntag ist ja auf den Autobahnen auch nicht so viel Verkehr wie wochentags. Die Rückfahrt kam mir viel schneller vor, wie die Hinfahrt, vielleicht deshalb, weil man die Strecke ja schon kannte. Problemlos erreichten wir wieder unsere alte Heimat.
Als wir ankamen und unsere Taschen ausgepackt hatten, gingen wir zu meinen Eltern runter und erzählten von dem, was wir an dem Wochenende erlebt hatten. Meine Mutter meinte nur, dass es ja dann bald losgehen würde und mein Vater fragte mich nur wie der Verkehr auf den Straßen war. Im Grunde hatte ich das Gefühl, dass sie die Meinung hatten, dass sich diese Ausbildung sowieso nicht schaffen würde. Ja, sie meinten wohl, dass der Umzug und die Ausbildung nur rausgeschmissen Geld und vergebene Liebesmüh wären. Aber da hatten sie sich gründlich geirrt. Man, es machte bald keinen Spaß mehr, den beiden etwas Neues zu erzählen. Ich blieb aber ganz ruhig.
Die Reaktionen von Miris Eltern waren irgendwie ähnlich. Aber da konnte ich es verstehen, weil sie ihre Tochter nicht so weit weg ziehen lassen wollten und schon gar nicht mit mir. Sie hätten es immer noch am liebsten gehabt, dass Miri wieder

zu ihnen ziehen würde. Nur so deutlich haben sie es nicht gesagt. Aber zumindest bot mir Miris Vater an, uns bei dem Umzug zu helfen. Sie wollten dann mit ihrem Auto hinter uns her fahren, damit sie sehen konnten, wo wir demnächst wohnen würden. Zunächst war ich hocherfreut darüber, denn mit so eine Reaktion hätte ich nie und nimmer gerechnet. Doch dann, als es dazu kam, dass wir den Termin für den Umzug festlegen wollten, begannen die Schwierigkeiten. Zunächst wollte er an den Terminen, die wir ihm vorgeschlagen hatten nicht fahren. Dann sagte er uns einen Termin, der aber für uns unmöglich war, weil er viel zu eng mit dem ersten Tag der Ausbildung zusammen lag. Plötzlich wollte er auch nicht mehr, dass seine Frau mit fuhr, er wollte das alles ganz alleine machen. Und übernachten bei uns wollte er schon gar nicht. Das ging so weit bis ich ihn dann sagte: „Lass man Vatter, das ist viel zu kompliziert und den Umzug bekommen wir auch alleine hin". Ich wollte eigentlich nur, dass die Eltern sehen sollten, wo ihre Mirjam zukünftig wohnt. Ich weiß nicht warum ihr Vater das alles so kompliziert gemacht hat. Vielleicht hatte er auch gar nicht vor uns zu helfen und kam nur so aus dem Versprechen wieder raus.

Das war es dann mit der Umzugshilfe. Aber mir war das damals schon ziemlich egal, weil ich wusste dass wir den Umzug alleine schaffen und definitiv nach Regensburg ziehen würden. Dieser Nachmittag ist dann für uns nicht so gut verlaufen, doch ich ließ mir die gute Laune, die ich vom Vortag aus Regensburg mitgenommen hatte, nicht vermiesen.

Wir fuhren dann wieder nach Hause und auf der Fahrt zurück war Miri auch verärgert über ihre Eltern und sie verstand es ebenfalls nicht, warum sie sich nicht mit uns ein schönes Wochenende in Regensburg machen wollten. Der Umzug sollte ja nicht schwer werden, da wir keine Möbel mitnehmen mussten. Und die Umzugskartons wären auch kein Problem gewesen. Es hieß ja nicht umsonst, dass man mit dem Ford Granada einen Umzug machen kann*lach.

Ein paar Tage später kündigte Miri ihre Arbeit und wir begannen langsam aber sicher unsere Siebensachen zu packen. Es war doch mehr, wie ich gedacht hatte, was so in den letzten Jahren sich angesammelt hat. Aber wir bekamen alles in die Kisten verstaut, die wir uns vorher besorgt hatten.

Dann, an einem Samstag Ende Juli war es dann endlich soweit. Wir verstauten die ganzen Kisten, Kartons und Taschen in unseren Granada, verabschiedeten uns von meinen Eltern, Miris Eltern wurden telefonisch verabschiedet und wir machten uns auf den Weg in unser neues Zuhause. Oh man, der Wagen lag schwer auf der Straße. Und das lag nicht nur an mir *ich schwör *lach. Aber die Fahrt klappte prima bei gutem Wetter und nach knapp 6 Stunden waren wir an unserem Ziel angekommen. Nachdem wir uns zunächst die Haustür- und Wohnungsschlüssel von unserem Vermieter abgeholt hatten, gingen wir als erstes in eine Gaststätte, die sich zwei Häuser neben unserer Wohnung befand und erfrischten uns zunächst mit einem oder zwei Getränken. Danach war Krafttraining angesagt. Wir schleppten die Kisten aus unserem Auto in die Wohnung, die Gott sei Dank im Erdgeschoss lag. Relativ schnell ging das vonstatten, doch ich musste mich zunächst erst mal hinsetzen. So eine Schlepperei war ich ja gar nicht mehr gewohnt. Miri packte unterdessen schon die Kisten aus. Das ging relativ flott und bis auf einen letzten Rest war alles schnell in den Schränken verstaut. Jetzt wollten wir uns nur noch unsere Wohnung verschönern. Das sollte aber nach und nach geschehen, denn es musste ja auch nicht alles am ersten Tag sein. Irgendwie war ich ganz schön fertig nach diesem Tag. Ja das Gewicht machte mir doch etwas zu schaffen. Nachdem ich mich etwas ausgeruht hatte, half ich mit, die Wohnung einzurichten. Wir wollten es ja richtig schön haben und uns dort wohl fühlen. Nachdem das so gut es ging erledigt war, gingen wir noch etwas auf die Straße um uns die Ortschaft anzusehen. Wir waren ja gespannt darauf zu wissen, wo wir gelandet sind. Nun lebten wir ab sofort in Diesenbach, einem Ortsteil von der Gemeinde Regenstauf, die ungefähr 10-

15 km von Regensburg entfernt lag. In Diesenbach gab es nicht viel, zum Einkauf mussten wir bestimmt nach Regenstauf fahren. Aber eine Metzgerei gab es in dem Haus direkt neben unserer Wohnung. Nur leider hatte diese schon geschlossen. Samstags mittags hatten ja zu dem Zeitpunkt alle Geschäfte schon Wochenende.

Nachdem wir unseren Spaziergang beendet hatten, gingen wir noch auf ein oder zwei Spezi in die Kneipe neben unserer Wohnung. Als wir in die Gaststätte eintraten, wurde es dort erst einmal still und alle Gäste guckten, was da wohl für Fremde rein kamen. Aber nach einer Weile wurden sie aufgeschlossener und stellten Fragen, ob wir bei Ihnen auf Urlaub sind, wo wir herkommen und alles so etwas. Ich beantwortete sie gern, denn wir wollten ja mindestens anderthalb Jahre dieser Ortschaft wohnen bleiben. Dazu war sehr wichtig, auch nette Leute kennen zu lernen.

Es wurde noch ein richtig schöner Abend und wir wurden schnell eingeladen, uns mit an den Stammtisch zu setzen. Die Leute die wir bisher kennengelernt haben waren alle sehr nett. Da fing der erste Tag irgendwie richtig gut an und ich war ziemlich zufrieden mit dem, was ich bisher erlebt hatte.

Doch irgendwann wurden wir auch müde, und so gingen wir zurück in unsere Wohnung, um unsere Betten fertig zu machen. Die Laken mussten ja noch drauf Oberbetten und Kissen mussten auch noch bezogen werden. Als wir dabei waren alles herzurichten, witzelten wir noch heftig darüber, ob mich das Bett aushalten würde. Ich machte mir da gar keine Gedanken drüber, denn es sah recht stabil aus.

Bevor wir dann aber ins Bett gingen, sahen wir noch ein wenig fern. Ich probierte die Sender aus, um zu sehen, welche Programme wir überhaupt empfangen können. Das war ja damals noch nicht so einfach wie heute mit dem Sender empfangen bei einer normalen Dachantenne. Naja, das Erste, das Zweite, und Bayern drei konnten wir gut empfangen. Ich glaube, damals gab es auch noch gar nicht mehr Sender.

Dann wollten wir aber endgültig ins Bett gehen. Wir gingen rüber ins Schlafzimmer, machten uns nachtfertig und ich war dann als erster im Bett unter der Decke. Miri brauchte etwas länger, aber sie kam dann auch und setzte sich auf das Bett und …RUUUMMMSSS … Sie war durchgebrochen. Zuerst erschraken wir uns kräftig, doch dann sahen wir eben schnell nach, was kaputt gegangen war. Oh man, ein Brett war durchgebrochen. Und dann begannen wir fürchterlich an zu lachen. Haha, die 150 kg von mir hat das Bett gehalten, aber die 58 kg von Miri waren zu viel. „Das dürfen wir niemandem erzählen, denn das glaubt uns sowieso keiner", sagte ich noch lachend hinterher. Wir bekamen uns kaum noch ein vor Lachen.

Nachdem wir das Bett so gut es ging wieder gerichtet hatten und Miri den zweiten Versuch ins Bett zu gehen positiv überstanden hatte, konnten wir dann auch ohne Probleme gut schlafen. Die erste Nacht in einer neuen Umgebung ist doch immer etwas komisch. Andere Geräusche, andere Gerüche, da mussten wir uns erst mal daran gewöhnen. Aber das ging relativ schnell und wir fühlten uns bald sehr wohl.

Am nächsten Montag ging ich erst einmal zu dem Metzger und kaufte etwas Wurst für das Frühstück. Danach musste ich noch nach Regenstauf zu einem Bäcker, um uns Brötchen und Brot zu besorgen. Danach frühstückten wir ausgiebig. Oh man, der Metzger hatte eine selbst gemachte Teewurst, die war sowas von lecker, da hätte ich mich reinsetzen können. Bisher kannte ich nur Teewurst die, wenn man sie aus dem Kühlschrank nahm, knüppelhart und kaum zu streichen war. Aber diese Teewurst aus Bayern war auch aus dem Kühlschrank streichfähig. Einfach nur klasse. Jetzt wusste ich was ich die nächsten Wochen und Monate essen würde. An die Kalorien dachte ich natürlich nicht.

Es rückte der Zeitpunkt näher, dass ich in die Schule musste. Ich war schon aufgeregt, aber auch neugierig auf das, was mich dort erwarten würde. Meine normale Schulzeit lag ja

schon um einiges zurück und ich dachte mir, dass ich bestimmt wieder lernen muss zu lernen. So kam es dann auch.
Zu meiner Schule, in der der theoretische Unterricht stattfinden sollte brauchte ich mit dem Auto so ca. 15 schnelle Minuten. Das ging ganz gut, weil ich Autobahn fahren konnte. Die Schule hatte eigens ein Parkhaus für Schüler und Lehrer. Das war natürlich ganz gut, denn so entfiel jeden Morgen die Parkplatzsuche.
An meinem ersten Tag fuhr ich natürlich eine halbe Stunde früher, damit ich auch pünktlich ankam. Ich ging in meinem Klassenraum, der mir vorzeitig in einem Brief mitgeteilt wurde. Nach und nach trudelten weitere Umschüler ein und langsam aber sicher wurde der Klassenraum voll. Da noch kein Lehrer da war, konnten wir Schüler uns erst einmal beschnuppern. Naja, es lief genauso ab wie immer, wenn sich Leute in einer Gruppe treffen, die etwas miteinander unternehmen wollen. In diesem Fall war es die Ausbildung zum Hotelkaufmann oder Hotelkauffrau.
Der erste Tag in der Schule war ganz gut. Wir wurden erst mal einander vorgestellt und dann hat man uns gesagt und gezeigt, wo wir alles finden würden, was wir für den Schulalltag brauchen. Es gab auch eine Cafeteria mit einem kleinen Restaurant zur Stärkung der Schüler, die auch an der Schule wohnten. Die Mitschüler kamen aus allen Teilen Deutschlands. Es war ein gemischter Haufen aus Männlein und Weiblein. Aber wie ich das ziemlich schnell beurteilen konnte, waren sie auch alle ziemlich nett und ich glaubte, dass ich gut mit ihnen auskommen würde. Viele mussten aus Krankheitsgründen diese Umschulung machen.
Auf mein Gewicht sprach man mich am ersten Tag nur ganz oberflächlich an. Ich war aber auch schon darin geübt, dass ich alles, was sich um mein Gewicht drehte, mit Humor aufnahm. Oftmals nahm ich mich selbst auf den Arm. Es wusste niemand, aber der Humor war für mich nur ein Schutz. Ich wollte ja auch nicht jedem meine Lebensgeschichte erzählen, wie und warum ich so dick geworden bin. So Sachen wie: „ich

bin nicht zu dick, sondern nur zu klein für mein Gewicht", kamen bei mir schon wie aus der Pistole geschossen, wenn jemand sagte dass ich doch ziemlich dick wäre. Dabei hatte ich mir mal ausgerechnet, dass die optimale Größe für mein Gewicht 4,35 m sein müsste. Leider wusste ich aber auch, dass ich nicht mehr so viel wachsen werde.

Der Tag ging gut vorbei und gegen 17:00 Uhr fuhr ich dann wieder zu Miri in mein neues Zuhause. Sie hatte schon versucht, die Wohnung noch etwas wohnlicher zu machen. Ja, so langsam wurde es so, dass man sich richtig wohl fühlen konnte.

Nach ein paar Tagen merkten wir aber leider, dass wir wichtige Sachen im Sauerland vergessen hatten. Oh man, auch wenn alles gut ist, irgendwas ist aber immer. So beschlossen wir also, Samstag wieder ins Sauerland zu fahren, um die vergessenen Sachen ins Auto zu packen, eine Nacht zu bleiben und dann am Sonntag wieder zurück zu fahren. Irgendwie war ich genervt, denn 1000 km zu fahren, war ja kein Pappenstiel und außerdem fraß der Granada 16 oder 17 l Superbenzin auf 100 km und war somit auch nicht gerade preiswert.

Wir fuhren dann also nochmal den Samstag hoch ins Sauerland zu meinen Eltern .Mir ging es an diesem Tag leider nicht gut. Es war mir total schwummerig und schwindelig, doch ich wusste nicht wo es herkam. Ein Arzt hätte bestimmt wieder mal gesagt: „Sie müssen abnehmen, dann geht's ihnen wieder besser". Aber im Moment musste ich es so aushalten, wie es war. Wenn etwas passieren sollte, wusste ich ja, dass ich nicht allein fahre, denn Miri war ja bei mir. Aber während der Fahrt gab es keine Probleme. Wir kamen gut und zügig durch.

Als wir dort im Sauerland ankamen, packten wir sofort alle Dinge, die wir beim letzten Mal vergessen hatten, ins Auto, damit wir nicht noch mal so eine spontane Reise auf uns nehmen mussten, weil wir widerholt noch etwas liegen gelassen hatten. Was mich irritierte, war der Schwindel und das Gefühl, als wenn mein Kreislauf absacken würde. Ich

wusste ja, dass ich dieses Gefühl schon seit meiner Schulzeit hatte, aber jetzt wurde es stärker. Das blöde an der ganzen Sache war, dass alle Ärzte, die ich bisher konsultiert hatte, nur auf mein Gewicht ansprangen und nichts gegen die Symptome taten. Vielleicht wussten sie auch einfach nicht was es sein könnte und mein Gewicht gab ihnen eine gute Gelegenheit, um immer warnend und mahnend ihren Finger heben zu können.
Sicher hatte ich es im Hinterkopf, dass das alles vielleicht doch vom Gewicht herrühren könnte. Ich bin aber kein Arzt und habe das auch nicht gelernt. Doch auch wenn ich in dieser Zeit wesentlich zu dick war, hätten die Ärzte mir doch helfen können, die Symptome zu bekämpfen oder wenigstens zu lindern. Diese Symptome nahmen mir meine ganze Lebensqualität. Aber ich wusste immer, irgendwann finde ich eine Lösung für mein Problem. Irgendwann finde ich die, für mich persönlich total richtige Ernährungsumstellung, die ich auch sehr lange durchhalten könne. Aber ich musste sie erst einmal und immer wieder suchen. Und bis das ich sie finden würde, sollten noch viele Jahre vergehen.
Als ich dort im Sauerland meiner Mutter erzählte, dass es mir heute so schwummerig ist, begann sie auch mit dem leidigen Satz: „Kind, du musst abnehmen". Hatte sich eigentlich jeder gegen mich verschworen? Gab es nichts anderes mehr, als mein Gewicht wenn irgendetwas mit mir war? Ich konnte das bald alles nicht mehr hören. Jeder sagte mir dass ich abnehmen müsse, aber keiner wusste die Lösung, wie das auf lange Sicht funktionieren sollte. Manchmal sagte ich auch: „Jeder sieht wenn ich zugenommen hatte, aber keiner sieht wenn ich Hunger habe".
Wir verbrachten noch einen schönen Samstag mit Hausmannskost und selbst gebackenen Kuchen bei meinen Eltern, übernachteten dort, denn am Sonntag sollte es wieder nach Bayern gehen. Auf der Rückfahrt fuhren wir auch noch beim Miris Eltern vorbei, sagten dort nur kurz Hallo, ohne uns

aber großartig aufzuhalten, denn wir hatten ja noch ca. 5-6 Stunden Fahrzeit vor uns.

„Was wäre ich froh, wenn wir jetzt schon wieder in Diesenbach wären", sagte ich Miri, als wir gerade zurück auf die Autobahn fuhren. „Ein paar Stunden noch", antwortete sie und legte sich so in den Beifahrersitz, als ob sie schlafen wolle. „Dann soll sie eben schlafen, wenn sie müde ist", dachte ich mir und trat aufs Gas, was der Wagen hergab. Die Fahrt lief problemlos und pünktlich zur Tagesschau waren wir wieder zu Hause.

Ich wurde an diesem Abend nicht sehr alt, weil ich doch ziemlich fertig war und am nächsten Morgen wieder in die Schule musste. So schlief ich schon gegen 21:30 Uhr ein.

In der Schule lernte ich jede Menge neuer Dinge und es machte mir Spaß, alles aufzusaugen, was ich dort erfuhr. Mit meinem Gewicht ging es wieder mal bergab, dann auch wieder bergauf, es schwankte sehr viel, was mich total störte. An dem Berglaufs waren auch die vielen Semmel mit dem warmen Leberkäs frisch aus dem Ofen, die es in der Cafeteria jeden Tag gab, schuld. Natürlich weiß ich dass ich schuld war, ich hätte sie ja auch nicht essen müssen, aber wenn der Leberkäs frisch aus dem Ofen kam, war er sowas von lecker, dass ich eigentlich nichts anderes mehr brauchte. Heute weiß ich, dass so eine Leberkässemmel mindestens 400 kcal hat. Und mit einer war ich eigentlich nie zufrieden, es mussten schon mindestens zwei oder drei sein. Die verputzte ich genüsslich nacheinander weg. Das war schon über die Hälfte der kcal, die ich täglich im Idealfall zu mir nehmen sollte. Und ich sah das nur als Zwischenmahlzeit an. Ja, mein Sättigungsgefühl war schon immer im Schlafmodus. Damals zu der Zeit hatte ich schon die bedrohliche Vorahnung, dass diese Zeit bei mir, der Beginn einer Fresssucht sein könnte. Ich merkte ganz deutlich, dass ich ein Stressesser war und dann so lang gegessen hatte, bis ich Magenprobleme bekam oder mir schlecht wurde. Das war eine total schlimme Zeit, da ich ja auch durch die Schule, die neue Umgebung und die fehlende Unterstützung von

meinen und Miris Eltern sehr viel Stress hatte. Das sollte keine Entschuldigung sein, aber bei mir kam so oft die Frage auf: Warum esse ich so viel und warum kann oft nicht aufhören?
So vergingen die Wochen und Monate, ich lernte so gut ich konnte und kam auch bei allem gut mit. Zuhause bei Miri lief eigentlich auch alles im grünen Bereich, doch manchmal hatte ich das Gefühl, dass sie mir nicht alles, auch nicht bei Nachfragen, erzählte, was sie bewegte. Das machte mich irgendwie etwas Sorgen.
Nach gut einem halben Jahr sagte uns unser Lehrer, dass bald ein dreimonatiges Praktikum für die Praxis anstehen würde. Wir könnten uns selbst das Hotel oder den Betrieb aussuchen, in dem wir gerne unser Praktikum absolvieren würden. Doch wer sich keinen eigenen Praktikumsplatz besorgen könne, dem würde von der Schule einer zugewiesen. Bei dem eigenen Praktikumsplatz müsse nur sichergestellt sein, dass die Besitzer auch ausbilden durften. Das war Voraussetzung. Ich überlegte sofort, wo ich dieses Praktikum machen könnte, doch es fiel mir echt nichts ein. Einige Wochen später, als wir Ferien hatten und zu Besuch bei unseren Eltern waren, ging ich in ein Hotel, von dem ich wusste, dass sie auch ausbildeten und fragte nach, ob ich dort mein Praktikum absolvieren konnte. Ich weiß nicht, ob es wegen meinem Gewicht war, doch man meinte zu mir, dass sie gar nicht auf Praktikkanten eingestellt wären und auch noch nie welche gehabt hätten. Sie hatten auch Angst, dass dadurch zu viel Unruhe in den Abteilungen entstehen könnte. Wie gesagt, ich weiß nicht ob das nur ein Vorwand war, oder ob es der Tatsache entsprach.
So ging ich bei meinem nächsten Schulbesuch zu meinem Lehrer und sagte ihm, dass ich kein Praktikumsplatz wüsste und die Schule mir einen besorgen sollte. Er notierte sich das in seinem schlauen Büchlein und sagte zu mir dass das o. k. wäre.
Das Praktikum ist dafür da, dass z.B. ein Restaurantfachmann in der Küche, am Empfang und in der Verwaltung arbeiten

sollte. Ins Restaurant braucht er nicht, da er das ja gelernt hatte.

Bald kam heraus, dass die Leute, die keinen Praktikumsplatz gefunden hatten, unter anderem in einem großen Sportzentrum mit Gastronomie ihr Praktikum absolvieren konnten. Irgendwie freute ich mich sehr darauf, hinter den Kulissen eines solchen Betriebes mal die Abläufe kennen zu lernen. Bald sollte das Vorstellungsgespräch mit dem Lehrer stattfinden.

Es dauerte nicht lange, da bekamen wir einen Termin zu dem Vorstellungsgespräch mit dem Lehrer. Er holte uns mit einem Bus ab und fuhr mit uns in dieses Sportcenter. Als wir dort ankamen, begrüßte uns der Personalchef oder Geschäftsführer, ich weiß es nicht mehr wer es war, und führte uns in einen Konferenzraum. Wir setzten uns an einen großen, viereckigen Konferenztisch auf dem Softgetränke standen. Eine Bedienung fragte uns noch, ob wir Kaffee oder Tee haben möchten, es wurde uns dann gebracht.

Als wir alle etwas vor uns stehen hatten und die Bedienung den Raum mit einem freundlichen Lächeln verließ, erzählte uns der Geschäftsführer einiges über den Betrieb. Ich hörte gespannt zu, denn es war schon ein riesiges Unternehmen mit vielen Tennisplätzen überdacht und open air und ein Bowlingcenter mit sehr sehr vielen Bowlingbahnen. Dazu kamen noch einige Restaurants und ich glaube zwei Bars. Er erklärte uns auch den Ablauf und fragte uns abschließend, ob wir den auch gerne dort unser Praktikum absolvieren würden. Das bejahten natürlich alle. „Es ist bestimmt sehr aufregend und interessant in so einem Betrieb alle Abteilungen zu durchlaufen", dachte ich mir noch so.

Dann meinte er noch, dass er jetzt mit uns die Einteilungen vornehmen würde, dass dann jeder Bescheid weiß, wo er zu Dienstbeginn arbeiten müsste.

„Ja", „dann mal los", dachte ich mir, aber dann kam von dem Geschäftsführer etwas, was mir überhaupt nicht behagte. Er teilte die Leute, die im ersten Beruf Koch waren in der Küche ein, die anderen Leute, die Restaurantfachmann gelernt hatten, in den Service. Ich war erst mal ganz ruhig und sagte nichts, aber so ganz langsam wurde ich echt sauer. Da sollten wir ein Praktikum absolvieren und waren stattdessen nur ganz billige Arbeitskräfte für den Betrieb. Und am Ende des Praktikums wird es wahrscheinlich von dem Betrieb als Dankeschön nur einen feuchten Händedruck geben. „Nee", „so haben wir nicht gewettet, dieses Spiel mache ich nicht mit", dachte ich mir sofort. Aber wie gesagt, ich blieb erst mal ganz ruhig und überlegte, was ich jetzt in diesem Fall tun könnte.

Wir fuhren dann wieder zusammen zurück zur Schule und im Auto war ich auch noch ruhig. Nachdem wir ausgestiegen und ins Gebäude gegangen sind, fragte ich die anderen, was sie davon halten. Die einen meinten, das wäre für sie o. k. und die anderen sagten mir, dass sie es für eine Sauerei halten, aber nichts anderes machen können, weil sie keinen Praktikumsplatz haben. Ich war total gespannt darauf, zu erfahren wie es bei ihnen gelaufen ist, wenn wir uns nach dem Praktikum in der Schule wieder sehen würden.

Ich wusste nicht viel, aber eines wusste ich ganz genau. Und das war, dass es jetzt bei mir sehr schnell gehen musste. Am nächsten Freitagmittag, direkt nach der Schule, schnappte ich mir Miri, setzte sie ins Auto und wir fuhren erneut auf direktem Wege ohne Zeit zu verlieren ins Sauerland. Ich hatte kürzlich erfahren, dass in einen Ort neben unserer alten Wohnung ein junges Ehepaar, er Koch, sie Hotelfachfrau, ein Hotel, was lange leer stand, wieder eröffnet hat. Dort wollte ich hin. Um kein Geld in der Welt würde ich ein Praktikum in diesem Sportcenter machen. Für mich grenzte diese Vorgehensweise, wie man dort mit Praktikanten umging, fast schon an Betrug, denn das Unternehmen bekam bestimmt Geld vom Arbeitsamt dafür, dass sie Praktikanten einstellten

Freitagabend kamen wir wohlbehalten im Sauerland an und ich war immer noch stinksauer auf dieses Sportcenter. Zu gerne hätte ich in solch einem großen Betrieb gelernt, wie dort die Abläufe in Verwaltung und Management laufen.

Doch zunächst war es jetzt wichtig, dass ich überhaupt einen Praktikumsplatz bekam. Wenn ich schon in dem Sportcenter als Restaurantfachmann arbeiten sollte, dann konnte ich das auch in einem kleinen, jungen Hotel tun, natürlich ohne irgendeine Gehaltsforderung. Ich denke mir, dass so einem Hotel mehr geholfen wäre, wie dem Sportcenter, denn die Personalkosten sind mittlerweile sehr hoch. Und außerdem nahm ich an, dass die Besitzer von so einem kleinen Hotel viel dankbarer sein würden für diese Hilfe, als es die Geschäftsleitung in diesem großen Sportcenter wäre.

Also machte ich mich am nächsten Tag chic, zog eine Anzugkombination, ein Hemd mit einer passenden Krawatte an und fuhr neugierig am späten Vormittag in den Nachbarort zu diesem neuen/alten Hotel. Ich glaube es hieß „Hotel zur Post".

Als ich dort eintrat, stand eine junge Frau hinter dem Tresen und polierte Gläser. Sie begrüßte mich recht freundlich und ich setzte mich auf einen Hocker vor der Bar. Als sie mich fragte, was sie für mich tun könne, bestellte ich einen Kaffee und sah mich, von dem Hocker aus, ein wenig um. Die junge Frau brachte mir den Kaffee und begann sogleich wieder Gläser zu polieren. Dabei kamen wir so langsam ins Gespräch. Es war zuerst nur Smalltalk. Sie erzählte mir, dass sie die Chefin sei und dass sie und ihr Mann den Betrieb vor kurzem erst übernommen hätten. Sie sah hübsch aus in ihrem Dirndl, dass aber leider den Augen vieler im Sauerland total fehl am Platze ist. Ich erzählte ihr auch von mir, dass ich Restaurantfachmann bin und zurzeit eine Ausbildung als Hotelkaufmann in Regensburg absolviere. Bei dieser Gelegenheit fragte ich sie, ob es denn möglich sei, bei ihr im Hotel ein dreimonatiges Praktikum zu machen. Ich sah ihr an, dass sie anstrengend über etwas nachdachte und nach einer Weile fragte sie mich leise, ja fast ängstlich: „Was würde das mich denn kosten und wie teuer sind Sie?". Ich antwortete ihr, dass ihr überhaupt keine Kosten entstehen würden, denn mein Geld bekomme ich als Übergangsgeld vom Arbeitsamt.

Plötzlich leuchteten ihre Augen, doch sie wollte noch wissen, wie das versicherungstechnisch ablaufen würde und ob sie mich versichern müsste. Als ich ihr dann sagte, dass ich für diese Zeit über das Arbeitsamt versichert bin und ihr auch versicherungstechnisch keine weiteren Kosten entstehen würden, lächelte sie glücklich und meinte, dass ich gerne bei ihr im Betrieb dieses Praktikum absolvieren könne. Ich musste nur wissen, ob Sie ein Ausbildungsbetrieb sind, denn das wäre die Voraussetzung für dieses Praktikum. Als sie das bejahte, denn sie hatten einen Auszubildenden zum Koch, war ich auch glücklich und wir vereinbarten, dass ich bei ihr anfangen kann, wenn es losgeht. Es dauerte aber noch so drei Wochen.
Ich trank noch einen Kaffee, wir plauderten noch ein wenig und ich merkte, dass die Chemie zwischen ihr und mir stimmte. Mit Chemie meine ich aber nur, zwischen Chefin und Angestelltem. Ich war ja verheiratet.
Dann wurde es für mich wieder Zeit aufzubrechen, denn ich wollte ja so schnell wie möglich Miri von diesem positiven Vorstellungsgespräch berichten. Als ich im Begriff war meine zwei Kaffee zu bezahlen, winkte sie ab und meinte, dass ich ja nun Mitarbeiter wäre und ihre Mitarbeiter hätten Getränke und Essen frei. Ich bedankte mich recht freundlich und verabschiedete mich von ihr mit den Worten, dass ich mich freue, bei ihr das Praktikum absolvieren zu können. Dann fuhr ich zu Miri.
Mirjam war sehr froh, dass das so schnell geklappt hatte mit dieser Praktikumsstelle. Doch bei ihr kam die Frage auf, wie das denn dann gehen sollte, wenn ich hier im Sauerland das Praktikum mache und sie alleine in Bayern bleiben müsse. Sie hatte doch auch noch keine Arbeit. Und vor allem nervte sie irgendwie, dass sie noch keinen Führerschein hatte und sehr wahrscheinlich in Regensburg alles mit dem Bus machen müsse. Ich sagte zu ihr, dass wir morgen erst mal zurück nach Diesenbach fahren werden um dort ganz in Ruhe zu überlegen, wie es weitergehen könne. Wir werden bestimmt eine Lösung für dieses Problem finden. Damit war sie für den Moment

auch erst mal einverstanden. Aber ich wusste, dass da noch einiges auf uns zukommen würde.

Am nächsten Tag war also wieder die Fahrt nach Bayern angesagt. Da unser Auto noch ziemlich gut war (außer der Fahrersitz), klappte die Fahrt auch gänzlich ohne Probleme. Aber wir ließen uns Zeit und machten öfters mal eine Rast, da für mich alles sehr anstrengend war. Abends waren wir dann wieder zurück in Diesenbach.

Jetzt waren es ca. noch drei Wochen und dann würde ich die nächsten drei Monate wieder im Sauerland wohnen. Ach man, so hatte ich mir das eigentlich nicht vorgestellt, aber auf der anderen Seite war ich total froh, dass ich überhaupt einen Praktikumsplatz gefunden hatte. Dass alles so schnell und gut ablaufen würde, hätte ich vorher nie gedacht. Denn mir war schon bewusst, dass mein hohes Gewicht bei vielen Vorstellungsgesprächen ein großes Problem sein würde.

Am nächsten Tag nach der Schule setzten sich Miri und ich zusammen und wir überlegten, wie wir es machen sollten, während ich bei meinem Praktikum im Sauerland bin und sie in Diesenbach zu Hause ist. Wir kamen aber über ein, dass es das Beste ist, wenn sie in den drei Monaten in Bayern bleibt und sich dort Arbeit sucht. Ich würde das Auto mitnehmen, denn sie hatte ja sowieso keinen Führerschein und ich musste ja auch irgendwie in das Hotel kommen. So gingen wir an diesem Abend noch zu der Bushaltestelle im Ort und sahen nach, wie Miri von Diesenbach nach Regenstauf oder nach Regensburg mit dem Bus kam. Aber wie wir feststellten, war es gar nicht so schwer und kompliziert. Es fuhren dort am Tag genug Busse in alle Richtungen.

Im Hinterkopf hatte ich ja schon ein ziemlich schlechtes Gewissen, weil ich bald wieder ins Sauerland ziehen würde und sie allein in Diesenbach zurücklassen würde. Aber es ging irgendwie nicht anders und es waren ja auch nur drei Monate. Die gingen bestimmt schnell vorbei.

Die Zeit bis zum Praktikum verflog relativ schnell und dann war es soweit, dass ich meine Koffer packen musste, um wieder ins Sauerland um dort in unsere alte Wohnung zu ziehen. Am Tag der Abreise verabschiedeten sich Miri und ich ausgiebig und die Trennung fiel mir jetzt schon schwer. Drei Monate müssen nicht, aber können auch eine lange Zeit werden. Ich hoffte nur, dass alles sehr schnell vorbei gehen würde und ich wieder bei meiner Miri bin. Dann setzte ich mich in das Auto und fuhr mit traurigem Blick in Richtung Sauerland.

Die Fahrt verlief erwartungsgemäß wieder ganz gut und ich war diesmal schon nach fast 5 Stunden, das war sehr schnell, am Zielort angekommen. Ja, wenn ich alleine fuhr, ging alles etwas schneller. Meine Traurigkeit hatte sich während dieser Fahrt verflogen und ich war außerordentlich gut gelaunt, als ich bei meinen Eltern im Haus in meiner alten Wohnung meine Sachen auspackte.

Ja, jetzt war ich also wieder an dem Ort, den ich von Anfang an nicht leiden mochte. Aber es nützte alles nichts, es ging ja nicht anders. Und außerdem waren es ja auch nur drei Monate, die ich bestimmt schnell und gut über die Bühne bekommen würde. Außerdem freute ich mich auf mein Praktikum, das ja jetzt bald beginnen würde.

Einen Tag vor Beginn des Praktikums, ging ich noch einmal in das Hotel, um nachzufragen, wann ich am nächsten Tag beginnen sollte. Diesmal begrüßte ich auch den Chef, bei dem man sofort an seiner Aussprache erkannte, dass er aus Ostfriesland stammte. Der Auszubildende Koch war der Sohn eines Nachbarn von meinen Eltern. Plötzlich kam die Chefin dazu und hatte einen schwarzen Anzug in der Hand. Sie meinte zu mir dass, wenn sie schon so nichts bezahlen müsse, sie wenigstens meine Arbeitskleidung stellen würde. Ich war total überrascht und erfreut, hatte doch mit so etwas nie im Leben gerechnet. Ich ging in den Nebenraum und zog mich sofort um, um zu sehen, ob dieser Anzug überhaupt passen würde. Oh man, er passte wie für mich gemacht. Ich denke, die Chefin hat den Anzug ausgesucht und sie hat ein gutes

Augenmaß. Ich bedankte mich sehr herzlich für den Anzug und war immer noch irgendwie von der Rolle.

So konnte ich am nächsten Tag mein Praktikum beginnen. Es ist doch viel schöner in einem Familienbetrieb zu arbeiten, statt in einem Konzern. In einem Familienbetrieb geht es doch meistens auch viel lockerer ab. In dem Betrieb wohnten auch noch die Eltern der Chefin. Sie sind mit ins Sauerland gezogen und haben geholfen das Hotel wieder auf Vordermann zu bringen. Ich musste anerkennen, dass ihnen das sehr gut gelungen ist. Last but not least gehörte zu der Familie auch noch die kleine Tochter (genannt Mausi, 4 Jahre) der Chefin. Ich erkannte sehr schnell, dass dort eine sehr liebenswerte Familie wohnte und arbeitete. Zu diesem Zeitpunkt wusste ich schon, dass ich mich in diesem Betrieb sehr wohl fühlen würde. Als ich mich dann bis zum nächsten Tag verabschiedete, nahm ich mir noch eine Speisekarte mit, um die Gerichte und Preise zu studieren, was ja auch sehr wichtig für einen geregelten Ablauf ist.

Am nächsten Tag konnte es dann losgehen. In meinem neuen schwarzen Anzug, schwarzer Fliege und weißes Hemd war ich pünktlich um 11:00 Uhr zu Dienstbeginn im Hotel. Zunächst sah ich mich erst mal um und fragte auch, wo all diese Dinge sind, die ich für das Mittagsgeschäft brauchte. Dann deckte ich die Tische ein und bereitete das „Mise en place" vor. Dann kamen auch schon so langsam die ersten Gäste und das Mittagsgeschäft begann. Ich war schnell wieder in meinem Element und arbeitete am Tisch der Gäste, oder holte ihnen ihre Bestellungen. Die Konversation mit den Gästen war nach langer Zeit für mich wieder sehr schön. Es war ja nichts Neues für mich, denn so etwas habe ich ja lang genug gemacht. Aber es machte wieder Spaß. Das Mittagsgeschäft verging wie im Fluge, denn es war auch einiges zu tun. Um 14:30 Uhr hatte ich mein Revier wieder sauber und ging dann in die Freistunde bis um 17:30 Uhr. Das Mittagsgeschäft hat mir richtig gut gefallen und ich freute mich jetzt schon auf das Abendgeschäft mit der Abendkarte, in der viel feinere Gerichte standen.

In meiner Freistunde rief ich natürlich Miri an, um zu fragen wie's ihr geht und wie ihr Tag war. An ihrer Stimme merkte ich, dass sie nicht so gut drauf war. „Na klar", dachte ich mir. „Sie ist alleine dort in Bayern, kennt noch kaum jemanden, ich denke ihr wird langweilig sein". Ich erzählte ihr von meiner ersten Schicht am Mittag und versuchte sie sonst noch etwas aufzubauen. Sie sagte mir außerdem dass sie mich vermissen würde. Da kam bei mir schon wieder das schlechte Gewissen hoch, dass sie dort allein in Bayern war und ich hier im Sauerland. Ich sagte ihr noch, bevor ich das Telefongespräch beenden musste, dass ich versuchen werde an einem freien Tag sie besuchen zu kommen. Ich wüsste aber noch nicht ob das klappen würde, denn außer dass die Zeit knapp werden würde, war es außerdem auch ein riesen Kraftakt für mich. Man, manchmal hasste ich meine vielen Kilos und konnte mich selbst nicht mehr leiden. Ich hatte aber die Hoffnung, dass durch die viele Bewegung im Hotel zur Post ein paar Kilos schwinden würden und dass ich wieder beweglicher würde. Ich verabschiedete mich von meinem Schatz und musste dann auch wieder zum Dienst, aber nicht ohne ihr vorher zu sagen, dass ich mich am nächsten Tag wieder bei ihr melden würde.
Nachdem ich aufgelegt hatte, war es mir überhaupt nicht gut. Irgendwie war es mir hundeelend. War es doch die richtige Entscheidung, Miri in Bayern zu lassen, während ich hier im Sauerland mein Praktikum machte? Ich wusste es nicht. Ich wollte doch nur mit ihr ein sehr schönes Leben führen, aber bis jetzt ist noch nichts Gutes dabei herum gekommen. Und meiner Meinung nach war sehr viel mein Gewicht daran schuld. Ich hasste diese vielen Kilos.
Abends konnte ich mich gut während meiner Arbeit von meinen traurigen Gedanken ablenken. Aber es war auch wirklich total verflixt. Ich hatte das Gefühl, alles was Miri und ich anpackten, ging irgendwie in die Hose. Aber vielleicht ist es so im Leben, dass man die schlechten Zeiten wirklich braucht, um die guten Zeiten schätzen zu lernen. Ich war mir

sicher, dass auch bei Miri und mir wieder bessere Zeiten anbrechen würden.

Im Hotel lief bei mir die Arbeit total klasse. Es machte wieder so viel Spaß und das ganze Personal war dort sehr nett. Wir hatten viel Spaß zusammen und lachten auch viel, wenn es die Zeit zuließ. Aber je besser es mir ging, desto stärker merkte ich mein schlechtes Gewissen Miri gegenüber, obwohl ich ihr ja gar nichts getan hatte. Ich hoffte nur, dass sie schon einige Bewerbungen losgeschickt, oder wenigstens Betriebe angerufen hatte, bei denen sie eventuell eine Arbeit finden könnte. Jedes Mal wenn diese Gedanken kamen bei mir, redete ich mir ein, dass diese drei Monate schnell vorüber gehen und dass wir bald wieder zusammen sein werden. Aber drei Monate sind halt drei Monate.

So vergingen die Tage und Wochen, ich arbeitete fleißig im Hotel und war froh, dass es wieder Trinkgeld gab. Das half mir doch bei meinen Tankrechnungen ungemein. Mein Gewicht ist am Anfang meiner Tätigkeit im Restaurant wieder etwas zurückgegangen, doch im Laufe der Zeit nisteten sich die Pfunde klammheimlich bei mir wieder ein. Dabei aß ich meiner Meinung nach gar nicht so viel. Irgendwie war das alles wie verhext.

Kapitel 7

Der Anfang vom Ende???

Als ich ca. die Hälfte meines Praktikums absolviert hatte, rief mich Miri an meinem freien Tag, schon morgens an. Als ich den Hörer abnahm und meinen Namen sagte, da hörte ich nur einen Satz: „Ich will nicht mehr hier bleiben", sagte Miri und begann danach bitterlich zu weinen. Sie konnte gar nicht mehr aufhören. Das Schluchzen von ihr ging mir durch Mark und Bein. Ein paar Mal fragte ich sie, was denn los sei, doch sie konnte vor weinen überhaupt nicht reden. Nach einer Weile hatte sie sich wieder beruhigt und ich fragte noch einmal was denn los sei. Sie meinte, immer noch schluchzend, dass sie dort so allein wäre, dass sie niemanden kennt und dass sie auch keine Arbeit dort finden würde, weil sie keinen Führerschein und kein Auto besaß. Und außerdem will sie weg aus Regensburg oder Diesenbach und Bayern mag sie sowieso nicht, weil sie die Leute dort kaum versteht.
Oh man, jetzt wurde mir klar was los war. Miriam hatte totales Heimweh. Ich beruhigte sie noch ein wenig und versprach ihr, sie morgen in meiner Freistunde anzurufen und dann mit ihr über alles zu reden, was sie bewegte und dass wir bestimmt eine Lösung finden würden wie es weitergeht. Damit war sie dann auch erst mal zufrieden und sie wurde ruhiger. Ich musste nach dem Telefongespräch erst mal was essen gehen. Man, war das schlimm.
Am nächsten Tag in meiner Freistunde rief ich sie dann wie versprochen sofort an. Sie hatte sich beruhigt und wir konnten in Ruhe reden. Sie meinte zu mir, dass sie dort aus Bayern dringend weg müsse, denn sie würde sich überhaupt nicht wohl fühlen. Außerdem würde sie die Leute dort kaum verstehen. Sie möchte wieder zurück ins Sauerland in unsere

alte Wohnung. Dann könnte sie bestimmt auch wieder in ihrer alten Fabrik arbeiten. Und außerdem würde sie dann den Führerschein machen.

Das war erst mal ein Schock für mich und ich wusste im Moment gar nicht, wie wir das bewerkstelligen könnten. Wir hatten ja einen Mietvertrag dort für die Wohnung, aus dem wir bestimmt nicht so schnell heraus kommen würden. Ich sagte ihr, dass ich mir etwas überlegen werde. Und ich fügte hinzu das, wenn ich das nächste Mal anrufe, wüsste ich bestimmt schon wie wir das machen werden.

Viele Dinge schossen mir jetzt durch den Kopf. Wie soll das werden? Es war schlimm. War ein Problem gelöst, kam sofort mit Riesenschritten das nächste. Aber mir war auch klar, wenn Miriam absolut nicht in Diesenbach bleiben wollte, weil sie Heimweh hatte, dann musste ich zusehen, dass sie so schnell wie möglich wieder ins Sauerland kommt. Und es schien ihr sehr ernst zu sein und nicht nur so eine Laune.

Beim nächsten Telefonat mit Miri bat ich sie den Mietvertrag zu holen und ihn mir teilweise vorzulesen. Wie es sich herausstellte, war dieser Mietvertrag trotz der kompletten Wohnung definitiv ein Untermietvertrag. Ich hatte mich schon gewundert, dass der Strom mit in der Miete war, und ich keinen eigenen Zähler und auch keine eigene Wasseruhr hatte. Jetzt wurde mir das alles klar. Das bedeutete für uns aber auch, dass wir keine Fristen einhalten müssten und schneller ausziehen konnten, wie in einem normalen Mietverhältnis. Ach man, war das alles ein Ärger. Aber wir würden es auf die Reihe bekommen.

Natürlich wusste ich auch, dass einige Umschüler im Wohnheim wohnten. Ich dachte mir, dass es für mich vielleicht auch eine Möglichkeit gibt dort einzuziehen, wenn Miri wieder zurück ins Sauerland geht. Das wäre dann die eleganteste Lösung. Ich sagte Miri noch, dass sie mit dem Vermieter sprechen und bei diesem Gespräch die Wohnung kündigen sollte. Ich würde mich um ein Apartment im Wohnheim der Schule bemühen.

Miri fiel ein Stein vom Herzen. Ich merkte am Telefon, wie erleichtert sie war, dass wir eine Problemlösung gefunden hatten. Es müsse dann aber auch genauso funktionieren, wie wir dachten. Hoffentlich kommt nichts mehr dazwischen.
Am nächsten Tag rief ich die Verwaltung der Schule in Regensburg an und fragte nach, ob es möglich sei, dass ich zum übernächsten ersten in das Wohnheim ziehen könne, da ich zur Zeit mich in einem Praktikum befinde und nicht in Regensburg bin. Die freundliche Frau am anderen Ende der Leitung sah nach in ihrem Belegungsplan der Apartments und nach einer Weile sagte sie dann zu mir, dass sie noch etwas frei hätte und das ich dort einziehen könne.

Anmerkung: *Ich habe das etwas ausführlicher geschrieben, damit sie nachvollziehen können, wie wichtig es war, dass wir den Mietvertrag aufgelöst bekamen. Wenn das nicht der Fall gewesen wäre, dann wäre das vielleicht sogar sehr existenzbedrohend geworden, denn nur alleine von meinem Übergangsgeld hätten wir nie und nimmer die Miete und Nebenkosten der Wohnung und die des Zimmers im Wohnheim bezahlen können. Hätte Miri mir vorher gesagt, dass sie definitiv nicht mit nach Regensburg gehen würde, dann wäre alles viel einfacher geworden. Aber davon war bei ihr nie die Rede. Sie hat meistens geschwiegen, oder nur halbherzige Aussagen gemacht, wenn das Thema zur Sprache kam.*

Das hörte sich ja richtig gut an. Wenn es jetzt noch klappte das Mietverhältnis aufzulösen, dann würde endlich mal alles so verlaufen, wie wir es geplant hatten. Ich sagte der Sekretärin, dass ich gerne ein Apartment haben möchte und dass sie mich bitte eintragen solle, damit ich eine Bleibe habe, wenn ich vom Praktikum nach Regensburg zurückkehre. Sie trug alles ein,

ich bedankte mich bei ihr für Ihre Mühe und verabschiedete mich von ihr, da ich ja jetzt so schnell wie möglich Miri anrufen wollte, um ihr die freudige Nachricht zu überbringen.
Als ich sie endlich am Telefon erreichte und ihr sagte, dass ich ein Apartment im Wohnheim der Schule angemietet habe, spürte ich bei ihr seit langer Zeit mal wieder richtig Freude, die bei ihr auch tief von innen heraus kam. Den Vermieter hatte sie noch nicht erreicht, doch sie war zuversichtlich, dass sie mit ihm eine Einigung wegen der Wohnungskündigung erzielen würde. Immer wieder sagte sie mir, dass jetzt alles so ist, wie wir uns das vorgestellt haben. Naja, ich wäre lieber mit ihr in Diesenbach geblieben. Denn mir gefiel das da außerordentlich gut. Vor allem Regensburg mit all den uralten Häusern, die Steinerne Brücke und die „historische Wurstkuchl", die älteste Wurstbraterei seit anno 1135 in Familienbesitz in Deutschland. Man munkelt, dass dort die Nürnberger Würstl erfunden worden sind und die Nürnberger ihnen das Rezept entwendet haben sollen. Darüber streiten sich heute noch Nürnberger und Regensburger. Jedenfalls kann man sagen, dass die „Historische Bratwurstkuchl" der allererste Vorläufer des Fast-Foods war.
Aber jetzt war es passiert, Miri wird wieder ins Sauerland gehen. Doch ich hatte ja noch eine ganze Zeit in Regensburg, die ich neben der Schule richtig auskosten werde. Miri sagte mir noch, dass sie sich überlegt hat den Führerschein zu machen, wenn sie wieder im Sauerland ist. Ja, es wurde damals schon immer wichtiger mobil zu sein. Ihr war aber auch klar, dass ich unseren Granada mit nach Regensburg nehmen werde. Ohne Auto auf dem Dorf oder in einer Kleinstadt ist man meistens total aufgeschmissen. Klar, sie sollte ruhig den Führerschein machen. Wenn sie ihn hat wird alles leichter für uns werden Was mir aber auffiel war, dass Miri gar nicht davon redete, dass sie zu ihren Eltern in das Haus ziehen wollte. Sie wollte unbedingt in das Haus meiner Eltern, in unsere alten Wohnung. Doch mir sollte es recht sein.

Und als letztes sagte sie fast euphorisch zu mir, dass sie versuchen wird, wieder in ihrer alten Fabrik unter zu kommen, denn das wäre dann optimal für uns. Damit hatte sie recht. Ein zweites Einkommen auf unserem Konto, erleichterte doch vieles. Aber das muss auch erst mal klappen mit der Bewerbung und dem Job. Es war ja auch noch etwas Zeit, bis der Umzug ins Sauerland starten würde. Wir wussten auch noch gar nicht, wer Miri abholen könnte. Aber das wird sich schon ergeben. Gut gelaunt wünschte sie mir noch einen schönen Tag und sagte mir, dass sie mich morgen wieder anrufen wird. Oh man, so habe ich sie schon lange nicht mehr erlebt.

Abends fuhr ich dann wieder zu meiner Praktikumsstelle und erzählte natürlich, dass Miri wieder ins Sauerland kommt. Angi (Angelika), die Chefin sagte sofort, dass es wohl das Beste für sie ist, wieder zurück zu kommen, wenn sie dort unten in Bayern totales Heimweh hat und sich nicht wohl fühlt.

In dem Hotel sagten wir alle schnell du zueinander. Egal ob es Chef, Chefin, Eltern oder der Auszubildende waren. Ich bin ja nicht so sehr dafür, dass Chefs und Angestellte sich duzen, denn es ist viel leichter gesagt Du …A … als Sie …A…. Aber in dem Fall war das anders. Wir hatten ein total gutes Verhältnis alle miteinander. Und Angi freute sich auch für mich mit, dass ich bald nicht mehr so alleine bin.

Klar freute ich mich auf Miri, aber viel lieber wär ich mit ihr in Bayern geblieben. Vielleicht sogar länger, als die Umschulung dauern würde. Denn dort in Bayern war der Arbeitsmarkt für Hotelkaufleute wahrscheinlich wesentlich besser, als im Sauerland. Das hing mir immer noch nach mit Miri, dass sie unbedingt wieder zurück wollte. Und dann noch in den Ort, in dem ich so viel Mist erlebt habe und einen Berg voller Probleme hatte. Aber egal, ich rechnete sowieso damit, dass ich nach meiner Prüfung zum Hotelkaufmann sowieso wieder weg musste, da die Hotels im Sauerland alle zu klein sind, oder besser gesagt, fast alle zu klein sind, dass sie einen

Hotelkaufmann einstellen würden. Diese Arbeit übernahmen meist die Inhaber oder Besitzer selbst.

Der Abend im Hotel zur Post verlief sehr gut. Nachdem das Abendgeschäft vorbei war, saßen wir alle noch am Stammtisch und erzählten, lachten und waren richtig gut drauf. Naja gut, ich nicht ganz so, weil mir das mit Miri nicht aus dem Kopf gehen wollte. Aber an dem Abend versuchte ich es wenigstens zu verdrängen, was mir dann letztendlich auch gelang. Um 1:30 Uhr morgens machte ich mich dann endlich auf den Weg nach Hause, wo mein Bett schon auf mich wartete. Im Kühlschrank stand noch ein Töpfchen „Schlesischer Wurstsalat" aus einer Metzgerei im Nachbarort. Der ist sowas von lecker. Ich weiß nicht wie sie es machen, aber die bekommen es immer wieder hin, dass der so gut schmeckt. Mit einer Scheibe Brot aß ich dann noch den Inhalt des Töpfchen auf. Hinterher dachte ich mir, dass das bestimmt 3500 kcal oder mehr waren, weil der Wurstsalat ja unter anderem mit Mayonnaise angemacht wurde. Aber das musste heute Abend oder besser gesagt heute Nacht irgendwie sein. Ich hätte mich hinterher selbst dafür Ohrfeigen können. Es kann niemand nachvollziehen, was das für ein Gefühl ist, wenn man so dolle essen muss, der es nicht schon mal selbst am eigenen Leib erlebt hat.

Irgendwann ging ich dann doch zu Bett um zu schlafen. So richtig gut konnte ich das nicht, weil mir dieser Wurstsalat fürchterlich im Magen lag. Geschieht mir recht so, warum muss ich es auch immer übertreiben, vor allem mit der Esserei. Ich schlief dann doch etwas später ein und als ich am nächsten Morgen aufwachte, da hatte ich die Probleme. Fürchterliches Sodbrennen und mir war total schlecht. Da hatte ich mir geschworen, dass ich die ganze Woche nichts mehr essen würde. Ich weiß es nicht mehr genau, aber ich meine der Schwur hat nicht lange vorgehalten.

Ich dachte mir, wenn Miri wieder ins Sauerland zieht, dann haben wir noch zwei Wochen zusammen, bevor ich wieder nach Regensburg fahre. Diese Zeit sollten wir genießen. Aber

ich freute mich auch schon wieder auf Regensburg, vor allem auf mein Apartment. So viel ich wusste war das ein zweier Apartment mit zwei Eingängen, einer Dusche mit Toilette und einer kleinen Küche. Dusche, Toilette und die Küche musste ich mir wohl mit dem Bewohner des zweiten Apartments teilen. Aber das sollte kein Problem werden.
Die nächste Zeit verlief ereignisarm ab. Ich ging mittags und abends arbeiten und war froh, viele nette Menschen kennen zu lernen. In der Freistunde am Nachmittag fuhr ich meistens nach Haus und legte mich etwas hin, weil mich das doch alles ganz schön schaffte. Wenigstens hatte ich in der letzten Zeit gar keine Fressattacken mehr. Vielleicht kann das daher, weil ich zu den Mahlzeiten immer reichlich gegessen habe. Die Verpflegung im Hotel war richtig gut und viel. Da konnte ich mich nicht drüber beschweren. Fressattacken kamen nicht immer, aber meistens, wenn ich eine Zeit lang versucht hatte, mein Gewicht zu reduzieren. Oder auch bei viel Stress und Ärger. Ich konnte das einfach nicht abstellen, ich weiß auch nicht wieso. Mein Hausarzt im Sauerland wollte mich schon mal in eine Kur schicken, aber daran war zurzeit überhaupt nicht zu denken. Ich hätte so viel vom Lehrstoff verpasst, dass ich bestimmt meinen Abschluss nicht geschafft hätte. Das wollte ich auf keinen Fall riskieren. So nahm ich die gelegentlichen Fressattacken in Kauf und versuchte sie klein zu halten, was mir aber meistens nicht gelang. Wenn ich an diese Zeit zurück denke, läuft es mir heute noch kalt in Schauern den Rücken hinunter.
Miri war von dem Tag, an dem sie erfahren hatte, dass es für sie wieder zurück ins Sauerland geht, wie ausgewechselt und immer gut gelaunt. Sie konnte es auch gar nicht mehr erwarten, bis die Reise losgehen würde. Ein paar Tage musste sie sich aber noch gedulden. Ich hatte mit meiner Praktikumsstelle vereinbart, dass ich zwei Tage extra frei bekomme, denn dann konnte ich Miri selbst abholen. Ich hätte auch niemanden anderes gewusst, der das für uns gemacht hätte. Nicht mal ihre Eltern. Wir hatten zwar so viele

Probleme, aber irgendwie haben wir sie alle früher oder später klären können. Das war wenigstens mal etwas Positives.

Ach übrigens: unser Vermieter in Diesenbach war sehr nett und hat es auch verstanden, dass Miri sehr großes Heimweh hatte. So entließ er uns ohne Probleme aus dem Mietvertrag. Dafür war ich ihm sehr dankbar.

Der Tag des Umzugs rückte in Riesenschritten näher Miri war schon voll damit beschäftigt, alles was wir besaßen, wieder in Kisten, Kartons und Taschen zu packen. Sie freute sich tierisch auf den Umzug und auf das Sauerland. (**Anm.:** *Ich konnte es nicht verstehen*).

Was lange währt, wird endlich gut. Da war er nun da, der Tag, an dem ich Miri abholen wollte. Ich kannte das ja schon. Um 5:00 Uhr aufstehen, um 6:00 Uhr fahren und gegen Mittag da sein. So war es auch diesmal. Die Straßen waren nur etwas voller, so mitten in der Woche und ich kam nicht ganz so gut voran. Aber das machte ja nichts, denn ich hatte ja Zeit. Unterwegs fiel mir noch ein, dass ich es nur nicht vergessen durfte, mir 10 oder 15 Teewürste von der Metzgerei nebenan mitzunehmen. Diese Teewürste habe ich in der letzten Zeit sehr vermisst. Fast so viel wie Miri. Gegen 13:00 Uhr war ich dann etwas geschafft in Diesenbach angekommen. Miri und ich begrüßten uns erst einmal ziemlich ausgiebig und lagen uns in den Armen. Sie sagte: „Schön das du hier bist, mein Gnubbelchen". Oh man, das hatte sie schon lange nicht mehr zu mir gesagt. Gnubbelchen war mein Kosename von ihr, weil ich so gerne einen Titel von Mike Krüger „Der Gnubbel" auf der Gitarre nachspielte. Mittlerweile war ich aber ein ausgewachsener Gnubbel *lach. Für mich war es schön dass wir wieder zusammen waren. Aber ich bin mir auch sicher, dass Miri sich sehr gefreut hat. Solch eine Trennungszeit ist doch nichts für ein Ehepaar.

„Hey, hast du abgenommen?", fragte Miri mich lächelnd. „Jetzt nimmt sie mich auch noch auf den Arm, obwohl ich so schwer bin", schoss es mir durch den Kopf. Ich lächelte aber zurück, weil ich wusste, dass sie das nicht böse gemeint hat.

Miri meinte aber dann, dass wir zum Mittagessen nebenan in die Kneipe gehen sollten, weil sie keine Teller und kein Besteck außerhalb der Kartons mehr hatte. Das machten wir dann auch, denn in der Kneipe gab es leckere Regensburger als Currywürstchen. Das war richtig gut. Schade, dass es die originalen nicht in NRW gibt.
Das war dann also unser letzter Besuch in der Kneipe nebenan. Ja, wir wollten etwas essen und uns dann auch verabschieden. Wobei ich nicht wusste, ob das für mich auch der letzte Besuch war, denn ich kam ja zurück nach Regensburg, und blieb dort, wenigstens noch eine Zeit lang.
Miri und ich hatten eigentlich vereinbart, wenn ich sie abhole, dass wir noch eine Nacht dort schlafen und dann am nächsten Tag ganz gemütlich in das Sauerland zurück fahren würden. Aber, ich war so nervös und hibbelig, dass ich lieber am Nachmittag aufbrechen wollte, um dann abends so gegen 21:00 Uhr zurück im Sauerland zu sein. Miri fragte mich noch, ob das nicht zu viel für mich wäre, denn ich bin ja heute schon eine Strecke gefahren. Ich antwortete ihr das, wenn nichts mehr geht, ich auf einem Rastplatz dann ein oder 2 Stunden schlafen würde, doch ich wollte jetzt alles hinter mich bringen und bald wieder zurück im Sauerland sein. Sie meinte nur das, wenn es für mich nicht zu viel wäre, für sie das auch o. k. ist.
Ich bezahlte unser Mittagessen, wir verabschiedeten uns vom Wirt und von den anwesenden Gästen und gingen dann rüber in unsere Wohnung, um die ganzen Sachen, die wir mitnehmen wollten, ins Auto zu packen. Ich sprang noch eben bei der Metzgerei rein und kaufte zehn Teewürstchen.
Dann konnte es losgehen. Um 15:00 Uhr setzten wir uns ins Auto, nachdem wir uns noch mal versichert hatten, dass wir alles eingepackt und mitgenommen hatten und los ging es. Wochentags und vor allen Dingen im Berufsverkehr waren doch die Autobahnen fast dicht. Teilweise ging es nur im Schrittverkehr voran. Ich merkte, dass mir das Fahren doch ziemlich schwer fiel, aber ich wollte unbedingt und so schnell wie möglich die Tour beenden. An einer Raststätte holte ich

mir noch Kaffee, weil ich merkte, dass ich müde wurde.

> **Anmerkung** *Lieber Leserin, lieber Leser Sie können sich gar nicht vorstellen, wie fertig und platt ich in dieser Zeit war, obwohl ich noch ziemlich jung an Jahren und mein Höchstgewicht noch gar nicht erreicht hatte. Nach außen hin versuchte ich immer den Schein zu wahren, dass alles o. k. ist und ich total fit bin. Denn ich wollte meinen Kritikern (Ärzte, Eltern, Arbeitgeber usw.) nicht noch mehr Möglichkeiten bieten auf mir herum zu hacken. Aber es war schon sehr schlimm.*

Nachdem ich den Kaffee getrunken hatte, lief ich noch ein wenig auf dem Parkplatz, denn die Frischluft tat mir auch gut. Danach ging es wieder für eine Weile, obwohl es mir plötzlich extrem schwummerig wurde. Ich musste aber Gott sei Dank im Laufe der Fahrt nicht mehr schlafen und fuhr langsam, aber sicher die Strecke durch. Kurz nach 22:00 Uhr hatten wir es endlich geschafft und unser Ziel erreicht. Ich machte drei Kreuzzeichen, als ich den Eingang zu unserer Wohnung sah. Jetzt noch schnell den Wagen leer machen und das war es dann für heute. Wir schleppten alles aus dem Auto hoch unter das Dach in unsere Wohnung und als wir dann endlich im Wohnzimmer auf der Couch saßen, meinte ich zu Miri, dass ich sehr froh war, dass wir heute statt morgen zurückgefahren sind. Jetzt haben wir es geschafft und machen uns morgen einen ganz ruhigen Tag.

In den nächsten Tag starteten wir wirklich sehr ruhig. Ich hatte mir ja Gott sei Dank diese leckeren Teewürste aus Regensburg mitgebracht und so fuhr ich nur noch eben zum Bäcker, um ein paar frische Brötchen zu holen. Damit war das Frühstück gerettet. Jetzt waren wir also wieder im Sauerland und einige

Zeit würden wir noch zusammen wohnen, bevor ich wieder nach Regensburg musste. Nach dem Frühstück erzählte Miri mir, wie es ihr wirklich ergangen ist. Ich konnte später nachvollziehen, dass sie unbedingt aus Diesenbach weg wollte, weil sie sich dort überhaupt nicht wohl fühlte. Der Vermieter und seine Frau waren zwar ziemlich nett, aber sie hatten ein Problem damit, dass wir beide rauchten. Eines Tages sagte der Vermieter zu ihr, dass unser Aschenbecher gestern sehr voll gewesen wäre. Miri war zu dem Zeitpunkt in Regenstauf einkaufen. Also wusste sie, dass der er ohne ihr Wissen bei uns in der Wohnung war. Das ging natürlich überhaupt nicht. Sie hat ihm daraufhin eine Ansage gemacht, und seit dem Zeitpunkt wollte sie dort nur noch weg. Irgendwie konnte ich es dann auch verstehen.

Mittags ging ich dann mit Miriam zu meinem Praktikumsplatz, um ihr zu zeigen, wie toll das dort ist. Sie wurde von allen herzlich begrüßt und gut aufgenommen. Wir aßen dort zu Mittag und machten uns dann wieder auf den Weg, weil wir am Nachmittag ihren Eltern einen Besuch abstatten wollten. Ich hatte eigentlich gar keine Lust dorthin zu fahren, doch da Miri noch kein Führerschein hatte und ich ihr den Gefallen tun wollte, blieb mir nichts anderes übrig. Ihre Eltern waren so wie immer, sie sagten ganz was anderes wie sie sehr wahrscheinlich dachten. Aber ich machte gute Miene zum bösen Spiel und außerdem - zu lange sollte dieser Besuch ja auch nicht dauern. Ich dachte mir noch so auf dem Rückweg, dass ich mit Miri noch 100 Jahre verheiratet sein könne, doch das Verhältnis zu ihren Eltern würde sich nie bessern. Aber ich machte mir nichts daraus. Ich hatte es schon aufgegeben zu glauben, dass sie mich irgendwann voll akzeptieren würden. Was doch alles so ein Gewicht ausmacht …

Den Abend verbrachten wir noch sehr ruhig, sahen ein wenig fern und wir unterhielten uns darüber, wie es weitergehen würde. Miri meinte zu mir, dass sie jetzt irgendwann sehr gerne beginnen würde den Führerschein zu machen, damit sie nicht mehr von allem und jedem abhängig ist. Ich hielt das auch für eine gute Idee und sagte zu ihr, dass sie doch schon mal in eine Fahrschule gehen könne, um sich nach den Preisen zu informieren. Dann wäre das doch schon ein großer Schritt weiter. Das kam bei ihr gut an und wir vereinbarten, dass sie sich in den nächsten kommenden Tagen eine Fahrschule aussuchen solle, zu der ich sie dann hin fahre, damit sie sich nach den Preisen erkundigen könnte.

Es war zwar schön, dass Miri und ich jetzt wieder für einige Zeit zusammen waren, doch irgendwie sehnte ich mir den Zeitpunkt herbei, dass ich wieder nach Regensburg konnte. Der Stress mit ihr und den Eltern hat mich doch ziemlich überfordert und irgendwie konnte ich gar nicht mehr sagen, dass ich richtig glücklich bin. Meiner Meinung nach funktionierte ich nur noch. Ein Problem nach dem anderen aus der Welt schaffen und zusehen, dass das Leben weiter ging. Zudem machten mir in der Zeit immer öfter meine Schwindelbeschwerden sehr viel zu schaffen. Ich hoffte, wenn ich wieder in Regensburg war, dass sich das dann alles bessern würde. Diese Beschwerden hatte ich jetzt schon so lange, aber die Hoffnung stirbt ja bekanntlich zuletzt, dass man irgendwann mal herausfinden würde, woher das kam. Ich konnte es auch nicht verstehen dass kein Arzt bisher etwas gefunden hatte, außer meinem Übergewicht.

Ein paar Tage später fuhren Miri und ich vor meinem Dienstbeginn im Hotel einfach so ohne Termin zu der Fabrik, in der sie schon mal längere Zeit gearbeitet hatte. Sie wollte unbedingt dort nachfragen, ob sie bei ihnen wieder Küchengeräte zusammenbauen dürfe. Ich merkte dass sie sehr nervös und aufgeregt war, doch sie ging strammen Schrittes in das Gebäude. Ich drückte ihr in der Zeit die Daumen, dass alles so kommen würde, wie sie es sich vorstellt. Es dauerte einige Zeit, das Gespräch mit ihr und dem Personalchef muss wohl etwas länger gedauert haben, doch dann ging die Tür auf und sie kam lächelnd aus dem Fabrikgebäude. Strahlend erzählte sie mir, als sie wieder im Auto saß, dass sie nächste Woche sofort dort anfangen könne. Die Einzelheiten zu ihrem

Job hätte sie auch sofort mit dem Personalchef besprochen. Deshalb hat es etwas länger gedauert. Sie war total glücklich, ja richtig euphorisch. Ich gönnte es ihr und auch mir, denn so ein zweites Einkommen erleichtert den Alltag doch ungemein. Das hätten wir eigentlich feiern müssen, aber leider musste ich ja gleich wieder arbeiten. Doch ich versprach, eine Flasche Schampus mitzubringen, damit wir wenigstens heute Abend, wenn ich nach Hause komme, auf ihren neuen Job anstoßen könnten.

Ich brachte Miri nach Hause, zog mich dort auch eben um und fuhr ins Hotel, wo mein Dienst bald begann. Natürlich habe ich da auch erzählt, dass Miri wieder einen Job hat und Angi meinte sofort, dass ab jetzt finanziell alles viel leichter gehen würde. Ich sagte ihr noch, dass Miri plante den Führerschein zu machen. Daraufhin gab sie mir eine Adresse von einer Fahrschule, die sehr gut sein sollte. Sie wusste es von ihren Gästen, denn die schwörten auf diese Fahrschule.

Als ich nach dem Mittagsgeschäft nach Hause kam, erzählte ich Miri, dass ich die Adresse, von einer wohl sehr guten Fahrschule hätte. Da könne sie ja mal anrufen, um zu fragen, wann sie sich genauer über Preise und Ablauf erkundigen kann. Miri war total erfreut und wieder etwas euphorisch. Sie probierte sofort dort anzurufen, doch leider war keiner zu erreichen. Ich sagte ihr noch, dass Fahrschulen meistens abends auf hätten und sie solle es doch noch mal heute Abend probieren. Dann wird sie bestimmt mehr wissen.

Ich legte mich, wie fast jeden Nachmittag, eine gute Stunde aufs Ohr, damit ich wieder für abends fit war. Es nahm mich doch alles ganz schön mit. Und mit meinem Gewicht war ja auch nicht zu spaßen.

Irgendwie war ich froh, dass ich abends wieder in dem Hotel war und arbeiten konnte. Nichts gegen Miri, aber mich nervten zurzeit viele Dinge die sie machte oder sagte. Im Hotel war alles anders, alles viel lockerer und ich blühte dort, trotz der manchmal sehr vielen Arbeit, richtig auf.

Als ich dann abends nach Feierabend mein Zuhause wieder erreichte, erzählte Miri mir sofort, dass sie in der Fahrschule angerufen hatte und dass die Kurse immer montags abends wären. Da könnten wir dann einfach Montag hingehen und sie würde mehr erfahren, auch wenn sie sich noch nicht anmelden könnte. Naja, jetzt waren wir mit ihrem Führerschein Gott sei Dank schon mal einen Schritt weiter. Das passte auch ganz gut, weil montags in dem Hotel, jedenfalls für das Restaurant, Ruhetag war, und ich Miri dann zur Fahrschule fahren konnte.
Die paar Tage gingen schnell um und an dem Montag fuhren wir dann zu dem Fahrlehrer, bei dem Miri ihren Führerschein machen wollte. Er erklärte uns die Abläufe, was er für Papiere benötigen würde, die er einschicken müsste und erst wenn sie zurückkommen würden, könnte Miri in die Prüfung gehen. Deshalb war es sehr wichtig, dass alle Papiere sehr schnell und frühzeitig zusammen waren. Dann sagte er noch zu den Kosten, dass sie wohl mit 1300-1500 DM rechnen müsste, je nachdem wie viele Fahrstunden sie benötigen würde. Im Vergleich zu heute war damals ein Führerschein sehr billig, doch damals waren 1500 DM sehr viel Geld. Miri wirkte ein wenig geschockt als wir wieder nach Hause fuhren und hatte sich auch noch nicht angemeldet. Zunächst musste klar werden, wie wir das finanzieren könnten.
An dem Abend haben wir noch sehr viel geredet. Ob wir es schaffen würden, das Geld zusammen zu bekommen. Aber ich meinte, dass es irgendwie schon gehen würde. Sie solle sich nicht so große Sorgen darüber machen. Ein wenig hatten wir auch schon gespart, aber mit meinem Übergangsgeld vom Arbeitsamt konnten wir keine großen Sprünge machen. Aber Miri arbeitete ja bald auch wieder. Plötzlich, ganz unvermittelt meinte sie zu mir, dass sie einen Tag ganz gerne nachmittags mit mir zu ihren Eltern fahren würde. Sie wollte nachfragen, ob diese etwas beim Führerschein dabei tun würden. Ich war von diesem Vorhaben nicht sonderlich begeistert, denn ich wollte nichts von denen haben. Am besten wäre es gewesen,

sie würden uns ganz in Ruhe lassen. Es waren aber halt ihre Eltern, sie musste mit denen klarkommen.

Zwei Tage später fuhren wir dann wie abgemacht nachmittags nach meiner Mittagsschicht zu ihren Eltern. Ich hatte im Hotel Bescheid gesagt, dass es abends etwas später werden würde mit meinem Dienstbeginn, doch das war o. k.

Wir tranken bei ihren Eltern erst mal Kaffee und aßen selbst eingekauften Kuchen (oder war er selbst gebacken?). Nach einer Weile, als ihr Vater mal aus dem Wohnzimmer ging, da ging sie hinterher. Ich war sehr gespannt, was dieses Gespräch ergeben sollte. Unterdessen unterhielt ich mich mit ihren Geschwistern. Es war nur Smalltalk, denn tiefgründiger wollte ich nichts mit denen besprechen. Nach einer ganzen Weile kam Miri wieder zurück in den Raum, sagte nichts und tat so, als ob sie auf der Toilette gewesen wäre. Naja, so lief das wohl ab in dieser Familie. Der Vater war sowieso der Patriarch. Was er sagte, war Gesetz. Und daran konnte niemand rütteln. Ich fand das irgendwie lustig, denn er tat immer so, als wäre er Vorstandsvorsitzender in einem riesengroßen Unternehmen. Dabei war er auch nur ein kleiner Arbeiter und hatte sogar noch einen Nebenjob um die Familie durchzubringen. Aber was soll's, ich habe das akzeptiert.

1 Stunde später brachen wir dann auf. Als wir im Auto saßen, begann Miri irgendwann zu reden. Es wäre nicht so einfach gewesen, denn er müsste über das alles noch mit dem Familienrat besprechen. Oh man, was kam er sich immer wichtig vor. Im Grunde wussten wir jetzt immer noch nichts, doch Miri war guter Dinge, dass von ihren Eltern noch etwas kommen würde. Sie müsste nur in der nächsten Woche noch mal zu ihnen hin. Ich war ja von Anfang an dagegen, dass sie diese Frage nach Geld stellen wollte, denn jetzt versuchten sie Miri zu vermitteln, das ohne sie nichts geht. Ich war mir trotzdem sicher, dass wir das alles ganz alleine auf die Reihe bekommen hätten. Aber es sind ihre Eltern und da mischte ich mich nicht ein, denn das könnte auch nach hinten losgehen. Aber es kam Gott sei Dank nicht der Vorschlag, dass sie ihr

den Führerschein bezahlen und ihr ein Auto kaufen würden, wenn sie sich scheiden ließe. Das war doch schon mal sehr angenehm *g.

Als wieder zu Hause ankamen musste ich mich etwas beeilen, da ich ja noch arbeiten musste. Ich zog mich schnell um und fuhr in das Hotel. An dem Abend gab es nichts Besonderes und zu voll war es auch nicht, sodass ich dort diesen Abend eine ganz entspannte Zeit verbrachte. Aber es gab auch andere Abende mit viel Hektik ohne Ende. So genoss ich es, das mal nicht so viel zu tun war.

Früher als üblich konnte ich dann Feierabend machen und fuhr auf dem schnellsten Weg zu Miri nach Hause. Jetzt habe ich doch schon so lange dort in dem Hotel gearbeitet, aber abends war ich immer noch so fertig und kaputt, wie am ersten Tag. Das war für mich unglaublich.

Miri sagte zu mir, dass es ja in wenigen Tagen vorbei sein würde mit der ganzen körperlichen Anstrengung, denn bald würde ich ja wieder nach Regensburg fahren, um dort meine Ausbildung abzuschließen. Ich dachte mir noch: „je eher, desto besser".

In der nächsten Woche passierte wieder was ganz ungewöhnliches ausgehend von der Familie meiner Schwiegereltern. Eine Schwester kam am späten Nachmittag vorbei und wollte Miri mitnehmen. Sie meinte, dass die Eltern mit ihr reden wollten und sie würde sie auch am Abend wieder zurückbringen. Ich musste ja sowieso arbeiten, mir war das total egal was da passierte. Ich hatte mit denen sowieso schon quasi abgeschlossen. Ob Miri nun finanzielle Unterstützung bekommt oder nicht ging mir so am Allerwertesten vorbei, denn wir würden das auch allein schaffen. Sie fuhren dann in das Haus ihrer Eltern und ich ging eine oder 2 Stunden später wieder arbeiten. War ich froh dass das Praktikum bald zu Ende ist und die Schule wieder beginnen würde. Dann hätte ich bestimmt mehr Ruhe, bis natürlich auf den Lernstress.

Als ich spät abends vom Hotel nach Hause kam, erzählte mir Miri, dass ihre Eltern einen Teil beim Führerschein dabei tun wollten. Alles ging nicht, denn sie hatten ja noch mehr Kinder. Das war komisch, denn ich wusste, dass sie bei der ältesten Tochter den Führerschein komplett bezahlt haben. Aber egal. Ich hab mich gefragt, warum nur die immer diese Heimlichtuerei von ihnen kam. Warum durfte ich das nicht wissen? Und warum konnten sie ihr das nicht am Telefon sagen? Miri versicherte mir aber auch, dass keine Bedingungen, wie z.B. eine Scheidung, mit der Zahlung verknüpft wären. Ich sagte weiter nichts dazu, sie sollten machen, was sie für richtig hielten.

Die nächste Zeit verlief absolut ohne Höhen und Tiefen. Ich ging in mein Praktikum und Miri morgens in die Fabrik. Doch dann, an einem Freitag war es der letzte Tag dort im Hotel. Ich arbeitete diesen Tag noch, aber nach Feierabend feierte noch der ganze Betrieb mit mir, dass alles so gut geklappt hat. Als ich nach Hause fahren und mich verabschieden wollte, drückte mir Angi noch ein paar Scheine in die Hand. Ich war total perplex, aber hocherfreut und verabschiedete mich ganz herzlich von allen die noch da waren.

So, dann ging es ab nach Haus. Am nächsten Tag musste ich ja noch packen, denn am Sonntag fuhr ich wieder nach Regensburg. Ich freute mich da unheimlich drauf. Bald ging der normale Alltag weiter und ich weit weg von Problemen und Stress mit Miri, ihren Eltern und meinen Eltern. Ich konnte endlich wieder ich sein. Und falls ich mal Heimweh bekommen sollte, so lang war es ja nicht mehr bis zu meiner Prüfung, die ich auf jeden Fall bestehen wollte.

Samstag half mir Miri alles einzupacken, damit nicht noch irgendwas Wichtiges liegen blieb und ich ungeplant wieder an einem Wochenende ins Sauerland musste. Ich sagte zu Miri das ich, wenn ich jetzt erst mal wieder in Regensburg bin, nicht weiß, wann ich sie das nächste Mal besuchen würde. Ich konnte ja nicht jedes Wochenende ins Sauerland fahren. Das hat sie aber verstanden und wir wussten ja wie viel Geld wir zur Verfügung hatten und wie viel nicht. Den Samstag machten wir es uns noch einmal sehr gemütlich, redeten sehr

viel es war im Nachhinein betrachtet, ein wunderschöner Abend.
Sonntagmorgen frühstückte ich ausgiebig und schmierte mir einige Brötchen für den Tag. Dann nahm ich schon ein paar Taschen mit, ging runter zu meinen Eltern und verabschiedete mich. Sie wünschten mir alles Gute, ich packte die restlichen Sachen ins Auto und nachdem ich mich ausführlich von Miri verabschiedet hatte, setzte ich mich in meinen Wagen mit dem defekten Sitz, in dem man saß wie in einem Sofa und fuhr winkend los.
Ja, jetzt hatte ich es geschafft. Ich freute mich so sehr auf Regensburg und die Schule. Noch 5-6 Stunden, dann sehe ich alles wieder. Die Fahrt verlief wiederholt sehr gut und zügig, doch ich hielt einmal an einer Raststätte, um mir eine Bockwurst mit Senf zu kaufen. Die großen Bockwürste an den Raststätten sind einfach nur klasse. Viel besser, als das, was man sonst in den Geschäften kaufen konnte. Ich aß das Bockwürstchen und ein Brötchen, aber dann ging es auch schon weiter. Am frühen Nachmittag erreichte ich Regensburg und die Schule. Als allererstes stellte ich mein Auto in der Tiefgarage ab und ging dann zum Empfang, wo mein Zimmerschlüssel schon auf mich wartete. Das Zimmer war genauso, wie man es mir vor längerer Zeit beschrieben hatte. Nur dass da ein Balkon dran war, das wusste ich noch nicht. Das Nachbarzimmer belegte ein Klassenkamerad von mir, mit dem ich mich auch sehr gut verstand. Nun holte ich noch, obwohl es mir sehr schwer fiel, die ganzen Sachen aus dem Auto und dann hatte ich es endlich geschafft. Bevor ich mich etwas hinlegte, ging ich noch eben runter zu den Telefonzellen und rief Miri an, das ich gut angekommen bin. Danach ging ich wieder hoch auf mein Zimmer und legte mich endlich hin. Da ich sehr müde war, schlief ich sofort ein und wachte erst gegen 19:00 Uhr auf. Der Schlaf tat mir sehr gut und ich hoffte dass ich vorerst nicht mehr ins Sauerland fahren musste.
In der kommenden Woche war ja wieder Schulalltag und die Kollegen, die in dem Sportcenter ihr Praktikum gemacht

hatten waren auch wieder da. Ich fragte sie, wie es ihnen dort ergangen sei, doch egal wen ich auch fragte, sie winkten alle ab. Es ist dann doch so gekommen, dass sie einfach nur billige Arbeitskräfte waren. Und zum Abschied gab es den berühmten „feuchten Händedruck". Man was war ich froh, dass ich das Hotel zur Post kennengelernt hatte. Jetzt bestätigte es sich, dass es sich gelohnt hatte sehr schnell zu reagieren und ins Sauerland zu fahren, um sich in dem Hotel vorzustellen. Na prima, ich hatte alles richtig gemacht.

In der nächsten Woche sagte mir Miri am Telefon, dass sie sich bei der Fahrschule angemeldet hat. Die Theorie ist immer montags und mein Vater würde sie dorthin bringen und wieder abholen. „Naja", dachte ich „für andere hat er schon immer viel gemacht". Aber das Gute war, dass Miri in ein paar Monaten den Führerschein hatte und dadurch auch viel beweglicher war.

Apropos beweglich. Mittlerweile hatten wir eine richtig gute Fahrgemeinschaft ins Sauerland gebildet, bei denen ich fast jedes Wochenende für 20 DM mitfahren konnte. Mein Vater musste mich nur 25 km entfernt abholen und wieder hinbringen. Das macht er dann auch. Zwar mit einigem Knurren, aber er machte es.

Die nächsten Monate verliefen fast gänzlich ohne besondere Ereignisse. In der Mitteldeutschen Zeitung las ich eine Annonce, dass eine große Fast Food Kette in Regensburg einen Mitarbeiter als Restaurantmanager suchte. Erfahrung in dem Bereich wäre nicht so wichtig gewesen, nur einen Beruf in der Gastronomie sollte der Bewerber haben. Ich rief in der Verwaltung dieser Kette an und bekam einen Vorstellungstermin bei dem Personalchef in der Verwaltung. Ich fuhr in das Verwaltungsgebäude nach München, erzählte dem Mann meine Vorgeschichte und wir verblieben so, dass ich mich in Regensburg vorstellen sollte. Das habe ich dann auch ein paar Tage später gemacht und dort in Regensburg vereinbarten wir einen Termin für die Frühschicht und einen für die Spätschicht, damit ich die Abläufe in dem Betrieb kennenlernen würde. Diese beiden Termine nahm ich auch wahr, erschrak aber auch, da mir die Dienstkleidung nicht passte. So arbeitete ich nur mit einer Schürze. Am Ende des zweiten Tages sagte mir der dortige Chef, dass man mich gerne 150 km entfernt einsetzen würde. Ich könnte mir das aber überlegen und solle ihn in den nächsten Tagen anrufen. Nachdem ich reichlich überlegt hatte war mir klar, dass ich eigentlich nur nach Regensburg wollte und da mein Einsatzort leider ziemlich weit weg von Regensburg war, habe ich angerufen und abgesagt.

Ich musste in dieser Zeit sehr viel lernen, denn der ganze Stoff, den ein Hotelkaufmann wissen muss, wurde ja an der Schule auf 1,5 Jahre komprimiert gelehrt. Aber im Großen und Ganzen fühlte ich mich sehr wohl. Ich kochte sehr wenig, denn für einen alleine lohnte sich das kaum. Dafür gab's ja die Cafeteria mit den guten Leberkässemmeln, den Weißwürsten und anderen tollen Dingen, die dort angeboten wurden. Außerdem hatte ich in Regensburg direkt neben dem Dom am Arbeitsamt einen Wurststand entdeckt, der permanent bestimmt zehn verschiedene Wurstsorten auf dem Grill liegen hatte und die auch alle sehr gut schmeckten. Oh man, wie oft habe ich da zugeschlagen. Leute die mich da einkaufen sahen haben bestimmt gedacht, ich würde die Schule mitversorgen. Aber es ging leider nicht anders.

In dem Schulkomplex gab es auch ein Ärztezentrum für die Umschüler. Dort war ich auch bei einem Arzt und hab mit ihm über mein Gewicht gesprochen und weil ich so viele blaue Flecken an den Beinen hatte. Die Beine bekam ich jede Woche eingesalbt und verbunden, doch gegen meine Fresssucht (ich meinte, es war eine) hatte er kein Mittelchen und wusste auch nicht wie er mir helfen konnte. Jedenfalls nicht während der Umschulung. Ich hätte dazu in ein Krankenhaus eingewiesen werden müssen.

Aber so lange dauerte ja diese Umschulung nicht mehr. Langsam aber sicher ging es auf den Endspurt zu. Von der Schule haben wir Umschüler auch einige Ausflüge angeboten bekommen und auch daran teilgenommen. Wir waren an der Walhalla, oder in München und auch in der Holledau, Deutschlands größtes zusammenhängendes Hopfenanbaugebiet, das von Richtung München ausgesehen Hallertau heißt. Das waren alles sehr gute Abwechslungen. Aber dadurch konnte ich einige Wochenenden nicht ins Sauerland fahren. Ja, mittlerweile hatten wir den Großteil des Lehrstoffes schon hinter uns gebracht. Jetzt musste alles das, was wir gelernt hatten, verfestigt werden und wir bereiteten uns langsam aber sicher auf die Prüfungen vor. Ich hatte noch die Möglichkeit bekommen bei der Industrie- und Handelskammer einen Ausbilderschein zu machen. Das habe ich dann auch wahrgenommen. Diese Prüfung hatte ich schon bestanden. Jetzt war ich also auch Ausbilder. Es ging mittlerweile stetig voran.

Meine Gitarre kam in der letzten Zeit immer öfter zum Einsatz. Es beruhigte mich ungemein wenn ich nach dem ganzen Lernstress auf der Gitarre ein wenig musizierte. Natürlich war es Country Music. Ich konnte damals nur ein paar Akkorde, mit denen man aber schon sehr viele Lieder nachspielen konnte. Aber wie schon geschrieben, ich brauchte die Gitarre nur zum entspannen. Außer, wenn ein Geburtstag oder Ähnliches anstand. Da spielte ich dann ein Ständchen und zeigte was ich schon gelernt hatte.

Miri kam unterdessen sehr gut mit ihrem Führerschein voran. Es würde nicht mehr lange dauern und sie wird ihn in der Tasche haben. Aber das war auch gut so. An den Wochenenden, an denen ich mit der Fahrgemeinschaft ins Sauerland fuhr, nahm ich mir mittlerweile sogar Bücher mit. Mein großes Ziel war es die Prüfungen zum Hotelkaufmann, zu bestehen und dafür musste ich dann so viel wie möglich tun. Trotzdem ich einen Sack voll Stress mit den Prüfungsvorbereitungen hatte, hielt ich leider mein Gewicht. Es war ärgerlich für mich, dass ich in der Zeit nicht doch ein paar Kilos abgenommen habe. Andere Leute sahen mit der Zeit blass und eingefallen aus, nur mein Aussehen war

Propper, wohl genährt und wie das blühende Leben, obwohl es mir oft doch sehr schlecht ging.

So lange haben wir alle gehofft, dass diese Umschulung schnell vorbei ist. Doch ganz plötzlich, wie aus heiterem Himmel, war der Tag der schriftlichen Prüfung da. Jetzt meinten viele, unter anderem ich auch, dass die Prüfung eigentlich viel zu früh kommt. Vielleicht hatten diese Gedanken ja auch nur mit Prüfungsängsten zu tun. Eigentlich war ich ja gut vorbereitet und war gespannt, was die Prüfer von der IHK von mir wissen wollten. Ich ging also mutigen Schrittes in den Raum, in dem geprüft wurde und dann ging es für uns los.

Ich schrieb so schnell und gut ich konnte und wurde auch in der vorgegebenen Zeit fertig. Meistens musste man ja nur bis auf wenige Dinge ankreuzen. Als ich hinterher den Prüfraum verlassen hatte, da war in mir eigentlich ein sehr gutes Gefühl, denn die Fragen waren nicht ganz so schwer, wie ich es befürchtet hatte. War ich froh, dass diese erste Prüfung vorbei war. Ich rief natürlich sofort zu Hause an und sagte Bescheid, wie es gelaufen ist. Auf das Ergebnis musste ich noch ein paar Tage warten, denn die Auswertung der Prüfbögen dauerte seine Zeit. Aber der erste Teil war nun geschafft, jetzt kam nur noch die mündliche Prüfung und wenn ich beide dann bestanden habe, ging es dann für mich schnell los in Richtung Sauerland und bald auf die Jobsuche. Zwischen den Prüfungen begann ich schon mal Dinge zu packen, die ich nicht mehr unbedingt benötigte. Denn ich dachte mir, dass es nach der mündlichen Prüfung, sofern ich sie bestanden habe, sehr schnell gehen würde mit dem Auszug aus dem Wohnheim. Irgendwie fiel von mir jetzt schon dieser ganze Lernstress ab wie eine Last, die ich anderthalb Jahre auf den Schultern getragen habe. Vor allem fühlte ich mich richtig gut. Ich hätte Bäume ausreißen können (oder Sträucher).

Die Woche darauf war dann die mündliche Prüfung angesagt. Ich verstand es irgendwie nicht, dass man uns nicht schon vorher sagte, wie die schriftlichen ausgefallen sind. Aber es ging wohl darum, dass man den Umschülern am Ende sagte: „Ihr habt bestanden und ihr seid durchgefallen". Naja, mir war es letztendlich egal. Der Prüfungstag kam und ich war total nervös. Es könne ja jetzt immer noch etwas schief gehen. Nicht dass ich noch eine Nachprüfung machen muss. Aber diese Sorge war total unbegründet. Als ich dran war, habe ich ganz locker die ganzen Fragen beantwortet. Wie viele falsch waren, hab ich durch meine Nervosität gar nicht mitbekommen. Als diese Prüfungen für mich dann zu Ende war, ging ich wieder raus aus dem Raum mit einem guten Gefühl. So viel falsch konnte es nicht gewesen sein.

Zwei Tage später zum normalen Schulunterricht gingen wir in die Klasse und wir wussten, dass heute das Ergebnis feststand. Unser Lehrer sagte, dass alle, außer drei Umschülern, sich jetzt Hotelkaufmann/Hotelkauffrau nennen durften. Oh man, hoffentlich war ich nicht bei den dreien. Aber es stellte sich schnell heraus, nachdem ich meine Urkunde bekam, dass ich meine Prüfung ebenfalls bestanden hatte. Ich wusste gar nicht wie mir geschah. Alles war vorbei. Jetzt geht es weiter mit der Jobsuche. Meine Freude war richtig groß und alle die bestanden hatten, feierten abends noch den Sieg. Für mich hieß das, dass ich am nächsten Tag Abschied nehmen musste aus Regensburg. Aber ich dachte noch nicht an den Abschied, sondern nur an die bestandene Prüfung.

Am nächsten Tag war es dann soweit. Ich packte noch den Rest meiner Siebensachen ein, brachte alles ins Auto und verabschiedete mich von meinen ehemaligen Mitschülern. Der Abschied aus Regensburg fiel mir richtig schwer. Ich verließ eine der schönsten romantischen Städte Deutschlands, nicht aber ohne mir zu schwören, dass ich wiederkommen würde. Diesen Schwur konnte ich leider nicht einhalten, denn bis heute habe ich es leider nicht mehr geschafft dorthin zu fahren. Jetzt wo ich das hier schreibe, nehme ich mir wieder vor 2017 Regensburg zu besuchen, aber wer weiß, was bis dahin alles geschieht.

Ich setzte mich dann also ins Auto und fuhr mit einem lachenden und einem weinenden Auge in Richtung Sauerland, ohne zu wissen, was die Zukunft mir bringen würde. Bevor ich auf die Autobahn fuhr, war meine erste Station noch Diesenbach, wo ich in der tollen Metzgerei wieder 15 oder 20 leckere Teewürste kaufte, um mir einen kleinen Vorrat anzulegen.

Dann ging es aber auf die Autobahnen, die mich wieder ins Sauerland leiten sollten. Die Fahrt klappte prima und so nach 5 Stunden war ich dann wieder am Ziel. Ein weiteres Kapitel in meinem Leben war also abgeschlossen. Ich war jetzt nun Restaurantfachmann, Hotelkaufmann und Ausbilder. Das sollte doch eigentlich eine sehr gute Grundlage für meine spätere Zukunft sein, so dachte ich jedenfalls.

Als ich dann im Sauerland am Haus meiner Eltern ankam, begrüßten sie mich freundlich. Mit Miri fiel das Wiedersehen viel intensiver aus. Wir gingen mit den Sachen aus dem Auto zunächst in unserer Wohnung und packten alles aus. Ich erfuhr dann, dass Miri sehr kurz vor der Führerscheinprüfung stand. Ich freute mich für sie. Abends gingen wir dann noch in das Hotel zur Post um eine bestandene Prüfung und das Wiedersehen zu feiern. Es war ein großes Hallo, als ich durch die Eingangstür ging und man merkte so richtig, dass sich alle dort wirklich gefreut haben, dass ich wieder zurück war.

Es war ein wunderschöner Abend, mit gutem Essen und Trinken und auch viel lachen. Ich war selbst auch sehr froh, dass ich die ganzen bekannten Gesichter im Hotel zur Post wieder sah.

Nach diesem Abend war ich noch sehr optimistisch, dass ich sehr schnell eine neue Arbeitsstelle in der Gastronomie finden würde. Aber nach diesem ganzen Stress mit der Umschulung nahm ich mir erst einmal eine Woche Zeit, um auszuspannen und damit mein Kopf wieder frei wurde. Ich wollte die paar Tage genießen, bevor es richtig losging mit dem Schreiben von Bewerbungen.

Als die Woche der Muße und Ruhe vorbei war, fuhr ich in die Kreisstadt zum Bahnhof, um „dort die Hotel-und Gaststättenzeitung besorgen. Sie war dort auch vorrätig und als ich damit wieder zu Hause war, las ich sehr aufmerksam, besonders die Stellenanzeigen, durch. Da waren schon ein paar gute Anzeigen dabei, aber leider waren sie alle weit weg. Ich nahm die Zeitung und fuhr zu Angi ins Hotel zur Post, um sie zu fragen, was sie davon hielt. Sie meinte, dass da schon ein paar interessante Annoncen dabei waren, aber leider nichts für mich. Ich guckte sie fragend an und sie sagte mir sofort, dass in den Stellenanzeigen Leute gesucht wurden, die in einem Hotel gelernt hätten und da würde ich mich als Umschüler sehr schwertun. Ich sollte mir vielleicht zunächst mal für zwei Jahre eine Stelle als Trainee suchen, dann würde ich eventuell besser hinterher einen Job bekommen. Trainee bedeutete mindestens zwei Jahre sehr viel Arbeit für sehr wenig Geld. Es war quasi eine Ausbildung nach der Ausbildung. Ob Miri das mitmachen würde? Ich würde lügen, wenn ich sagen würde, dass ich nicht enttäuscht war. Ich erzählte Miri nichts davon und am nächsten Tag fuhr ich zum Arbeitsamt um mich dort beraten und eventuell vermitteln zu lassen. Aber der gute Mann dort nahm mir jegliche Hoffnung auf einen Job im Sauerland. Im Vertrauen sagte er mir, dass die Karteikarte von Umschülern im kaufmännischen Bereich nur von einer Schublade in die andere kommt. Ich dachte mir nur, „dass hätte man mir auch vorher so sagen können". Da klang das doch alles ganz anders. Oh man war ich sauer.

Abends redete ich mit Miri darüber, zeigt ihr die Zeitung mit den Annoncen, doch irgendwie winkte sie schon verhalten ab. Ich gab aber nicht auf, schrieb die Adressen aller großen Hotels aus der Zeitung auf, ließ am nächsten Tag Passfotos machen und schrieb dann viele Bewerbungen. Diese schickte ich ab und wartete gespannt darauf, was passieren würde. In der Zeit, in der ich wartete, redete ich natürlich noch mal mit Miri, das wir eventuell wieder umziehen müssten. Sie war davon gar nicht erbaut und sagte mir dass sie nicht weg will aus dem Sauerland und auch nicht weg gehen würde. Ich war total geschockt. Ich merkte, dass bei ihr an diesem Abend auch kein Nachhaken half.

Nach gut zwei Wochen kamen die ersten Bewerbungen zurück. Leider nur Absagen. Man hat die unmöglichsten Beweggründe für diese Absagen benannt, doch ich war überzeugt davon, dass der Hauptgrund mein Gewicht war. Mein Foto lag ja dabei. So vergingen Wochen und Monate. Ich rief noch Hotels im Sauerland an, doch hatte ich dort auch keinen Erfolg. Auch als ich einfach zu vielen Hotels hin fuhr, um mich dort persönlich zu bewerben, war mein Erfolg ebenso niederschmetternd wie die schriftlichen Bewerbungen.

Das ganze Drama wirkte sich natürlich auch leider wieder in meinem Essverhalten aus. Satt kannte ich nicht … Entweder hatte ich Hunger oder mir war schlecht.

Die Beziehung zu Miri litt darunter. Es war mit ihr überhaupt nicht mehr darüber zu reden, dass wir umziehen sollten, damit ich wieder Arbeit bekam. Miri war sowieso die letzte Zeit ziemlich schweigsam geworden. Eines Tages, als wieder eine Absage kam meinte Miri, dass ich mir doch einfach einen Job hier in einer Fabrik suchen sollte. Da war total aufgebracht. Ich hab doch nicht die ganzen Ausbildungen gemacht, um dann in einer Fabrik zu arbeiten, zumal ich handwerklich sowieso nicht der geschickteste war. Danach war ich stinksauer.

Als es mir wieder mal sehr schlecht ging, machte ich mich auf den Weg zum Arzt. Der sagte mir, dass es das Beste wäre, wenn er mich in ein Krankenhaus einweisen würde die mich gründlich durchchecken würden. Danach wäre es auch angezeigt eine Kur bzw. Anschlussheilbehandlung ins Auge zu fassen. Ich war damals so fertig, dass mir alles egal war. Also ging ich den nächsten Tag ins Krankenhaus und blieb dort drei Wochen. Der Arzt im Krankenhaus leitete auch die Anschlussheilbehandlung ein. Körperlich fand er nichts bei mir, gut, ein paar Werte waren erhöht, aber er meinte ich wäre einfach nur zu dick. Ich brachte das Krankenhaus hinter mich

und bin dann danach sofort nach Boppard in eine „Hungerburg" gefahren. Dort sollte ich mich richtig erholen und abnehmen. Es lief auch ganz gut an. Ich nahm viel ab, wobei das meiste erst mal nur Wasser war. Aber gut fühlte ich mich überhaupt nicht. Mir war immer sehr schwindelig und schwummerig, doch das kannte ich ja schon.
Nach ca. zwei Wochen rief plötzlich schon am Morgen mein Vater an und meinte, dass Miri weg ist. Ich sagte ihm, dass sie wohl zu ihren Eltern gefahren ist, weil sie ja mittlerweile den Führerschein hatte. „Nein" meinte er, sie ist irgendwie mit Koffern und ihrer Schwester weg und es sah nicht danach aus, als ob sie zurückkommen würde. Oh man, schlagartig wurde mir klar, dass Miri wohl die Gelegenheit meiner Kur wahrgenommen und mich heimlich verlassen hat, obwohl ich immer angenommen hatte, dass wir trotz unserer ganzen Probleme im Großen und Ganzen eine gute Ehe geführt haben. Aber ich machte gute Miene zum bösen Spiel und sagte meinem Vater, dass ich erst mal jetzt abwarten will, was passiert.
Ein paar Tage später, ich wollte gerade zum Frühstück die Treppe runter gehen, da bin ich zusammengeklappt. Gut dass noch andere Leute im Flur waren, die das gesehen hatten und sofort die Ärztin riefen. Sie war auch sehr schnell bei mir, guckte mich an und rief auf der Stelle einen Krankenwagen. Der brachte mich dann nach Koblenz ins Krankenhaus. Dort blieb ich insgesamt drei Wochen. Man untersuchte mich sehr gründlich und fand aber leider nichts, außer meinem Gewicht. Schließlich wurde ich dann entlassen und machte mich wieder auf den Weg zu meiner leeren Wohnung

Kapitel 8

Übergewichtig und allein, aber befreit

Tja, nun war ich also nach sechs oder sieben Jahren das erste Mal wieder allein in der Wohnung. Es war schon ein komisches Gefühl zu wissen, egal wie spät es am Tag ist, das niemand mehr kommt. Natürlich war ich traurig, aber viel mehr noch war ich wütend. Warum hat sie nie etwas gesagt? Warum musste alles so heimlich von statten gehen?
Sie hat meine Kur einfach ausgenutzt, um sich still und heimlich zu verabschieden. Naja, die letzte Zeit war sie schon sehr ruhig. Klar, verändert hatte sie sich in der letzten Zeit und ich bekam von ihr nie eine Antwort wieso und warum, auch wenn ich nachfragte. Ich möchte gar nicht wissen, wie groß der Anteil ihrer Familie an der Trennung war. Nein, verletzter Stolz war es nicht, den ich verspürte, nur weil sie einfach gegangen ist. Wenn es in ihren Augen nicht gepasst hat, dann hätte sie mir das auch sagen können, ja, sogar müssen. Ich hasste nur, dass sie das alles so heimlich gemacht hat. Aber die Verschwiegenheit und Heimlichtuerei hatte sie wohl von ihren Eltern geerbt.
Meine Freunde und Bekannten konnten das alles gar nicht verstehen, als ich ihnen sagte dass Miri weg ist. Sie meinten immer, wir hätten eine Vorzeigeehe. So kann man sich irren.... Naja, bei uns in der Ehe ist es nie richtig laut geworden, oder es sind Teller geflogen, geschweige denn wir haben Möbel grade gerückt. Nein, wenn wir mal Streit hatten, war bei uns meistens eine Zeit lang „stille Messe". Aber spätestens vor dem Zubettgehen haben wir uns dann immer wieder versöhnt.
Aber komischerweise hatte ich neben meiner Traurigkeit auch ein Gefühl des Aufbruchs in mir. Jetzt konnte ich wieder alles machen ohne irgendjemandem Rechenschaft abzugeben. Und damit wollte ich auch so schnell wie möglich anfangen.
Ein paar Tage später rief Miri an. Sie meinte, dass sie gerne mit ihrer Schwester in den nächsten Tagen ihre restlichen Sachen abholen würde. Wir machten einen Termin aus und dann war die Sache für mich o. k.
Ich überlegte derzeit, wie ich mit meinem Gewicht einen neuen Job bekommen könnte. Meinen Beruf als Hotelkaufmann konnte ich im

Sauerland vergessen und für andere Hotels, die weiter weg waren, hatte ich einfach zu viele Kilos. Es wird sich leider nur noch nach dem Aussehen des Bewerbers eine Meinung gebildet. Heute noch viel mehr wie damals.

Also erinnerte ich mich daran zurück, dass ich mal einen 7,5 t Lkw gefahren hab. Vielleicht wäre das wieder eine Möglichkeit, um in einen neuen Job zu kommen. Ich dachte mir, dass es vom Gewicht her vielleicht nicht ganz so schwierig sein würde, wie in dem Beruf des Hotelkaufmanns. Nur bei uns auf dem Dorf war da keine Möglichkeit. Ich musste etwas weiter weg und die andere Schwierigkeit war, dass viele Firmen LKW-Fahrer mit der Führerscheinklasse zwei suchten. Für 7,5t LKW mit Führerscheinklasse drei waren die Angebote sehr dünn gesät.

Ein paar Tage später, Miri und ihre Schwester hatten die restlichen Sachen abgeholt, begann ich im Telefonbuch Adressen von Firmen aufzuschreiben, bei denen ich meinte, dass sie kleinere LKWs besitzen. Ich hatte mir vorgenommen gar nicht dort erst anzurufen, sondern sofort die Firmen zu besuchen und nachzufragen. Am nächsten Tag fuhr ich dann viele Betriebe ab. Sie lagen alle so ca. 25 km von meiner Wohnung entfernt. Manche Unternehmen hatten keine eigenen LKWs und ließen alles über Speditionen laufen, andere Firmen suchen zurzeit niemand, aber bei einer Adresse hatte ich Glück. Sie suchten einen Fahrer, der die Mitarbeiterinnen, die in Heimarbeit arbeiteten, Material brachte und fertige Leuchten abholte. Das war klasse und ich war sofort begeistert. Wir vereinbarten den Lohn für diese Arbeit und ich konnte ein paar Tage später anfangen, dort zu arbeiten.

Nach einer kurzen Einarbeitungsphase klappte das ziemlich gut und ich merkte, dass ich morgens der erste im Betrieb war und abends der letzte, der den Betrieb verließ. Aber es machte mir nichts aus, denn es wartete ja keiner zu Hause auf mich. Herrlich, endlich wieder Arbeit, die mir auch richtig Spaß machte, trotz meines hohen Gewichtes.

Nach einigen Monaten suchte ich mir ein möbliertes Zimmer in der Nähe des Betriebes in dem ich arbeitete, doch die Wohnung bei meinen Eltern wollte ich weiterhin behalten. Es ging mir nur darum, wenn es mal wieder sehr spät würde, dass ich nach Feierabend nicht noch so weit nach Hause fahren musste. Das Zimmer war nichts Besonderes, aber ich brauchte ja nur etwas zum Schlafen.

Mir machte die Arbeit bei der Firma so richtig Spaß. Die ganzen Heimarbeiterinnen waren richtig klasse. Und wenn ich Feierabend hatte, kam ich an einem Imbiss vorbei, bei dem ich regelmäßig anhielt. Über Monate ging das fast täglich so:

2 halbe Schwalbennester mit Majo, 2 Hamburger, 2x Pommes mit doppelt Majo und 2 Flaschen Kakao.

Wahnsinn, an die Kalorien durfte ich gar nicht denken. Habe ich auch nicht getan, aber es schmeckte immer so gut. Meistens war es das einzigste, was ich am Tag. gegessen habe. Nur ab und zu holte ich mir mittags in einer Metzgerei zwei oder drei Mettwürstchen mit Brötchen. Das waren schon Kalorienbomben, aber irgendwie hatte ich zu der Zeit keine Beziehung zum Abnehmen, obwohl mir das Gewicht doch sehr zu schaffen machte. Doch wenn ich auf Diät war, ging es mir noch schlechter, da der Schwindel mit Attacken und die Schwummerigkeit verstärkt zurück kamen.
Durch die viele und lange Arbeit kam ich relativ schnell über Miri hinweg. Ich war glücklich so, wie es jetzt lief und schwor mir, dass ich in den nächsten mindestens drei Jahren nichts mehr von einer Beziehung wissen wollte. So ungebunden und frei war doch etwas Schönes. Gut, dass wir keine Kinder hatten.
In der nächsten Zeit spielte ich, wenn ich frei hatte, wieder sehr viel Gitarre. Ich übte und übte und es machte mir sehr viel Spaß. Es war herrlich, wenn ich merkte, dass ich viele Lieder nachspielen konnte. Es wurden immer mehr und mittlerweile spielte ich immer besser. Jetzt vermisste ich meine Ehe überhaupt nicht mehr.
Natürlich hatte ich mich nach Feierabend mal umgesehen, wo man im Ort schön und gemütlich ausgehen könnte. Bei der Suche stieß ich auf eine Kneipe, die zwar ziemlich klein aber dafür auch sehr gemütlich war. Sie hatte fast ausschließlich Stammpublikum, das schon seit Jahrzehnten auch unter wechselnden Besitzern, immer dort hin ging. Ich fühlte mich ziemlich schnell sehr wohl dort. Gunnar, der Wirt war ziemlich sympathisch und mit der Zeit bekamen wir immer mehr Spaß. Nach einiger Zeit stellte ich fest, dass dort sehr viele Gäste genau so gerne wie ich Country Music hörten. Ich war dort genau richtig.
Es ist schon komisch, nur 25km entfernt von meinem Wohnort, aber die Mentalität der Menschen dort war komplett eine ganz andere. Sie

waren viel lockerer und weltoffener. Mir gefiel es sehr an meinem Zweitwohnsitz.

An einem Abend, an dem nicht so viel los war, unterhielt ich mich mit Gunnar darüber, dass ich sehr gerne Gitarre spiele und mich jedes Mal sehr darüber freue, wenn ich Songs von bekannten Country Bands oder Solokünstlern nachspielen konnte. An dem Abend erfuhr ich, dass Gunnar vor vielen Jahren zusammen mit Tom Astor eine Berufsausbildung abgeschlossen und er später als Gunnar T., genauso wie Tom Astor, der am Anfang seiner Karriere ebenfalls, Schlager gesungen hat. Das war alles sehr interessant für mich. Ich wollte zwar kein Country Star werden, aber irgendwie reizte es mich doch einmal vor einem Mikrofon auf der Bühne zu stehen und die Leute mit meiner Musik zu unterhalten. Es waren richtig vergnügliche Abende in dieser Gaststätte und ich fühlte mich dort immer wohler. Da ich keinen Alkohol trank, weil ich ja meinen Führerschein für meinen Job brauchte, war ich auch nie benebelt und bekam alles mit, wenn Gunnar mal aus dem Nähkästchen plauderte. Ja, es war schon eine richtig gute Zeit, obwohl mir meine Beschwerden immer mal wieder schwer zu schaffen machten. Ich musste das in Kauf nehmen, denn Ärzte fanden ja nichts.

Irgendwann hörte es dann mal auf mit dem täglichen exzessiven Fressen an dem Imbiss (Schwalbennester, Hamburger usw.) und ich ernährte mich etwas anders. Gekocht habe ich zwar immer noch nicht regelmäßig für mich, doch ich schränkte diese erheblichen Kalorienmengen weitgehend ein. Außer natürlich an den Tagen, wenn ich eine Fressattacke bekam. Im Großen und Ganzen ging aber mein Gewicht im Laufe der Zeit etwas runter, so dass ich auch mal mit dem Gewicht nach unten schwankte bis ca. 140 kg. Da dachte ich damals, wer weiß wie dünn ich schon wäre (lach).

In der Nähe der Kneipe gab es auch einen großen Imbisscontainer, in den ich sehr gerne einkehrte. Die Angestellten und der Chef waren sehr nett, sodass ich oftmals auf einen Kaffee vorbei schaute. Mich interessierte ja immer noch, wie auch damals schon in Regensburg, die Schnellgastronomie und so ließ ich mir alles von dem Chef erklären, wie er alles vorbereitete und auch die Kalkulation der Speisen und Getränke war für mich sehr interessant. Er hat mir im Laufe der Zeit so richtig erklärt, wie ein Imbiss funktioniert und wie man auch Gewinne erzielt.

Ja, es war schon eine tolle Zeit dort in dem Ort. Ich hatte mittlerweile auch einige Freunde gewonnen, mit denen ich mich treffen konnte, obwohl ich bei meinem Job keine geregelten Arbeitszeiten hatte, aber später am Abend und am Wochenende hatte ich Freizeit.

Das Wochenende war meist verplant mit dem Besuch in der Kneipe, in die ich so gern ging. Irgendwann wurde Gunnar auch mal dazu überredet seine Musikanlage aufzubauen und ein Ständchen zu singen. Wir wollten doch alle wissen, wie gut oder schlecht er in seinem früheren Leben als Schlagersänger war. Er sträubte sich zunächst (vielleicht war dieses Sträuben auch nur Show), aber irgendwann an einem Samstagabend war es dann soweit.

Als ich den Laden betrat, war die Anlage schon aufgebaut. Gunnar hatte seine Teil-Playbacks bereit liegen und es konnte bald losgehen. Teil-Playbacks sind Musikstücke, bei denen die Musik und der Chor vom Band kommen. Die Stimme des Sängers ist dann Live. Obwohl überhaupt keine Werbung für den Abend gemacht wurde, kamen immer mehr Gäste und die kleine Kneipe wurde rappelvoll und es wurde ein sehr schöner Abend mit der Live-Musik. Ich glaube dieser Abend hat mich bestärkt dazu, dass ich selbst mal auf die Bühne will. Mein Gewicht war mir in dem Moment total egal, aber seitdem wollte ich unbedingt auf die Bühne.

In meinem Job lief auch alles wie am Schnürchen. Mit den Heimarbeiterinnen verstand ich mich sehr gut und wir hatten keine Probleme. Naja, außer mit einer, mit ihr hatte ich mal ein Riesenproblem. So wie immer brachte ich ihr neues Material. An der Tür klingelte ich und aus der Sprechanlage kam, dass ich schon mal rein kommen sollte, sie würde gleich da sein. Ich schnappte mir den ersten Karton und ging frohen Mutes durch die Eingangstür. Ich stellte gerade den Karton ab, als plötzlich zwei Doggen mit hochgezogenen Lefzen und knurrend vor mir standen. Mir ist das Herz in die Hose gerutscht und ich traute mich nicht einmal mehr zu atmen (ich wusste gar nicht, dass ich so lange die Luft anhalten konnte). Die Zeit schien mir endlos zu sein, die ich dort stand. Weglaufen hätte auch keinen Sinn gemacht, denn ich glaube dass die Hunde schneller gewesen wären als ich. So stand ich da und stand und stand, bis nach einer gefühlten Ewigkeit die Hausherrin kam und die Hunde sofort zurückpfiff. Diese trotteten dann auch in einen anderen Raum. Die Heimarbeiterin entschuldigte sich bei mir, denn sie hätte vergessen die Tür zu schließen, was sonst noch nie passiert wäre. Deshalb habe ich wohl auch die Hunde noch nie in den ganzen Wochen und Monaten vorher gesehen Ich nahm ihre Entschuldigung an und begann langsam wieder zu atmen. Ja, gute Wachhunde lassen jeden ins Haus, aber niemanden wieder heraus. Das war mal für mich ein Erlebnis der besonderen Art.

Abends ging ich zur Entspannung in die Kneipe und erzählte von dem Erlebnis, was mir tagsüber widerfahren ist. Es gab Gelächter und die Leute malten sich aus, wie ich vor den Hunden weg renne und diskutierten darüber, ob die Hunde wohl eine Chance gehabt hätten*lach. Es war an dem Abend wieder sehr schön, es kamen immer mehr Gäste, die Country Music richtig liebten und toll fanden. Zu dem Zeitpunkt war es leider sehr schlecht Songs aus den Countrycharts zu bekommen, aber manche Dinge konnte ich in einem Country Shop im Ruhrgebiet kaufen. Da so viele Country Fans in dieser Kneipe ziemlich oft anzutreffen waren, beschlossen ein paar Leute und ich einen Country Club zu gründen (was machen sieben deutsche Leute, die sich treffen.... Sie gründen einen Verein*lach). Zwei Wochen später fanden die Wahlen statt und wir beschlossen jedes Viertel- bis halbe Jahr eine Live-Country-Music-night bei Gunnar in der Kneipe zu organisieren. Gunnar war natürlich auch mit dem Vorstand. So entstand zwei Wochen später der **Country- und Truckerclub CTC.**

Einige Zeit später, es war ein schöner, sonniger und warmer Tag, ich hatte in der Stadt was zu erledigen, und auf dem Weg durch die Fußgängerzone sah ich, dass die Eisdielen schon Tische und Stühle draußen stehen hatten. Ich erledigte die Dinge, die ich zu

tun hatte und überlegte auf dem Rückweg, dass mir so ein richtig dicker, fetter Eisbecher jetzt wohl gut zu Gesicht stehen würde. Die Überlegung war nur kurz und dann stand fest, dass ich in dem Straßencafé etwas verweilen, mir einen leckeren Eisbecher bestellen und genießen würde. So schnell wie ich überlegt hatte, suchte ich mir einen freien Tisch und setzte mich. Die Bedienung kam sehr schnell und ich bestellte einen Stracciatellabecher. Gut gelaunt und zufrieden wartete ich auf das Eis und ließ mich derweil von der Sonne verwöhnen. Als ich dann die ersten Löffel von dem Eis aß, merkte ich, dass der Plastikstuhl nicht mehr gerade stand. Als ich hinunter sah, merkte ich dass der Stuhl seine beiden Vorderbeine breitmachte. Im letzten Moment konnte ich noch durch abstützen auf den Tisch verhindern, dass ich mit dem Stuhl zusammengebrochen bin. Trotzdem standen die Beine des Stuhls krumm und schief. Man, war das peinlich. Ich setzte mich ganz vorsichtig auf einen anderen Stuhl und solange ich das Eis aß, stützte ich mich mit den Füßen am Boden ab, damit nicht das ganze Gewicht auf der Sitzfläche des Stuhles saß. Ich sage Ihnen, das war kein entspanntes Eis essen. Seitdem waren für mich viele lange Jahre Straßencafes absolut tabu. Genauso die Kinos. Ich wollte mal in ein Kino, ich weiß gar nicht mehr welcher Film gespielt wurde. Leider passte ich in den Sitz nicht hinein. Ich hätte zwei gebraucht, aber das ging nicht, weil sie auf dem Boden fest verankert waren und Armlehnen hatten. Mir war es dann doch zu peinlich jemandem vom Personal zu fragen, ob man mir einen Stuhl für den Seitengang bringen könne. Deshalb bin ich dann wieder ohne Kinoerlebnis gegangen. Straßencafes und Kinos waren für mich zu der Zeit „No go Areas". Das waren auch Erlebnisse, bei denen ich mir hinterher jedes Mal geschworen habe, dass ich unbedingt abnehmen müsse. Es war schon ganz schön peinlich. Aber trotzdem kann ich in der Rückschau sagen, dass diese Zeit in dem Ort, abgesehen von meinem Gewicht, bis dahin die glücklichste Zeit in meinem Leben war. Nirgendwo anders habe ich mich wohler gefühlt, als dort.
In der Kneipe, die wir ab sofort als Country Club bezeichnet haben, ging auch weiterhin am Wochenende die Post ab. Meine Gitarre hatte ich immer im Auto und wenn die Stimmung sehr gut war und es passte, holte ich sie rein und wir musizierten. Das waren immer Abende, die ich nie vergessen werde.
In dem Country Club lernte ich auch jemanden kennen, der dabei war, eine Band auf die Beine zu stellen. Er suchte noch einen

Rhythmusgitarristen und einen Sänger. Ich verabredete mich mit ihm und fuhr am nächsten Treffen der Band zu deren Proberaum. Nachdem ich ein paar Songs angespielt hatte, sagte der Schlagzeuger, dass sich die Suche nach weiteren Musikern jetzt wohl erledigt hätte. Ich glaube es kam ganz gut rüber, was ich dort vorgebracht habe.
In den nächsten Wochen fuhr ich dann ein paar Mal zu den Proben zu der Band, aber es kristallisierte sich heraus, dass die Jungs gar nicht daran interessiert waren, auf Bühnen zu stehen. Sie wollten nur ein bisschen Spaß haben im Proberaum und dort zusammen spielen. Das war nichts für mich. Und außerdem wollte ich eine Sängerin dabei, was die Band allerdings ablehnte, da es angeblich nur Probleme mit Mädels geben würde. So verabschiedete ich mich also wieder von den Jungs und meine „Karriereplanung" musste ich zunächst einmal auf Eis legen. Aber was nicht ist kann ja noch werden.
Die Zeit war da und ich hatte an Liveabenden im Country Club meine ersten Auftritte. Die allerersten waren ohne Gage. Aber das machte mir nichts aus. Ach es war herrlich, die Bühne war zwar nicht sehr groß, aber ich genoss es ohne Ende, darauf zu stehen. Ein paar Titel konnte ich immer spielen und die kamen beim Publikum sehr gut an.
So ganz langsam aber sicher konnte ich neben meinem Job als Fahrer in anderen kleinen Clubs Live spielen. Es wurde immer mehr und zu dem Zeitpunkt, hatte ich nicht ein Pfennig für Werbung ausgegeben. Es ging alles nur über Mund-zu-Mund-Propaganda. Ich merkte zwar, dass mir auf den Bühnen fast immer schwindelig und schwummerig war, aber ich dachte, dass es vielleicht vom Lampenfieber kommt. So nahm ich das alles in Kauf, denn im Großen und Ganzen war es sehr schön. Das ging so lange gut, bis mich nach einem Auftritt ein Mann ansprach. Er sagte mir, dass er eine Feier hätte und er mich gerne buchen würde. Der gute Mann fragte gar nicht erst nach der Gage, sondern sagte mir sofort, dass es keine Gage geben würde, aber ich hätte Essen und Trinken frei. Ich war so sauer über die Dreistigkeit von ihm, dass ich ihm antwortete, dass er dann auch selbst Musik machen müsse. Dann war der Fall für mich erledigt und ab dem Zeitpunkt nahm ich immer zumindest eine kleine Gage.
Eines Tages, ich fuhr gerade kurz vor Feierabend auf den Hof meiner Firma, kam der Disponent auf mich zu und meinte, dass ich noch

zusammen mit meinem Arbeitskollegen in dessen Kleinlaster einen Wagen voller Kleinteile für den Leuchten-Zusammenbau abholen müsse und dass es zu zweit dann viel schneller geht. Mein Kollege war als Raser bekannt, doch ich dachte mir nichts dabei, als ich zu ihm ins Auto stieg. Wir fuhren los und mussten uns beeilen, weil wir beide ja auch Feierabend haben wollten. Ich hatte mir schon überlegt, was ich den Abend noch anstellen würde, denn abends allein zu Hause herum sitzen machte mir keinen Spaß. Das war das letzte woran ich mich erinnern konnte.

Ich wurde wach in einem Krankenhausbett, beide Arme eingegipst und mein ganzer Körper tat mir weh. Meine Eltern standen um mein Bett. Man sagte mir hinterher das, als ich zwischenzeitlich mal leicht aus der Narkose aufwachte, ich die Schwester gefragt hätte, ob ich nicht endlich mal eine rauchen könnte. Ich hätte schon so lange keine mehr geraucht. Dann muss ich wieder eingeschlafen sein. Es dauerte dann noch eine ganze Zeit bis die Narkose nachließ und ich ganz langsam mich wieder zu den Lebenden zählen konnte. Als ich dann richtig wach war hat man mir gesagt, dass ich als Beifahrer mit dem Auto durch eine Mauer und dann vor einen Baum gerauscht wäre. Dem Fahrer wäre nichts passiert. Ich hatte auf der linken Seite am Handgelenk einen Trümmerbruch und auf der rechten Seite war der Arm gebrochen und seitdem habe ich Metallplatten da drin. Hinzu kam noch irgendetwas innerliches, was aber Gott sei Dank nicht lebensbedrohlich gewesen ist. Als ich wieder richtig klar denken konnte, fragte ich mich schon, wie das gehen soll wenn ich auf die Toilette muss mit meinen zwei eingegipsten Armen. Die Krankenschwester wusste sofort eine Lösung. Sie meinte, dass sie mir dabei helfen würde. Oh man, war das für mich mit meinem Gewicht wieder peinlich. Ob ich das überhaupt wollte mit der Schwester? Aber die Krankenschwestern in dem Krankenhaus waren so routiniert und professionell, dass sie mir sofort alle Ängste und Bedenken genommen haben. Das ging dann später alles viel lockerer ab, als ich es befürchtet hatte. Die Krankenschwestern taten alles, damit ich mich beim Toilettengang nicht unwohl gefühlt habe. Aber ich musste einige Wochen im Krankenhaus bleiben und der Arzt meinte, dass ich noch mal so richtig Glück gehabt habe. Mein Schutzengel hätte bestimmt ganz dicht über mir geschwebt. Wie man mir viel später gesagt hat, sei dieser Unfall nur wegen der total überhöhten Geschwindigkeit des Fahrers geschehen. Naja, ich war wieder unter den Lebenden und konnte alles bewegen, das war für mich erst mal das Wichtigste. Nur die Sorge dass ich, wenn ich zu lang im Krankenhaus bleiben müsste, gekündigt werden würde, blieb bei mir ein paar Tage bestehen. Doch schnell kam der Disponent mich besuchen und versicherte mir, dass mein Job noch da ist, wenn ich wieder ganz gesund bin und arbeiten kann. Danach war ich doch ziemlich beruhigt.

So verging die Zeit und ich kam wieder auf die Beine. Als ich nach einigen Wochen aus dem Krankenhaus entlassen wurde und das erste Mal wieder den Country Club betrat, war das Hallo riesengroß. Jeder wollte wissen was überhaupt geschehen ist und die meisten meinten, dass ich doch sehr viel Glück gehabt habe. Ach, es war schön wieder dort zu sein. Ich hatte das richtig vermisst. Genauso wie den Imbisscontainer mit seinen sehr sympathischen Mitarbeiterinnen.

Nach der Entlassung aus dem Krankenhaus musste ich zu meinem Hausarzt, um mich noch weiter krankschreiben zu lassen. Ich durfte noch nichts heben und musste mich noch etwas schonen. Der Hausarzt sprach mich natürlich auch wieder auf mein Gewicht an. Ich hatte etwas abgenommen und mein Lebendgewicht betrug damals zu der Zeit zwischen 130-135 kg. Dieses Gewicht wollte ich zunächst mal in der nächsten Zeit halten und nicht wieder zunehmen. Der permanente Gedanke, dass ich dringend abnehmen muss, weil mir ja auch immer so schwindelig und schwummerig war, zermürbte mich nach all den Jahren, in denen mir jeder Arzt sagte, dass meine Beschwerden nur vom Gewicht herrühren. Vielleicht war es auch nur eine Trotzreaktion von mir, denn je eindringlicher mich die Ärzte beschworen haben abzunehmen, desto mehr habe ich gegessen. Aber der Gedanke blieb bei mir im Hinterkopf, dass sie vielleicht doch Recht hätten. So entstand damals zum aller ersten Mal der Wunsch einmal in meinem Leben auf Normalgewicht zu kommen. Nur leider war ich für die Taten, die nach dem Wunsch folgen mussten, leider im Kopf noch nicht bereit. Ja, abnehmen ist eine Kopfsache, die man nicht beeinflussen kann. Wenn es soweit ist, spielt der Kopf von ganz alleine mit. Das sagt mir jedenfalls meine Erfahrung.

Anmerkung: *Ja, da hatte ich wohl mit dem Unfall einmal richtig Glück gehabt. Aber zu meinem Gewicht: viele Menschen glauben leider, dass so extrem dicke oder sehr stark übergewichtige Menschen ihr Aussehen total egal ist. Sie meinen, dass diese*

Menschen sich einfach in die Ecke legen und gar nichts mehr machen. Doch das ist bei weitem nicht der Fall. „Der gemütliche Dicke" ist in den allermeisten Fällen nur ein Anzug zum Schutz der adipösen Menschen, den sie sich überziehen. Sie glauben gar nicht, wie viel Stress diese Menschen mit ihrem Gewicht haben. Und sie können mir glauben, sie schämen sich fürchterlich, auch wenn sie es in der Öffentlichkeit nicht zeigen. Es gibt nur wenige Momente, an denen das Gewicht mal vergessen wird. Ansonsten spukt es immer im Kopf herum, gerade auch dann wenn man öfters mal mit Fressattacken zu kämpfen hat. Aber da wären eigentlich die Ärzte gefordert. Mir hat mal ein Arzt gesagt, dass mich seine Kollegen mit erhobenem Finger immer ermahnt haben, dass ich sofort abnehmen muss, weil sie meinten es genau zu wissen, dass ich es niemals schaffen würde.

(ein Experte ist ein Mensch, der hinterher genau erklären kann, warum seine Prognosen nicht eingetroffen sind)

Da sollte die Ärzteschaft den Patienten besser Hilfe anbieten, statt ihnen jedes Mal mit mahnenden Worten blumenreich ausmalen was passieren wird, wenn sie nicht sofort abnehmen. Klar, auf dem Papier steht alles eindeutig wie das geht. Aber in der Realität ist es doch oftmals viel anders. Und vor allem ist jeder Mensch so verschieden. Da kann man nicht nur mit Kalorientabellen und ein paar Essensvorschlägen kommen, wie es viele Ernährungsberaterinnen oft tun, das muss bei diesen dicken Menschen ganzheitlich gesehen werden. Und selbst mit ganz hohen Gewichten ist ein Magenband oder eine Magenverkleinerung auch nicht immer nötig. Es ist natürlich der einfachste Weg und er bringt Geld für Ärzte und Krankenhäuser.

Kapitel 9

King Size Cowboy trifft Country Lady

Ich möchte so gerne mal nach Nashville
Im Greyhound Bus durch USA
Ich möchte all die großen Stars sehn
Die ich auf Bildern immer sah……………

….ein Song der Country Band „Western Union". Ein richtig guter Titel, mit dem ich mich bis heute total identifizieren kann. Ich habe sogar das Original Playback von diesem Song. Sehr gerne und sehr oft habe ich ihn gesungen. Manche Leute im Country Club, die sich noch nicht so gut mit der Country Music auskannten meinten, dass es ein Lied von mir sei. Ich musste es wahrscheinlich sehr gut rüber gebracht haben.

In der Zeit, in der ich noch krankgeschrieben war, hatte ich oft die Möglichkeit in diesen Imbisscontainer, zu gehen. Dort traf ich sehr viele Leute, die total nach meinem Geschmack waren. Da war immer mal wieder ein Cowboy, mit Stetson und anderem Outfit, der beruflich auf Country Feste und Festivals ging, um dort die verschiedensten Dinge anzubieten und zu verkaufen. Ich kann mich noch an ein Mäuserennen erinnern, dass er veranstaltet hat. Hinterher bekam er wohl mit einem Tierschutzverein große Probleme, denn die bezeichneten das als Tierquälerei. Letztendlich wurde dieses Rennen durch das Amt verboten. Und dann war da dort noch in dem Imbiss ein bis zweimal in der Woche ein Trucker (Manni) aus Baden-Württemberg mit seinem 7,5 t Diesel. Wie gerne hätte ich so einen Lkw auch mal gefahren. Die ganze Woche auf der Autobahn, das stellte ich mir ziemlich romantisch vor. Aber was nicht ist, das könnte ja eventuell noch einmal werden. Zu alt dafür war ich ja noch nicht. Ich unterhielt mich oft und gern mit Manni, auch wenn ich ihn durch seinen Dialekt schwer verstand. Aber ich erfuhr, dass er für eine Leuchtenfirma fuhr, die selbst eigene Leuchten herstellte, aber auch aus Fernost importierte. Er hatte die Ruhrgebietstour und belieferte dort unter anderem alle Metros. Jedes Mal, wenn seine

Pause zu Ende war und er wieder losfuhr, musste ich leise seufzen *lach. Ab und zu aber musste Manni auch in seinem Lkw in unserem Ort übernachten, da er sonst seine erlaubte Fahrzeit überschritten hätte. An diesen Tagen nahm ich ihn abends mit in den Country Club.
Dort lief es zu dieser Zeit immer besser. Bei den Liveabenden war die Hütte brechend voll. Und auch sonst in der Woche musste man früh genug dort sein, um einen schönen Platz an der Theke zu bekommen. Ja, Gunnar hatte es raus, wie man Gäste gut behandelt. Ich fühlte mich dort pudelwohl.
Irgendwann war ich dann auch gesundheitlich wieder hergestellt und konnte zurück an meinem Arbeitsplatz. Endlich war es wieder soweit, denn es war doch die ganze Zeit über relativ langweilig für mich zu Hause ohne meinen Job. Dort in der Firma fuhr ich weiterhin meinen Kleinlaster und hatte trotz der vielen Stunden, die ich ableistete, viel Spaß mit unseren Heimarbeiterinnen. Das einzigste, was mir nicht so gut gefiel war, das Miterleben der cholerischen Anfälle meines Chefs. Er war ein fürchterlicher Typ, der sehr schnell ausrastete und war auch dem Alkohol sehr zugetan. Alle 8-12 Wochen lud er am Wochenende seine ganze Belegschaft zu sich nach Hause ein, um dort zu feiern. Wenn jemand keine Zeit hatte, oder auch nur nicht wollte, war das für diesen Chef ein fristloser Kündigungsgrund!!! Die Fluktuation von Mitarbeitern in dem Betrieb war ziemlich hoch. Aber ich bekam Gott sei Dank seine, teils alkoholbedingten Ausraster, nicht so oft mit, da ich viel länger unterwegs war und arbeitete, als die meisten anderen Mitarbeiter. Sie hatten ja schon um 17:00 Uhr Feierabend. Es war sehr schlimm. Die Kriminalpolizei war ab und an ebenfalls in diesem Betrieb, weil der Chef wohl alle Mitarbeiter angezeigt hatte. Er meinte, sie würden ihn bestehlen. Dann wurden von jedem Mitarbeiter Fingerabdrücke genommen. Da ich niemals stehlen würde, hatte ich immer ein ruhiges Gewissen, doch nervig waren diese Aktionen jedes Mal schon.
So zogen die Monate ins Land und bei mir tat sich nichts Außergewöhnliches in der letzten Zeit. Von montags bis freitags fuhr ich meine Heimarbeiterinnen an und brachte ihnen Material und am Samstag hatte ich oftmals kleine Gigs (Auftritte) in kleinen Clubs.
Natürlich habe ich auch Manni abends öfters gesehen. Wir unterhielten uns viel über Gott und die Welt und er erzählte mir von seinem Truckeralltag. Da hörte ich immer aufmerksam und gespannt

zu. Ja es war schon interessant zu hören, wie es ist, wenn man die ganze Woche quer durch Deutschland fährt. Mein Wunsch wurde mit der Zeit auch immer größer, beruflich ebenfalls so etwas zu machen. Aber ich dachte mir, wenn ich so etwas wirklich realisieren wollte, dann dürfte ich aber auf keinen Fall mehr zunehmen, denn hinter das Lenkrad sollte ich ja noch passen.

An einem Abend sprach ich mit Manni über die Arbeitsmöglichkeiten bei ihm in Baden-Württemberg. Er schwärmte total davon, dass sie dort unten fast keine Arbeitslosen hätten und dass man immer sehr gut Arbeit bekommt, wenn man sucht. Bei ihm in der Firma würde auch ab und zu ein Platz frei. Ich fragte ihn noch nach der Telefonnummer seiner Firma, obwohl ich nicht wusste, ob ich dort jemals anrufen würde. Einerseits war ich dort, wo ich jetzt war, eigentlich sehr glücklich. Auf der anderen Seite reizte mich aber das LKW-fahren durch ganz Deutschland. Ich war ja frei und ungebunden und brauchte auf niemandem Rücksicht nehmen. Doch zunächst einmal steckte ich mir die Telefonnummer der Firma, die mir Manni gegeben hat in meine Geldbörse und dachte auch die nächste Zeit nicht mehr daran. Ich hatte ja auch sonst genug zu tun.

Samstagmorgens fuhr ich öfter zu meinen Eltern, denn meine Wäsche musste ich ja irgendwie waschen. Sie waren noch so wie immer, aber ich war froh dass ich dort eine Waschgelegenheit hatte. In meinem Zimmer an meinem Zweitwohnsitz hatte ich auch nur eine Dusche und in der Wohnung bei meinen Eltern stand eine Badewanne. Es war toll, dass ich dort in Ruhe und mit Genuss richtig ausgiebig baden konnte. Aber sonst hielt mich dort auch nichts. Dafür war es viel zu schön an meinem Zweitwohnsitz. Das Verhältnis zu meinen Eltern hatte sich im Laufe der Jahre irgendwie merklich abgekühlt. Klar, es waren meine Eltern, aber sie hatten eine so komische Lebenseinstellung, die ich überhaupt nicht teilen konnte. Und außerdem war ich in ihren Augen immer noch der kleine, der sowieso nichts konnte. Diese Einstellung hatten sie leider bis zu ihrem Tod. Ich konnte machen was ich wollte, diese Einstellung hat sich bei ihnen nie geändert. Und ich hätte mich, auch für sie nicht, verbogen, nur um den lieben Jungen zu spielen. Irgendwann wollte ich sowieso nicht mehr „Everybodies Darling" sein. Da bin ich zwar öfters angeeckt, aber das war mir auch egal (ich war nicht mehr der gutmütige Dicke). Denn im Grunde interessierten sich meine Eltern nicht dafür, wie ich wirklich bin.

Und so habe ich es ihnen später auch gar nicht mehr versucht zu erklären.
Doch mit meinen Heimarbeiterinnen und auf der Bühne war ich richtig glücklich. Da vergaß ich für eine Zeit lang diese Probleme mit meinen Eltern und konnte der sein, der ich wirklich war.
Im Laufe der Zeit spürte ich immer häufiger, dass mir die Firma von Manni immer öfter im Kopf rumschwirrte. Irgendwie war ich total in der Zwickmühle und verdrängte diese Gedanken erst einmal. Auf der einen Seite fühlte ich mich total wohl an dem Ort, an dem ich jetzt wohnte und arbeitete (außer bei meinem cholerischen Chef), andererseits reizte mich auch ein Leben auf dem „Bock". Außerdem musste man meistens im Nahverkehr mehr Stunden machen, wie im Fernverkehr, zumal ich in meinem Kleinlaster keine Tachoscheibe hatte. Aber wie schon geschrieben, ich verdrängte erst mal den Gedanken an einen größeren LKW und machte erst mal so weiter, wie es bis jetzt lief. Doch irgendwas blieb in meinem Hinterkopf, was ich nicht verdrängen konnte.
Dann, an einem Tag als mein Chef wieder mal einen total cholerischen Anfall hatte, reichte es mir endgültig. Ich dachte nur, dass es ja nicht schaden könne, wenn ich mal bei der Firma, in der Manni arbeitete, in Baden-Württemberg anrufen würde. Das wäre alles nicht passiert, wenn mein Chef nicht so cholerisch gewesen wäre. Dann bekam jeder sein Fett ab. Meistens war es total unbegründet und war nur auf dessen Alkoholkonsum zurückzuführen.
Ich rief dort schließlich an und eine freundliche Sekretärin verband mich mit dem Chef dieser Leuchtenfirma. Nachdem ich ihm mein Anliegen vorgetragen hatte, meinte er, dass er noch einen Fahrer gebrauchen könne. Sofort darauf fragte er mich, wann ich denn Zeit hätte für ein Vorstellungsgespräch. Wir vereinbarten einen Termin für die darauffolgende Woche, denn ich musste mir erst noch freinehmen von meiner Firma. Ich bedankte mich für das Vorstellungsgespräch und legte danach auf. Bis zum Hals schlug mir mein Herz vor Aufregung, als ich realisierte, was ich gerade getan hatte.
Zufälligerweise traf ich an diesem Abend Manni in dem Imbiss, der aus dem Ruhrgebiet zurück kam und bis zum nächsten Morgen nicht weiter fahren durfte. Ich erzählte ihm was heute passiert ist und er war total begeistert. Er meinte, dass ich ganz locker zu seiner Firma fahren sollte und wenn das mit der Anstellung klappt, wüsste er

sogar schon eine Übernachtungsmöglichkeit für mich, bis ich eine Wohnung gefunden habe. Er schwärmte richtig von dem Ort Forchtenberg bei Künzelsau im Hohenlohekreis und machte mich dadurch richtig neugierig.
Natürlich erzählte ich auch abends im Country Club, dass ich mich telefonisch in Baden-Württemberg beworben hatte. Ich merkte aber auch, trotz meiner ganzen Freude, dass die Leute dort etwas traurig waren, weil ich vielleicht wegziehen würde. Gunnar meinte, dass ich mir das erst einmal alles ansehen sollte, denn gucken kostet ja nichts. Nur wenn mir alles dort sehr gut gefallen würde, dann fände er es schade, wenn ich dorthin ziehe. Aber noch war es ja nicht so weit. Trotzdem war ich jetzt schon ziemlich aufgeregt, was mich dort erwarten würde. Aber Manni schwärmte ja in höchsten Tönen von dieser Firma. Natürlich würde er bestimmt dort erzählen, was er schon alles über mich wusste. Hoffentlich machte mir meine Liebe zur Country Music und die Auftritte in den Clubs bei dem Bewerbungsgespräch keinen Strich durch die Rechnung. Aber ich nahm mir vor, mir erst mal keine Gedanken darüber zu machen und ganz locker abzuwarten, wie es in der Firma laufen wird.
Dann war es endlich soweit. Nachdem ich mir von meiner Firma ein paar Tage frei genommen hatte, setzte ich mich ins Auto und fuhr die ca. 400 km weite Strecke.
Forchtenberg ist eine kleine, aber doch mit sehr viel Historie ausgestattete Stadt in Hohenlohe. Die Geschwister Scholl (Hans und Sophie), Widerstandskämpfer im Zweiten Weltkrieg „die weiße Rose" kamen dort her. Forchtenberg kam mir vor wie ein romantisches, altes Städtchen, das irgendwie an Märchen erinnerte. Dort hätten auch alle Märchenfilme gedreht werden können. Alte, schiefe Häuser an den Berg geklebt, so sah das dort aus und unten im Ort die Brücke über den Kocher – irgendwie erwartete man jeden Moment einen Prinzen, der auf seinem Schimmel in die Stadt ritt.
Nachdem ich von der Schönheit dieser kleinen Stadt total überrascht und überzeugt war, fuhr ich aber dann zu dieser Leuchtenfirma. Der Chef begrüßte mich freundlich und ich erzählte ihm, dass ich Führerscheinklasse drei habe und auch schon einen 7,5 t Lkw gefahren habe – allerdings nur im Nahverkehr. Fernverkehr kenne ich nicht, aber würde mich darauf freuen, alles kennen zu lernen. Nachdem er sich vergewisserte, dass ich eine Straßenkarte lesen kann, handelten wir dann meinen Lohn aus. Nachdem das alles getan war, sagte er zu mir, dass ich am nächsten Ersten bei ihm anfangen

könne zu arbeiten. Obwohl ich ja bis jetzt nicht weit weg vom Ruhrgebiet wohnen würde, wäre es aber leider nicht möglich, die Ruhrgebietstour zu bekommen. Die würde Manni außerordentlich gut fahren. Ich würde die Nord tour bekommen. Diese Tour fing in Kassel an und ging dann hoch über Hannover Bremen Oldenburg Hamburg und teilweise Berlin, je nachdem wer dort Leuchten bestellte. Meistens waren es Metros, die ich anliefern musste und zwischendurch auch mal kleinere Einkaufsketten oder Einzelhändler. Ich konnte kaum etwas sagen, so baff war ich. Dass das alles so einfach funktionieren würde, damit hätte ich nicht gerechnet. Aber glücklich war ich, dass es so problemlos gegangen ist. Jetzt war ich Trucker. Andere, die sich nicht so richtig auskannten, sagten „Truckerfahrer" *hihi.
Ich verabschiedete mich freundlich von meinem neuen Chef, freute mich auf meinem neuen Job und fuhr diese 400 km wieder zurück nach Hause. Das war zwar etwas Stress, aber zu dem Zeitpunkt hatte ich so viel Adrenalin im Blut, dass ich das überhaupt nicht wahrnahm. Es war schon eine tolle Sache. Bald fuhr ich mit einem Lkw quer durch Deutschland.
Ich trat nicht aufs Gaspedal, sondern fuhr langsam zurück, da ich doch sehr aufgeregt war. Unterwegs malte ich es mir schon aus, wie es in ein paar Wochen werden wird oder werden könnte. Man was war ich nervös. Aber die Fahrt klappte prima und als ich zu Hause war, fuhr ich sofort in den Country Club, um den Leuten, die dort waren zu erzählen, dass ich sie leider bald verlassen werde. Viele sagten „schade", doch Gunnar sagte sofort, dass sie dann wohl eine Abschiedsparty organisieren werden. Mit viel Musik und so. Und als er dann fragte, ob ich dann irgendwann einmal wieder in den Country Club kommen würde, erwiderte ich ihm, dass ich ja im Moment noch nicht wusste, wie genau meine Tour geht. „Aber selbstverständlich würde ich sofort hier wieder reinkommen, wenn meine Tour hier vorbei führt" fügte ich noch an.
Es wurde noch ein sehr schöner Abend und ich war froh, dass ich in der Firma in Baden-Württemberg angerufen hatte. Ich glaubte, dass jetzt für mich eine noch schönere Zeit anbrechen würde. Na o. k. um die Musik war es schade, aber ich wusste ja damals noch nicht, was so passieren würde. Dass ich schneller als geplant wieder im Country Club war, konnte ich zu dem Zeitpunkt nicht ahnen.
Am nächsten Tag fuhr ich dann zu meinen Eltern und erzählte ihnen von meinen neuen Job. Aber es war wie immer. Sie nahmen es zur

Kenntnis, doch mein Bauchgefühl sagte mir, dass sie sich kaum dafür interessierten. Es kamen nur nichtssagende Worte wie „schön" oder „gut". Ich wusste gar nicht warum ich noch mit ihnen Kontakt hatte. Naja aber egal, ich hatte meine Pflicht getan und ihnen Bescheid gegeben. Ich konnte mir also nichts vorwerfen.

Als ich dann wieder zu Hause war, schrieb ich ganz offiziell eine Kündigung und nahm sie mit, als ich das nächste Mal zu meiner Firma fuhr. Dort ging ich sofort durch in das Büro des Chefs und legte ihm die Kündigung auf seinen Schreibtisch. Nachdem er das Kuvert geöffnet, den Brief gelesen und einmal tief Luft geholt hatte, fragte er mich noch, wieso und weshalb. Ich antwortete ihm, dass ich nach Baden-Württemberg ziehen möchte und dass von da aus die Fahrt zum Arbeitsplatz ein wenig zu lang ist. Naja, daraufhin nahm er die Kündigung an und da ich noch Urlaub zu bekommen hatte, konnte ich direkt wieder nach Hause fahren. Puhh, das war ein unangenehmer Besuch gewesen, aber Gott sei Dank habe ich den auch hinter mich gebracht.

Danach fuhr ich direkt in den Imbiss und hoffte insgeheim, dass ich Manni dort treffen würde. Das war aber leider nicht der Fall. Er hatte mir doch irgendetwas erzählt von einer Wohnmöglichkeit. Darüber hätte ich zu gerne etwas Genaueres erfahren. Ich bestellte mir einen Kaffee und nutzte die Zeit mit Small Talk mit der Bedienung und warten, ob Manni nicht vielleicht doch noch kommen würde. Ich hatte ja jetzt Zeit.

Als ich schon bezahlt hatte und gerade gehen wollte, fuhr er mit seinem Lkw auf den Parkplatz vor dem Grill. „Oh klasse", dachte ich „jetzt bekomme ich ja doch noch heute Antworten auf meine Fragen". Manni stieg aus und kam lachend auf mich zu. „Hey Ron, schön dass ich dich hier treffe. Ich habe Neuigkeiten für dich", sagte er sofort als erstes. Und er meinte, dass er für mich schon eine Unterkunft besorgt hätte. Etwas außerhalb von Forchtenberg gibt es ein Ausflugslokal. Die Besitzerin dort hätte aber noch zwei möblierte Zimmer im Ort, von denen ich eins haben könnte. Ich sollte, sobald ich in Forchtenberg bin zu ihr hin fahren, denn der Schlüssel liegt schon für mich bereit. Man, das waren ja tolle Nachrichten. „Und außerdem", meinte Manni, bekommt man bei ihr im Lokal oben richtig gut was auf die Gabel. Das hörte sich für mich sehr klasse an. Ich sagte Manni, dass ich schon ein paar Tage früher komme, um mir vorher den Ort anzusehen, wohin es mich verschlagen hat. Er meinte nur dass es prima wäre, denn an dem Wochenende würde er mir alles zeigen. Man, das war toll, ich war richtig euphorisch.

Dass es so langsam ernst wurde merkte ich daran, dass ich mein Zimmer an meinem zweiten Wohnsitz gekündigt habe. Es kam sehr wahrscheinlich wieder ein neuer Lebensabschnitt auf mich zu. Wie sehr ich damit Recht behalten sollte, wusste ich damals noch nicht.

Dann war die Zeit des Abschieds gekommen. Die Leute aus dem Country Club hatten es tatsächlich wahr gemacht und für mich ein Abschiedsfest organisiert. Es spielte an diesem Abend zusätzlich noch ein Duo vom Bodensee, die wir aber alle schon kannten von den verschiedenen Countryfestivals und daher wussten, dass sie sehr gut waren. Der Laden war gerammelt voll. Viele wünschten mir Glück und viel Erfolg in Baden-Württemberg und hofften aber auch gleichzeitig, dass ich mal wieder in den Country Club komme. Wir machten eine Riesenfete aus dem Abend. So etwas Schönes hätte ich mir nie träumen lassen.

Im Laufe des Abends bemerkte ich an der Theke zwei Mädels mit ihren, so wie ich meinte, Freunden oder Ehemännern. Die vier waren alle richtig gut drauf. Die Mädels hatten ein Getränk vor sich, das irgendwie aussah wie Spülmittel, so giftgrün. Wie es sich später herausstellte hieß das Zeugs „Schubidubi" und war ein Waldmeisterlikör. Und die eine der Mädels sagte mir, dass das Zeug richtig süffig ist. Ich hielt mich aber zurück, denn Alkohol war noch nie mein Ding. Die eine, ruhigere von den beiden, war total hübsch. Etwas mollig und ich dachte mir so ganz nebenbei: „Man ist die hübsch. Die würdest du auch nicht von der Bettkante schubsen". Aber sie war ja leider in Begleitung. Deshalb hielt ich mich komplett zurück. Die andere, die lauter war, war gewichtsmäßig ein ganz anderes Kaliber und damit auch nicht so mein Typ.

Leider geht auch der schönste Abend mal zu Ende. Für mich war es dann soweit, dass ich nach Hause musste, denn am nächsten Tag wollte ich nach Forchtenberg. Dann konnte ich mir noch in Ruhe mein Zimmer ansehen, mich einrichten und noch die Frachtpapiere abholen, die ich für meine erste Tour brauchte. Manni hatte mir schon gesagt, dass die Metros meist von der Autobahn aus zu sehen waren, doch ich musste noch in den Karten nachsehen, welche Abfahrten die richtigen waren. Als ich so unterwegs im Auto Country-Musik hörte, war es mir doch ganz schön mulmig zumute. Ich hoffte dass ich das alles mit der Tour auf die Reihe bekomme. Denn irgendwie war es ja komplett Neuland für mich.

Nach knapp 4 Stunden hat es geschafft und ich war in Forchtenberg. Die Firma lag im Gewerbegebiet und war sehr leicht zu finden. Ich stellte den Wagen hinter der Halle ab, ging dann an den LKWs, die dort waren vorbei, vorne durch die Tür in das Büro des Disponenten. Es ist irgendwie immer blöd, wenn man ganz neu ist und sich erst überall vorstellen muss. Bei der Firma war das nicht so ein großes Problem, denn die Leute waren sehr offen und kamen sofort auf mich zu. Ich denke Manni hat sie schon vorgewarnt *lach.

Der Disponent begrüßte mich sehr herzlich und erzählte mir ein wenig über die Firma und die Tour, die ich ab Sonntagabend 22:00 Uhr fahren sollte. Es hörte sich alles gar nicht so schwer an, wie ich es befürchtet hatte und ich war sicher, dass ich das, nach einer kurzen Einarbeitungszeit, locker schaffen würde. Ach es war klasse da und ich freute mich schon auf den Sonntagabend, wenn es dann endlich losgehen würde. Aber eins übten wir noch. Ich hatte noch nie eine Zugmaschine unter einen Koffer gefahren. Das musste ich noch einige Male üben, denn der Koffer sollte ja auch fest auf dem Lkw sitzen und nicht unterwegs runter fallen. Man sagte mir aber auch, wenn ich das ein paar Mal gemacht habe, würde ich es im Schlaf können.

Dann war das erste Gespräch mit meinen neuen Kollegen beendet, ich nahm meine Papiere fuhr zu der Pension, in der mein Schlüssel lag. Dort stellte ich mich auch vor, man zeigte mir wo das Zimmer liegt und ich fuhr dorthin, um meine Sachen aus dem Auto zu laden.

Ach ja, es war alles sehr aufregend für mich, doch ich freute mich unheimlich auf die Dinge die da kommen würden. Mein nächster Gedanke war, dass ich hoffentlich auch die Abladestationen finden werde. Aber darüber machte ich mir zurzeit keinen Kopf. Und falls ich sie nicht finde, könnte ich ja immer noch anrufen und dann würde mir die Firma helfen.

Meine Sachen waren schnell in das Zimmer gepackt und ich setzte mich zunächst mal auf die Couch um etwas auszuspannen und wieder runterzukommen. Dann fiel mir die hübsche Frau ein, die an meinem letzten Abend im Country Club fast neben mir an der Theke gesessen hat. Schade dass sie kaum irgendetwas redete. Trotzdem würde ich sie gerne wieder sehen. Leider bin ich ja jetzt weg. Naja, auch wenn alles läuft – irgendwas ist ja immer.

Als ich ausgeruht war, ging ich runter und sah mir ein wenig den Ort an. Ich fand, landschaftlich gesehen habe ich es gut getroffen. Doch ich war ja die ganze Woche überall in Deutschland unterwegs und

nur am Wochenende wieder hier. Ich fand eine Gaststätte, in die ich einkehrte, um etwas zu trinken. Die Gäste dort wurden auch ruhig als ich eintrat, aber ich grüßte laut und deutlich und die anderen Leute redeten dann weiter. Jetzt hatte ich noch einen Tag in Forchtenberg, denn morgen Abend 22:00 Uhr musste ich raus. Meine erste Abladestation war in Kassel. Da war ich ja wieder fast in der alten Heimat. Ich überlegte mir zu dem Zeitpunkt schon, dass ich bei der Firma mal nachfragen könnte, ob ich jeden Montag in Kassel meine Tour beginne. Aber das ist dann eine Sache, die ich nächste Woche, wenn ich wieder zurück bin, ins Auge fassen werde.
Der Samstag ging schnell rum, ich ging auch früh ins Bett, obwohl ich vor lauter Aufregung zunächst gar nicht schlafen konnte. Aber irgendwann klappte das dann doch. Sonntags mittags legte ich mich auch noch mal hin, denn ich musste ja die ganze Nacht durchfahren. Ob das alles so funktionieren wird, wie ich es mir vorgestellt habe?
Aber dann war es endlich soweit. Ich fuhr zu meinem Firmenhof, stellte meinen Privatwagen ab und ging zu meinem Lkw. Der richtige Koffer war ja schon drauf, also brauchte ich im Moment nichts mehr machen. Andere Fahrer, die heute Nacht auch raus mussten, waren ebenfalls anwesend. Nach einer Begrüßung und die Wünsche für eine gute Fahrt, stieg ich dann in meinen kleinen Truck. Man, was war das für ein tolles Gefühl. Mein eigener Lkw, den ich jetzt für lange Zeit fahren sollte. Ich füllte den Fahrtenschreiber aus, legte ihn in das Fach und dann zog ich den Hebel für den Anlasser und der Wagen sprang an. Wahnsinn, wie glücklich ich war in dem Moment Es konnte also jetzt losgehen ….. Ach übrigens, ich passte noch ganz gut hinter das Lenkrad.
An die Maße des LKWs musste ich mich erst wieder einmal gewöhnen. Ich habe ja schon längere Zeit keinen 7,5 t Diesel mehr gefahren. Und vor allem war die Bremse ganz anders, wie bei einem PKW. Das waren Luftdruckbremsen. Man trat drauf, dann passierte erst mal gar nichts, doch dann bremste er heftig. Es war alles nur eine Gefühlssache und relativ schnell hatte ich den Bogen wieder raus. So fuhr ich nun durch die Nacht in Richtung Autobahn. Die Straßenkarte hatte ich mir schon vorher angesehen, damit ich wusste, wie ich zur Autobahn komme. Im Dunkeln war das ja noch ein wenig schwieriger, aber es klappte ganz gut und als ich die Schilder für die Autobahnauffahrt sah, war ich sehr zufrieden.
Ich hatte mir Musikkassetten mitgenommen, natürlich Country Music, die legte ich, als ich dann auf der Autobahn war, in das

Kassettendeck ein und nun hatte ich wirklich alles was ich brauchte. On the road again ……..

Es funktionierte viel besser, als ich es befürchtet hatte. Ich fuhr die Nacht hindurch und sah am nächsten Morgen schon die Metro von der Autobahn. Das war ja klasse. Ich hatte mir zu Hause aufgeschrieben, welche Ausfahrt ich runter musste und das klappte alles ohne Probleme. Pünktlich um 6:00 Uhr morgens stand ich quasi vor der Rampe. Zwei LKWs waren noch vor mir und so konnte ich entspannen.

Das Abladen klappte dann auch ganz gut, bis auf den Umstand, dass bei mir nichts auf Paletten war und ich jede Leuchte mit der Artikelnummer, die der Mann auf der Rampe mir vorlas, auf eine Palette stellen musste. Das dauerte zwar eine ganze Zeit lang, aber trotzdem ging es ganz gut.

Die anderen Kunden fand ich auch relativ schnell und zwischen jeder Abladestelle konnte ich zwei oder 3 Stunden Lkw fahren. Es ging dann weiter mit Braunschweig, Hannover Oldenburg, Bremen, bis nach Hamburg hoch und dann wieder zurück. Es war richtig klasse.

Auf der Autobahn, wenn ich da mit 80 oder 90 km/h so monoton entlang fuhr, dachte ich oft an die Frau, die ich gerne wieder sehen würde und deren Namen ich nicht kannte. „Im Urlaub würde das gehen" dachte ich mir, doch ich hatte ja gerade erst angefangen zu arbeiten. Das würde also noch ziemlich lange dauern. Von Hamburg aus ging es dann in einem Rutsch wieder runter nach Forchtenberg, wo ich dann auch Donnerstagabend ankam. Zwischendurch habe ich natürlich immer angerufen, und Bescheid gesagt dass alles in Ordnung ist. Bei so einem Anruf wurde mir dann auch mitgeteilt dass, wenn ich Donnerstagabend wieder zu Hause bin, ich mir einen anderen Koffer auf den Lkw laden sollte, denn Freitag müsste ich noch zum Bodensee, eine Tagestour. Es war für mich richtig stressig, aber auch total klasse. Ich fuhr was das Zeug hielt, aber nur im Rahmen des Erlaubten. Knöllchen wegen zu schnell fahren, zahlte der Chef nicht.

Freitagabend war ich auch wieder vom Bodensee zurück, stellte meinen Lkw ab und hatte Feierabend. Samstags morgens war immer eine kurze Besprechung mit den ganzen Fahrern, wo es in der nächsten Woche hingehen sollte und welchen Koffer man nehmen musste. Bei der Gelegenheit fragte ich meinen Disponenten, ob ich jede Woche in Kassel anfange, oder ob sich das wöchentlich ändert. „Nein, das bleibt jede Woche gleich" meinte er, weil du ja die Nord

tour fährst. Ich fragte ihn dann, ob ich nicht am Samstag schon losfahren und am Sonntagabend von meinem alten Zuhause aus, die Tour nach Kassel starten könnte. Kilometermäßig würde sich das kaum etwas tun. „Da gibt es nichts gegen einzuwenden, das kannst du so machen" antwortete er mir. Ich freute mich wie Bolle.
Also packte ich mir schon an diesem Samstag den neuen Koffer auf den Lkw und fuhr dann los in Richtung Country Club. Man, was war ich gut gelaunt und super drauf. Vielleicht würde ich ja auch das Mädel aus dem Country Club dort antreffen. Egal ob sie verheiratet war oder nicht, ich wollte sie einfach nur wiedersehen.
Der Wagen schaukelte ganz schön, wenn er so hoch beladen war. Daran musste man sich erst mal gewöhnen. Deshalb fuhr ich in den ersten Wochen auch sehr vorsichtig, denn wichtig war es für mich zu wissen, wie der Wagen in jeder Situation reagiert. Unterwegs machte ich einen Stopp auf einem Autohof. An Raststätten konnte man nicht halten – viel zu teuer und viel zu schlecht war das Essen. Aber die Autohöfe liegen meistens direkt neben der Autobahn und man kommt dort sehr gut dran. Auf diesem Autohof bin ich in den Shop gegangen und habe mir ein Funkgerät gekauft. Das wollte ich mir nächste Woche in Soltau einbauen lassen. Ja, so langsam wurde mein Lkw gemütlich, denn es war ja auch eigentlich jetzt mein Wohnzimmer. In der Fahrerkabine hielt ich mich weit mehr auf, wie zu Hause. Deshalb musste ich mich dort sehr wohl fühlen. Die Fahrt ging sehr gut voran, meine Freude war ziemlich groß und dann gegen Abend fuhr ich auf die letzte Autobahn, die mich zum Haus meiner Eltern bringen sollte. Bald war ich dann auch da und sie freuten sich, mich zu sehen. Ich bat sie darum, mal eben bei Ihnen baden zu dürfen und ob ich meine schmutzige Wäsche in die Waschmaschine stecken darf. Das war alles kein Problem und nach 2 Stunden sah ich wieder aus, wie aus dem Ei gepellt. Die Wäsche wollte ich Sonntagabend wieder abholen. Dann machte ich mich aber auf den Weg voller Vorfreude, zum Country Club.
Vor dem Club war ein großes Gelände, auf dem ich bequem meinen Lkw abstellen und spät am Abend auch schlafen konnte. Das passte alles, es war herrlich.
Es war noch früh, als ich den Country Club betrat. Es waren kaum Gäste anwesend und auch Gunnar war wohl in der Küche oder so. Derweil setzte ich mich auf einen Hocker an die Theke und wartete darauf, was passieren würde. Plötzlich kam Gunnar durch die Küchentür, sah mich, guckte total erstaunt und fragte mich, was denn

los gewesen ist, dass ich wieder hier bin. Ich erzählte ihm, dass ich wahrscheinlich jedes Wochenende wieder hier sein werde, weil meine Tour montags in Kassel beginnt und ich schon am Samstag ihr hochfahren kann. Da lachte er und war hocherfreut, dass ich doch nicht ganz verschütt gegangen bin. Nein, das bin ich wahrlich nicht gegangen, im Gegenteil, es läuft richtig gut. Das einzigste was mir nicht so behagt, ist die Ernährung unterwegs. Ich kann ja nur in Restaurants, Imbissbuden, Fleischereien usw. essen. Da ist bei mir nichts mit Abnehmen. Und mit derzeit 135 kg bin ich ja auch noch kein Leichtgewicht. Ich hab da ein wenig Angst, dass ich durch mein total ungeregeltes Essen mit dem Gewicht wieder hoch schnelle, wie ein Hefekloß. „Ach das wird schon nicht so schlimm werden, der Körper wird sich daran gewöhnen" meinte Gunnar. „Und außerdem kann man sicher nicht mehr wie satt essen" fügte Gunnar noch dazu. Oh man, hat der Mann eine Ahnung……….*lach.

Die Kneipe wurde langsam aber sicher immer voller, wie es sich auch an einem Samstagabend gehört. Jeder fragte mich was ich schon wieder dort mache und ich habe zigmal dieselbe Geschichte erzählt. Dann ging wieder die Tür auf – ich traute meinen Augen nicht, da kam das Mädel von letzter Woche mit ihrem Freund/Mann in den Club und sie setzten sich auch an die Theke. Ich glaub in diesem Moment hatte ich einen Blutdruck von 250/180. Aber heute war der Tag, an dem ich mehr von ihr wissen wollte.

Ich sprach die beiden an und es entstand langsam ein Smalltalk, der mit fortschreitender Stunde immer intensiver wurde. So erfuhr ich wenigstens, dass das Mädel Silvia hieß und dass sie seit zehn Jahren verheiratet waren (so ein Mist). Aber egal, es wurde trotzdem ein sehr schöner Abend und ich hab mich total wohl gefühlt.

Am nächsten Tag holte ich dann bei meinen Eltern meine Wäsche ab und danach ging es nach Kassel, wo ich vor der Metro übernachtete, um als erster morgens abgeladen zu werden.

Ich fuhr jede Woche die Touren, es wurde immer besser und es machte mir auch weiterhin sehr viel Spaß. Zumal ich ja auch jedes Wochenende in den Country Club konnte. Nur etwas fiel mir auf. Jedes Mal wenn ich den Country Club betrat, war entweder Silvia schon da, oder sie kam kurz nach mir herein. Meistens mit ihrem Mann, oder sie waren zu viert. Ich glaubte zunächst an Zufall, doch den Grund dafür, warum es so war, sollte ich erst viel viel später erfahren.

Eines schönen Tages, ich dachte gerade an nichts Schlimmes und fuhr auf der Autobahn entlang, da zog mich die Polizei aus dem fließenden Verkehr auf einen Rastplatz hinaus. Ich hatte kein schlechtes Gewissen, meine Tachoscheibe war in Ordnung und ich saß auch noch nicht zu lange hinter dem Steuer. Also fuhr ich auf dem Parkplatz und drehte die Scheibe runter, als ein Polizist auf mich zukam. Er stellte sich vor und verlangte von mir meine Tachoscheibe, die Ladepapiere und mein Führerschein/Fahrzeugschein. Als ich ihm alles durch das Fenster anreichte, ging er zu seinem Streifenwagen. Es dauerte für mich eine gefühlte Ewigkeit, bis er wieder ausstieg und erneut auf mich zukam. Der Polizist fragte mich, wo ich denn wohnen würde und ich erzählte ihm, dass ich gerade einen Umzug hinter mir habe von Nordrhein-Westfalen nach Baden-Württemberg. Daraufhin meinte der Polizist, dass er mich nicht weiter fahren lassen könne, weil ich in der Bundesrepublik Deutschland nirgendwo gemeldet wäre. Oh man, mir rutschte das Herz in die Hose. Ich sagte dem Polizisten, dass alle meine ganze Post die ich bekomme, in das Haus meiner Eltern geht, wo ich auch jedes Wochenende bin. Nachdem ich das dreimal erklären musste, ging der Polizist wieder weg zu seinem Fahrzeug und ich sah wie er telefonierte. Es dauerte wieder eine Ewigkeit, bis er zurück kam und mir dann noch mal sagte, dass er mich eigentlich nicht weiter fahren lassen dürfe, bis das alles geklärt wäre. Ich redete mit Engelszungen, bis er dann überzeugt war das, wenn ich jetzt einen Strafmandat bekommen würde, ich dieses Strafmandat auch am Wochenende erhalte. Danach wünschte er mir eine gute Fahrt und ich machte mich so schnell wie möglich runter von dem Parkplatz. Oh man war das ein Stress. Ich dachte mir noch, dass die nächste Telefonzelle jetzt mir gehört, um meine Eltern anzurufen, und zu fragen was da los ist.
Ich denke, so 10-15 km weiter kam die nächste Raststätte, die ich auch anfuhr. Handys gab es leider noch keine, das hätte die Sache wesentlich erleichtert. Ich stieg also aus, ging in die Raststätte und suchte mir eine Telefonzelle. Die war schnell gefunden und so rief ich meine Eltern an. Meine Mutter kam ans Telefon und ich fragte sie, warum ich keinen festen Wohnsitz mehr habe. Sie meinte nur ganz aufgebracht, dass sie immer die Mülltonnengebühr bezahlen müsste und darum hätte sie mich dann abgemeldet.
Ich konnte erst mal gar nichts mehr sagen. Ich glaube ich stand nur noch mit offenem Mund in der Telefonzelle. Das durfte doch einfach

gar nicht wahr sein, dass ich jetzt wegen 20 DM keinen Wohnsitz mehr habe. Ich habe dann auch schnell das Telefongespräch beendet, denn das wäre sonst unschön geworden.
Eigentlich war das der richtige Moment, um mit der Familie komplett zu brechen. Ich spielte auch mit dem Gedanken daran, aber ich wollte mir noch etwas Zeit geben, um das alles in Ruhe zu überdenken. Vielleicht war ich ja auch so masochistisch veranlagt, dass ich mir das alles von meinen Eltern gefallen ließ. Aber ich stieg wieder in das Auto, legte mir eine gute Countrykassette ein und fuhr erst mal weiter meine Tour.
Es dauerte verdammt lange, bis ich den Schock mit meinen Eltern überwunden hatte und immer wieder dachte ich, dass es nicht so weitergehen könne. Die machen mich kaputt. Aber es waren auch meine Eltern. Ich überlegte hin und her was zu tun sei, doch eine Lösung fand ich auf die Schnelle nicht, und auch nicht bis zu ihrem Tod. Aber ich hielt mich bei Ihnen merklich zurück, denn schon lange hatte ich das Gefühl, dass sie nicht mein Bestes wollten, sondern dass es ihnen egal war, wie es mir ging.
So fuhr ich dann den weißen Mittelstreifen entlang von einer Abladestelle zu anderen und ich freute mich darüber, dass ich wenigstens im Country Club sehr wohl fühlte und dass ich Silvia dort regelmäßig sah.
Die Wochen vergingen und an einem Freitag musste ich, nachdem ich meine letzten Kunden in Hamburg beliefert hatte, mittags in den Freihafen, um dort einen Lkw voll Leuchten aus Fernost abzuholen. Das Problem war, die Mitarbeiter auf der Firma, die meinen Wagen gepackt hatten, konnten wohl nicht richtig zählen, denn ich hatte immer so 10-12 Leuchten übrig nach der Tour. So auch dieses Mal. Ich lud den Container leer in meinen Lkw und musste dann mit den Papieren zum Zoll. Der Zöllner nahm diese Papiere und sagte mir dass ich hinten mal auf machen sollte. Er guckte alles nach und fragte mich zum Schluss, was mit den Lampen wäre, die vorne vor liegen würden. Er meinte, dafür hätte er keine Papiere. „Oh je, jetzt auch das noch" dachte ich mir so. Der Zöllner meinte ich müsste ihm erst die Papiere für diese Leuchten besorgen, ehe er mich weiterfahren ließ. Ich erklärte ihm ein paar Mal, dass diese Kartons zu viel sind und dass es ein Fehler der Firma war, dass die jetzt noch auf dem Lkw liegen. Aber das interessierte ihn überhaupt nicht. Ich bat ihn, bei meiner Firma anrufen zu dürfen, damit dass geklärt werden könne. Das durfte ich dann auch. Aber es wurde noch nicht

geklärt, denn die Firma hatte ja auch keine Papiere dafür, dass sie verkauft werden sollten. Danach rief der Zöllner noch einmal selbst in meiner Firma an. Es ging hin und her und wieder hin und her und keine Lösung war in Sicht. Das ganze dauerte über 6 Stunden. Aber da der Zöllner dann Feierabend hatte und ich befürchten musste, dass ich das ganze Wochenende im Freihafen stehen bleiben musste, kam bei mir ein ganz komisches Gefühl auf. Doch dann vereinbarte ich mit diesem Zöllner, dass diese Waren, die zu viel auf meinem Lkw waren, meine Firma nach meiner Rückkehr in meinem Heimatszollamt nachverzollen sollte. Der Zöllner notierte sich alles und so durfte ich dann endlich aus dem Freihafen raus, brauchte aber bestimmt noch 7 Stunden bis nach Hause. Das war eine Elefantentour und ich hätte mich nicht von der Polizei erwischen lassen dürfen, weil ich an dem Tage meine Fahrzeit bestimmt weit überschritten hatte.

Die Nacht von Freitag auf Samstag war ich dann wieder zurück auf unserem Firmenhof. Ich ging gar nicht mehr in mein Zimmer, sondern machte es mir im Lkw gemütlich und schlief dort. Ich war viel zu müde, um noch nach Hause zu laufen.

Am nächsten Morgen um 10:00 Uhr stand ich auf und ging aus dem Lkw zu der wöchentlichen Besprechung mit den Fahrern. Ich sagte meinem Disponenten, was im Hafen geschehen ist und bat ihn, dem Chef zu sagen, dass er etwas tun muss mit dem Zollamt. Dann kofferte ich um. Die Kollegen hatten mittlerweile von einer richtig guten Metzgerei Wurstreste gekauft und wir frühstücken zusammen. Danach setzte ich mich in meinen Truck und fuhr in Richtung Wochenende zum Country Club. Das war eine richtig anstrengende Woche, von der ich erst mal ein wenig Erholung brauchte.

Am späten Nachmittag so gegen 17 oder 18:00 Uhr fuhr ich dann beim Country Club vor und freute mich schon auf die ganzen Jungens und Mädels, die ich heute Abend sehen würde. Ich hatte letzte Woche auch schon vereinbart, dass ich heute Abend ein wenig auf der Gitarre spiele. Es schien so, dass es ein schöner Abend werden sollte. Dass es noch besser kommen sollte, wie ich es mir in meinen kühnsten Träumen niemals gedacht hätte, wusste ich zu dem Zeitpunkt noch nicht.

Außerdem fiel mir ein, dass ich außer dem Frühstück noch nichts gegessen hatte und deshalb fuhr ich, bevor ich in den Country Club ging, zu dem Containerimbiss und aß mich erst mal so richtig gut satt. Danach ging es in die Kneipe, in der auch schon einige Gäste

waren. Ich setzte mich an die Theke und nun konnte der Abend beginnen ………
Langsam aber sicher wurde der Laden schön voll und ich hatte viel zu erzählen über das alles, was ich die letzten Wochen erlebt hatte. Mir war leider nur sehr schwummerig, doch davon ließ ich mir nichts anmerken. Plötzlich ging die Tür auf, Silvia, ihre Freundin und deren Männer kamen in den Club. Ach war das schön, ich freute mich sehr, dass ich sie wieder sah. Alle vier setzten sich in der Nähe von mir an die Theke. Silvias Mann fragte mich nach einiger Zeit, ob ich überhaupt gar keinen Alkohol trinken würde, weil ich immer nur Cola von mir stehen hatte. Ich erklärte ihm das mir von Alkohol immer so schwindelig würde*lach. Und das ich davon immer so 3-4 Tage was hätte. Nein, ich konnte auch lustig sein ohne Alkohol. Und außerdem musste sich ja meistens noch fahren. Der Abend schien schön zu werden. Ich unterhielt mich angestrengt mit Silvia und ihrer Freundin und im Laufe des Abends holte ich meine Gitarre rein, ging an die Gesangsanlage und spielte so einige Lieder. Ja es war richtig schön. Die Stimmung war total gut.
Je länger ich mich mit Silvia unterhielt, desto mehr gefiel sie mir. So ein Mist, dass sie verheiratet war. Es wäre besser gewesen ich hätte sie schon vor zehn Jahren kennengelernt. Aber was soll's, hätte, wäre, wenn bringt auch nichts.
So gegen 0:30 Uhr morgens wurden die Männer der beiden Grazien (Silvia und ihre Freundin) müde und wollten nach Hause. Die beiden Mädels waren aber noch so gut drauf und wollten unbedingt in ihre Stammdiskothek. Sie verblieben so, dass die Männer sich ein Taxi bestellten und nach Hause fuhren und Silvia sagte mir, dass sie es richtig toll finden würde, wenn ich mit in die Diskothek kommen würde. Da ich auch noch nicht müde war, sagte ich gerne zu. Oh man, mit Silvia alleine, naja gut, ihre Freundin war auch dabei. Vielleicht war sie ja die Anstandsdame. Etwas später zogen wir los, um noch etwas abzutanzen. Oh je, ich hatte schon so lange nicht mehr getanzt.
In der Diskothek später hing mir die Freundin von Silvia immer am Hals. Dabei war sie doch gar nicht so mein Fall. Mit Silvia trank ich Bruderschaft. Nicht einmal, nicht zweimal nicht dreimal … Es hätte für mehrere Leben ausgereicht. Aber es war sehr schön, ich mochte die Frau immer mehr.
Nach ein paar Stunden, als wir dann gehen wollten, fragte mich Silvia, ob ich mit zu ihr nach Hause kommen würde, dann müsste ich

nicht im Lkw schlafen. Ihr Mann war zwar zu Hause, aber das wäre kein Problem, da er mich ja auch kannte. Wir backten bei ihr Zuhause noch ein paar Eier, ihr Mann wurde wach, kam hinzu und wir unterhielten uns noch über eine Stunde. Ich schlief dann später bei Silvia auf der Couch.

Sonntagmittag, als wir dann alle wach waren und gefrühstückt hatten, bedankte ich mich bei Silvia und ihrem Mann für die Gastfreundschaft und verabschiedete mich dann herzlich. Silvia steckte mir noch ihre Telefonnummer zu und ich versprach ihr, sie mal anzurufen. Dann ging ich zu meinem Lkw.

„Oh man ist das eine tolle Frau" dachte ich mir noch so. Und auch, dass ich nichts mit ihr anfangen dürfe, denn sie war ja verheiratet. Und eine Affäre wollte ich nicht, das war mir viel zu stressig. Ich ging immer davon aus, entweder ganz oder gar nicht.

Ich hatte Silvia zwar gesagt, dass ich sie irgendwann mal anrufen werde, aber das Irgendwann war schon am Montagabend, nachdem ich den letzten Kunden in Hannover beliefert hatte. Sie freute sich, genauso wie ich, dass wir voneinander hörten. Und auch noch so schnell. In dem langen Gespräch sagte sie mir, dass sie gerne mit mir öfter zusammen sein würde und dass ihre Ehe schon seit langer Zeit kaputt ist. Sie würde nur noch zum Schein aufrecht erhalten. Oh man puhh, das war ja ein Ding. „Vielleicht würde sich ja doch etwas mit Silvia entwickeln" dachte ich mir.

Wir verabredeten uns für nächsten Sonntagnachmittag, ich würde sie in meinem Lkw mitnehmen und wir könnten uns dann in Ruhe unterhalten. Wahnsinn, darauf freute ich mich tierisch. Eine Woche geht kaum rum, wenn man auf irgendetwas wartet. Aber wir telefonierten fast täglich, immer wenn ihr Mann noch arbeitete. Es war für mich eine Zeit mit sehr viel Adrenalin im Blut. Vor allem hat es mich gewundert, dass sie überhaupt nichts gegen mein Gewicht gesagt hat. Das war das erste Mal, dass mich ein Mensch so nahm, wie ich wirklich war. Und das tat mir richtig gut.

Dann kam auch endlich der Sonntag und ich holte Silvia ab. Sie stieg in den Lkw und wir fuhren ein wenig spazieren. Auf einem Parkplatz an der Umgehungsstraße hielt ich an, um mit ihr zu reden. Im Laufe des Gesprächs gab es dann auch den ersten zärtlichen Kuss. Mein Gott, was war das schön. Silvia war eine richtige Frau und sie wusste sofort was mir gut tat. Aber ich hatte auch richtige Bedenken. Irgendwie lief mir alles viel zu glatt. So etwas kannte ich nicht. Da musste noch ein Haken dabei sein. Wollte sie vielleicht nur mit mir

spielen? Ich wollte keine Affäre und das habe ich ihr auch gesagt. Und sie meinte, dass sie sich von ihrem Mann trennen würde. „Hoffentlich ist das was sie sagt und was sie denkt auch dasselbe" dachte ich mir.
Aber es lief erst mal so weiter wie es war. Ich hatte mich verliebt in sie und wir trafen uns jedes Wochenende zu einer Spazierfahrt.

Als wir an einem Sonntag wieder auf dem Parkplatz standen, fuhr ein Bekannter von uns beiden vor. Oh je, wenn der wusste, dass wir beide zusammen im Lkw sitzen, dann weiß es bald die ganze Stadt. Jetzt musste gehandelt werden. Wir redeten ein bisschen Smalltalk und als er dann wieder weg war, sagte ich zu Silvia, dass sie heute Abend noch ihrem Mann sagen müsse was los ist, andernfalls würden wir uns nicht mehr treffen. Zuerst sagte sie mir, dass sie dann doch ein wenig Angst davor hätte. Ich antwortete ihr das, wenn ihr Mann richtig Ärger machen würde, sie mich im Country Club anrufen könne und dann würde ich sie abholen und mitnehmen. In einer Woche wären wir ja wieder zurück und bis dahin können wir ja überlegen, ob und wie es weitergehen wird mit ihr und mit mir. Damit war sie sehr einverstanden.
Ich brachte sie nach Hause, fuhr dann, um mich zu stärken für das, was heute Abend eventuell noch passieren könnte, in den Imbiss und machte mich danach auf den Weg in den Country Club. Ich war gespannt ob Silvia anrufen würde und was ihr widerfährt, wenn sie sich von ihrem Mann trennt.
Im Country Club saß ich vor meiner Cola und war ziemlich nervös." Vielleicht hat sie ja doch nichts ihrem Mann gesagt" ging es mir durch den Kopf. Doch dann klingelte das Telefon, Gunnar ging dran und gab mir mit fragendem im Blick den Hörer. Silvia meinte, dass sie noch ein paar Sachen zusammenpackt und dass wir uns in 20 Minuten an der Ecke, so wie immer, treffen sollten. Ich sagte ihr, dass ich da sein werde. Gunnar habe ich aber nicht gesagt was los ist, sondern nur meine Cola ausgetrunken, bezahlt und ihm nur gesagt, dass ich wieder los müsse.
20 Minuten später stand ich an dem vereinbarten Treffpunkt und sah sie kommen. Sie packte ihre Taschen in die Schlafkabine des Führerhauses und stieg dann in den Lkw. Ich fuhr los, aber erst mal nur bis zu unserem bekannten Parkplatz, damit sie mir erzählen konnte, was passiert ist. Wir hatten ja noch Zeit, denn ich musste ja erst morgen früh in Kassel an der Abladestelle sein.

Sie meinte, ihr Mann hätte geschwankt zwischen „bleib doch" und „raus aus der Wohnung". Es war schon etwas heftig, doch Silvia begann ihre Sachen zu packen, um dann zu gehen.
Jetzt hatte ich sie auf dem Lkw!!! " Was wird sein die Woche? Hoffentlich geht das gut" ging es mir dauernd durch den Kopf. Im Grunde kannten wir uns ja kaum. Doch ich tröstete mich damit dass, wenn es nicht passen sollte, es ja nur eine Woche wäre, die wir auf dem Lkw zusammen sind. Ich war total nervös, aber auch richtig froh dass sie nun bei mir war. Sie hat ihre Ankündigung doch wahr gemacht und nicht nur mit mir gespielt. Irgendwann fuhren wir dann los in Richtung Autobahn, um nach Kassel zu kommen.
Auf der Autobahn war ich dann ziemlich ruhig, denn zu viele Dinge gingen mir durch den Kopf. Dafür erzählte Silvia von sich umso mehr. Zwischendurch fragte sie mich mal lächelnd, ob sie die Klappe halten solle, doch ich antwortete ihr sofort, dass das so alles o. k. ist, wie es ist. Außerdem freute ich mich, so viel von ihr zu erfahren.
In der Nacht war irgendwie alles wie verhext. Wochen und Monate fuhr ich schon diese Strecke und immer klappte alles. Doch in dieser Nacht verfuhr ich mich kurz vor Kassel katastrophal. Wir mussten einen Riesen Umweg fahren, aber standen doch dann irgendwann vor der Rampe der Abladestation. Oh man, das war mir peinlich.
Wir luden pünktlich morgens um 6:00 Uhr ab und dann ging es weiter nach Braunschweig. Im Laufe der Zeit wurde ich auch etwas ruhiger und irgendwann überwog die Freude, dass sie bei mir war, den Ängsten, was passieren könnte. Jetzt erzählte ich auch einiges von mir, sodass wir uns ganz langsam annähern konnten. Es war toll mit ihr auf dem Bock zu sitzen. Sie war eine tolle Frau, einfach nur klasse und ich wusste gar nicht womit ich das verdient hatte. Aber ich genoss es so, so wie es war. Die nächsten Tage wurden immer besser. Es hatte den Anschein, dass es sehr gut mit uns klappen könnte. Ich hatte ein sehr gutes Gefühl. Wir haben viel gelacht und hatten sehr viel Spaß in dieser Zeit.
Als wir nächstes Wochenende wieder zu Hause waren, ging sie zu ihren Eltern um Wäsche zu waschen und ich fuhr zu meinen Eltern um ebenfalls meine Wäsche zu waschen. Aber am Sonntag holte ich sie pünktlich wieder ab und die nächste Tour begann. Sie wollte eindeutig bei mir bleiben. Diese Tour lief nicht so entspannt, weil ich durch lange Wartezeiten an manchen Abladestellen ziemlich in Zeitverzug war. Dazu kam noch, dass es beim nächsten Kunden Terminfracht war, die pünktlich ankommen musste, damit man sie

auch annahm. Das Problem dabei war, obwohl ich mich so sehr beeilte, das ich ganz dringend auf die Toilette musste und keine weit und breit zu sehen war. Oh man war das ein komisches Gefühl, mir wurde schon fast schlecht. Wir fuhren auf einer Bundestraße und keine Autobahn, als ich plötzlich eine Gaststätte mit Parkplatz sah. Ich fuhr ziemlich flott auf den Parkplatz, riss meine Tür auf und ging schnellen Schrittes mit Silvia in die Gaststätte auf die Toilette. Silvia bestellte inzwischen zwei Cola und als ich fertig war und wieder raus kam, trank ich hastig die Cola, bezahlte und machte mich schnell auf den Weg zum Lkw, denn ich hatte keine Zeit. Ich ließ den Motor an, Silvia war gerade dabei einzusteigen als ich begann loszufahren. Auf einmal hörte ich nur: **Rummsbumms** und ich sah Silvia nicht mehr. „Um Gottes Willen" dachte ich „sie ist aus dem Lkw gefallen". Der Schock bei mir saß tief. Ich riss meine Tür auf und sprang so schnell wie möglich auf die andere Seite, um zu sehen, dass sie nicht unter das Rad gekommen ist. Als ich merkte, dass alles in Ordnung war und sie nur auf ihren Allerwertesten gefallen ist, fingen wir beide herzhaft an zu lachen. Über diese Aktion lachen wir noch heute. Dann konnten wir die Fahrt fortsetzen, Silvia strich sich mit der Hand ab und zu über den Po, aber sonst war nichts passiert. Den nächsten Kunden erreichten wir Gott sei Dank auch noch in der vorgegebenen Zeit. Danach konnten wir es etwas ruhiger angehen lassen. Wenn ich heute noch so dran denke, finde ich diese Zeit immer noch herrlich. Silvia half mir auch viel auf der Tour. Wenn ich morgens um 6:00 Uhr die Papiere abgegeben habe, waren die Mitarbeiter der Kunden immer sehr knurrig. Wenn eine hübsche junge Frau wie Silvia die Papiere abgab, waren sie viel freundlicher und wir kamen auch viel schneller dran. Diesen Part hat sie von da ab immer übernommen.
Aber es gibt auch aus dieser Zeit etwas Negatives zu berichten. Irgendwann begann eine neue, katastrophale Fressphase von mir. Ich weiß nicht warum, ob es die Nervosität wegen Silvia war, oder der Zeitdruck von der Firma, auf jeden Fall hatte ich wieder überhaupt kein Sättigungsgefühl. Ich darf gar nicht mehr darüber nachdenken, dass ich an einem Tag ein ganzes Glas Nutella mit dem Löffel gegessen habe. Silvia wäre es fast schlecht geworden nur vom zugucken. Zu dem Zeitpunkt brauchte ich unheimlich viele Kohlehydrate. Hatte ich vielleicht Zucker? Aber darüber habe ich damals gar nicht nachgedacht. Man konnte in dieser Zeit nicht mehr sagen, dass ich gegessen habe, sondern das war schon fressen. Es

war sowas von schlimm. So eine Phase brauche ich nicht noch mal und möchte ich auch nicht mehr erleben. Ich hatte auf der ganzen Tour überall meine Stellen, bei denen ich sehr viel, sehr gut und für kleines Geld essen konnte.

Eine Stelle war z.B. in Oldenburg ein Rasthaus. Dort gab es Sülze mit dicker Remoulade, Zwiebeln und knusprigen Bratkartoffeln. Das waren jedes Mal tausende Kalorien, aber total lecker.

Ich wusste, dass dieses Rasthaus, in dem ich immer essen gegangen bin, auch Zimmer hatte. Ich fragte Silvia, was sie davon halten würde, wenn wir dort übernachten und nicht im Lkw. Sie war sofort total begeistert von dieser Idee, denn dann konnte man auch mal in Ruhe duschen und in einem Bett zu schlafen hatte auch etwas sehr Schönes. So fuhr ich dann zu dem Rasthaus und wir checkten ein.

Als wir das Zimmer betraten, setzten wir uns zunächst mal auf das Bett und lagen uns in den Armen. Es war so schön mit Silvia, ihre Haut war so weich und dadurch dass sie etwas mollig war, war sie genau mein Typ. Ich fühlte mich total wohl bei ihr. Dann ging ich in das Bad und sah mir die Dusche an. Sie war über Eck und ich befand, dass die Türe doch ziemlich schmal war. Silvia guckte auch und befand aber, dass ich da schon rein passen werde. Ich fragte sie, ob sie als erstes möchte, aber sie meinte, dass ich mich zunächst in die Dusche zwängen sollte. O. k., damit war ich einverstanden und zog mich aus. 5 m vor der Dusche zog ich schon den Bauch ein und wollte seitlich durch die Tür hinein gehen. Aber es passte nicht. Egal wie sehr ich meinen Bauch einzog, es passte einfach nicht. Oh man war das ein Drama. Dann kam Silvia und schob mich mit ihrer ganzen Kraft die sie hatte. **PLOPP**, endlich war ich drin und die Tür ist auch heile geblieben. Bei so einem Plastik weiß man ja nie. Oh je, gut dass das niemand gefilmt hatte. Aber komischerweise schämte ich mich gar nicht vor Silvia. Ich duschte dann auf jeden Fall ausgiebig und als ich endlich sauber war, fing das Spielchen wieder von vorne an – nur dieses Mal anders herum. Ich passte wieder nicht durch die Duschtüre. Egal wie sehr ich meinen Bauch einzog, es ging wieder nicht. Dann kam Silvia lächelnd auf mich zu und meinte, dass ich ihr meine Hand reichen sollte. Das tat ich dann auch und sie zog mit aller Kraft. Und wieder **PLOPP**, ich war Gott sei Dank wieder draußen und es ist auch diesmal nichts kaputt gegangen. Nachdem Silvia geduscht hatte (sie passte wesentlich besser durch die Türe), zogen wir uns an und gingen in den Gastraum um etwas zu essen und zu trinken. Lange wollten wir uns da nicht aufhalten, denn morgen früh mussten wir um 6:00 Uhr vor der Rampe der Metro in Oldenburg stehen.

Nach dem Essen und etwas Smalltalk mit dem Wirt, verabschiedeten wir uns und gingen auf unser Zimmer. Es war herrlich mit ihr ich habe es total genossen.

Am nächsten Morgen, als wir um 5:30 Uhr zum Frühstück (dort gab es schon ab 5:00 Uhr Frühstück) kamen, wünschten uns der Chef und seine Frühstücks Mamsell einen schönen guten Morgen. Der Chef lächelte dabei sehr schelmisch. Sollten wir vielleicht zu laut gewesen sein???:)

Wir fuhren unsere Tour wie geplant weiter es gab keine weiteren Zwischenfälle mehr (der eine, mit der Dusche hat ja gereicht).

Jetzt waren wir schon sechs oder acht Wochen zusammen auf dem Lkw und es passte noch immer alles. Ich hatte mir so gedacht das, wenn man auf so kleinem Raum sich so lange so gut versteht, dann wird das auch hinterher passen. Ich war jedenfalls total glücklich.

Dann an einem Tag erfuhr Silvia, als sie bei sich zuhause von einer Raststätte aus anrief, dass ihre Mutter sehr schwer erkrankt ist. Das war ein Schock, denn sie war auch noch nicht so alt. Ich besprach das mit Silvia wie es weitergehen könnte, aber sie sagte mir, dass sie nach Hause müsse, zu ihrer Mutter. Sie wollte ihr unbedingt helfen. Ich verstand das und wusste, dass die Zeit mit Silvia auf dem Lkw bald vorbei sein würde. Aber wir verblieben so, wenn wir das nächste Mal in Richtung Country Club fahren, setze ich sie bei ihren Eltern ab und ich würde allein weiterfahren. Aber wir versprachen uns, sehr oft zu telefonieren und am Wochenende würden wir uns ja auch sehen. Ja, es war schon ein Schock mit ihrer Mutter.

Ich brachte Silvia am nächsten Wochenende zu ihren Eltern und fuhr dann weiter. Ich wollte sie erst mal allein nachsehen lassen, was bei ihrer Familie los war. Abends ging ich in den Country Club und am Sonntag musste ich ja schon wieder los.

Irgendwann verstarb ihre Mutter und ich war sehr traurig, weil ich sie nur einmal ganz kurz gesehen hatte. Aber wenn sie annähernd so ähnlich wie Silvia war, dann musste sie eine tolle Frau gewesen sein. So ging das dann weiter die nächsten Wochen und Monate. Wir telefonierten sehr viel und sahen uns auch jede Woche. Wir beide waren total verliebt ineinander und es schien nicht so, als wenn es jemals wieder aufhören würde.

Abends, als ich vor den Rampen der Kunden stand, weil ich dort übernachten musste, nahm ich mir meine Gitarre, spielte viel und schrieb auch Songs über das Leben auf der Autobahn, über die Liebe und viele andere Dinge.

Das einzigste was mich nur zu der Zeit richtig störte war, dass der Abstand zwischen meinem Bauch und dem Lenkrad sehr klein geworden war. Ich hatte mir schon so einen Lenkradknauf besorgt, der eigentlich verboten und nur für Behinderte erlaubt ist. Aber bei einer Polizeikontrolle als der Polizist mich auf den Knauf hinwies, sagte ich ihm, dass ich nur sehr wenig Platz hätte und der Knauf mir sehr helfen würde. Dann durfte ich weiterfahren.

Dann kann das eine Jahr vor Weihnachten. Meine Firma machte Betriebsferien und ich fuhr mit meinem privaten PKW, einem alten BMW zu Silvia. Ich durfte dort die Zeit wohnen, denn zu der Eigentumswohnung ihrer Familie gehörten noch zwei Zimmer, die auf dem Dachboden ausgebaut waren. Silvia fragte nach einer Zeit vorsichtig bei mir an, ob ich nicht wieder nach Nordrhein Westfalen kommen wollte, denn ewig konnte und wollte sie nicht in einem Lkw

leben. Ich bat mir ein paar Tage Bedenkzeit aus und überlegte in der Zeit, was wir tun können. Dann sagte ich später zu ihr: „o. k. ich bin bereit wieder hochzukommen, aber nur wenn ich mich mit einem Imbiss selbständig machen kann und du mir dabei hilfst.

Sie guckte mich mit ihren hübschen Augen an und sagte plötzlich, dass das eine tolle Idee wäre und klar, sie würde mir helfen. Ihr würde das bestimmt auch Spaß machen.

So war unser weiteres Leben zunächst einmal geklärt und ich kündigte bei der Firma in Forchtenberg……..

Anmerkung: *Diese Phase, die ich in Kapitel 9 beschrieben habe ist eine der beiden wichtigsten Phasen in meinem Leben. Trotz meines hohen (aber noch nicht höchsten) Gewichtes habe ich zwei Sachen erreicht, an die ich zuerst nicht geglaubt hatte. Ich wurde LKW-Fahrer mit meiner Führerschein Klasse drei, konnte dadurch mit einem Truck* *durch Deutschland fahren und bekam sogar noch Geld dafür. Und ich habe eine Frau gefunden, die mich so nahm, wie ich bin und nicht dauernd versuchte, mich zum Abnehmen zu überreden. Es ist bis heute meine Traumfrau.*

Also stimmt das alte Sprichwort doch, dass irgendwann jeder Topf einmal seinen Deckel bekommt.

Wenn nur die Ärzte etwas gegen meinen Schwindel und der Schwummerigkeit gefunden hätten, dann wäre zu dem Zeitpunkt mein Leben einfach perfekt gewesen.

Kapitel 10

Imbisschef ???….Der Bock wird zum Gärtner!

Ich weiß nicht ob ich 150 kg, 160 kg oder noch mehr Gewicht hatte, als ich in dem Jahr nach der Kündigung bei der Firma in Forchtenberg mit Silvia, ihrem Vater und ihrem Bruder Weihnachten feierte. Das Weihnachtsfest fiel ziemlich ruhig aus, da ja Silvias Mutter in dem Jahr gestorben war.

Wir aßen erst richtig lecker was Silvia für uns alle gekocht hatte und dann redeten wir die ganzen Abende. So erfuhr ich viel über die Frau, die die Familie zusammengehalten und dafür gesorgt hat, dass es jedem Familienmitglied gut ging. Sie muss eine richtig tolle Frau gewesen sein, genauso wie es Silvia jetzt ist.

Mit Silvia sprach ich natürlich auch darüber, wie wir nach den Feiertagen vorgehen würden. Mein Schwiegervater in spe´ versicherte uns, dass wir oben in den zwei Zimmern so lange wohnen könnten, bis wir nicht mehr wollten. Es waren ganz besinnliche Feiertage, in denen wir alle zur Ruhe kommen konnten.

Nach den ganzen Festtagen studierte ich Zeitungen, ob vielleicht irgendwo in der Nähe ein Imbiss zu verpachten war. Die, die ich in den Zeitungen gefunden hatte, waren aber leider alle zu weit weg. Ja, es ging nicht von heute auf morgen, das war mir schon klar. Aber wir mussten am Ball bleiben. Irgendwann würden wir schon etwas finden.

In den nächsten Tagen fuhr ich Lieferanten ab, und fragte dort ob die eventuell etwas wissen. Von denen bekam ich einige Adressen mit Telefonnummern. Diese Imbissbetreiber oder auch Besitzer rief ich natürlich an und verabredete Besichtigungstermine. Einige waren schon ganz schön weit weg, aber zur Not hätte das noch gegangen. Ich fuhr diese Betriebe an und besichtigte sie. Oh man, da war nichts dabei, absolut gar nichts. Entweder waren sie zu klein, zu groß, oder sie wollten viel zu viel Geld als Ablöse. Einer wollte fast 100.000 DM für ziemlich alte Geräte. Aber er meinte, dass der Betrieb so gut laufen würde, dass ich das Geld sehr schnell wieder raus hätte. Ich fragte mich danach nur, warum er den Betrieb verkauft, wenn er so gut läuft. Nein, über den Tisch ziehen lassen wollte ich mich nicht.

Mir fiel es ziemlich schwer, die ganze Fahrerei und die vielen Verhandlungen. Zusätzlich zu meinem Schwindel bekam ich auch schlecht Luft. Ich ging davon aus, dass es diesmal wirklich nur das Gewicht war mit der Luftnot. Ich hatte auch leichte Bedenken, ob ich das Richtige mache, wenn ich einen Grillimbiss eröffne. Ich hatte ja schon sehr lange mal mehr und mal weniger Probleme mit meinem Sättigungsgefühl. Manchmal dachte ich auch, wenn ich jetzt einen Grill aufmache, wäre das genauso, als wenn ein Alkoholiker eine Kneipe eröffnet. Doch so schnell wie der Gedanke gekommen ist, verflog er auch wieder.

Ein paar Tage später bekam mein Schwiegervater einen Anruf von einem Lieferanten, der mich gern sprechen würde. Da wir nicht erreichbar waren, richtete Silvias Vater uns das am Abend aus.

Am nächsten Tag rief ich diesen Lieferanten zurück und erfuhr, dass ca. 25 km von uns entfernt ein Grillimbiss zum Verkauf stehen würde. Er wäre zwar nicht sehr groß, aber dafür auch bezahlbar. Wir bekamen die Adresse von diesem Objekt und fuhren direkt hin. Der letzte Pächter wohnte noch im Haus. Wir klingelten und als man uns die Tür öffnete, trug ich unser Anliegen vor. Der letzte Pächter, dessen Pacht nun auslief holte sofort den Schlüssel von den Räumlichkeiten und wir konnten diesen Grill besichtigen.

Er war klein, ohne Tische und an den Wänden waren Abstellflächen, damit die Gäste im Stehen essen können. Die Geräte waren noch einigermaßen o. k. nur die Schau-und Kühltheke mussten wir wohl erneuern. Uns gefiel der Betrieb, denn wenn mal was schief gehen würde, käme man besser und billiger aus dem Vertrag, als bei einem riesengroßen Laden. Wir handelten noch etwas die Ablösesumme runter und dann hatten wir plötzlich ganz unerwartet einen Imbissbetrieb. Der Hausbesitzer musste mich nur noch kennenlernen, weil ich mit ihm den Pachtvertrag aushandeln und unterschreiben musste. Das ist dann in den nächsten Tagen geschehen, ich bekam den Schlüssel und war ab sofort stolzer Besitzer von einem Grillimbiss. Jetzt konnte es losgehen mit dem Einrichten, des Verkaufsraumes. Ich brauchte ja wenigstens noch eine Kühl-Schautheke für meine angebotenen Speisen und Getränke und einen richtig großen Kühlschrank.

An dem Abend, als wir wieder nach Hause fuhren, wurde ich leider wieder rückfällig mit dem Essen. Ich hatte den Tag über kaum etwas gegessen und war abends dem entsprechend hungrig. Aus einer Pizzeria nahm ich mir zweimal Spaghetti Carbonara und eine Pizza mit nach Hause. Silvia wollte nur eine Pizza. Wir setzten uns zu Hause an den Tisch und aßen ganz in Ruhe. Ich habe fast alles verputzt, doch eine halbe Pizza passte beim besten Willen nicht mehr. Man hatte ich spät am Abend Sodbrennen. Und vor allen Dingen das schlechte Gewissen hinterher. Aber das hat mich auch nicht dazu bewegt mein komplettes Essverhalten zu überdenken. Ich kann nicht jedem anderen die Schuld geben und ich selbst machte nichts an diesen Fressattacken. Was sollte das bloß noch werden, wenn wir den Grill geöffnet hatten. Aber da dachte ich erst mal gar nicht dran, denn vorher war noch viel Arbeit zu erledigen.

Am nächsten Morgen musste ich zum Gesundheitsamt, um an dem Kursus für die Hackfleischverordnung teilzunehmen. Dieser Kursus ist unter anderem zwingend notwendig, da man sonst keine Konzession bekommt. Am Nachmittag fuhr ich zu einem Einrichtungshaus für Gastronomie Geräte, um mir eine Kühltheke auszusuchen. Der Chef dieser Firma hatte mehrere Theken da und wir machten einen Termin aus, wann er zu mir in den Imbiss kommen könne. Es musste ja auch alles passen und deshalb wollte er ausmessen.

Als ich dann endlich wieder bei Silvia war, da merkte ich doch ziemlich stark, dass mich das alles körperlich an meine Grenzen der Leistungsfähigkeit brachte. Ein schlanker, etwas durchtrainierter Mann hätte wahrscheinlich gesagt, dass das doch nichts war tagsüber. Aber ich war doch relativ fertig. Blödes Gewicht....

Aber auf jeden Fall hatte ich das, was ich mir vorgenommen hatte auch erledigt und abends setze ich mich an meinen PC um eine Speisekarte und auch Rezepte zu schreiben. Es sollte ja ein richtig guter Grill mit viel Auswahl werden und nicht nur Currywurst-Pommes im Angebot sein. Diese Erstellung der Speisekarte beschäftigte mich meist bis mitten in die Nacht. Ja, über Arbeit konnte ich mich nicht beklagen, aber ich wollte es ja so haben. Nur dass mir bei allem immer so fürchterlich schwindelig war, ging mir total auf die Nerven. Sollte es doch alles vom Gewicht kommen? Jedenfalls merkte ich, dass es mir in der letzten Zeit überhaupt nicht mehr gut ging. Und ich wusste, dass ich etwas tun musste in der baldigen Zukunft, denn ich wollte ja noch älter werden und nicht plötzlich einen Herzinfarkt bekommen. Das mit dem Herzinfarkt ging mir ziemlich oft durch den Kopf.

Zuhause hatten Silvia und ich einen Ganzkörperspiegel. Das Schlimme war, wenn ich mich nackend vor diesen Spiegel stellte und mich betrachtete, dachte ich immer: „Naja, dick bist du ja, aber so Dolle ist das auch wieder nicht. Das geht doch eigentlich noch".

Nur wenn mal auf Grund der Musik ein Bericht mit Foto von mir in der Zeitung war, oder jemand einen meiner Auftritte gefilmt und mir danach das Band gab oder schickte, dann bekam ich nach dem Ansehen des Videos Schnappatmung und definitiv einen Schock. Man was habe ich mich dann immer erschrocken. Aber im Spiegel sah ich mein Übergewicht einfach nicht. Ich weiß nicht warum es so war.
Aber nun konnte es so langsam mit dem Grill losgehen. Am nächsten Tag sollten der 1000 l Kühlschrank und die Kühltheke kommen. Es war ja nicht mehr sehr lange hin bis zur Eröffnung und ich musste noch beim Großhändler meinen ersten Großeinkauf machen. Die Speisekarte stand aber mittlerweile fest und ich hab sie zum Druck gegeben. Über die Abzugsanlagen sollten Tafeln, mit dem, was wir zukünftig im Angebot haben, angebracht werden. Diese bedruckten Tafeln mussten auch in den nächsten 2-3 Tagen kommen und montiert werden.
Am nächsten Tag war es dann soweit, der Lkw mit den Küchengeräten fuhr vor. Zunächst wurde der Kühlschrank reingebracht und das klappte auch alles prima. Er wurde angeschlossen und er musste aber auch noch 24 Stunden stillstehen, bevor etwas eingefüllt werden konnte. Dann kam die Kühltheke. Sie war zwar in Einzelteilen zerlegt, aber der große Block in der Mitte passte einfach nicht durch die Tür. Oh man was haben die ausgemessen??? Ich bekam die Krise…. Man konnte es drehen und wenden wie man wollte, es passte einfach nicht durch. Ich hatte Stress hoch drei. Irgendwann, als gar nichts mehr ging, machte der Monteur den Vorschlag einen Glaser zu bestellen, die große Schaufensterscheibe herauszunehmen, die Kühltheke rein und dann wieder die Schaufensterscheibe einsetzen. Ein Wahnsinnsvorschlag…. Aber es blieb uns nichts anderes übrig. Ich rief einen Glaser an, der konnte zwei Tage später kommen und vereinbarte mit dem Kühltechniker, dass er dann auch zur gleichen Zeit wieder da ist. Nachdem das alles geklärt war, musste ich mich erst mal hinsetzen, denn ich konnte einfach nicht mehr. Ich wusste es jetzt, dass ich im Moment so schlapp war, lag definitiv an meinem Gewicht. Oh man, wie soll das noch werden.
Die zwei Tage verbrachten wir damit, schon einmal Pommes Frites, Würstchen, Majo, Ketchup und alles das was man so brauchte für die ersten Tage zu, kaufen. Mit dem Lieferanten wurde vereinbart, dass

er mich ab sofort dreimal die Woche beliefert. Das nahm mir auch ein bisschen Hektik.

Zwei Tage später, es klappte diesmal alles. Der Kühltechniker war da und auch der Glaser fuhr vor. Das alles war eine Aktion, die mehrere Stunden dauerte, aber am Ende stand die Kühltheke im Laden und die Schaufensterscheibe war wieder eingesetzt. Jetzt konnte es bald losgehen. Vor Aufregung und Stress habe ich fürchterlich viel gegessen. Und der ganze Spaß hat mich ca. 800 DM gekostet, mit denen ich eigentlich nicht gerechnet hatte.

Am nächsten Tag belieferte uns der Großhändler mit allen Dingen, die wir bestellt hatten. Das funktionierte einwandfrei. Jetzt muss sich noch zu einem anderen Großhändler, der Frischfleisch verkaufte. Dort nahm ich ca. 10 kg Hackfleisch und drei ganze Schweinenacken mit, denn wir wollten ja alles verarbeiten und auch verkaufen.

Es gab herrliche Sachen bei uns im Imbiss. Natürlich meine geliebten Schwalbennester und ich formte noch eine Rolle aus Hackfleisch, die ich mit Käse und Schinken füllte und dann ausgebacken habe. Unsere Schlemmerrolle entwickelte sich genauso wie unser Westernfleisch, ein schaschlikähnlicher Gulasch dann im Laufe der Zeit bis zum Ende des Betriebes als die absoluten „Verkaufsrenner".

Ich musste immer probieren, obwohl ich wusste, dass mir das auf Dauer überhaupt nicht gut tat. Nachdem wir den Laden eröffnet hatten, machte ich noch einen sehr großen Fehler, denn wir kochten überhaupt nicht mehr zu Hause. Die Ernährung stammte ausschließlich aus dem Grill. Das änderte sich auch nicht, als wir jede Woche einen Mittagstisch mit 3-4 Gerichten anboten. Irgendwann habe ich mal zu Silvia gesagt: „Wenn du mal einen großen Knall hören solltest, dann war ich das. Dann bin ich endgültig geplatzt". Aber dazu ist es ja Gott sei Dank nie gekommen. Der Betrieb hatte vor unserer Zeit einen sehr schlechten Ruf. Nur das wusste ich leider bei der Vertragsunterzeichnung nicht, weil ich ja auch nicht aus dem Ort stammte. So mussten wir um jeden Kunden richtig kämpfen. Die wöchentliche Annonce in den Zeitungen gehörte dazu und auch Handzettel, die ich spät abends nach Feierabend erstellt habe und von Jugendlichen verteilt wurden. Es dauerte aber eine ganze Zeit, bis der Laden spürbar anlief. Aber die Zeit kam. Ich hatte hinter der Theke immer einen flotten Spruch drauf und so fanden die Gäste und Kunden langsam Vertrauen zu

mir. Aber wie gesagt: Die Mund – zu - Mund Propaganda ist zwar die preiswerteste, aber auch die langwierigste.
Ab und zu fuhr ich auch noch in den Country Club. Die Besuche waren aber nicht mehr so häufig wie früher, da ich durch die Selbstähnlichkeit wesentlich weniger Zeit hatte. Aber ab und an nahm ich mir die Zeit einfach, um das alles nicht einschlafen zu lassen. Sonntags machten wir den Betrieb erst nachmittags auf und so konnte ich vormittags zum Frühschoppen ab und zu in den Club fahren um dort mit den altbekannten Gesichtern zu knobeln. Das musste einfach sein und das ließ ich mir auch nicht nehmen.
So lief mein Grillimbiss ganz gut an und die Zeit verging. Mir macht es richtig Spaß, wenn da nur nicht mein überdimensionales Übergewicht gewesen wäre. Es war alles so fürchterlich schwer für mich. Selbst der Gang zur Toilette wurde zusehends schwieriger für mich. Ich hatte das Gefühl, dass meine Arme immer kürzer wurden und die Hygiene nach dem großen Geschäft wurde komplizierter. Klamotten bekam ich schon lange nicht mehr aus normalen Geschäften. Selbst aus denen nicht, die Übergroßen verkauften. Für mich musste es ein Geschäft sein, das sich speziell auf meine Kaliber spezialisiert hatte. Gott sei Dank fand ich zwei solcher Geschäfte. Leider waren sie weiter weg und man konnte nicht eben schnell mal einkaufen, wenn man wollte. Die Qualitäten in den Läden waren sehr gut, aber die Waren hatten auch ihren Preis. Ich kann mich noch gut daran erinnern, dass ich mal so ein ganz stinknormales Hemd 190 DM bezahlt habe. Das waren dann so Hemden bei denen man 5 Minuten das X lesen musste, bis man zum L kam. Aber ich konnte ja auch nicht nackend durch die Gegend laufen. Ja, das war für mich eine ganz schwierige Zeit.
Auf normale Waagen passte ich schon lange nicht mehr und auch bei meinem Hausarzt sagte die Waage: „TILT". Ich musste mir über kurz oder lang etwas einfallen lassen, weil ich unbedingt wissen wollte wie viel ich wog. Auf zwei Waagen funktionierte das nicht bzw. war zu ungenau. Ich überlegte längere Zeit, wie ich an mein aktuelles Gewicht kommen würde, doch mir wollte einfach nichts einfallen. Dann vergaß ich es auch einfach mal wieder, weil mich der Grill zu sehr in Anspruch nahm. Und außerdem hatte ich auch etwas Angst davor, mein reales Gewicht zu erfahren, weil das für mich wieder eine Situation gewesen wäre, in der ich mich in Grund und Boden geschämt hätte. Obwohl, ich das nach außen hin niemals zugegeben hätte. Mittlerweile war ich durch mein hohes Gewicht

nicht nur körperlich, sondern auch psychisch angeschlagen. Ich konnte das alles mit dem Gewicht nicht so problemlos weg stecken. Doch es stimmte mich total froh, dass ich Silvia an meiner Seite hatte. Sie hat mir nie Vorwürfe gemacht. Manchmal habe ich das nicht verstanden. Sie war und ist eine tolle Frau und war außerdem zusätzlich noch unheimlich hübsch. Dass ich in sie verliebt war, ist nachvollziehbar. Aber dass sie in mich, so als Koloss, verliebt war, das verstand ich manchmal nicht. Ja, Liebe geht oftmals ungewöhnliche Wege. Ich fragte mich damals so oft, womit ich das verdient habe, aber ich war glücklich und genoss es, so wie es war, denn es war gut so.

Ich war nicht täglich den ganzen Tag im Betrieb, denn ich musste ja auch zusehen, dass die Musik lief. Also fuhr ich dann auch teilweise zu Veranstaltern mit Infomaterial und versuchte so Gigs (Auftritte) zu bekommen. Außerdem war ein guter Bekannter von mir ein großes Tier im Bundesverband der Imbissbetriebe (BVI) und von ihm holte ich mir alle Infos und Hilfen, die ich rund um meinen Betrieb brauchte.

Auf so einer Tour, ich dachte gerade nichts Besonderes, schoss mir eine Adresse durch den Kopf, bei der die Möglichkeit bestand, mich zu wiegen. In der Kreisstadt, nahe dem Haus meiner Eltern war ein Krankenhaus. Ich erinnerte mich daran, dass neben dem Hauptgebäude ein anderes kleineres Gebäude stand, in der die Wäscherei für das Krankenhaus untergebracht war. In dem Krankenhaus habe ich schon einmal als Teenager gelegen. Diese Wäscherei war ungefähr 60 km von mir entfernt. Ja, dachte ich, das wäre eine Möglichkeit endlich zu wissen, wie viel ich wiege. Von damals hatte ich noch die Erinnerung, dass diese Wäscherei von der Straße aus zugänglich war und ich glaubte nicht, dass dort Fremdpersonen Zutritt verweigert würde. Ich musste es halt nur einmal probieren. Mehr wie Nein sagen können sie auch nicht.

Als ich wieder im Betrieb war, erzählte ich Silvia von dem Gedanken. Sie war total begeistert und ermunterte mich dazu, obwohl es so weit weg war, dort am nächsten Tag hinzufahren. Irgendwie wollte sie ja auch wissen, wie viel ich auf die Waage bringe.

Am nächsten Tag fuhr ich tatsächlich diese 60 km zu dem Krankenhaus und sah auch nebendran die Wäscherei. Ich hatte zwar ein ganz komisches Gefühl, doch ich ging selbstbewusst auf die Tür zu, hinter der es für mich eventuell einen Schock geben könnte. Die

Tür war geöffnet und ein Höllenlärm schlug mir entgegen, als ich den Raum betrat. Viele Waschmaschinen und Trockner liefen auf Hochtouren. Aber ich sah auch einen Mitarbeiter und ging auf ihn zu. Nachdem ich ihn freundlich begrüßt hatte, fragte ich ihn ängstlich, ob ich einmal auf die Wäschereiwaage gehen dürfe, da ich sonst keine Möglichkeit sehen würde, dass ich mich mal wiegen kann. „Selbstverständlich dürfen Sie sich hier wiegen", sagte der Krankenhausangestellte und erklärte mir noch, dass diese Waage geeicht ist, weil das Gewicht der Wäsche genau mit dem Krankenhaus abgerechnet würde. Ich hatte mein Ziel erreicht. Der Mitarbeiter ging vor und ich folgte ihm mit mulmigem Gefühl in der Magengegend.

Aber mutig wie ich war *lach schritt ich ganz selbstbewusst auf diese Waage. Dann kam der Schock. Die Waage blieb genau bei **184,1 kg** stehen. Oh man, das war heftig. Aber ich ließ mir nichts anmerken und verabschiedete mich, nachdem mir der Wäschereimitarbeiter versichert hatte, dass ich jederzeit wieder zu ihm kommen könne, um mich zu wiegen.

„Jetzt esse ich erst einmal zwei Wochen überhaupt nichts mehr und ich werde zusätzlich Sport treiben", waren meine ersten Gedanken, als ich die Wäscherei verließ. Man was war ich nervlich fertig, obwohl ich irgendwie schon ahnte, dass etwas total Unbequemes auf mich zukommen würde. Naja, das mit dem gar nichts essen war nur eine spontane Aussage von mir nach dem Schock. Aber das jetzt unbedingt was passieren müsse, das war mir total klar. Das hieße aber auch, dass sich in der nächsten Zeit sehr viel Hunger haben werde doch irgendwie war ich motiviert.

Wieder zuhause sah mich Silvia irgendwie wissend an, als ich ihr die Zahlen von meinem Gewicht nannte. „Ich habe mir schon so etwas ähnliches gedacht, denn wenn Du auf einem Stuhl sitzt, schließt Dein Bauch mit Deinen Knien ab", sagte sie ein wenig betroffen. Aber sie meinte auch, wenn wir das zusammen angehen würden, dass ich irgendwann von diesem hohen Gewicht runterkomme. Dass ich mal richtig schlank werden würde, glaubte sie sehr wahrscheinlich auch nicht. So lange so dick, da glaubt kein Mensch daran, dass man irgendwann mal schlank werden würde.

Da es ja keinen Königsweg beim Abnehmen gibt, versuchte ich es zunächst mal mit FDH (Friss die Hälfte). Ich ließ die hochkalorischen Sachen erst mal komplett weg. Ab und zu bekam ich zwar noch eine Fressattacke, aber die waren nicht ganz so stark wie früher einmal. Ich hatte aber trotzdem immer noch keine Ahnung, wie viele Kalorien ich am Tage zu mir genommen habe. So ging das einige Wochen und ich verlor wieder mal so einige Kilos. Aber wenn ich daran dachte, dass ich weiter so bis an mein Lebensende essen müsse, überfiel mich der reinste Horror.

Natürlich machte ich mir auch Gedanken darüber, wie meine Diät aussehen könnte. Es sollte keine Diät sein in Form von Kohlehydratfrei, null Diät, Kohlsuppendiät oder sonstiges. Nein, es müsste eher eine Ernährungsumstellung sein. Da ich ja ziemlich viel Veranlagung habe zum dick werden, werde ich mein Leben lang auf mein Gewicht aufpassen müssen. Und wenn z.B. ein Mittagessen schon nach Diät aussieht, wusste ich vorher, dass ich das nicht lange durchhalten würde. Nein, das Essen müsste toll aussehen, sehr gut schmecken, ich müsste mich jeden Tag darauf freuen können und dabei noch langsam abnehmen. Das waren so meine ersten Gedanken. Was Ernährungsberaterinnen mir bisher so erzählt haben, damit konnte man vielleicht zwar kurzfristig etwas erreichen, aber jahrelang hielt man diese Ernährungsform nicht durch. Jedenfalls ich nicht. Ich blieb also erst mal bei meinem FDH, bis ich wusste, wie für mich die richtige Ernährung aussehen sollte. So etwas wie Weight Watchers sollte es nicht sein, denn dabei musste man auch zu viel kochen, und was noch schwerwiegender war, auch wegschmeißen.

Sie lieber Leser, liebe Leserin sie dürfen nicht glauben, dass ich trotz des Schocks meines hohen Gewichtes auf der Waage, sofort mit meinem FDH-Programm anfangen konnte. Nein, ich brauchte bestimmt sechs oder sieben Anläufe, bis es dann einigermaßen über längere Zeit ging. Aber dann, nach einiger Zeit tauchte auch schon das nächste Problem auf – der Hunger. Ich musste mir darüber im Klaren werden, dass ich nicht zu wenig essen durfte, damit das Hungergefühl nicht zu groß werden konnte. Natürlich durfte ich auch nicht zu viel essen, denn dann nahm ich nicht mehr ab. Das dritte Problem schloss sich sofort den zweiten an. Wenn ich dann etwas abnahm, wurde es mir total schwindlig und mein Kreislauf spielte

nicht mehr so mit. Ich bin da natürlich auch zum Hausarzt gegangen. Nachdem ich ihm gesagt habe, dass ich nun schon ein paar Wochen dabei bin abzunehmen und es mir sehr schlecht gehen würde, lächelte er etwas mitleidig und meinte, dass das ganz normal ist, wenn man auf Diät ist. Dem Körper wird ja Nahrung entzogen und er muss das alles ausgleichen. Der Körper hat beim Abnehmen eine ganze Menge zu tun, aber es würde sich nach einer gewissen Zeit regeln. Sein Wort in Gottes Ohr.
Ich begriff es irgendwie nicht. Erst war es mir schwindelig, weil ich so viel gegessen hatte und nun ist mir schwindelig, weil ich weniger aß. Manchmal hatte ich das Gefühl, die Ärzte erzählten irgendetwas, weil sie nicht wirklich wussten, was Sache ist.
Ich habe auch mein FDH-Programm nicht kontinuierlich über lange Zeit durchgeführt, immer wieder hatte ich längere Pausen. Es ging einfach nicht so, wie es in den schlauen Büchern der Ärzte steht. Aber ich habe nach einiger Zeit jedes Mal wieder nach 3-5 Anläufen begonnen, mein Gewicht zu reduzieren. Heute weiß ich, dass man sehr beharrlich sein muss um abzunehmen, auch wenn mal etwas nicht so klappt, wie man sich es vorgestellt hatte. Diese ganzen Phasen zogen sich lange hin. Oftmals war ich verzweifelt, weil ich keinen Sinn mehr in der Sache sah, aber oftmals war ich auch euphorisiert, weil manche Dinge wesentlich besser funktionierten, wie ich es mir vorgestellt hatte. Ja, es war immer ein auf und ab. Aber es sollte eine Phase kommen, in der ich gute Hilfe erhielt und einen Plan für meine persönliche Ernährungsumstellung basteln konnte. Aber mehr dazu in späteren Kapiteln.

Anmerkung: *Ja, nun war es passiert. Ich hatte mein absolutes Höchstgewicht erreicht. Durch einen glücklichen Zufall, dass ich mich daran erinnerte wo ich mich wiegen konnte, war es möglich geworden den Weg ganz langsam nach unten anzupacken. Es war auch zu dieser Zeit damals kein Zustand mehr mit mir. Auf der einen Seite ging es mir fürchterlich schlecht und auf der anderen Seite konnte ich niemandem davon etwas erzählen, außer meiner Silvia.*
Habe ich dann doch mal von meinen Beschwerden erzählt, sah ich sofort in den Gesichtsausdrücken der Gesprächspartner deren

Meinung: Wenn man so fett ist, dann ist das auch kein Wunder. Also hielt ich mich ziemlich zurück mit dem Jammern außerhalb meiner Wohnung.
Ja, es war schon eine sehr schwierige und schlimme Zeit für mich und es konnte nur noch besser werden.

Kapitel 11

Album mit Gewicht

Im Grill-Imbiss merkte ich ziemlich schnell, dass in unserer Umgebung die Leute sehr gerne Schnitzel aßen. Kulinarisch war diese Gegend ein Schnitzelland. Wir hatten im Grill am Anfang fünf dieser verschiedenen Schnitzel auf der Karte. Irgendwann dachte ich mir: „Wenn die Leute so gerne diese Schnitzel essen, dann sollen sie sie auch bekommen. Nach und nach vergrößerte ich die Karte und

hatte schließlich 30 verschiedene Schnitzelvariationen im Angebot. Sie wurden auch sehr gerne genommen und wurden im Laufe der Zeit zu unserem Hit.
Eines Tages sagte ich Silvia, als wir den Mittagstisch vorbereiteten, dass ich immer häufiger an die Songs denken muss, die ich damals auf dem Lkw geschrieben habe. Es wäre doch eine Schande, wenn ich die nicht in einem Tonstudio aufnehmen würde. Und wenn ich so etwas machen würde, dann hätte ich auch etwas Eigenes bei den Auftritten. Silvia pflichtete dem bei, gab aber zu bedenken, dass uns wahrscheinlich sehr hohe Kosten entstehen würden. Und ob das dann auch hinterher so gut verkauft wird, das garantiert uns niemand. Aber im Grunde war sie damit einverstanden.
Ich las Musikerzeitungen und sah dort nach der Werbung für Tonstudios. Das was ich gefunden hatte, war alles viel zu weit weg. Berlin, Stuttgart, München war keine Option für uns, denn mit einem mal hinfahren, wäre es ja auch nicht getan gewesen. Und außerdem musste es ein Tonstudio sein, das auch Musiker an der Hand hatte. Die Songs sollten ja mit Musikern eingespielt werden und nicht nur alles vom Computer kommen.
Jeden Monat kaufte ich mir diese Zeitschriften und es dauerte lange, bis ich überhaupt eine einigermaßen akzeptable Annonce fand. Dieses Tonstudio scheiterte aber bei mir, weil es Preise veranschlagt hatte, die ich nicht zahlen konnte und wollte.
Es dauerte noch eine ganze Weile, aber dann endlich wurde ich fündig. Eine Band annoncierte, dass sie ein Tonstudio haben in dem sie meist selbst ihre Titel aufnahmen, aber auch gern für andere Künstler im Countrybereich Musikproduktionen erstellen würden. Das war genau das, was ich gesucht hatte. Das einzigste Problem war, dass dieses Tonstudio irgendwo im Westerwald lag. Das waren von mir aus bestimmt hin und zurück über 400 km. Aber der Rest hätte sich wirklich gut an. Silvia fragte mich noch, ob ich denn das viele hin und her fahren gesundheitlich schaffen würde. Naja, ich würde halt langsam fahren. Ich wusste ja, was mein Körper verkraftet und was nicht.
Ich rief also das Tonstudio an und wir vereinbarten einen Termin, für ein Vorgespräch. Bei diesem Gespräch sollten die ganzen Vertragsmodalitäten u.a. auch die Kosten, die mir entstehen würden festgelegt werden. Erst danach, bei einem weiteren Besuch dort, konnte ich dann die Titel vorspielen, die ich gerne aufnehmen lassen wollte. Das Tonstudio hatte alles da. Selbst ein Chor und eine

Sängerin für die zweite Stimme. Wenn die Instrumente, auch meine Gitarre und mein Banjo alle eingespielt waren, musste ich die Songs auf Band singen, bevor als letztes die zweite Stimme und der Chor alles vervollständigten. Ich war total begeistert. Zur endgültigen Fertigstellung des Albums mussten die Titel dann noch abgemischt und gemastert werden. Das hieß für mich, dass ich sehr oft in den Westerwald fahren musste. Für Silvia war das o. k. denn wir hatten mittlerweile auch Aushilfskräfte im Betrieb, die uns unterstützen.

Ich hatte nicht mehr das ganz hohe Gewicht, aber trotzdem war ich noch ein Wonneproppen. So gut 20 Kilo waren weg, doch ich lag immer noch so um die 160 kg. Es ging alles nicht so schnell wie ich mir das vorgestellt hatte. Aber ich habe dieses große Gewicht ja auch nicht in zwei Jahren zugenommen.

Silvia fuhr bei dem ersten Vorgespräch mit und hörte sich das auch alles genau an. Die Jungs und auch das Mädel von der Band waren sehr sympathisch und als wir uns dann noch mit dem Preis von der Komplettaufnahme einig und die Termine, bei denen ich unbedingt dabei sein musste festgelegt wurden, konnte das Unternehmen „Album für Ron" starten.

Als wir wieder zu Hause waren, packte ich alles zusammen, was ich für das Tonstudio benötigte. Ich überlegte auch, wie der Titel des Albums heißen soll. Einen Song, den ich geschrieben hatte, hieß „Meine Welt" und handelte vom Leben auf der Autobahn, von dem musizieren und von dem, was ich alles so mag. Nachdem ich mit Silvia darüber gesprochen hatte, entschlossen wir uns beide, dass das Album auch so heißen sollte. So kam eins zum anderen.

Ich fuhr also dann ohne Silvia, weil sie im Betrieb blieb und es für sie auch langweilig geworden wäre, regelmäßig in den Westerwald. Pro Titel wurden mehrere Tage veranschlagt, die es dauern würde, bis die Produktion richtig gut klingt.

An den Tagen, an denen ich zum Tonstudio fuhr, war an meine Diät überhaupt nicht zu denken. Ich hatte auch Angst davor, dass mein Kreislauf entweder unterwegs oder im Studio schlapp machen würde, weil mir sowieso immer so schwummerig war. Und wenn jetzt noch die Anstrengung im Studio dazu kam, war es gut möglich, dass der Körper nicht mehr mitspielt. Also aß ich vernünftig an diesen Tagen und ich gebe auch zu, dass es manchmal viel zu viel wurde.

An einem Wochenende fuhren Silvia und ich auf ein riesengroßes Country Festival, um unter anderem auch Kontakte zu knüpfen. Mit

der Musik musste es ja weitergehen. Natürlich wollten wir auch die Creme de la creme der deutschen Countryszene mal Live sehen. Aber es gab dort noch ganz was anderes, was unsere Aufmerksamkeit viel mehr weckte, als diese ganzen bekannten Musiker.
Wir kamen an einem Stand vorbei, an dem unter anderem Frikadellen verkauft wurden. D.h. sie mussten sie wahrscheinlich Bratkloppse nennen, weil in diesen „Frikadellen" wohl zu viel Brot war. Aber egal, das waren keine normalen Frikadellen, das waren Riesendinger, aber auch für 8 D-Mark/Stück. Sie waren, so glaube ich, im Rohgewicht 350 g schwer und schmeckten sehr sehr lecker. Das war eine Idee. Ich ging zu Silvia, die vor einer Bühne stand, und erzählte ihr von den Frikadellen. Sie wollte auch sofort eine probieren und wir gingen nochmals zu dem Stand. Während Silvia aß sagte ich ihr, dass das auch was für unseren Grill wäre. So große handgemachte Frikadellen können wir auch. Nur bei uns werden es Frikadellen sein. Und das alles nur für 4,50 DM. Silvia war sofort begeistert von der Idee und als wir wieder zurück im Grill waren, machten wir uns ziemlich zügig daran, diese Idee zu verwirklichen.
Diese Riesenfrikadellen wurden zusammen mit unseren Schlemmerrollen und Schwalbennestern der Renner in unserem Betrieb. Das ging sogar so weit, dass wir bei unserem Großhändler der größte Hackfleischabnehmer seiner Kundschaft wurden. Ja, 10-15 Kilo Hackfleisch täglich dort eingekauft war schon eine Hausnummer.
Die Musikproduktion im Westerwald nahm auch so langsam Formen an. Ich kann mich noch gut an einen Tag erinnern, an dem ich zwei oder drei Titel einsingen sollte. Ich fuhr frühmorgens schon los, denn der Tag sollte richtig heiß werden. Wie es sich später herausstellte, war es der heißeste Tag in dem Jahr. Mir war den ganzen Tag schon so flau im Magen und ich merkte, dass auch Essen nichts mehr half – im Gegenteil, danach wurde es noch schlimmer. Ich weiß nicht, ob es nur die Hitze war, dass es mir so schlecht ging, aber irgendwann wurde mir so schwindelig, dass ich nicht mehr wusste ob ich Männlein oder Weiblein war. Nach einer Pause, in der ich mich ein wenig erholt hatte, ging ich dann wieder vor das Mikro. Es dauerte ca. 9 Stunden, bis mein Part im Kasten war. Jetzt musste ich aber noch nach Hause. Das bedeutete zweieinhalb Stunden Fahrt waren das auf jeden Fall noch. Aber ich war froh, dass ich den Tag hinter mich gebracht hatte. Bis ich dann aus dem Tonstudio raus war, da

war es mittlerweile auch schon 21:00 Uhr und Gott sei Dank hatte es sich etwas abgekühlt. Ich drehte alle Scheiben im Auto herunter und fuhr los, doch es sollte trotzdem noch eine ganz schlimme Fahrt für mich werden. Nach ungefähr einer Dreiviertelstunde wurde es mir plötzlich total schwarz vor den Augen. Ich hatte Glück, dass ich nicht mehr auf der Autobahn war, sondern in dem Moment eine Ortschaft durchfuhr, in der ich sehr gut anhalten konnte. Man was war es mir schlecht. Ich wusste auch nicht was ich in dieser Situation tun sollte. Also machte ich es mir in dem PKW so bequem wie möglich und versuchte einfach etwas zu schlafen.

Über zwei Stunden habe ich in meinem Auto geruht. Richtig schlafen konnte ich nicht. Aber dann ging es mir etwas besser und ich fuhr langsam weiter. Den Tag über hatte ich wegen der Hitze auch nicht so viel gegessen. Vielleicht kam es daher. Man das war schon ein Drama mit meiner Ernährung. Egal was ich mit der Esserei machte, es war irgendwie alles verkehrt. Doch wenn ich abnehmen wollte, musste ich der irgendwie durch. Es wurde immer gesagt, dass man nur mit ärztlicher Unterstützung so viel abnehmen sollte, aber Unterstützung von der Ärzteschaft habe ich irgendwie nie erfahren. Damals wünschte ich mir, dass es während meiner extremen Abnehmenphase am Anfang ein Aufbaumedikament für den Körper gegeben hätte, dass ich einnehmen konnte, damit ich mich besser fühlte. Doch so ein Medikament gab es leider nicht.

Spät in der Nacht kam ich dann wieder zu Hause an. Silvia hatte sich schon Sorgen gemacht, wo ich blieb und ob was passiert wäre. Handys gab es damals noch nicht. Als ich ihr erzählte was geschehen ist, sah sie mich sorgenvoll an und meinte, dass ich in der nächsten Zeit nicht mehr allein so weite Strecken fahren sollte. Aber ich antwortete ihr, dass es ja tagsüber auch fürchterlich heiß gewesen ist und dass es auch wohl nicht jedes Mal so heiß werden wird, wenn ich in den Westerwald fahre. Außerdem hätte ich nicht so viel gegessen. Das muss ich abstellen – Abnehmen hin, Abnehmen her. Danach war sie wieder etwas beruhigt. Ich war nun aber trotz der ganzen Probleme während der Fahrt froh, dass ich im Tonstudio tagsüber so viel geschafft habe.

Am nächsten Tag sagte ich zu Silvia, dass wir uns mal so langsam Gedanken darüber machen müssten, was für ein Foto auf das Albumcover kommen sollte. Zunächst hatten wir überhaupt gar keine Idee dafür und einfach nur so ein Bild von mir, aufgenommen irgendwo in der Botanik, wollte ich auch nicht. Bei meinem Gewicht wollte ich eigentlich überhaupt kein Foto von mir darauf sehen. Aber das ging ja nicht.

Aber der Zufall kam uns zur Hilfe. Ich erzählte natürlich im Betrieb, dass ich noch gar kein Motiv für das Albumcover habe. Wir hatten einen Kunden der, wie er sagte, einen richtig groß aufgemotzten 40 t Lkw fuhr. Der könne ja mit auf das Foto. Von dieser Idee war ich sofort überzeugt. Der Kunde sagte, dass ich ihn mir mal am Samstag angucken könne, denn dann würde er auf dem Hof stehen. Das passte prima, denn einen Tag vorher wollte ich noch mal ins Tonstudio, um da noch einige Stücke einzuspielen. Wir machten also aus, dass ich Samstagmittag mir den Truck ansehen werde. Wenn mir das alles gefällt, was ich da sehe, dann werde ich einen Fotografen aufsuchen und am darauffolgenden Samstag, sofern das Wetter gut ist, ihn bitten, ein Fotoshooting zu machen.

An dem Freitag fuhr ich dann in den Westerwald, nahm dann noch etwas auf und musste anschließend viel Schriftkram machen. Die Lieder sollten ja auch bei der GEMA angemeldet werden und außerdem brauchte ich eine Labelcode - Nummer. Ohne diese Nummer wird kein Song im Radio gespielt. Es war an dem Tag Gott sei Dank nicht mehr so heiß und ich bekam diese schriftlichen Arbeiten, zusammen mit dem Studiobesitzer, gut und schnell geregelt. Zu guter Letzt ging es noch darum, ob dieses Album auf einer Kassette oder einer CD erscheinen sollte. CDs waren zu diesem Zeitpunkt noch ziemlich teuer, gerade dann wenn man sie im unteren 4-stelligen Bereich orderte. Und da ich ja alles selbst bezahlen musste, entschloss ich mich, dass es nur eine Musikkassette werden wird. Das war schon teuer genug und ich wusste ja auch gar nicht, wie gut und wie viel ich davon verkaufen würde.

Am nächsten Samstag sah ich mir dann also den Truck an, der zusammen mit mir das Foto für das Albumcover zieren sollte. Es war zwar kein amerikanischer Truck, doch er gefiel mir trotzdem sehr gut. Aufgemotzt mit Bullenfänger, viele Lampen und Beschriftungen, war er genau das was ich gesucht hatte. Wir tauschten Telefonnummern aus, denn wir wollten ja einen Termin vereinbaren, sobald der Fotograf Zeit hatte. Ich freute mich schon so richtig auf dieses Fotoshooting, obwohl ich nicht wusste, dass so ein Foto mit meinem Gewicht ansprechend aussehen würde. Aber ich machte mir im Moment keinen Kopf darum und überlegte, dass ich mich einfach nur überraschen lassen wollte.

Ich suchte mir einen Fotografen, ging zu ihm ins Geschäft und wir besprachen alle Einzelheiten. Der Termin für dieses Shooting sollte, vorausgesetzt das Wetter war gut, am kommenden Samstag stattfinden. Aber da hatte ich keine Befürchtungen, da das Wetter in den letzten Wochen schon gut war und der Wetterbericht im Fernsehen und Radio sagte auch nichts anderes voraus.

Am nächsten Samstag war es dann endlich soweit. Ich brezelte mich auf, schmiss mich in Jeans und eines von meinen Showhemden, die ich mir bei meinem immer noch hohen Gewicht nähen lassen musste und fuhr zu dem Platz der Firma, auf dem der Lkw stand. Der Fotograf war pünktlich und wir konnten loslegen. Ich glaube er hat insgesamt über 200 Fotos geschossen, wovon ich aber nur eins gebrauchen würde für das Cover.

Dann, nach ein paar Stunden, war alles im Kasten und der Fotograf sagte mir, dass ich nächste Woche bei ihm vorbei kommen könne, um das Foto, das es werden sollte, auszusuchen. Danach verabschiedete er sich.

Für die Fahrer, die wegen mir an diesem Samstag etwas länger geblieben sind, hatte ich noch als Dankeschön 2 Kisten Bier mitgebracht. Sie freuten sich sehr darüber und waren auch gespannt, wie die Kassette mit dem Körper aussehen wird. Ich verabschiedete mich ebenfalls und fuhr wieder zurück in meinem Betrieb.

Man was war ich aufgeregt, wenn ich daran dachte, dass ich bald meine eigene Produktion in Händen halten würde. Obwohl das alles viel Geld kostete, war ich doch stolz, dass ich etwas Eigenes hatte. Aber noch war es nicht so weit. Ich musste noch 2 oder 3 Mal ins Tonstudio, bevor das Band zu der Firma geschickt werden sollte, die die Kassetten vervielfältigen und die Hüllen mit der Covereinlage herstellen sollten. Das ganze würde noch mal so 3 Wochen dauern. Na gut, es hat jetzt alle schon etwas länger gedauert, da kam es auf diese Wochen auch nicht mehr darauf an. Jedenfalls freute ich mich auf das fertige Endprodukt.

Zum Abnehmen kam ich in dieser aufregende Zeit nicht mehr. Aber ich nahm auch nicht zu. Das kontrollierte ich jede Woche auf der Wäschewaage im Krankenhaus. Naja, so 20 Kilo waren ja schon weg, obwohl man das überhaupt nicht sah. Ich dachte mir, dass ich nach dem ganzen Trubel mit dem Album auch wieder etwas mehr Ruhe hatte für meine Ernährungsumstellung. Dann werde ich wieder mehr für mich tun.

Dann, als ich nächste Mal ins Tonstudio musste, um den letzten Titel „Country Girl" einzusingen, hatte ich ein ganz großes Problem. Ich hatte eine Sommergrippe und war total erkältet. Das passte nicht mehr mit den ganz hohen Tönen. So kam der Tontechniker und der Studiobesitzer auf die glorreiche Idee diesen Titel noch einmal in einer wesentlich tieferen Tonart einzuspielen. Heute denke ich, wir hätten warten sollen bis meine Grippe wieder weg gewesen und ich den Titel in der normalen Tonart singen konnte, so wie ich ihn komponiert hatte. Das wäre mit Sicherheit besser gewesen. Aber irgendwie wollten wir auch alle fertig werden und so stimmte ich dieser Änderung zu. Es dauerte 6 Stunden, bis das alles fertig war und ich über diese Musik, nun tiefer mit der Stimme, drüber singen konnte. Naja, es war nicht schlecht, nur nicht so wie ich es komponiert hatte. Aber wir waren endlich fertig geworden.

Der Tontechniker sagte mir, dass er am nächsten Tag dieses Band zum Presswerk schicken und ich dann das Endprodukt in 2-3 Wochen in den Händen halten würde. Er meinte noch das, wenn er die Kassetten hätte, er mich anruft, damit ich sie abholen kann. Danach verabschiedete ich mich und fuhr glücklich das letzte Mal vom Westerwald nach Hause.

Jetzt hatte ich es endlich geschafft und wartete sehnsüchtig auf den Anruf vom Tonstudio. Es ist schon ein tolles Gefühl, wenn man so etwas Eigenes produziert hat. In der Zeit, in denen ich auf die Kassetten wartete, schrieb ich mir alle Adressen von Radiosendern auf, bei denen ich meinte, dass meine Musik gespielt werden könnte. Diese Sender wollte ich dann mit einer Kassette, einem Anschreiben und Werbematerial bemustern.

Dann war es endlich soweit und ich bekam den Anruf, dass die Kassetten da wären. Man machte mir auch den Vorschlag, damit ich nicht ganz so weit fahren müsse, dass der Tontechniker mir ca. 80 km entgegenkam. Wir machten einen Treffpunkt vor einem Restaurant aus und am nächsten Wochenende fuhr ich los, um die Kassetten abzuholen. Dieses Mal fuhr Silvia auch mit, denn sie war ebenfalls sehr gespannt, wie die Produktion geworden ist. Mit dem Treffpunkt funktionierte es gut und ich konnte die Kisten zu mir ins Auto laden. Dann verabschiedeten wir uns und waren froh, dass nun alles fertig war.

Zuhause ging dann Silvia in den Betrieb und ich machte mich in den nächsten Tagen daran, diese ganzen Radiosender anzuschreiben und Ihnen mein Album zu schicken. Das war alles total aufregend und ich war sehr gespannt darauf wie ich reagieren würde, wenn ich zum 1. Mal eines meiner Songs überraschend im Radio hören würde. Aber soweit war es ja noch nicht. Jedenfalls ging die Post an die Radiosender sehr schnell raus und nun hieß es abwarten, was passieren wird. In der nächsten Zeit geschah nichts Unvorhergesehenes. Ich machte mich wieder ran an meine Ernährungsumstellung und aß wesentlich weniger. Aber ich hatte immer noch das Gefühl, dass ich das noch nicht so richtig machte. Es war irgendwie noch keine Ernährungsumstellung mit der ich mich richtig wohl fühlte. Mit dem Schwindel hatte ich ja sowieso schon immer meine Probleme, doch wenn ich zu wenig aß, verstärkte er sich noch mehr. Zu schaffen machte mir auch, dass man immer noch nicht sah, dass ich abgenommen hatte. Obwohl, vor dem Spiegel meinte ich schon einige Dellen nach innen gesehen zu haben *gg. Ja, bei diesem hohen Gewicht dauert es Monate, bis man richtig was sieht.

Eines Tages klingelte bei uns im Betrieb das Telefon und meiner Heimatzeitung war am anderen Ende der Leitung. Die Redakteurin sagte mir, dass ihr zu Ohren gekommen sei, dass ich Musik machen würde und ein Countrymusiker wäre. Nachdem ich ihr das bestätigte fragte sie mich, ob sie mit mir ein Interview über mein Leben machen könne. Ich war in dem Moment hocherfreut und zitterte am ganzen Körper. Natürlich sagte ich ihr das zu. Wir verabredeten einen Termin in den nächsten Tagen und sie verabschiedete sich,

nicht ohne mir vorher zu sagen, dass sie sich auf dieses Interview freuen würde.
Ich war total aus dem Häuschen. Jetzt ging es also so langsam los.
Nur einen Titel von mir hatte ich noch nicht im Radio gehört.
Die Redakteurin wollte bei dem Interview sehr viel Wissen über mein Leben. Wie das war auf dem Lkw oder ob sich der Grillimbiss vereinbaren lässt mit Musikveranstaltungen. Ich erzählte ihr alles Wichtige bereitwillig, denn sie sollte auch etwas zu schreiben haben.
Einige Tage später las ich in der Zeitung die Überschrift in dicken schwarzen Lettern: **„A Star was born"**. Boah man, das saß. War das nicht ein wenig zu dick aufgetragen? Mein Adrenalinspiegel schoss bis fast unter die Decke. Und der Artikel unter dieser reißerischen Überschrift war auch sehr gut und gefiel mir sehr. Mein 1. Artikel in der Zeitung und was mich besonders gefreut hatte war, dass sie von allein zu mir gekommen sind und ich nicht vorher dort angerufen und nachgefragt habe, ob nicht mal ein Artikel über mich erscheinen könnte. Ich merkte in den nächsten Tagen beim Einkauf, dass viele Leute die Zeitung gelesen hatten, denn wenn ich ein Geschäft betrat, wurde es ganz ruhig und aus den Augenwinkeln sah ich raus dass Leute tuschelten. Das konnte nur über mich sein☺. Manche sprachen mich aber auch direkt an, z.B. die Mitarbeiterin an der Kasse, die mich ja jetzt auch schon länger kannte. Ach es war ein richtig gutes Gefühl und ich war froh dass ich das mit der Kassette gemacht habe.
Trotz dieser ganze Freude hatte ich leider aber in dieser Zeit auch wieder ein paar Fressattacken. Es war schlimm, weil ich ja überhaupt nicht wusste, was ich dagegen unternehmen sollte. Aber ich kämpfte so gut es ging, damit mein Gewicht im Laufe der Zeit weiter runter gehen würde.
Einige Zeit später las Silvia in der Zeitung, dass eine Freilichtbühne Musiker suchte und meinte zu mir, dass das doch etwas für mich sei. Ich gab ihr Recht und rief bei dieser Telefonnummer, die in der Zeitung stand an. Dort sagte man mir, dass man für Veranstaltungen ab und zu Musiker brauchen würde. Ich brauche nichts mit zu bringen außer meiner Gitarre, alles andere würde schon vor Ort sein. Das hörte sich für mich sehr gut an und wir vereinbarten einen Vorstellungstermin, weil man hören wollte wie gut ich auf der Gitarre und ich der richtige für das Unternehmen wär.
Tags drauf fuhr ich die 50 km dorthin und spielte vor. Nach ca. 1 Minute sagte mir der Chef dort, dass es o. k. ist und sie mich gebrauchen könnten. Prima, das passte.

Meine Tätigkeit war dort, dass ich in meinem Outfit und mit der Gitarre an die Autobahn gebracht wurde und dort in einen Bus einstieg, in dem lauter Mitarbeiter einer Firma saßen, die einen Betriebsausflug machten, aber nicht wussten wo es hingeht. Meine Aufgabe war es mit meiner Gitarre die Leute von den Firmengesprächen abzuhalten und sie locker werden zu lassen. Man kennt das ja. Treffen sich mehrere Leute, die in einer Firma arbeiten, irgendwo außerhalb der Firma zum feiern, dann wird den ganzen Tag oder Abend nur über diese Firma gesprochen. Das sollte ich verhindern.

Ein gewichtiges Erlebnis habe ich noch gut in Erinnerung. Es war wieder ein Betriebsausflug, ich holte die Leute von der Autobahn ab und der Bus fuhr an der Freilichtbühne auf den Parkplatz vor. Nun sollte ich mit meiner Gitarre die Gruppe, mit einem fröhlichen Liedlein auf den Lippen anführen, um zu einer Hütte zu gehen, die sich aber leider, zu meinem Entsetzen, oben auf einem Berg befand. Alpinisten würden wahrscheinlich sagen „Hügel", doch für mich mit meinem vielen Kilos war das schon ein größerer Berg.

Am Anfang klappte das ziemlich gut. Ich spielte mehrere Country Songs, die jeder kennt die man auch gut mitsingen konnte. Die Gruppe wurde von Minute zu Minute lockerer und besser drauf. Man merkte es ihnen an, dass es ihnen Spaß machte. Ungefähr ab der Hälfte des steilen Weges machte es dafür mir umso weniger Spaß. Ich merkte dass mir langsam aber sicher die Zunge raus hing und ich keine Luft mehr bekam. Oh man mein blödes Gewicht. Von Fitness konnte bei mir überhaupt nicht mehr gesprochen werden. Aber irgendwann hatten wir es dann geschafft und sind oben angekommen, wo die Gäste ein Willkommensgetränk bekamen. Mein 1. Gedanke war: **„ein Königreich für ein Sauerstoffzelt".** Man was war ich fertig. Das war aber auch das 1. und einzigste Mal, dass ich den Weg mitlaufen musste.

Anmerkung: *Ich habe von diesem Album drei Titel vor einigen Jahren bei YouTube eingestellt. Einfach aus dem Grund, dass sie dort erhalten bleiben, wenn ich sie nicht lösche. Die Titel: „Diät", „Meine Welt" und der „Ron Nashville Blues" gehören einfach zu mir.*

Diese Musikgeschichte gehörte einfach zu meinem Leben und ich möchte nicht, dass irgendetwas, was ich mal gemacht habe verloren geht. Zumal es das Tonstudio auch nicht mehr gibt

Kapitel 12

Herzbuben

Es kam der Zeitpunkt, da musste ich wegen eines Radiointerviews und Verhandlungen mit einem Veranstalter für mehrere Veranstaltungen nach Bremen. Silvia blieb zu Hause, denn der Betrieb musste ja geöffnet bleiben Da ich das, schon aufgrund meines hohen Gewichtes, nicht an einem Tag alles erledigen konnte und wollte, buchte ich mich in einem Hotel ein.
Am Tag der Anreise lief alles richtig gut, ich schaffte auch mein mir vorgenommenes Pensum und kam abends müde, aber glücklich in dem Hotel an. Das Hotel war klasse (hat ja auch genug Geld gekostet *gg). Nach so einem anstrengenden Tag konnte ich dort richtig relaxen. Es schien mir so, als hätte der Hotelchef gewusst, wie anstrengend der Tag für mich war. Na ja, ich hab zwar fast immer alles geschafft, was ich mir vorgenommen hatte, aber mit dem hohen Gewicht macht man das nicht alles einfach so mit links. Wenn ich daran zurückdenke, waren es doch extreme Anstrengungen, die ich Tag für Tag zu meistern hatte. Aber damals fiel mir das gar nicht so auf. Nach ein paar Drinks in der Bar ging ich dann auf mein Zimmer, legte mich ins Bett und schlief tief und fest wie ein Stein bis zum nächsten Morgen.
Am nächsten Morgen war ich gut ausgeschlafen, machte mich fertig und war guter Dinge, was der Tag wohl bringen würde. Also schlug ich den Weg zum Frühstücksraum ein, um mich zu stärken. In dem Raum war ein Buffet aufgebaut, mit allem, was das Herz begehrte. Ich nahm einige dieser Leckereien auf meinen Teller und ging dann zu einem Tisch, der schon schön eingedeckt war und setzte mich auf den Stuhl davor. Als ich dabei war, ein leckeres, frisches Brötchen zu belegen, sah ich aus meinen Augenwinkel heraus, dass schräg gegenüber von

mir an einen Tisch ein älteres Ehepaar mich wohl beobachtete. Ich dachte mir aber nichts dabei und setzte mein Frühstück fort. Nach einer geraumen Zeit beobachteten mich die älteren Herrschaften, die ich so zwischen 70 und 80 Jahren schätzte, immer noch. Ich fragte mich, ob ich vielleicht doch etwas Falsches angezogen hatte und sah heimlich an mir herunter. Aber da war nichts, was diese Blicke rechtfertigen würde. Plötzlich stand der alte Herr auf und kam langsamen Schrittes auf mich zu. Als er an einem Tisch war, sagte er freundlich: "Guten Morgen, entschuldigen Sie bitte, dass ich sie so einfach störe...... aber dürfte ich bitte ein Autogramm von ihnen haben"?

"Boaaaahhhhhhhh" dachte ich „man erkennt mich hier sogar im Norden, das ist ja Wahnsinn " und erwiderte als ich eine Autogrammkarte aus der Tasche zog: "aber selbstverständlich gebe ich Ihnen ein Autogramm. Als ich gerade dabei war eine Widmung auf die Karte zu schreiben sagte er plötzlich zu mir: "Sie sind doch einer von den Wildecker Herzbuben?" **Ruuuuuuuuuuummmmms...........** das saß. Nachdem ich dann 2-7 Mal geschluckt hatte und als die Schnappatmung wieder nachließ, erklärte ich freundlich dem guten Mann, dass ich zwar auch Musiker sei, aber nichts mit diesen Herzbuben zu tun hätte. Er bedankte sich nochmal für die Autogrammkarte und ging zu seiner Frau an den Tisch zurück. Ja, so schnell kann es gehen. Im ersten Moment wird man in den Himmel gehoben und im nächsten Moment knallt man mit voller Wucht auf den Boden der Tatsachen zurück.

Zuerst war ich ja ein wenig geschockt, doch heute kann ich über diese Begebenheit herzhaft lachen.

Natürlich habe ich dann auch später Bilder verglichen und ich muss sagen, dass da eine frappierende Ähnlichkeit mit dem jüngeren der Herzbuben bestanden hat.

Anmerkung: *In diesen Momenten wurde es mir wieder schlagartig bewusst, dass ich viel zu viel Gewicht mit mir rumschleppte, auch wenn Silvia es überhaupt nichts ausmachte.*

Leider passte ich auf keine Haushaltswaage mehr. Denn diese Waagen waren nicht gemacht für kolossartige Wesen wie mich. Damit sie nichtdauernd „T I L T" anzeigten, durfte man zu der damaligen Zeit nur bis zu 120 kg darauf klettern. Zu meinem Arzt wollte ich nicht gehen, obwohl seine Waage bis 150 kg ging, denn helfen konnte er mir ja doch nicht.

Ich hatte immer so ein schlechtes Gewissen mit meinem hohen Gewicht, aber ich wusste auch beim besten Willen nicht, wie ich langfristig und dauerhaft vernünftig abnehmen könne. Ernährungsberatungsrinnen habe ich bisher genug verschlissen und es kam ja auch nichts Neues von ihnen zum Thema abnehmen.

Mir war oft sehr elend zumute, auch wenn ich das nicht nach außen hin gezeigt habe. Und alles nur wegen meinem Gewicht und der blöden Abnehmerei. Das Leben machte irgendwie keinen Spaß mehr so als Koloss. Wenn da nicht Silvia gewesen wäre…….

Kapitel 13

Gewichtig über die Berge

Wieder einmal fuhr ich in den Country Club, um mir ein wenig Ablenkung vom täglichen Arbeitsalltag zu holen. Der Abend war sehr schön, doch am besten war, dass ich Informationen bekommen habe, die ich für die Musik verwenden konnte. An diesem Abend war Dieter in dem Lokal. Ich kenne ihn, weil ich früher mit ihm und noch anderen Gästen dort geknobelt habe. Dieter arbeitet als Aussendienstmitarbeiter für eine Fabrik die u. a. CD-und Cassettenhüllen an Plattenfirmen verkauft. Wir unterhielten uns den ganzen Abend angestrengt über die Möglichkeiten einen Plattenvertrag zu bekommen und plötzlich sagte er zu mir: „Ich bin übermorgen zum Knobeln wieder hier, wenn du dann auch hier sein solltest bring ich dir ein paar Adressen von den Plattenfirmen mit die ich beliefere".
„Man das wäre klasse" antwortete ich Dieter, vielleicht kann man dann was machen. "Ist vielleicht ganz gut, wenn man sich nicht bei den ganz großen Plattenfirmen bewirbt".
„Da ist nur ein Problem" entgegnete mir Dieter. „Diese Firmen sind alle in Österreich und eine Große ist auch dabei".
„Das macht nichts, ich werde sie alle bemustern und dann mal sehen, was passiert. Es ist doch nicht schlimm, wenn meine Produktion in Österreich verlegt wird und auf den Markt kommt. Hauptsache, sie wird großflächig veröffentlicht. In Österreich im Rundfunk zu laufen ist auch nicht schlecht" antwortete ich ihm und freute mich auf die Möglichkeiten, die sich durch Dieter für mich auftaten.
„Ja, dann sei übermorgen hier und ich werde dir die Adressen geben, dann kannst du loslegen. Ich bin mal gespannt ob oder was daraus wird. Die Lieder, die du auf deiner Cassette im

Studio aufgenommen hast, sind ja klasse, daran wird`s nicht liegen" sagte er und freute sich darüber, dass er mir etwas Gutes getan hatte.

„Ich werde übermorgen hier sein Dieter und schon mal herzlichen Dank, das wird mir bestimmt weiter helfen" sagte ich voller Hoffnung auf das, was vielleicht noch kommen würde. So lief der Abend ziemlich erfreulich für mich ab und auch mit den anderen „Cowboys und Cowgirls" hatte ich noch viel Spaß und wir lachten viel an diesem Abend.

Dann wurde es so langsam Zeit für mich nach Hause zu fahren, denn Silvia wartete bestimmt schon auf mich. Gut gelaunt verabschiedete ich mich und fuhr mit dem Gefühl, dass ich etwas erreicht hatte, nach Hause. Silvia freute sich auch über die Adressen und das wir mit der Musik vielleicht ein Stückchen weiter kommen würden.

„Wir sollten nun ziemlich schnell die Plattenfirmen mit unserem Material bemustern. Vielleicht haben wir Glück und es wird etwas daraus" sagte Silvia und sie war voller Zuversicht.

„Ja" erwiderte ich, „man muss zur richtigen Zeit, am richtigen Ort, die richtigen Leute treffen" entgegnete ich ihr. „Und ich bin froh, das Dieter die Ansprechpersonen kennt das öffnet bestimmt schon eine Tür. Ohne Beziehungen geht doch heute gar nichts mehr" fügte ich hinzu.

"Wir müssen da ein attraktives Anschreiben beifügen und sollten uns einen Plan zurechtlegen wie wir vorgehen damit es, was bringt" erklärte mir Silvia aufgeregt.

Silvia war eine tolle Frau. Wir hatten die gleichen Interessen und sie unterstützte mich, wo sie konnte, Nichts war ihr zuviel, wenn sie helfen konnte, ein von mir gestecktes Ziel zu erreichen. Sie war anders wie alle anderen Frauen, für mich was ganz Besonderes. Sie interessierte sich für alles, was ich tat. Bei allem stand sie hinter mir. Und das waren nicht nur Lippenbekenntnisse sondern alles wirklich ernst gemeint. Man was liebte ich diese Frau. Manchmal hatte ich mich schon gefragt, womit ich das alles verdient hatte. Aber ich zerbrach

mir nicht den Kopf darüber, sondern freute mich über die Tatsache, dass es so war.
„Weißt du was mein Schatz", sprudelte es plötzlich aus mir heraus. „Was hältst du eigentlich davon, wenn wir mal was ganz Verrücktes machen, sobald wir die Adressen haben"
„Was meinst du denn genau" antwortete sie und schaute mich dabei fragend an.
„Na ganz einfach, wenn wir die Adressen haben setzen wir uns ins Auto und fahren einfach nach Österreich und sprechen mit den Plattenfirmen selbst. Persönlich reden ist immer besser. Vielleicht können wir dann mehr erreichen wie mit einem Brief, der irgendwo in den Vorzimmern vielleicht verschwindet" erklärte ich ihr.
„Aber wie stellst du dir das vor? Wie machen wir das mit dem Betrieb? Wir haben doch gar nicht die Zeit dafür um Urlaub zu machen. Können wir den Laden alleine lassen? Ich glaub nicht, dass das gehen wird" zweifelte sie ein wenig.
„Oh doch, das wird gehen für eine Woche" entgegnete ich ihr. „Überleg mal, mit der Musik ist im Moment nicht ganz so viel und mit dem Betrieb wird das gehen, wenn alle Aushilfen auch arbeiten und ich fahre vorher einmal richtig groß einkaufen, bevor wir nach Österreich fahren. Außerdem können wir ja jeden Abend anrufen und uns einen Lagebericht geben lassen. Nein nein, das wird schon gehen"
„Man, das wäre ja klasse wenn das klappen würde" freute sich Silvia, „wann würde es denn losgehen?"
„Ich hab mir so gedacht nächste Woche, dass wir montags morgens in Österreich sind und bis Freitag bleiben. In den fünf Tagen können wir bestimmt zu allen Adressen hin fahren und danach sind wir schlauer. Wir warten nun, bis wir die Adressen haben und dann buche ich sofort ein Zimmer in einem Hotel in Füssen. Von dort starten wir dann immer unsere Tour" schlug ich Silvia vor.
„Ja so könnte es gehen" erwiderte sie mir, „so machen wir das, das hört sich gut an." Ein paar Tage später war ich beim

Country Club und dort traf ich Dieter. Er hatte Wort gehalten und mir die Adressen mit gebracht.
„Ich hoffe das hilft dir weiter" wünschte er mir und fügte hinzu: „Ich habe die Ansprechpartner dabei geschrieben, an die musst du dich wenden." Ich wünsche dir viel Glück dabei.
Ich bedankte mich recht herzlich und erzählte ihm, dass Silvia und ich in den nächsten Tagen nach Österreich fahren werden und dort persönlich vorsprechen werden. Er meinte, dass das eine sehr gute Idee wäre und dass er jetzt schon sehr gespannt wäre, was daraus wird.
Als ich wieder zu Hause war, sah ich mir die Adressen genauer an und sortierte die aus die für mich interessant und auch zu bewältigen waren. Es waren sechs Stück, von denen ich annahm, dass man mir dort weiterhelfen konnte. Am nächsten Tag rief ich morgens das Touristikbüro in Füssen an und fragte nach Adressen von Hotels die Zimmer freihatten. Die Dame am Telefon war sehr nett und versprach mir schnellstmöglich eine Liste zu faxen, als sie hörte, dass wir schon kommende Woche in Füssen uns ein paar Tage aufhalten wollten. Tatsächlich kam eine Stunde später das Fax. Ich suchte das passende Hotel heraus und telefonierte, um die Übernachtungen zu buchen. Leider musste ich feststellen, dass das gar nicht so einfach war, denn es war Saison und die ersten drei Hotels, bei denen ich angefragt hatte, waren voll besetzt. Ich gab aber nicht auf und beim vierten Hotel hatte ich Glück. 5 Übernachtungen mit Frühstück waren dort kein Problem und ich buchte das. Nun war ich schon wieder ein Schritt weiter und war froh das dass alles so gut funktionierte.
Voller Vorfreude auf die bevorstehende Reise nach Österreich machte ich mich auf den Weg in meinen Betrieb, um dort alles für meine Abwesenheit vorzubereiten. Mitarbeiter mussten eingeteilt, ein Essensplan für den Mittagstisch erstellt werden, damit ich wusste, was ich einkaufen musste. Die Mitarbeiter waren überrascht, dass ich ein paar Tage nicht im Geschäft sein werde, aber ich war überzeugt davon, dass die Woche auch ohne mich reibungslos ablaufen würde. Eine

Mitarbeiterin, zu der ich besonders viel Vertrauen hatte, sollte das Finanzielle übernehmen. Geld zur Bank bringen, die Bestellungen bei den Lieferanten, die die Ware in den Betrieb brachten, kontrollieren und überhaupt die Aufsicht für die Zeit, wo wir nicht da waren übernehmen. Es war bis zur Abreise am Sonntag noch einiges zu tun und ein wenig stressig, aber ich schaffte meine Aufgaben, auch wenn durch mein Gewicht bedingt etwas langsamer, die ich mir bis zur Abreise gestellt hatte, ohne größere Probleme.
Dann war es endlich soweit. Silvia packte samstagabends nach Feierabend die Koffer, und weil wir Sonntag spät abends losfahren wollten, mussten wir beide deshalb auch ab Sonntagnachmittag vorschlafen. Um 23:00 Uhr ging es dann am Sonntag los. Wir waren beide aufgeregt wie die Fahrt verlaufen würde, aber die Autobahn war frei und wir kamen gut voran. Beim Nachtprogramm im WDR wurde sogar ab und zu ein wenig Country Musik gespielt und wir fuhren gutgelaunt in Richtung Süden.
„Hast du unseren Mitarbeiterinnen denn alles gesagt, was zu tun ist?" fragte mich Silvia plötzlich.
„Ja klar" antwortete ich „da brauchst du dir keine Sorgen zu machen, die wissen, was zu tun ist und außerdem rufen wir jeden Abend an."
„Na dann ist gut" sagte Silvia noch immer ein wenig zweifelnd „dann bin ich beruhigt".
Handys waren zu dem Zeitpunkt noch nicht so verbreitet und zusätzlich sehr teuer. Wir hatten noch keins und ich meinte man kommt auch ohne aus. Heute sehe ich das ein wenig anders. Es macht doch vieles einfacher, wenn man ein Handy besitzt, zumal wenn man selbstständig ist. Notizen auf Zettel hinterlassen und kaputte Telefonzellen gehören Gott sei Dank heute der Vergangenheit an.
"Ja mach dir keine Sorgen und genieße die Fahrt, es ist bestimmt alles in Ordnung" beruhigte ich sie. Du kannst doch ein wenig schlafen. Es wird erst in ein paar Stunden hell, dann können wir uns abwechseln mit dem fahren".

„Ja das ist eine gute Idee" pflichtete sie mir bei „ich werde mich ein wenig aufs Ohr legen, denn ich werde nun trotz des Vorschlafens doch etwas müde". Sie machte es sich auf dem Beifahrersitz gemütlich, nahm sich eine Decke und kuschelte sich darin ein. Nach nicht allzu langer Zeit merkte ich dass sie schlief. Ich versuchte so gleichmäßig wie möglich zu fahren, damit sie nicht aufwachte. Wir hatten Glück, die Autobahn war frei und auch im Radio sagte man nichts von einem Stau. So fuhr ich dann mit ca. 140 Stundenkilometern ohne besondere Vorkommnisse durch die Nacht. Silvia schlief die ganze Zeit tief und fest. Als es langsam hell wurde, bewegte sie sich wieder und wurde so langsam wach. Sie sah süß aus, wenn das Gesicht morgens noch ein wenig „verknittert" war und sie noch nicht so richtig aus den Augen gucken konnte. Aber ich gab ihr immer die Zeit, sich zu entfalten *lach. „Na, guten Morgen Schatz" begrüßte ich sie. „Hast du gut geschlafen?"
„Oh man, wie soll man im Auto gut schlafen" antwortete sie mir ein wenig knurrig, „aber es war besser als nichts". Aber lass mich noch ein wenig wach werden. "Ich muss noch eben meine Knochen sortieren."
Ja, Silvia war und ist ein kleiner Morgenmuffel, sie brauchte immer Zeit und vor allem Kaffee, bis sie so richtig fit ist. Aber ich hab mich im Laufe der Jahre daran gewöhnt und kam damit gut klar.
„Ist es noch weit?" fragte sie mich halb verschlafen.
„Ja so ein paar Stündchen sind es noch" antwortete ich ihr ein wenig belustigt.
„Halte doch bitte am nächsten Rasthof an, damit ich mich frisch machen kann und einen Kaffee brauch ich auch" bat sie mich, „und außerdem wäre eine Toilette jetzt nicht schlecht, ich stehe schon im Wasser" fügte sie schmunzelnd hinzu.
„Ja da kommt gleich eine Raststätte, aber ein wenig musst du dich noch gedulden. "gab ich ihr zur Antwort.
Es wurde auch langsam Zeit für mich, dass ich auf eine Toilette kam, aber bei den Männern ist das ja nicht ganz so

schlimm, da geht das auch in der freien Natur. Trotzdem war ich froh, als kurze Zeit später das blaue Schild auftauchte, das auf eine Raststätte hinwies. Schnell war der Wagen dort geparkt und noch schneller waren wir auf dem Weg, uns Erleichterung zu beschaffen. Es war mittlerweile schon richtig hell geworden und es sah so aus, als wenn es ein schöner Tag werden sollte. Der Himmel war blau und so langsam erwärmte die Sonne nicht nur die Erde sondern auch unsere Seelen. Wir frühstückten ausgiebig an einem Frühstücksbuffet. Es war toll, alles war dort vorhanden was das Herz begehrte aber wie ich feststellen musste, auch genauso teuer. Jedes Teil, das man sich vom Buffet genommen hatte musste extra bezahlt werden. Ein Komplettfrühstück gab es nicht. Aber das war mir in dem Moment auch egal. Wichtig war, dass wir gestärkt unsere Weiterreise antreten konnten.

Nach einer guten Dreiviertelstunde war es dann auch wieder soweit. Nun bekam auch der Wagen sein Futter. Ich war erstaunt, wie wenig Diesel er bis jetzt gebraucht hatte. Nach dem bezahlen sah ich noch mal auf die Autobahnkarte und dann machten wir uns auf den Weg zum Auto. Ich hatte festgestellt, dass es wohl doch nicht mehr so weit war. Wir sind am Abend irgendwann auf die A7 Richtung Süden aufgefahren. Und diese Autobahn durften wir wieder erst verlassen, nachdem wir durch die halbe Republik gefahren sind und fast am Ziel waren.

„Soll ich weiter fahren?" fragte mich Silvia, aber ich wusste, dass sie nicht so gerne fuhr und lieber auf dem Beifahrersitz blieb. Außerdem war ich durch das Frühstück ziemlich gestärkt und fühlte mich fit, sodass ich ihr sagte, dass sie ruhig weiterhin Beifahrerin bleiben konnte.

„Wenn wir in Füssen im Hotel sind und ich werde müde, kann ich mich besser dort ein paar Stunden hinlegen" sagte ich ihr und ließ wieder den Motor an. Weiter ging es Richtung Alpen. Unser Auto fuhr wie auf Schienen, und wenn wir überholt wurden oder selbst überholten, fielen wir auf. Diese Farbe mit der leuchtendgelben Aufschrift war nicht zu übersehen. Leider

war es kein Ferrari sondern nur ein Kastenwagen, der aber ohne Probleme die Strecke bewältigte. Na das musste er ja auch, er war ja so gut wie neu. Es gibt nichts Schlimmeres, als irgendwo liegenzubleiben. Gerade auch bei der Musik. Es wäre mir so peinlich gewesen, wenn ich einen Auftritt absagen musste, weil das Auto unterwegs einen Defekt hätte. Aber Gott sei Dank ist das noch nie passiert. Das war auch mit einer der Gründe, warum wir uns immer Neuwagen gekauft hatten. Normal konnte da nichts passieren.
Wir fuhren noch eine ganze Zeit auf der Autobahn und ich überlegte schon, wann wir die ersten Ausläufer der Alpen sehen würden. Normalerweise dürfte es nicht mehr sehr lange dauern. Das Wetter hielt, was es am frühen Morgen versprochen hatte und es wurde ein wunderschöner warmer sonniger Tag. Dann war es endlich soweit. Wie aus dem Nichts hinter einer Kurve tauchten die Alpen auf. Es war ein sehr schöner Anblick und wir genossen ihn. Auf dem nächsten Rastplatz hielt ich an, tankte ein wenig Frischluft und informierte mich in der Karte, wie weit es noch ist. Na es waren nur noch ein paar Kilometer Autobahn und dann hatten wir es geschafft. Die frische Luft am Morgen tat richtig gut und wir verweilten noch etwas auf dem Rastplatz. Es roch ganz anders dort wie bei uns zu Hause und wir fühlten uns fast wie im Urlaub. Obwohl Urlaub war es ja nicht. Es würde auch stressig werden aber wir sahen mal etwas anderes wie unseren täglichen Arbeitsalltag. Dann ging es wieder weiter, auf zur letzten Etappe. Langsam freute ich mich darauf, dass wir unser Hotel erreichen würden und duschen konnten. Aber bis dahin dauerte es noch ein wenig.
„Man ist das schön hier" sagte Silvia voller Überzeugung und ich konnte das nur bestätigen. Die Sonne, die Berge, alles machte einen überwältigenden Eindruck auf uns. Selbst die Wiesen auf den sanften Hügeln sahen grüner und saftiger aus, als ich es jemals bei uns zu Hause gesehen habe. Wir kamen uns vor wie in einer Milch-Werbung. Es fehlte nur noch eine lila Kuh.

Als die Überwältigung der Landschaftseindrücke wieder auf ein Normalmaß zurückgeschrumpft war, fuhr ich ein wenig schneller und bald sahen wir das blaue Ausfahrt-Schild. Jetzt nur noch ein wenig Landstraße und dann waren wir da. An einer Tankstelle bekam der Wagen wieder seinem Diesel und ich fragte den Tankwart nach dem Weg zum Hotel. Es war nicht mehr weit und ein paar Straßen weiter standen wir vor dem Eingang. Es sah aus als wäre es ein tolles Hotel, neu war es auf jeden Fall. Wir waren beeindruckt und ich fuhr den Wagen rechts neben dem Gebäude auf den Parkplatz.
„Das Haus scheint klasse zu sein" sagte Silvia, als sie ausstieg. „Ich komme mir vor wie im Urlaub." "Lass uns die paar Tage hier genießen" fügte sie hinzu.
„Ja das sieht gut aus" stimmte ich ihr zu, „aber lass uns erst mal reingehen und sehen, wie das Zimmer ist und dann können wir unseren „Urlaub" beginnen" bemerkte ich noch, als wir die Hotelhalle betraten.
Wir checkten ein und ein Page zeigte uns unser Zimmer. Es waren eigentlich 2 Zimmer und es fehlte an nichts. TV, Telefon, Minibar und sogar eine kleine Küche, die wohl dazu bestimmt war, um Säuglingen das Fläschchen heiß zu machen. Aber damit hatten wir ja nichts am Hut. Besonders erfreute es mich, dass es im Bad eine Dusche und Badewanne gab. Baden ist meine große Leidenschaft, da kann ich mich entspannen und für eine Zeitlang mal die Sorgen des Alltags vergessen.
Als wir in den Clubsesseln saßen, merkten wir, dass uns die Fahrt doch mehr mitgenommen hat, als wir zugeben wollten. Eine bleierne Müdigkeit überfiel Silvia und mich zusehends.
„Lass uns nun etwas zu Mittag essen und dann ein wenig schlafen" schlug ich Silvia vor. „Wenn wir wieder aufwachen besorge ich eine Straßenkarte von Österreich und wir planen heute Abend unser weiteres Vorgehen. Heute werden wir sowieso nichts mehr erreichen konnten. Bis wir bei den Plattenfirmen sind, haben die Feierabend. Morgen früh direkt nach dem Frühstück fahren wir dann nach Österreich rein und können ausgeruht und frisch unseren Geschäften nach gehen".

„Ja, das ist besser" antwortete mir Silvia, „ich bin auch heute zu „kaputt" um noch klare Gedanken zu fassen. Lass uns hier heute ein wenig entspannen."
Ich sah Silvia an, dass sie sehr mitgenommen war von der Fahrt, obwohl sie im Auto ja geschlafen hatte. Wir machten uns ein wenig frisch und gingen dann in das Restaurant des Hotels, um zu Mittag zu essen. Die Karte war groß, doch da wir beide schnell etwas schlafen wollten bestellten wir nur eine Forelle „blau" aus hoteleigenen Teichen mit Butterkartoffeln und etwas Salat. Das Essen wurde sehr schnell serviert und war auch richtig lecker, obwohl ich eigentlich deftigere Sachen bevorzugte. Aber wegen dem bevorstehenden Mittagsschlaf, war ein überfüllter Magen nicht so gut. Nachdem die Teller leer waren bezahlte ich und wir verließen zügig das Restaurant in Richtung unseres Zimmers.
„Ich ruf noch schnell im Betrieb an, ob alles in Ordnung ist" rief ich Silvia zu, als sie noch im Bad war.
„Wollten wir das nicht heute Abend machen, wenn die Kassen abgerechnet werden" erwiderte Silvia, als sie aus dem Bad kam.
„Ja klar" stellte ich fest „aber ich möchte mich nur vergewissern, dass alles läuft." "Heute Abend rufe ich noch mal an"
Wir waren ein wenig nervös denn das war das erste Mal, dass wir den Betrieb ganz allein gelassen hatten. Sonst war einer von uns immer da. Mir gingen tausende Sachen durch den Kopf, ob meine Mitarbeiterinnen ehrlich waren, denn man sieht den Menschen ja nur vor den Kopf, auch wenn man beim Einstellen auch noch so ein gutes Gefühl hat. Und wie werden unsere Kunden bedient, wenn Chef und Chefin nicht da sind? Nach meinem Anruf war ich ein wenig beruhigter denn ich erfuhr, dass bis jetzt wohl alles gut gelaufen war. Na ich musste mich wohl erst mal daran gewöhnen das im Moment nicht alles in meinem Kontrollbereich war.
„Aber das wird schon werden" dachte ich mir. So, nun war es dann auch so weit und wir legten uns schlafen. Als wir nach

ein paar Stunden wieder aufwachten, war es später Nachmittag und es ging uns wesentlich besser als noch am Mittag. Ja man konnte sagen, dass wir richtig frisch waren. Da ich ja noch eine Straßenkarte benötigte, zogen wir uns an und gingen zu Fuß in das Zentrum des Städtchens. Füssen war sehr schön und an jeder Ecke gab es Geschäfte die Souvenirs und Andenken verkauften. In einem Schreibwaren- und Lottogeschäft bekam ich auch die Karte und zufrieden machten wir einen Schaufensterbummel durch den Urlaubsort. Da es ja Urlaubszeit war, waren die Straßen gut gefüllt von Menschen. Normalerweise gehe ich höchst ungern spazieren aber dort hielt ich es zwei Stunden aus. Es war eine sehr gute Atmosphäre und es machte sich sofort bei uns ein wenig Urlaubsstimmung breit. Aber irgendwann fing mein Magen an zu knurren. Nachdem ich mich vergewissert hatte, dass es bei Silvia ebenso war, beschlossen wir ein Restaurant zu suchen, in dem man bayrisch-deftige Gerichte bekommen konnte. Die Suche fiel nicht schwer, denn in einem Urlaubsort wie Füssen gab es Gaststätten in Hülle und Fülle. Wir suchten uns ein Lokal aus von dem wir annahmen, dass wir dort die deftige bayrische Küche genießen konnten und nicht enttäuscht wurden. Wir wurden auch nicht enttäuscht. Schon beim Anblick der Speisekarte lief mir das Wasser im Mund zusammen. Es war genau die Küche, die sich mein 170kg-schwerer Körper vorgestellt hatte. Durch das wenige Essen während der Fahrt und die Forelle am Mittag war ich dementsprechend hungrig. Nach ausgiebigem studieren der Speisekarte bestellten Silvia und ich uns als Erstes eine klare Rindfleischsuppe mit Backerbseneinlage, danach eine knusprige Schweinshaxe mit Knödel und Kraut und zum guten Schluss noch Dampfnudeln. Man was war ich danach satt. Aber es war sehr gut. Nach dem Essen hielten wir uns noch etwas in dem Lokal auf, denn es war sehr gemütlich dort. Aber irgendwann wurde es Zeit zu zahlen und wir verließen gutgelaunt die Gaststätte und schlenderten gemütlich zurück zu unserem Hotel. Es hätte so schön sein können, wäre mir die ganze Zeit nicht so schwummerig gewesen.

„Ich glaube nach unserem Aufenthalt in Bayern und Österreich werde ich mal wieder eine kleine Diät machen. Ich weiß nur noch nicht wie ich es schaffe diese unendlich vielen Kilos runter zu bekommen und vor allem das Gewicht zu halten" begann ich mit Silvia ein Gespräch auf dem Rückweg. Ich merkte, dass mir das hohe Gewicht nicht gut tat auch, wenn ich das meistens geschickt überspielen konnte. Der Kreislauf machte mir doch immer öfter zu schaffen. Oftmals hatte ich das Gefühl, das ich konstant am Rande meiner Leistungsfähigkeit war. Nur den richtigen Weg um das überflüssige Gewicht dauerhaft los zu werden hatte ich noch immer nicht gefunden. Ganz im Gegenteil, je mehr Diäten ich machte und kurzfristig 20-30kg abnahm desto mehr schnappte die Diätenfalle zu. Meistens hatte ich hinterher mehr drauf als vor dem Diätbeginn. Aber das kennen ja viele, die Probleme mit ihrem Gewicht haben. Aber ich gab weiterhin die Hoffnung nicht auf das ich irgendwann einen Weg finden würde dauerhaft in den Bereich des Normalgewichtes zu kommen.

„Das musst du für dich ganz allein entscheiden" meinte Silvia und sah mich ernsthaft an. "Das Gewicht ist für mich kein Trennungsgrund, du bist so schön kuschelig, ich liebe alles an dir" fügte sie hinzu, „aber du musst daran denken, dass auch du älter wirst und ob dein Körper das hohe Gewicht immer ohne größere Krankheiten aushält" bezweifle ich ein wenig.

Ich wusste, dass sie recht hatte, auch wenn ich mich einigermaßen gut fühlte. An die Probleme mit meinem Kreislauf hatte ich mich wohl schon gewöhnt, doch wenn ich ganz ehrlich war, hatte ich ein wenig Angst vor der Frage, was wohl in 10 Jahren sein wird. Deshalb vermied ich es tunlichst, mir diese Frage, zu stellen.

„Versuch doch noch mal mit einer Ernährungsberaterin zu reden, damit sie dir Hilfestellung geben kann" gab Silvia mir als Tipp und ich merkte, dass sie sich richtig Sorgen um mich machte.

„Ernährungsberaterin" wiederholte ich ein wenig abfällig „die kennen doch nur alles durch ihre Bücher und eigene Erfahrungen haben sie selber nicht gemacht." Und ob das alles für mich so richtig ist, was Wissenschaftler heraus finden und in den Büchern steht, bezweifle ich bis heute. Denn es ist doch so dass jedes halbe Jahr neue Erkenntnisse erforscht werden und die vorherigen sind dann überholt. Außerdem sehen Ernährungsberaterinnen immer so aus, als wenn sie bei der „Auferstehung des Fleisches" liegenbleiben, denn die allerwenigsten haben Gewichtsprobleme. Nur stellen die es meisten so dar als käme das von ihrer konsequent-gesunden Ernährungsweise.

„Ich werde mir etwas einfallen lassen, sobald wir wieder zu Hause sind" versprach ich Silvia und meinte es wirklich ernst, denn ich wunderte mich ein wenig dass sie mich so liebte denn wie ein Adonis sah ich bestimmt nicht aus.

„Lass uns nun erst mal in das Hotelzimmer gehen und uns eine Route für morgen überlegen" schlug Silvia vor und bog in den Eingangsbereich des Hotels, in dem wir wohnten.

„Ja das machen wir" stimmte ich ihr zu und folgte ihr auf unser Zimmer. Als wir dort angelangt waren, machten wir es uns in den Clubsesseln gemütlich und ich kramte nach den Adressen, die ich in meine Brieftasche gesteckt hatte. Auf der Straßenkarte sah ich das drei Firmen in Tirol waren und zwei im Zillertal. Man bei der Strecke sahen wir viel von Österreich. Nur soweit nach Osten bis Wien kamen wir nicht.

„Das wird eine schöne Rundreise werden" sagte ich zu Silvia. „Da werden wir einiges von Österreich sehen."

„Ja, und wenn dann noch etwas Geschäftliches herauskommen würde, hätte sich die lange Anreise hier hin wirklich gelohnt."

Wenn ich da heute drüber nachdenke, muss ich ein wenig schmunzeln, wie blauäugig ich damals war. Heute würde ich bestimmt nicht mehr auf gut Glück so 2000 km und mehr fahren und nicht wissen ob wir überhaupt vorgelassen werden.

Wir waren damals aber guten Mutes und vielleicht hat die Tatsache, dass wir länger keinen Urlaub und viel gearbeitet hatten dazu beigetragen, dass wir ziemlich schnell uns zu dieser Reise auch ohne Termine entschlossen hatten. Der Abend verlief noch ziemlich gut und entspannt. Bevor wir noch in die Hotelbar gingen, um zum Abschluss des Tages ein wenig zu trinken, ließ ich mir per Telefon die Umsatzzahlen des heutigen Tages durchgeben. Na der Umsatz ließ sich sehen und wahrscheinlich lief doch alles besser, wie ich am Mittag befürchtet hatte. Trotzdem wir mittags geschlafen hatten, merkten wir nun, wie viel Anstrengung uns der Tag und die Nacht davor gekostet hat. Nach ein paar Getränken bezahlte ich und wir gingen auf unser Zimmer. Ich schaltete den Fernseher ein und stellte den Sleeptimer auf eine halbe Stunde. Das war gut so denn kaum als wir lagen schliefen wir auch schon ein.
Der tiefe Schlaf tat gut, und als wir am nächsten Morgen aufwachten, waren wir frisch und munter.
„Auf geht's zum Frühstück" begrüßte ich Silvia, als ich ins Bad ging. Sie bekam noch nicht die Augen auf aber das kannte ich ja schon. Derweilen wusch ich mir durchs Gesicht und machte mich frisch. Als ich damit fertig war und mich abtrocknete, blinzelte dann doch schon Silvia durch die Tür.
„Guten Morgen mein Schatz" wünschte sie mir noch halb verschlafen. „Hast du gut geschlafen?" Fügte sie hinzu und bat mich sie auch ins Bad zu lassen, damit sie ihre Morgentoilette erledigen konnte. Da ich fertig war, überließ ich ihr das Bad und setzte mich in den Clubsessel, um noch mal die Reiseroute für den heutigen Tag zu überprüfen.
„Ja Maus danke, ich habe sehr tief und fest geschlafen", gab ich ihr zur Antwort „und die Betten sind auch Klasse." Das sind keine alten Matratzen, da haben wir Glück gehabt.
„Da hast du recht" pflichtete sie mir bei. „Die Betten sind klasse, ich habe auch sehr gut geschlafen."

„Ich gehe schon mal runter in den Frühstücksraum und sehe nach was uns erwartet" schlug ich vor, weil ich mir auch noch eine Tageszeitung besorgen wollte.

„Ja mach das, ich komme sofort nach, dauert nur einen Moment" hörte ich Silvia sagen, obwohl das Wasser in das Waschbecken lief.

Als ich so langsam die Treppe herunter lief, strömte mir schon der Duft von frisch gebrühtem Kaffee in die Nase und die Lust zu frühstücken drängte sich bei mir stärker auf, wie ich es vermutet hatte. Das Frühstück zu Hause wurde fast immer wie ein Stiefkind behandelt, weil Silvia und ich morgens noch nicht den richtigen Appetit entwickelten. Wahrscheinlich kam es auch daher dass wir zu Hause erst alles zubereiten mussten und hier diese leckeren Sachen vorgesetzt bekamen.

Nachdem ich mir die Zeitung besorgt hatte, nahm ich mir vom Buffet ein Brötchen, oder Semmel, wie die Bayern dort sagen, etwas Butter und Marmelade und ein Frühstücksei und setzte mich dann erst mal an einen Tisch. Die Zeit des Wartens auf Silvia überbrückte ich, indem ich einen Blick in die Zeitung warf und grob die Überschriften las. Silvia ließ auch nicht lange auf sich warten, sie brachte den Kaffee mit und nachdem sie sich auch einen Teller mit den Leckereien gefüllt hatte, konnten wir dann mit dem Frühstück beginnen. Alles, was das Herz begehrte war auf dem Buffet. Vom Müsli bis zum Räucherfisch war alles vorhanden. Es schmeckte sehr gut und wir schmierten uns noch ein Brötchen für unterwegs, für den Fall, dass der kleine Hunger zwischendurch kommt.

Dann war es aber soweit. Ich ging noch mal auf das Zimmer, holte meine Unterlagen, dann liefen wir zum Auto und setzten uns in Bewegung in Richtung Österreich. Das Wetter war an dem Morgen wieder klasse. Die Sonne strahlte schon vom stahlblauen Himmel und hatte schon an diesem frühen Morgen die Kraft die Erde zu erwärmen. Es sah so aus, als wenn es heute heiß werden würde. Aber ich sagte mir dass es besser ist die Hitze zu ertragen als Regen. Wir näherten uns der Grenze und vor dem Schlagbaum war schon eine längere Schlange

von Autos mit Urlaubern, die alle auf die Abfertigung warteten. Dann ging es weiter. Ich sah, dass der Zollbeamte viele Autos durchwinkte und erst gar nicht kontrollierte. Das änderte sich schlagartig, als er meinen Kastenwagen mit der leuchtend-gelben Aufschrift sah. Er winkte uns raus und wir mussten auf einem Standstreifen anhalten.
„Na prima" dachte ich mir, „hoffentlich ist die Ladefläche leer, nicht das, da noch irgendwas drin ist, was deklarierungspflichtig ist" schoss es mir durch den Kopf. Als früherer LKW-Fahrer hatte ich genügend Erfahrungen mit Zöllnern gemacht, denn ich musste mich früher oft genug mit ihnen „rumschlagen". Einen Augenblick später fiel mir aber ein dass ich den Wagen zu Hause schon komplett leer gemacht hatte und so konnte ich beruhigt die Seitescheibe herunter drehen und nach den Ausweisen kramen.
„Ihre Papiere bitte" hörte ich eine Stimme sagen „und was haben sie geladen"?
„Ich bin leer" antwortete ich höflich und stieg vorsichtshalber schon mal aus, denn ich wusste, was nun als Nächstes kam.
„Öffnen sie bitte mal die Ladetüre", sagte er dann auch schon. Ich ging um den Wagen rum und tat ihm den Gefallen. Nach einem kurzen Blick auf die Ladefläche sagte er nur „OK", gab mir die Papiere wieder, wünschte mir eine gute Weiterreise und einen schönen Aufenthalt in Österreich. Komisch jetzt fahre ich schon so lange keinen LKW mehr und trotzdem ist immer noch ein komisches Gefühl da, wenn ich über eine Grenze fuhr. Genau so ein ungutes Gefühl hatte ich, wenn ich auf der Autobahn eine BAG-Kontrolle sah. Das Bundesamt für den Straßenverkehr hatte weiße Bullis mit Kölner Nummer und kontrollierten den Fahrtenschreiber, ob man zu lang, zu schnell unterwegs war und ob man die Pausen eingehalten hatte. Jedes Mal wenn ich die Geschwindigkeitsbegrenzungen 80.....60.......40 sah, die in kurzen Abständen hintereinander kurz vor einem Parkplatz standen, und auch nur für LKWs gedacht waren, bekam ich einen kleinen Schreck. Im nächsten Moment wurde mir aber wieder bewusst dass ich ja gar keine

Tachoscheibe mehr habe und brauche. Aber das steckt wohl noch so drin. Nun fuhren wir am Schlagbaum vorbei und waren endlich in Österreich.

„Jetzt geht's los" meinte Silvia, als wir den Grenzbereich verließen und die Geschwindigkeit beschleunigten. „Nachher beginnt die Stunde der Wahrheit und wir werden wissen, ob sich die Tour hierhin gelohnt hat" fuhr sie ihre Schlussfolgerungen fort.

„Ich glaube nicht, dass wir hier irgendeinen Vertrag in dieser Woche unterschreiben werden. Wenn irgendetwas passiert, dann wird es erst zu Hause geschehen", entgegnete ich ihr. Sei nicht zu optimistisch dass irgendetwas passiert. Es gibt so viele Musiker, die täglich ihre Produktionen zu den Plattenfirmen schicken. So ganz große Hoffnungen machte ich mir nicht, aber ein wenig Glaube an das Glück kann nicht schaden. Ich will nur nicht so fürchterlich enttäuscht sein, wenn hier mal nichts passieren sollte" fuhr ich meine Erklärungen fort.

„Ja das stimmt schon, ich bin auch nicht zu optimistisch, Schatz". "Aber ein wenig Hoffnung muss man doch haben sonst braucht man gar nichts erst zu beginnen, wenn man von vornherein weiß, dass nichts daraus wird" versuchte Silvia mich zu überzeugen.

„Sieh dir hier die Berge an". "Ist das nicht ein wundervolles Panorama"? lenkte ich Silvia von dem Thema ab, denn wir konnten außer einer guten Präsentation nichts machen und mussten abwarten, was passiert. Wir kamen gut voran nur in Füssen stockte der Verkehr. Mir fiel ein, dass ich als Kind mit meinen Eltern ein paar Orte weiter in Weißenbach öfters Urlaub gemacht habe. Ich dachte mir, dass wir da heute auch mal hinfahren könnten, nachdem wir bei der ersten Plattenfirma waren. Plötzlich hupte es ein paarmal in einiger Entfernung. Wir sahen auf und schauten auf die Straße, was da wohl los sei. Wir konnten aber nichts erkennen. Nur auf einmal sahen wir jemanden winken. Nach genauerem Hinsehen erkannte ich meinen Lieferanten mit Familie. Oh man, die Welt ist doch klein 1000 km von der Heimat entfernt holt einen die Arbeit ein. Ich winkte zurück, und da es nun weiter ging, der Stau sich langsam auflöste und kein Platz zum Halten gab, setzten wir alle unseren Weg fort.

„Das ist ja ein Ding" meinte Silvia, „da ist man so weit weg und trotzdem sieht man seine Lieferanten."

„Ja" fügte ich hinzu, „vielleicht sehen wir ihn noch mal wieder." "Je nachdem wo er hin will". "So groß ist Österreich ja nicht" merkte ich lächelnd an.

Nun kamen wir gut voran und nach einiger Zeit erreichten wir Höfen. Das war unsere erste Station und auf der linken Seite entdeckten wir das große Firmenlogo der Plattenfirma Koch Records. Ich wusste, dass die Firma Koch ihren Hauptsitz in München hatte, aber ich wollte ja zusätzlich das Album in Österreich verlegen lassen. Deshalb bog ich dort auf den Parkplatz ein.

„So das ist hier die Nr.1" sagte ich gutgelaunt zu Silvia, als wir aus dem Auto ausstiegen. „Jetzt müssen wir beide Daumen drücken, damit hier etwas passiert".

„Ja ich drücke doch schon ganz feste" antwortete Silvia lachend.

Wir gingen in die Eingangshalle der Firma, die sehr großzügig angelegt war. Das Gebäude sah neu aus und es schien auch so als hätte es einige paar Mark oder Schillinge gekostet. Alles war edel und modern eingerichtet. Mir konnte nun niemand mehr erzählen, dass es der Musikindustrie schlecht ginge. Ich war doch ziemlich beeindruckt, als ich zu dem Empfangstresen ging. Als ich mich bei der sehr freundlichen Empfangsdame vorgestellt, und mein Anliegen ihr kundgetan hatte, sagte sie mir mit einem Lächeln, dass im Moment niemand im Hause wäre, der mir weiterhelfen könne. Ich möchte doch aber bitte noch mal um 15:00 Uhr vorbei kommen, dann wäre sicherlich jemand da, der für mein Anliegen zuständig sein wird. Ich bedankte mich freundlich für ihre nette Auskunft und wir verließen etwas bedrückt in Richtung Auto diese Firma.

„Na das fängt ja schon gut an, an diesem Morgen" meinte ich zu Silvia, als wir noch einen Moment vor der Eingangstür verharrten.

„Na warten wir erst mal ab was heute Nachmittag passiert, wenn ein zuständiger Mitarbeiter da ist" antwortete Silvia mir und schien gar nicht so enttäuscht zu sein.

„Naja, etwas anderes können wir ja auch im Moment nicht tun" entgegnete ich ihr, als wir wieder im Auto saßen.

„Es ist nur so, wenn heute Nachmittag hier kein Interesse an meiner Musik vorhanden ist, haben wir nicht mehr die Möglichkeit zu der nächsten Adresse zu fahren. Das ist zu weit und wenn wir dort sind, haben die bestimmt schon alle geschlossen oder die zuständigen Mitarbeiter Feierabend."

„Dann fahren wir morgen eben erst zur nächsten Station. Wir stehen doch nicht so unter Druck, dass wir alle Plattenfirmen in 2 Tagen besuchen müssen" versuchte mich Silvia zu trösten. "Aber sag mal was machen wir nun bis 15:00 Uhr?" fragte sie mich so ganz nebenbei.

„Lass uns mal nach Weißenbach fahren, da war ich als Kind öfter in Urlaub und das ist nicht so weit von hier. Das möchte ich mir gerne ansehen, was sich dort alles verändert hat in den vielen Jahren, wo ich nicht mehr hier war. Da können wir dann auch zu Mittag essen" antwortete ich Silvia und war wieder etwas besser gelaunt.

„Ja lass uns das machen, denn so langsam bekomme ich auch ein wenig Hunger" sagte Silvia und fasste sich zur Unterstützung ihrer Aussage an ihren Bauch.

Ich ließ den Motor an, fuhr langsam vom Parkplatz der Plattenfirma und bog auf die Landstraße ein. Das Wetter war einmalig und wir kamen uns fast so vor wie im Urlaub. Ich genoss die Umgebung mit den Bergen und Wiesen und merkte, wie ich so langsam Kraft tankte. Nach einer Weile sah ich das Ortseingangsschild „Weißenbach" und fuhr von der Umgehungsstraße in den Ortskern. Der Lech über den wir fuhren war immer noch so wild wie früher. Das fiel mir als Erstes auf. Und das Geschäft Hofer gab es auch noch, obwohl

ich schon fast 30 Jahre nicht mehr da war. Hofer heißt der Aldi in Österreich.
„Lass uns hier anhalten und ein wenig durch den Ort spazieren gehen, ich fühl mich so gut hier. Es ist so als wäre ich um Jahrzehnte zurück versetzt" schlug ich Silvia vor.
„Ja das ist gut" stimmte mir Silvia zu.
Ich parkte den Wagen an einer freien Stelle ein und vergewisserte mich noch einmal das ich nicht im Halteverbot stand. Es war ja auch nicht so einfach mit einem Kastenwagen einen Parkplatz zu bekommen, denn er war ja breiter und länger als ein normaler PKW. Als ich sah, dass ich dort stehenbleiben konnte, stiegen wir aus und begannen durch den Ort zu schlendern. Viel hatte sich nicht verändert. Ja gut, es sind ein paar Häuser mehr hinzu gekommen als früher und auf den umliegenden Bergen und Hügeln entdeckte ich Masten von Skiliften. Der Fortschritt war also nicht an diesem Ort vorbei gegangen. Aber der Kern des Ortes war immer noch gleich. Alles kam mir noch so bekannt vor. Plötzlich hörten wir aus einiger Entfernung Blasmusik. Wir folgten der Richtung, aus der diese Musik kam und bald schon sah ich die Musikkapelle, die in Trachtenanzügen den Urlaubern ein Ständchen brachte. Sie spielten im Biergarten des Restaurants „Zum goldenen Hirsch", das ich auch noch von früher her kannte.
„Lass uns dort doch etwas essen gehen" riss mich Silvia aus meinen Erinnerungen. Ich schreckte ein wenig hoch und lächelte als mir bewusst wurde, dass sie merkte, dass ich mit meinen Gedanken ganz woanders war.
„Ja klar" antwortete ich ihr dann aber. „Das können wir gerne machen." Ich habe auch Hunger. Bleiben wir hier im Biergarten oder gehen wir rein?
Weil das Wetter so schön und warm war, nahmen wir an einem freien Tisch Platz und warteten auf die Bedienung. Sie kam auch sehr schnell und brachte uns die Speisekarte. Als sie uns nach einem Getränkewunsch fragte, bestellten wir schon mal zwei Spezi denn wir hatten durch die große Hitze doch

relativ viel Durst. Mein Körpergewicht tat das Übrige. Ich schwitzte schon ziemlich stark aber ich dachte mir dass es für mich besser ist, zu schwitzen als zu frieren. Dann kamen die Getränke und wir nahmen einen großen Schluck aus den halbe-Liter-Gläsern. In der Zwischenzeit hatten wir uns schon für einen Zwiebelrostbraten entschieden, den wir dann auch beide bestellten. Die Musiker gaben ihr Bestes bei der Hitze, und bis das Essen kam, hörten wir ihnen noch zu. Es ist komisch, zu Hause konnte ich diese Dicke-Backen-Musik nicht ab. Wenn sie im Fernseher lief, schaltete ich auf ein anderes Programm. Hier war das alles ein wenig anders. Hier passte sie hin in die Berge und hier gefiel sie mir auch.
Nach einer ganzen Weile kam auch endlich unser Essen. Es sah sehr lecker aus und roch noch viel besser.
„Guten Appetit" wünschte ich Silvia und sie solle es sich schmecken lassen.
„Ja das wünsche ich dir ebenfalls" bekam ich von ihr zur Antwort und wir begannen schweigend, das Fleisch zu schneiden und zu essen. Es war herrlich, so richtig rustikal. Ich spielte mit dem Gedanken, so etwas auch bei uns auf die Speisekarte zu setzen. Das würde bestimmt laufen. Aber noch waren wir hier und ich machte mir keine weiteren Gedanken mehr dazu. Das konnte ich wieder machen, wenn wir zu Hause waren. Bis zur letzten Gabel war das Gericht ein Genuss. Zum Dessert gab es noch ein Eis, und nachdem wir es gegessen hatten, waren wir so richtig zufrieden, d. h. so ganz nicht, ein Mittagsschläfchen hätte uns nun gut getan. Aber um 15:00 Uhr hatten wir ja einen Termin. Das war nicht mehr so lange und zur Überbrückung machten wir einen Verdauungsspaziergang. Die Zeit verging schnell du so langsam mussten wir wieder zurück zum Auto, um nochmals nach Koch Records zu fahren.
„Nun wissen wir bald mehr" sagte Silvia hoffnungsvoll auf dem Rückweg zum Showbus.
„Na wir werden sehen was passiert" erwiderte ich gelassen, denn ich machte mir keine zu großen Hoffnungen um nicht hinterher sehr enttäuscht zu sein, wenn mal gar nichts klappt.

Die Fahrt zurück zur Plattenfirma verging schnell und pünktlich um fünf Minuten vor drei fuhren wir wieder auf den Parkplatz dieser großen Firma.

„Auf geht`s zum zweiten Mal" sprach ich leise vor mich hin, als ich aus dem Wagen ausstieg.

„Ja aber nun bringt es was" wollte Silvia mir Mut zusprechen, weil sie vorher mein Gemurmel mitbekommen hatte. Wir gingen wieder in den Eingangsbereich und dort direkt auf den Empfangstresen zu. Die freundliche Empfangsdame erkannte uns noch (was ja wegen unserem Gewichtes gar nicht so schwer war), griff zum Telefon und sprach kurz mit jemandem am anderen Ende der Leitung.

„Nehmen sie doch bitte einen Moment dort in den Sesseln Platz" flötete sie uns in ihrem schönen Dialekt zu, als sie den Hörer wieder aufgelegt hatte.

„Der Herr Niedermayer kommt sofort zu ihnen" fuhr sie fort. Wir gingen zu dieser Sitzgruppe, die uns diese Empfangsdame gezeigt hatte, setzten uns dort hin und waren doch ein wenig überrascht, dass jemand für uns Zeit hatte. Es dauerte auch nicht lange da kam ein Mann im dunklen Nadelstreifenanzug die Treppe herunter und steuerte direkt auf uns zu.

„Das ist er" stupste ich Silvia an und stand auf um seine Begrüßung zu empfangen.

„Servus" sagte Herr Niedermayer zu uns, „was kann ich für sie tun" schob er freundlich hinterher.

Nachdem ich uns vorgestellt hatte, drückte ich ihm die Cassette und das Werbematerial in die Hände, erzählte ihm von unserer Produktion und das wir eine Plattenfirma suchen, die alles ein wenig größer veröffentlicht.

„Das ehrt uns das sie an uns gedacht haben, aber leider sind sie hier vollkommen falsch" sagte er, als ich meine Ausführungen beendet hatte. Und als er merkte dass wir ein wenig irritiert schauten fügte er hinzu:

„Aber das ist nicht so schlimm, mit dieser Art von Musik, Country, Volksmusik oder Schlager beschäftigt sich unsere

Zentrale in München." Da müssten sie da noch mal vorstellig werden oder das Material hinschicken.

"Ja, da könnten wir vorbei fahren, wenn wir wieder auf dem Weg nach Hause sind" antwortete ich und war doch ein ganz kleines bischen sauer das wir dort nichts erreicht hatten.

Wir dankten ihm das er sich die Zeit für uns genommen hat verabschiedeten uns und gingen zurück zum Auto.

„Na, das Gespräch war ja nicht so prickelnd" sagte ich zu Silvia, als ich die Rundumverriegelung vom Auto aufschloss.

"Das ist doch nicht so schlimm, dann fahren wir eben auf dem Rückweg über München oder schicken es denen zu" erwiderte Silvia und war noch immer motiviert. „Und außerdem haben wir ja noch ein paar Adressen und es kann immer noch was Gutes dabei herausspringen" fügte sie hinzu.

„Ja du hast recht" meinte ich nur, aber Morgen fahren wir früher los, dann beginnen wir unsere Reise im Zillertal. Da sind auch noch 2 Plattenfirmen, wo wir hin müssen. Und wenn das nichts bringt, haben wir noch eine Adresse hier in Tirol. Da fahren wir auf dem Rückweg dann vorbei.

„Ja so machen wir das" meinte Silvia „aber lass uns nun wieder zurück zum Hotel fahren und den restlichen Tag noch „schön" verbringen". Ich ahnte, was sie damit meinte, und freute mich auch darauf. Doch im Moment war es mir einfach zu heiß und ich sehnte mich nach der Klimaanlage des Hotels. Die Rückfahrt schien mir kürzer zu sein obwohl der Weg, der gleiche war. Ein Lächeln kam über meine Lippen, als ich die Reklame von unserem Hotel sah, denn nun wusste ich, dass es mir bald kühler wurde. Wir gingen in die klimagesteuerten Räume und es wurde für uns sofort frischer, ja wir lebten richtig auf.

„Ich hab jetzt Hunger auf einen richtig dicken Eisbecher" stellte Silvia fest und setzte sich schon in Bewegung zu einem freien Tisch.

"Ja, so etwas könnte ich auch jetzt gut vertragen" stimmte ich ihr zu.

Der Eisbecher war schnell auf der Karte gefunden und wir bestellten bei der netten Bedienung zwei Waldbeerbecher mit Joghurteis. Man war der lecker. Wir schlemmten bis zum letzten Löffel und waren dann rundum zufrieden. Ich bezahlte und wir gingen auf unser Zimmer.

Anmerkung: *Ja, das war schon ein Riesending mit der Fahrt nach Österreich. Wir waren sowas von blauäugig, doch wir wollten ja beide irgendwas erreichen im Leben – ob in der Gastronomie oder mit der Musik. Beide Dinge gefielen uns unheimlich gut. Doch ich sage mir bis heute immer wieder: „wer nicht probiert, der hat schon verloren". Und zu der Zeit waren wir auch noch ziemlich jung, standen mitten im Leben und lebten nach der Devise: Was kostet die Welt.*
Heute, nach ca. 25 Jahren sehe ich das etwas anders. Aber ich bin heute noch froh darüber, dass wir damals diese Erfahrungen gesammelt haben und einfach mal etwas Verrücktes taten, auch wenn es bis zu dem Zeitpunkt noch keinen Megaerfolg gab.

Kapitel 14

Die Badewanne des Grauens

„Ich würde jetzt gerne schön ausgiebig baden" stellte ich fest, als wir unser Zimmer betraten.
„Ja mach das, ist doch gemütlich, aber mach das Wasser nicht zu heiß sonst fängst du hinterher wieder an so viel zu schwitzen" erwiderte Silvia.
„Nein, nur lauwarm, dass der Körper ein wenig abkühlt" gab ich Silvia zur Antwort und ging ins Bad, um mir das Wasser einlaufen zu lassen. „Die Badewanne ist ganz schön groß" bemerkte ich so nebenbei.
„Da hab ich sogar noch Platz"."Oder wir beide" kicherte Silvia.
Na, zu zweit in diese Badewanne, da hatte ich ein wenig Bedenken, doch ich fand den Gedanken ziemlich reizvoll. Silvia hatte zwar bei weitem nicht die Gewichtsklasse von mir aber ein „Hungerhaken" war sie auch nicht. Das brauchten wir erst gar nicht auszuprobieren, dass würde nicht passen ohne das sich jemand weh tut. Also stieg ich erst mal allein in die Badewanne.
Als ich gemütlich drin saß bemerkte ich, dass ich alles vergessen hatte: Zigaretten, Feuerzeug, Aschenbecher. Ich rief Silvia ganz lieb und bat sie mir, diese Rauchutensilien zu besorgen. Sie war so lieb, denn sie machte das auch. Na, das Gleiche hätte ich für sie auch getan. Als sie mir alles brachte, sah auch sie, dass wir zwei beiden nicht in die Wanne passten und sie wünschte mir ein herrliches Planschvergnügen. Ich bedankte mich bei ihr mit einem zärtlichen Kuss und legte mich entspannt in die Wanne. Die Zigarette schmeckte so besonders gut und ich genoss die Ruhe um mich herum. Ab

und zu musste ich warmes Wasser nachlaufen lassen. So verging fast eine Stunde und meine Haut an den Händen wurde schon schrumpelig. Ich dachte, dass es langsam an der Zeit wäre, das Bad zu beenden und begann mich zu waschen. Nachdem ich mich schön gesäubert hatte, wollte ich aus der Badewanne aussteigen........doch dann passierte etwas, worüber ich heute herzhaft lachen kann, aber damals war mir nicht zum Lachen zumute. Als ich ein Bein auf den Wannenboden setzte um einen Stand zu bekommen rutschte ich weg. Das probierte ich drei Mal, war immer schon ein wenig draußen doch jedes Mal war es dasselbe; ich rutschte wieder zurück. **PLAAATSCH** So langsam wurde ich ein wenig sauer doch, wie ich es auch versuchte, es war so glatt das ich es nicht schaffte, meine 160-180kg zu erheben. Schließlich rief ich Silvia. Sie kam ins Bad, und als ich ihr die Geschichte erzählt hatte, begann sie zu schmunzeln.

„Ich kann darüber nicht lachen, ich komm hier nicht raus. Alles ist so glatt" reagierte ich schon fast panisch.

„Komm lass das Wasser ablaufen, dann wird es gehen" riet sie mir und ich meinte zu sehen, dass ihr Lächeln immer intensiver wurde. Ich zog den Stöpsel heraus und wartete, bis das Wasser abgelaufen war. Silvia ging in dieser Zeit in das andere Zimmer, weil sie sich vor Lachen fast nicht mehr einkriegte. Dann war es endlich soweit und das Badewasser war abgelaufen. Ich probierte noch mal mit meinem Gewicht den Wannenrand zu erklimmen aber es wurde viel schlimmer anstatt besser. Es war mittlerweile so glatt das gar nichts mehr ging. Silvia bemühte sich, nicht zu lachen, als sie wieder das Badezimmer betrat, aber ich sah, dass es ihr sehr schwer fiel.

„Was soll ich jetzt machen, ich komme hier nicht mehr raus" reagierte ich schon fast hysterisch.

„Ich könnte die Feuerwehr anrufen" sprudelte es aus Silvias Mund plötzlich hervor, und während sie es sagte, krümmte sie sich vor Lachen. Je mehr sie lachte, desto elendiger fühlte ich mich. Aber ich machte ihr deswegen keinen Vorwurf denn es sah bestimmt urkomisch aus, wie ich dort in der Wanne lag.

Silvia suchte fast alle Handtücher, die sie finden konnte, und legte sie mir in die Wanne. Nachdem ich alles schön verteilt hatte, versuchte ich nochmals Halt zu bekommen. Es ging schon ein wenig besser aber ich rutschte immer noch weg.
„Soll ich einen Kran bestellen" prustete Silvia heraus. Ich fand dass mittlerweile gar nicht mehr lustig denn ich wusste, dass nur mein Gewicht an dieser blöden Lage schuld war. Noch nie in meinem Leben war ich mir so sicher das ich abnehmen musste und noch nie war ich so hilflos, wie in diesem Moment. Die Kommentare und das Lachen von Silvia taten auch ein wenig weh und ich wusste das ich heute, wenn ich da noch mal rauskommen sollte, keine Lust mehr verspürte einen schönen Abend mit Silvia und viel Zärtlichkeit zu verbringen. Aber noch saß ich ja in der Wanne, ruhte mich ein wenig aus, um dann noch mal einen Versuch zu starten. Ich nahm alle meine noch vorhandenen Kräfte zusammen und stemmte mich ab. Durch die Tücher war es nicht mehr so rutschig und mit ein wenig Hilfe von Silvia, die eigentlich mehr symbolisch war, war es dann endlich soweit, ich konnte langsam aber sicher aufstehen. In diesem Moment wusste ich nur eins, das ich hier in diesem Hotel nicht mehr baden würde.
„Man war das eine schwierige Geburt" sagte ich ärgerlich mehr zu mir selbst und was froh das ich diesen Kraftakt hinter mir hatte. Silvia entschuldigte sich das sie so gelacht hatte, aber sie hätte nicht anders gekonnt, weil das alles so lustig ausgesehen hatte. Ich nahm die Entschuldigung an aber war immer noch sehr ärgerlich über diesen Vorfall, am meisten, weil ich so hilflos da lag und keine Möglichkeit hatte mich selbst zu kontrollieren. Aber nun hatte ich es ja hinter mir. Ich nahm mir ein noch verbliebenes trockenes Handtuch, trocknete mich ab und setzte mich auf mein Bett, um ein wenig fern zu sehen.

Anmerkung: *Oh man, mit dieser Badewanne wurde mir wieder Mal schlagartig bewusst, dass ich viel zu fett war. Ich könnte als Ausrede benutzen, dass diese Badewanne sehr flach und auch sehr glatt war,*

doch ich glaube, selbst wenn sie etwas steiler gewesen wäre, hätte ich bestimmt ebenfalls Probleme bekommen.
Mir ging es nach dem Baden überhaupt nicht gut. Nicht körperlich, nein, sondern seelisch. Und ich kann Ihnen versichern lieber Leser, dass es nicht am Lachen von Silvia lag.
Wer es noch nicht selbst am eigenen Körper erfahren hat, kann es auch kaum nachvollziehen wie es ist, wenn man unbedingt abnehmen will, doch es einfach nicht geht, weil der Kopf nicht mitspielt. Das war für mich ein Gefühl von totaler Hilflosigkeit.
Vielleicht brauchte ich diese lange Zeit der Erniedrigungen, bis irgendwann bei mir im Oberstübchen ein Licht angegangen ist, dass mir gesagt hat, was dieses hohe Gewicht mit mir macht. Ich war die letzten Jahre so unglücklich, doch leider konnte ich selbst aus eigener Kraft gegen diese vielen Kilos noch nichts machen Insgeheim. hoffte ich aber immer, dass sich das irgendwann mal ändern würde. Ich wünsche keinem so eine Situation.

Kapitel 15

Countrystar in Österreich ?

Nachdem ich ein paarmal tief durchgeatmet hatte, ging es mir besser, aber das Erlebnis mit der Badewanne saß trotzdem noch tief. Der restliche Abend verlief sehr ruhig. Das TV-Gerät lief noch ein wenig, und weil wir ja am nächsten Morgen früh raus mussten, bin ich auch zeitig eingeschlafen. Der Abend hätte so schön werden sollen, doch die Badewanne und mein Gewicht haben einen dicken Strich dadurch gemacht.
Die Sonne schien schon durch die Rollladen der Fenster, die wir nicht richtig geschlossen hatten, als ich am nächsten Morgen erwachte. Silvia räkelte sich auch schon im Bett, das bedeutete, dass sie gleich ebenfalls die Augen aufmachen würde. Ich blieb noch ein wenig ruhig liegen und begrüßte den neuen Tag.
„Guten Morgen mein Schatz hast du gut geschlafen" hörte ich Silvia plötzlich sagen.
„Ja danke Engel" erwiderte ich ihr „lang und tief und nun bin ich frisch." Ich freue mich aufs Zillertal.
„Hast du den Vorfall von gestern verarbeitet?" fragte sie mich lächelnd „oder bist du noch sauer?"
„Nein das ist schon ok, das war ja wirklich eine irre Geschichte" gab ich ihr zur Antwort.
Ich stand nun schon auf, ging ins Bad und machte mich frisch. Nachdem ich mir durch das Gesicht gewaschen hatte, war ich gut drauf. Der Tag konnte kommen. Ich zog mich an und sagte zu Silvia, dass ich schon mal in den Frühstücksraum gehen würde und sie solle auch nicht so lange auf sich warten lassen. Es war ja ein ganz schönes Stück zu fahren heute. Dann begab ich mich in den Frühstücksraum. Es war noch ziemlich früh,

aber das Klappern, das aus der Küche kam, sagte mir, dass Mitarbeiter schon an der Arbeit waren. Ich nahm mir eine Zeitung und wartete auf Silvia.
„So da bin ich schon" sagte sie, als sie durch die Tür vom Frühstücksraum reinkam.
„Schön, das ging aber schnell." "Dann können wir ja jetzt noch in Ruhe frühstücken" freute ich mich und ging an das Büfett, um mir ein paar von diesen leckeren Sachen auf einen Teller zu füllen. Frühstück war nicht so meine Sache schon gar nicht, wenn ich noch etwas vorhatte, deshalb gab es nur ein Brötchen mit etwas Schinken und Käse. Aber ich nahm mir noch ein weiteres Brötchen mit das für unterwegs gedacht war. Wir wussten ja nicht ob wir heute die Zeit hatten essen zu gehen und ich hatte mir auch vorgenommen heute Abend, eine leckere Schweinshaxe mit Knödel und Kraut zu essen.
Dann war es endlich soweit. Nachdem ich mich versichert hatte, dass Kassetten und Werbeunterlagen schon im Auto waren, ging es ab in Richtung Zillertal.
„Auf geht's zum 2. Versuch" sagte Silvia freudig erregt, als ich den Motor anließ und langsam vom Parkplatz des Hotels fuhr.
„Ja, wollen wir mal sehen, was der Tag heute bringt und ob wir gut- oder schlechtgelaunt wieder zurückkommen" stimmte ich Silvia zu.
„Das wird schon werden heute" ergänzte Silvia sehr optimistisch und freute sich über die schönen Gegenden und Landschaften, an denen wir heute vorbei fahren würden. Es war ja auch wieder richtig „Kaiserwetter" und wir kamen gut voran, als wir die österreichischen Landstraßen in Richtung Osten fuhren. Es gab kein Stau weit und breit aber ich fuhr nicht so schnell denn wir wollten ja ein wenig von Österreich sehen.
„Es ist wunderschön hier" meinte Silvia nach einer Zeit „aber wohnen möchte ich hier auch nicht" fügte sie hinzu.
„Wieso nicht wäre doch mal ganz was anderes, also mir gefällt es hier" entgegnete ich ihr.

„Überleg mal, jetzt scheint die Sonne, es ist schön warm und es ist Sommer." "Wie wird das wohl hier aussehen, wenn zum Herbst und Winter das Schmuddelwetter beginnt" fuhr sie mit ihren Ausführungen fort.
„Ja, da hast du auch wieder recht, in der Urlaubszeit sieht alles anders aus" stimmte ich ihr zu.
Es waren ca. 100 km bis Zirl weil wir uns ein wenig verfahren hatten. Aber das machte uns nichts aus, es war noch früh und wir waren gutgelaunt. Die erste Plattenfirma war vor Zirl und wir erreichten sie in knapp 2 Stunden. Es war ein kleiner Betrieb hatte bei weitem nicht die Größe von Koch Records. Aber wir dachten uns, dass wir bei kleineren Labels vielleicht eine größere Chance hätten unterzukommen, als bei diesen Riesenfirmen wo auch die großen der Musik unter Vertrag standen. Also fuhr ich auf den Firmenparkplatz und wir gingen in diese Firma. Nachdem ich mich bei der Empfangsdame vorgestellt hatte und mein Anliegen ihr erklärt hatte meinte sie wir möchten doch bitte in 2 Std. wieder kommen, weil niemand im Haus war, der das entscheiden könne. Wir bedankten uns für ihre Freundlichkeit und sagten dass wir es noch einmal in 2 Std. versuchen werden. Dann verließen wir die Eingangshalle in Richtung Parkplatz.
„Schon wieder" reagierte ich ein wenig säuerlich, "immer diese Warterei. Und was machen wir nun?"
„Lass uns hier in das Städtchen fahren und irgendwo in einem Biergarten etwas trinken oder ein Eis essen" schlug Silvia vor. „Die Zeit geht bestimmt schnell vorbei und ein Stück müssen wir ja auch noch nach Zirl fahren."
„Ja so können wir es machen" stimmte ich dem Vorschlag von meinem Schatz zu und fuhr in das kleine Städtchen ein, das so klein war, dass ich den Namen nicht behalten habe. An einer Kreuzung sah ich ein Eiscafé und suchte mit meinem Kastenwagen sofort eine Parkmöglichkeit. Nun gingen wir zu dem Biergarten des Eiscafés und machten es uns dort bequem. Ich war immer sehr vorsichtig mit diesen Plastikstühlen, denn bei meinem Gewicht konnte es sein das sie Beine grätschten

oder ich kam zwar rein in den Stuhl aber nicht mehr wieder raus. Das konnte ich im Moment überhaupt nicht gebrauchen nach dem peinlichen Vorfall mit der Badewanne. Aber gottseidank hielt der Stuhl stand und wir konnten uns in Ruhe ein Eis bestellen.
Es war sehr schön dort und der Ort hatte ein mediterranes Flair. Es roch auch alles sehr südlich. Man merkte förmlich die Nähe zu Italien und wir fühlten uns doch sehr gut.
Plötzlich klopfte mir jemand von hinten auf die Schulter. Ich erschrak ein wenig und drehte mich sofort um, um zu sehen, wer da etwas von mir wollte. Ich erkannte freudig meinen Fleischlieferanten Herrn Hermannsmeyer. Das „Hallo" war groß und er erzählte mir dass er im Zillertal seinen Urlaub verbringt
„Ja die Welt ist klein" stellte ich fest und auf seiner Nachfrage, ob wir hier auch Urlaub machen würden, erklärte ich ihm das es so halb/halb war. Aber ich sage ihm auch, dass die Plattenfirmen, die wir besuchten wollten, im Vordergrund standen. Wir unterhielten uns noch ein wenig darüber, wann er wieder im Geschäft ist und da sie weiter wollten, trennten sich unsere Wege.
„Na wenn wir ihn zum dritten Mal treffen gibt er sicher einen aus" sagte ich lachend zu Silvia.
„Ja das wird er bestimmt machen" stimmte sie mir zu, aber ich glaube nicht, dass wir ihn noch mal treffen werden, denn wir fahren ja nachher wieder in Richtung Westen. Damit sollte sie auch recht behalten. Nachdem wir unser Eis gegessen hatten, bestellten wir uns noch einen Milchshake, denn wir hatten noch ein wenig Zeit und in dem Biergarten war es sehr gemütlich. Wir genossen dort die Atmosphäre dort sehr, es war eben wie ein bisschen Urlaub. Aber irgendwann war auch die schöne Zeit vorbei und wir mussten uns wieder auf den Weg machen, um vielleicht einen Vertrag zu schreiben. Aber soweit war es ja noch nicht, als wir nochmals auf dem Parkplatz der Plattenfirma vorfuhren, hatte ich ein komisches Gefühl. Aber ich verdrängte es und ging selbstbewusst, weil

ich ja wusste, dass ich ein gutes Produkt zu verkaufen hatte, in die Empfangshalle. Dort stand eine andere Dame, die mich fragte, was sie für mich tun könne. Ich stellte mich wieder vor und legte die Kassette und das Werbematerial vor ihr auf den Tresen, als ich mein Anliegen vortrug. Sie hörte sich alles an, nahm die Cassette in die Hand und sagte nach einer Weile: „Es tut mir sehr leid aber Country Musik verlegen wir leider nicht." "Blasmusik und Volksmusik haben wir ausschließlich im Angebot", Bei ihren Ausführungen merkte ich eine leichte Arroganz und diese Frau war mir sofort unsympathisch.
„Na da kann man nichts machen" antwortete ich, indem ich die Unterlagen wieder an mich nahm.
Ich bedankte mich noch ein wenig sarkastisch für ihre Freundlichkeit und verließ dieses Unternehmen. Als wir draußen waren holten Silvia und ich erst mal tief Luft, bevor Silvia zu sich selber murmelte „Blöde Kuh" ich hatte das mit bekommen und diesmal war ich derjenige, der der optimistischere von uns war.
„Wir haben ja noch Zirl" versuchte ich Silvia wieder aufzurichten. „Und da fahren wir jetzt sofort hin" fügte ich hinzu.
„Wenn da nichts klappt, sehen wir unsere Tour eben als Urlaub" stellte ich fest denn ich wusste, dass man nicht zu 2 oder 3 Plattenfirmen hinfahren konnte und damit rechnen durfte einen Vertrag zu bekommen. Ich nahm mir vor, wenn wir wieder zu Hause waren, wollte ich 20-30 Labels mit Werbung bemustern und vielleicht würde dann eine von diesen Firmen anspringen. Aber nun fuhren wir erst nach Zirl. Auf dem Weg dorthin aßen wir die Brötchen, die wir uns am Morgen geschmiert hatten, denn die Zeit zum Essen gehen wollten wir uns nicht mehr nehmen. Wir fieberten der Plattenfirma „Tyrolis" entgegen und wollten es nur hinter uns bringen. Tyrolis sah man auch oft auf den CDs in Deutschland und es schien ein großes Unternehmen in Österreich zu sein.
Nach einer Weile, so ca. 40 Min sahen wir am Straßenrand viele Warnschilder die darauf hinwiesen das bald ein großes

Gefälle kam. Das musste der Zirler Berg sein. Der war auch in Deutschland bekannt. Aber nicht durch seine Schönheit sondern, weil die Bremsen bei Wohnwagengespannen und LKWs begannen durch das Gefälle heiß zu laufen. Ich wusste darüber Bescheid und nahm mir vor so viel wie möglich mit dem Getriebe zu bremsen. Wir fuhren durch einen Tunnel, der mir endlos vorkam, aber in den Alpen ist es eben so, dass durch die Berge die Straßen gebaut werden. Dann war es soweit, als wir aus dem Tunnel hinaus kamen, ging es steil bergab. Ich fuhr so langsam wie möglich und sah, dass rechts von der Fahrbahn Notfallspuren angelegt waren, die in einem Kiesbett endeten. Versagten mal die Bremsen, konnte man immer noch gestoppt werden. Dies war für LKWs und Wohnwagengespanne wichtig damit sie nicht bei ausfallenden Bremsen, wie eine rollende Bombe zu Tal stürzten. Unsere Bremsen versagten gottseidank nicht und wir kamen wohlbehalten unten im Tal an. Obwohl ich sehr vorsichtig gefahren bin stank es nach einem Gummi, so dass ich bei der nächsten Möglichkeit anhielt, um die Bremsen ein wenig abkühlen zu lassen. Ich ging um den Wagen herum und stellte fest, dass sonst nichts kaputt gegangen war und nach einer knappen halben Stunde setzten wir die Fahrt fort.

„Gib mir mal bitte die Adresse ich frag gleich mal, wie wir zu Tyrolis kommen" bat ich Silvia und hielt an einer Gaststätte um etwas zu trinken und um nach dem Weg zu fragen. Als wir dort 2 Spezi bestellten legte ich der Bedienung die Adresse vor und fragte wie ich am besten dort hin komme. Sie erklärte mir, dass es ganz einfach ist. Ich würde es sehen, wenn ich diese Straße zurückfuhr. Auf der linken Seite am Ende des Ortes. Wir bedankten uns für diese Auskunft, bezahlten und gingen zu unserem Auto.

Die Hauptstraße führte uns direkt an das Ende des kleinen, sauberen Ortes und wie es uns die Bedienung erklärt hatte sahen wir auf der linken Seite ein voluminöses Hotel.

„Ob wir hier richtig sind?" fragte Silvia mich unsicher und ich merkte, dass es ihr ein wenig unwohl war bei dem Blick auf dieses exklusive Hotel.
„Das werden wir jetzt gleich feststellen" antwortete ich ihr, als ich auf den dazu gehörigen Parkplatz fuhr.
„Lass uns hineingehen, dann werden wir es wissen" fügte ich betont selbstbewusst hinzu.
Wir stiegen aus dem Auto und bewegten uns in Richtung Eingang des Hotels. Das Haus war schon beeindruckend, ich nahm an, dass dieses Hotel über hundert Zimmer besaß, die bestimmt auch alle luxuriös ausgestattet waren. Die Hotelhalle war sehr edel eingerichtet. Dicke Teppiche und schwere Ledergarnituren gehörten zum Inventar, um es den Gästen die sich dort aufhielten, alles so bequem wie möglich zu machen.
„Ob wir uns hier benehmen können" stellte Silvia diese Frage plötzlich in den Raum, „hier riecht die Luft ja schon nach Geld" ich schreckte ein wenig hoch denn ich war ziemlich beeindruckt von dem ganzen Luxus, der uns hier umgab und ein wenig in Gedanken versunken.
„Wir werden das beste tun, um uns nicht daneben zu benehmen" gab ich ihr zur Antwort und schritt langsam zu dem wuchtigen Empfangstresen um mein Anliegen ein weiteres Mal vorzutragen. Dieses Mal war es eine sehr attraktive, aber nicht mehr ganz so junge Empfangsdame, die uns herzlich begrüßte, danach aber sich beeilte zu fragen, wie man uns weiter helfen könne.
„Ich würde gerne wissen ob wir hier richtig sind bei der Plattenfirma „Tyrolis" sind" erklärte ich ihr ein wenig schüchtern. „Ich habe hier eine Musikproduktion auf Cassette und darüber möchte ich gerne mit jemandem Kompetenten sprechen zwecks einer Veröffentlichung auf CD" begann ich zu stottern
„Ja, sie sind hier vollkommen richtig" antwortete mir die nette Empfangsdame lächelnd. Aber das mit der Musik entscheidet alles unser Juniorchef, der Herr Rasinger. Ich sehe mal nach, ob er im Hause ist und Zeit hat, denn ich nehme an sie haben

keinen Termin. Dieser Feststellung pflichtete ich ihr mit einem Kopfnicken bei. Während sie telefonierte, drehte ich mich von dem Tresen weg und beobachtete das geschäftige Treiben in der Hotelhalle, als ich plötzlich wieder die Stimme der Empfangsdame vernahm.
„Sie haben Glück, da vorn kommt er ja gerade" flötete sie und sagte mit dem Gesicht zu ihrem Chef gewandt:
„Herr Rasinger hätten sie mal ein paar Minuten Zeit für die Herrschaften?" Ich sah aus den Augenwinkeln, dass ein Geschäftsmann direkt auf uns zu steuerte. Als er uns erreicht hatte, gab er Silvia und mir die Hand und stellte sich dabei vor. Nachdem auch wir uns vorgestellt hatten, fragte er, was er für uns tun könne. Ein wenig unsicher aber doch mit fester Stimme erzählte ich ihm meine Geschichte. Als ich damit geendet hatte, dachte ich mir, dass er mir nun erklären würde, dass er leider aus irgendwelchen Gründen nichts für uns tun könne. Aber da hatte ich mit meiner Meinung total falsch gelegen.
„Ich habe heute leider nur sehr begrenzte Zeit, aber würden Sie mir bitte in mein Büro folgen, dort können wir uns in Ruhe über Ihr Anliegen unterhalten" sagte er sehr freundlich. Mein Herz hüpfte vor Freude denn wir hatten es geschafft. Wenigstens das er sich meine Kassette anhört und wir waren in seinem Büro. Aus den Augenwinkeln heraus sah ich, dass auch Silvia über das ganze Gesicht strahlte. Eigentlich konnte ich es noch gar nicht fassen was nun geschah aber ich war glücklich. In seinem Büro angekommen bot er uns einen Platz auf den gemütlich aussehenden Lederstühlen an die vor seinem wuchtigen Schreibtisch standen. Nachdem Herr Rasinger selbst Platz genommen hatte, sagte er zu mir:"Na, dann geben Sie mir mal bitte Ihre Kassette, ich möchte hören, was Sie in einem anderen Tonstudio produziert haben." Schnell reichte ich ihm mit zitternden Händen meine Musikproduktion und hatte dabei ein ziemlich komisches Gefühl in der Magengegend. Also, ich fand meine Musiktitel, die ich in dem kleinen Tonstudio im Westerwald

aufgenommen hatte, ziemlich gut und gelungen. Aber wie wird Herr Rasinger darüber denken? Wird er alles zerreißen, für das ich so viele Anstrengungen unternommen habe? Mir wurde schlagartig bewusst, dass nun für mich und meine Musikkarriere die Stunde der Wahrheit angebrochen war. Diese Musikproduktion ist zwar schon mal von einer Musikerzeitung begutachtet und für gut bewertet worden, aber das hier war ja etwas ganz anderes. Von einer guten Bewertung des Plattenbosses hing es ab, ob ich einen Plattenvertrag dieser Firma, in der auch große Künstler unter Vertrag sind, bekomme.

Herr Rasinger nahm die Musikkassette, drehte sich in seinem schweren Chefsessel 90° nach hinten und legte die Kassette in eines von den vielen Recorderfächern. Nachdem er den Rekorder eingeschaltet hatte, lehnte er sich entspannt, aber doch konzentriert in den Sessel zurück. Während die ersten Töne des ersten Liedes aus den Lautsprechern ertönten, versuchte ich Reaktionen des Wohlwollens oder des Ablehnens aus dem Gesicht des Herrn Rasingers herauszulesen, doch konnte ich leider keine Reaktion erkennen. Er hörte sich einfach nur konzentriert den Musiktitel an. Was war ich aufgeregt in diesem Moment. Meine Gefühle schwangen von „Ja, das wird was" bis zu „Das war es dann wohl". In der Mitte des zweiten Titels schaltete er unvermittelt den Kassettenrecorder aus und drehte sich wieder zu mir. "Jetzt ist alles vorbei" schoss es mir durch den Kopf. Doch Herr Rasinger betätigte die, auf dem Schreibtisch stehende, Gegensprechanlage und sagte zu seiner Sekretärin, dass er in den nächsten anderthalb Stunden nicht gestört werden möchte. Mir lief es heiß und kalt den Rücken herunter. Ein Gefühl, das man gar nicht beschreiben kann, durchströmte meinen Körper. Voller Glück hätte ich die ganze Welt umarmen können. Als ich zufällig die Hand von Silvia berührte, merkte ich, dass auch sie schweißnass war. Herr Rasinger stellte das Tape wieder an, drehte sich wiederum zu mir und erklärte, während er sich die ganze Musikkassette anhörte, dass man alle Lieder wohl noch einmal aufnehmen müsste. Das Tonstudio im Westerwald hätte nicht die Qualität, um am Markt bestehen zu können. Auf jeden Fall sollte diese Musikproduktion nicht mehr nur auf einer Musikkassette produziert werden, sondern wäre es wichtig, dass alles zusätzlich auf CD gepresst wird. Weiterhin erklärte er mir, dass er drei Großraum-Tonstudios besäße. Zwei in Deutschland und eines in Österreich. Die Musiker müsste zwar ich mitbringen, aber das Tonstudio mit allen Mitarbeitern wäre für mich kostenlos. Ich solle mir dann das Studio aussuchen, das am nächsten von mir ist, denn so eine Aufnahme geht ja nicht an einem Tag oder in einer Woche. Ich konnte gar nicht alles begreifen, was ich da hörte. Es kam mir alles so vor, wie in einem Traum. Vor allem haben die Aussagen des Herrn Rasingers meine kühnsten Erwartungen bei weitem übertroffen. Aber ein kleines Problem, was sich später als Großes herausstellen würde, gab es noch. Es ging um die Rechte der Produktion. Klar, die Rechte für Musik und Text blieben bei mir, doch die Firma Tyrolis benötigte die Vertriebsrechte, die zu dem Zeitpunkt noch bei dem kleinen Tonstudio im Westerwald lagen. Aber im Moment störte mich das noch wenig, zu glücklich war ich über das, was in den letzten Stunden geschehen ist. Herr Rasinger sagte mir noch, dass er, um alles in trockenen Tüchern zu wickeln, einen Vertrag ausarbeitet und diesen in der nächsten Zeit mir an meinen Wohnort zu senden wird. Wir bedankten uns recht herzlich bei Herrn Rasinger, dass er uns empfangen hat, und brachten zum Ausdruck, dass wir uns auf eine gute Zusammenarbeit freuen. Als er uns zur Tür begleitet hatte, verabschiedeten wir uns mit dem Gefühl, etwas Großes erreicht zu haben.

Als wir das Gebäude verlassen hatten und auf dem Weg zu unserem Auto waren, meinte Silvia sehr überschwänglich und lachend, dass der Herr Rasinger jetzt bestimmt zu seinem Vater, dem Seniorchef geht, um ihm zu sagen, dass er wohl einen Volltreffer gelandet hat.

„Ich hoffe es" erwiderte ich lächelnd und versuchte krampfhaft weiterhin seriös zu wirken, denn wir waren noch nicht aus dem Sichtfeld der Plattenfirma entwichen. Als wir kurze Zeit später in unserem Auto saßen, brach es aus uns heraus. Wir drückten, knuddelten und küssten uns beherzt und die Freude von dem Erreichten sprudelte nur so aus uns heraus. Als wir uns auf den Weg nach Österreich machten, hatten wir zwar gehofft, dass der Weg dorthin nicht umsonst ist, doch dass man mir einen Plattenvertrag anbieten würde, überstieg bei weitem unserem größten Erwartungen. Sehr gutgelaunt startete ich das Auto und wir fuhren wieder zurück über den Zirler Berg zu unserem Hotel nach Füssen. Auf der Fahrt dorthin dachte ich, trotz aller Freude daran, dass ich das alles eigentlich Silvia zu verdanken habe. Seitdem ich mit ihr zusammen bin, läuft mein Leben eigentlich nur noch positiv ab. Alles, was ich anpacke, gelingt. Mir wurde klar, welches Glück ich gehabt habe, als mir diese Frau über den Weg gelaufen ist. Ist das wohl die große Liebe, die jeder, wenn überhaupt, nur einmal in seinem Leben erfährt? Auf dem nächsten Parkplatz hielt ich an, nahm Silvia in meine Arme und küsste sie lang und leidenschaftlich. Sie erwiderte meine Küsse erst zärtlich, dann auch mit einer Leidenschaft, die ich vorher in meinem Leben noch nie gekannt habe. Es war ein wunderschönes Gefühl, sie in meinen Armen zu halten, ihren Duft zu riechen und ihren wundervollen Körper zu spüren. Ich hätte sie am liebsten überhaupt nicht mehr losgelassen, doch es nützte alles nichts, der Weg nach Füssen war noch weit und es wurde immer später. Zufrieden und glücklich fuhren wir dann durch die wunderschöne Landschaft zurück in unser Hotel.
Am frühen Abend trafen wir dann wieder in unserem Hotel ein. Beschwingt und fröhlich gingen wir auf unser Hotelzimmer und waren froh, dass wir uns nun frisch machen konnten. Es war ja auch tagsüber sehr heiß und die Klamotten am Körper begannen nun am späten Nachmittag schon leicht zu kleben. Lächelnd verkniff ich es mir aber zu baden um

nicht doch noch in Gefahr zu laufen, die Feuerwehr rufen zu müssen, damit sie mich aus dieser super glatten Badewanne heraus holen muss und zog deshalb die Dusche vor. Nein, ich wusste es, dass ich nie wieder in dieser Badewanne einsteigen würde. Mittlerweile konnte ich aber schon über diese „Rettungsaktion" herzhaft lachen.
Total erfrischt und umgezogen schmiedeten wir dann Pläne, wie wir unseren Erfolg heute würdig feiern sollten. Wir hatten morgens nur gefrühstückt und tagsüber vor lauter Aufregung, bei dem, was wir erleben sollten, das Essen schlicht vergessen. Dementsprechend hatten wir, nachdem sich dieser positive Stress etwas gelegt hatte, ordentlich Hunger. Ich schlug vor, dass wir heute mal wieder die deftige, bayerische Küche probieren sollten. Silvia war sofort damit einverstanden und ich schlug den Haxenwirt vor, in dessen Lokal wir schon am Anfang unserer Österreich-Tour waren und es uns dort sehr gut gefallen hat. Eine knusprige Schweinshaxe mit Knödel oder andere bayerische Spezialitäten war jetzt in dieser Situation genau die optimale Nahrung für mich. Silvia freute sich auch sehr über diesen bayerischen Abend, denn der Druck, etwas erreichen zu müssen, war verflogen und das Schöne war, dass wir zwei Tage früher als geplant unsere Ziele schon erreicht hatten.
Wie jeden Abend, so auch an diesem, wollte ich die Mitarbeiterinnen in meinem Betrieb anrufen, um zu erfahren, ob alles o. k. ist. Es war für mich ein komisches Gefühl die Führung des Betriebes, in dem Silvia und ich tagtäglich nach dem Rechten sahen, anderen Leuten zu überlassen. Da es aber noch etwas früh war, beschloss ich den Anruf erst nach dem Restaurantbesuch zu tätigen. So brachen Silvia und ich auf, um unseren Hunger und Durst zu stillen. Wir freuten uns richtig auf diese deftige Mahlzeit. Im Restaurant angekommen, suchten wir uns einen freien Tisch und warteten freudig auf die Dinge, die da kommen würden. Es dauerte nicht lang, bis uns die Bedienung die Speisekarten brachte und die Getränkebestellung aufnahm. Silvia suchte sich aus der

Speisekarte einen bayerischen Krustenbraten mit hausgemachten Semmelknödeln aus und ich nahm die obligatorische gebackene Schweinshaxe mit einem Reiberkloß, Sauce und Salat. Zum Abschluss waren wir uns einig, dass es als Dessert noch eine Bayrisch Creme mit frischen Erdbeeren und Sahne sein sollte. Während wir auf das Essen warteten, unterhielten wir uns noch ausgiebig über das Unglaubliche, was wir heute erlebt hatten. Wir konnten es beide noch nicht glauben, dass ich kurz davor stand einen Plattenvertrag zu unterzeichnen. Ich war zwar sehr euphorisch, doch sagte ich zu Silvia, dass wir vielleicht doch erst mal abwarten sollten, bis wir den Vertrag zu Hause in Händen halten, bevor wir uns jetzt schon ausmalen, was dieser Vertrag für uns bedeutet. Ich fühlte mich immer noch, wie im Traum und hoffte, dass er nicht zerplatzte. Doch ich hatte nach dem Gespräch mit Herrn Rasinger den Eindruck von ihm gewonnen, dass er ein ganz seriöser Geschäftsmann war, der das auch hielt, was er versprach. Wie es sich später herausstellte, lag ich mit meiner Einschätzung total richtig.
Als wir alles Bestellte gegessen und getrunken hatten, waren wir gut gesättigt und rundum zufrieden. Es war wieder sehr lecker und ich fragte mich, wie die Köche die Schweinshaxn so knusprig gebacken bekommen. Sie haben bestimmt einen besonderen Ofen und ein gutes Händchen dafür. Aber jetzt wurde es Zeit die Rechnung zu bezahlen, denn ich wollte ja noch in meinem Betrieb anrufen. Ich zahlte dann die gar nicht mal so hohe Rechnung und wir fuhren zurück zum Hotel. Im Zimmer angekommen, ging ich sofort zum Telefon und wählte die Nummer meines Betriebes. Meine Mitarbeiterin meldete sich, und als ich ihr sagte, dass ich es bin, begann sie sofort sehr aufgeregt mir über große Probleme zu erzählen, die sie heute gehabt hat. Ihre Stimme überschlug sich und ich musste sie erst mal beruhigen, damit ich verstand, was los gewesen ist. Nachdem sie sich etwas beruhigt hatte, erzählte sie mir von einem Mann, der am späten Nachmittag in den Betrieb gekommen, ihr irgendeinen Ausweis unter die Nase gehalten

und gesagt hat, dass er jetzt den Betrieb untersuchen müsste. Er käme vom Veterinäramt. Etwas eingeschüchtert ließ sie ihn in die Küche und in die anderen Räumlichkeiten. Nach kurzer Zeit kam der Mann wieder aus der Küche und meinte, dass wohl eine Schranktür nicht in Ordnung sei und weil in dem Schrank Lebensmittel stehen würden, muss der Betrieb geschlossen werden, bis der Schrank erneuert ist. Ich dachte, dass ich nicht richtig höre oder im falschen Film bin. Auch an einen Scherz habe ich gedacht, aber meiner Mitarbeiterin war es todernst. Sie wirkte noch sehr verstört am Telefon, zumal ihr der Mann gesagt hat, dass er heute noch mal wiederkommt und dann den Laden schließen würde, sofern er nicht zu wäre. Mein erster Gedanke war, dass das Veterinäramt nicht so vorgeht, schon gar nicht wegen einer Schranktür, die nicht richtig schließt. Ich wusste nicht, was da los war und was geschehen ist, doch als sie mir sagte, dass sie Angst hat, den Laden aufzulassen, meinte ich zu ihr, dass sie abschließen solle, die Geräte säubern, die Abrechnung machen und dann kann sie in den Feierabend gehen. Ich komme morgen zurück und werde am frühen Nachmittag wieder im Betrieb sein. Ich merkte ihre Erleichterung, dass sie die Verantwortung wieder abgeben konnte. Sie war zwar schon längere Zeit bei mir beschäftigt und ich konnte ihr auch vertrauen, aber mit dem Veterinäramt hatte sie noch keine Erfahrung. Sie wusste auch nicht den Namen des Mannes, der sie so verunsichert hat. Ich wünschte ihr noch einen schönen Abend und sie solle sich nicht mehr aufregen. Morgen würde ich es klären.

Puh, so etwas hat mir jetzt auch noch gefehlt. Ich war mir zwar nicht sicher, dass das niemand vom Veterinäramt war, doch je länger ich darüber nachdachte, desto mehr hatte ich den Eindruck, dass dieser Vorfall von einem Mitbewerber oder jemandem der mir schaden wollte, verursacht wurde. Naja, morgen oder spätestens übermorgen würde ich mehr wissen. Silvia war auch die ganze Fröhlichkeit des Tages aus dem Gesicht gewichen und sie konnte sich auch nicht vorstellen, dass es ein Mann vom Amt gewesen ist. Wir kannten ja den

Mitarbeiter vom Veterinäramt, weil er schon seit Jahren einmal jährlich uns besuchte. Auf jeden Fall war der Abend für uns gelaufen und wir begannen die Koffer zu packen.
Als alles soweit fertig gepackt war, ging ich runter zur Rezeption und sagte der Mitarbeiterin dort, dass wir leider morgen schon abreisen müssten. Die Dame sagte mir freundlich, dass es kein Problem sei und sie würde die Rechnung für morgen früh fertigmachen. Etwas traurig, wegen der zwei „geklauten" Tage, ging ich zurück in unser Hotelzimmer. Als ich eintrat, sagte mir Silvia sofort, dass sie das alles ungerecht findet.
„Ja" erwiderte ich ihr. „Als Selbständiger ist man Jahrein, Jahraus für den Betrieb da. Oftmals sogar 14-16 Std. am Tag. Und wenn man dann mal die Möglichkeit hat, sich zwei Tage länger als geplant zu erholen, macht einem so ein Mist einen Strich durch die Rechnung. Aber wir können es nicht ändern, wir sind halt selbständig und haben es selbst gewählt. Aber die Selbständigkeit hat ja auch schöne Seiten" beeilte ich mich hinzuzufügen, obwohl ich mich im Moment nicht an die schönen Seiten erinnern konnte *lächel. Als wir so auf dem Bett saßen, bemerkten wir, wie schwer unsere Beine wurden. Der Tag war doch sehr anstrengend und das warme Wetter tat sein Übriges. Wir beschlossen den Tag ausklingen zu lassen und zu schlafen, damit wir morgen für die Fahrt wieder frisch waren. Mit einem Kuss wünschten wir uns eine gute Nacht und schöne Träume und schliefen auch sehr schnell tief und fest ein.

Anmerkung: *Ja, das war schon ein Ding mit der Plattenfirma Tyrolis im Zillertal. Trotz meines hohen Gewichtes, das mich daran hinderte ein Adonis und Frauenschwarm auf der Bühne zu sein, gab man mir einen Vertrag.*
Herr Rasinger faxte mir eine gute Woche nach unserem Gespräch die Verträge. Leider wollte er die Vertriebsrechte, die noch bei dem Tonstudio im Westerwald lagen. Ich habe mehrmals versucht

mit diesem Tonstudio, dass es heute gar nicht mehr gibt, zu verhandeln, doch sie blieben stur und uneinsichtig, obwohl sie nichts mehr für mich getan haben um dieses Album zu verkaufen.
Als einzigste Möglichkeit blieb mir nur noch der Klageweg. Diesbezüglich hatte ich schon mit einem Musikanwalt in Berlin gesprochen, aber das wäre sehr teuer geworden, hätte ich den Prozess verloren.
So dachte ich mir, dass es nur gutes Geld einer schlechten Sache hinterher werfen ist, wenn ich Klage einreichen würde.
Ich habe es auf sich beruhen lassen, keinen Plattenvertrag bekommen, doch ich weiß nicht ob alles anders gelaufen wäre, wenn ich das mit dem Gericht durchgezogen hätte

Kapitel 16

Friss dich krank – Das Schicksal schlägt zu

Als wir wieder zu Hause waren, rief ich am nächsten Werktag unverzüglich beim Veterinäramt an. Nachdem man mich ein paar Mal verbunden hatte, erwischte ich einen kompetenten Mitarbeiter am Telefon. Ich erzählte ihm meine Geschichte und er meinte, dass weder er noch einer seiner Kollegen bei mir gewesen sei. Ich hätte sofort die Polizei anrufen müssen, denn das wären eine Amtsanmaßung und damit eine Straftat gewesen. Nachdem ich ihm nochmals erzählte, dass nur eine Angestellte, die sich nicht mit dem Veterinäramt auskannte, vor Ort war, sagte er mir zum widerholten Mal dass, wenn so etwas wieder passieren sollte, sofort die Polizei verständigt werden müsse. Na gut, dann war der Fall für mich erledigt. Ich habe auch nicht versucht herauszufinden, wer dahinter gesteckt hat. Das wäre für mich sicherlich nur eine Anstrengung und der Erfolg bestimmt gleich null gewesen.
Wir waren jetzt wieder im Betrieb und das Leben, sowie die Arbeit nahmen ihren geregelten Gang. Es passierte nicht viel in den nächsten Monaten, außer dass ich ab und zu unterwegs war, wenn ich Auftritte hatte.
Mit meiner Ernährung ging es so lala. Ich vermied es die großen Kalorienbomben zu mir zu nehmen, doch für mich kochen hatte ich immer noch nicht auf dem Plan. Die ganz großen Fressattacken blieben aber Gott sei Dank aus. Nur merkte ich, dass ich wesentlich mehr Durst hatte wie früher. Ich trank dann aber nicht wie zu meinen besten Zeiten Cola, sondern seitdem Silvia mit mir zusammen war, gab es nur noch Cola light. Zuerst war ich ja etwas sauer darüber, aber im Laufe der Zeit hatte ich mich daran gewöhnt und irgendwann schmeckte sie mir sogar besser, als die richtige Cola.
Ich kann mich an einen Zwischenfall erinnern, der mein Leben total änderte. Eines Tages, ich hatte mich schon früher aus dem Betrieb verabschiedet, weil ich noch Büroarbeit und für Werbezwecke Handzettel und Plakate machen musste. Silvia brachte mir, als sie dann auch Feierabend hatte einen Umkarton mit 12 Tetrapack Multivitaminsaft mit. In dieser Nacht habe ich sehr lange, fast bis zum frühen Morgen vor dem PC gesessen. Da ich reichlich Durst

hatte trank ich einen Tetrapack Multivitaminsaft nach dem anderen. Ich dachte noch so, dass dieser Saft mehr Durst macht, wie er löscht. Irgendwann ging ich dann auch zu Bett.

Am nächsten Morgen als Silvia aufstand, bekam sie den 1. Schock zur frühen Stunde. Der ganze Multivitaminsaft war weg und die 12 leeren Tetrapacks standen an meinem Schreibtisch. Da ich bis fast zum frühen Morgen am PC gearbeitet habe, konnte ich noch etwas liegen bleiben, denn ich fing diesem Tag später an zu arbeiten.

Als ich dann in den Betrieb kam, bekam ich „mecker".

„Was hast du denn mit dem ganzen Vitaminsaft gemacht? Das waren doch 12 l" sagte Silvia. Irgendwie merkte ich hier an, dass sie sauer war.

„Ich habe die schwere Kiste mit den 12 Tetrapack extra mitgebracht, damit wir mal was anderes trinken können wie Cola light. Und du trinkst alles in einer Nacht weg" fügte sie noch hinzu.

„Ich hatte so einen Durst in dieser Nacht und der Vitaminsaft machte noch durstiger, statt den Durst zu löschen. Ich hab immer wieder die Verpackung mir an den Hals gehalten und irgendwann war dann alles leer" versuchte ich ihr eine Rechtfertigung zu geben.

„Aber sei mal ganz ehrlich, irgendetwas muss mit dir doch nicht stimmen. Wie kann man nur innerhalb von ein paar Stunden 12 l Multivitaminsaft trinken. Das ist doch nicht gesund. Du solltest mal zum Arzt gehen".

Irgendwie hatte sie ja auch recht. Als ich noch mal darüber nachdachte, kam mir das auch nicht geheuer vor. Es ging Silvia nicht um den Saft, sie machte sich Sorgen um mich. Aber da wir den Tag sehr viel zu tun hatten, wandten wir uns sehr schnell wieder unsere Arbeit zu.

Zunächst rief ich aber unseren Metzger an und bestellte bei ihm 300 Schnitzel. Jedes von ihnen sollten so 200-220 g haben. Das Schnitzel schneiden hatte unser Metzger raus. Es passte immer. Er sagte mir noch, dass ich nachmittags vorbeikommen und sie mitnehmen kann. Das habe ich dann auch getan.

Unterwegs auf der Fahrt zum Metzger machte ich mir dann doch mal Gedanken, was es sein könnte, mit meinem Durst. Irgendwas konnte da nicht stimmen. Manche meinten schon, dass ich davon Läuse im Bauch bekomme. Ich habe ja beim Knobeln mehr und schneller meine Cola light getrunken, wie die anderen ihr Bier Vielleicht sollte ich doch mal zum Arzt gehen und mich mal richtig durchchecken lassen. Jedenfalls nahm ich mir das vor. Doch nun waren erst mal die

Schnitzel wichtiger. In den nächsten Tagen machte ich mein Vorhaben wahr und fuhr dann doch zum Arzt, um mit ihm über meinen Schwindel und den Druck im Kopf zu reden. Ich hatte keinen Termin und so musste ich stundenlang im Wartezimmer warten. Aber das war mir egal, denn ich wollte endlich wissen, wie es um mich steht.

Als ich dann an der Reihe war, fragte mich der Doc was er für mich tun könne. Ich erzählte ihm, dass ich immer noch diese leidigen Beschwerden habe, dass mir ziemlich oft so schwummerig wäre und dass ich einen Druck manchmal auf Augen, manchmal auf Ohren und manchmal über den ganzen Kopf habe.

Er meinte, dass er nun erst mal von mir ein großes Blutbild machen würde und dazu musste er Blut abnehmen. Und er fügte auch noch hinzu, dass ich ja wohl wisse, dass ich dringend abnehmen müsse. Ja das Abnehmen, das ist bei jedem Arzt ein Thema. Zusätzlich meinte er noch, dass es nicht schlecht wäre, wenn ich auch das Rauchen dran geben würde. Aber das ist leichter gesagt wie getan.

Nachdem er mich noch abgehorcht und die Arzthelferin ein EKG von mir erstellt hatte, durfte ich mich wieder anziehen.

„In 2 Tagen habe ich die Blutwerte und dann werden wir weiter sehen" sagte der Doc und verabschiedete sich von mir. Ich solle aber wegen den Werten anrufen.

Etwas frustriert verließ ich die Praxis, weil ich schon wieder keine Diagnose hatte. Aber in diesem Moment verließ ich mich auf die Blutwerte, die vielleicht ein wenig mehr Klarheit mit meinem Schwindel bringen würden.

Silvia freute sich dass ich zum Arzt gegangen bin und sie war sehr optimistisch, dass bald doch etwas gefunden werden würde.

„So kann es doch nicht weitergehen. Die Ärzte müssten so langsam mal etwas finden" meinte sie voller Sorge zu mir.

„Ja ich hoffe es, denn ich habe das jetzt schon so lange mit dem Schwindel. Es wird höchste Zeit, dass das behandelt werden kann" antwortete ich ihr. Und ich hatte noch die Befürchtung, dass ich vielleicht eine sehr schwere Krankheit haben könnte, die bis jetzt bei mir nur noch nicht gefunden wurde.

„Ach was, das kann auch ein ganz kleines Problem sein, dass nur so große Wirkung hat" antwortete mir Silvia in einem beruhigenden Ton.
„Naja, dein Wort in Gottes Ohr. Ich bin gespannt darauf was dann herauskommt, wenn die Blutwerte da sind" murmelte ich mir in den Bart.
Zwei Tage später, wir waren gerade voll im Mittagsgeschäft, da klingelte das Telefon. Silvia ging dran und ich sah sofort an ihrem Gesichtsausdruck, dass sie etwas Negatives erfahren hatte. Ich bediente derweil die Kunden weiter, denn es war voll in unserem Geschäft.
Als sie den Hörer auflegte wollte ich natürlich wissen, wer angerufen hat und was los ist. Im vorbeigehen sagte sie nur zu mir, dass ich heute noch unbedingt zum Arzt muss, es sei sehr dringend.
„Oh je, ist wahrscheinlich doch eine schlimme Krankheit" dachte ich mir so etwas ängstlich. Doch ich wollte zum Arzt, denn ich musste einfach wissen was los war.
Nach dem Mittagsgeschäft fuhr ich schnell nach Hause, sprang schnell unter die Dusche und zog mir saubere Sachen an. Dann fuhr ich zu meinem Hausarzt. Es dauerte wieder etwas bis ich dran kam, doch dann war es soweit und ich ging in sein Sprechzimmer. Kurze Zeit später kam auch der Arzt, begrüßte mich und setzte sich in seinen Chefsessel. Er begann sofort mir mitzuteilen, dass meine Werte katastrophal schlecht seien. Besonders der Wert der Diabetes. Der Doc meinte, er hätte vom Blut einen Langzeitwert messen lassen. Der Hb1c (Langzeitwert) läge bei mir bei 15,3. Der Normalwert ist zwischen fünf und sechs.
„Oh je" dachte ich mir, „jetzt geht die Post ab".
„Wir müssen jetzt ganz schnell etwas tun" sagte der Doktor. „Nicht dass sie noch einen Zuckerschock bekommen. Der ist lebensgefährlich. Ich weise Sie jetzt in ein Krankenhaus ein, die werden mit Tabletten oder Insulin ihre Diabetes vorläufig in den Griff bekommen. Und zusätzlich werden sie dort an einer Schulung teilnehmen, was sie demnächst essen dürfen und was nicht. Das wichtigste ist bei ihnen jetzt das konsequente Abnehmen".
„Sie müssen sich im Klaren darüber sein, dass sie Diabetiker sind und den Rest ihres Lebens sich danach ernähren müssen. Diabetes ist nicht heilbar, aber wenn sie gut eingestellt ist, dann werden auch die Spätfolgen nicht so groß sein" fügte der Doktor an.

„Und was sind die Spätfolgen"? fragte ich den Arzt mit einem komischen Gefühl im Bauch.
„Offene Beine, Probleme mit den Augen, Nierenprobleme, Durchblutungsstörungen und alles so etwas. Deshalb ist es sehr wichtig, dass jetzt sofort etwas getan wird, bevor es zu spät ist. Diabetes ist eine sehr heimtückische Krankheit, die bei ihnen in 10-20 Jahren durch die Spätfolgen ihre ganze Lebensqualität nehmen kann. Deshalb jetzt sofort ins Krankenhaus, dass der hohe Langzeitwert wieder wesentlich gesenkt wird" klärte mich der Arzt auf.
Ich verabschiedete mich von dem Arzt und als ich draußen auf der Straße war, brach für mich eine Welt zusammen.
„Wie soll das denn bloß weitergehen, wenn ich kaum noch etwas was essen darf. Man, das ist doch kein Leben mehr. Ich war fix und fertig. Der Doc hatte mir noch gesagt, dass man mit Diabetes sehr gut leben kann, wenn man sich an einige Spielregeln hält. Ich wusste nur zu dem Zeitpunkt: keine Pommes frites mehr, keine diese, von mir so heiß geliebten Schwalbennester mehr, keine Majo mehr und wahrscheinlich auch keinen Kakao mehr, den ich oft und reichlich getrunken habe. Ich war sowas von am Boden. Die Einweisung für das Krankenhaus hatte ich, doch zunächst fuhr ich zu Silvia, um ihr Bescheid zu geben, was Sache ist. Als ich ihr das alles erzählt hatte, war sie ebenfalls sehr niedergeschlagen, und sie meinte, dass sie so etwas oder Ähnliches schon geahnt hatte. Wir riefen dann eine unserer Angestellten an und baten sie zu arbeiten, da Silvia für mich die Koffer für das Krankenhaus packen wollte und ich musste ja auch zusehen, dass ich nichts vergessen würde. Ach war das eine Aufregung. Ich war gespannt, was in den nächsten vierzehn Tagen auf mich zukommen würde.
Anderthalb Stunden später hatten wir im Betrieb alles geregelt, die Koffer waren auch gepackt und wir machten uns auf den Weg in das Krankenhaus. Mir ging es überhaupt nicht gut. Aber es nützte ja nichts, es musste dringend etwas geschehen. Sehr viele der Ernährungsberaterinnen versuchten mir schon zu helfen, doch es kam immer das gleiche (oder ist es dasselbe?) dabei raus. Nach deren Vorträgen habe ich immer gedacht, dass es nie im Leben über lange Zeit so funktionieren kann, wie sie es mir angedacht haben.
Na dann werde ich die nächste Beraterin wahrscheinlich im Krankenhaus erleben.

„Was werden die wohl sonst noch so mit mir machen" war mein nächster Gedanke. Etwas unwohl war mir schon. Vor allem von diesen Sprüchen der Ärzten, wenn sie Leute in meiner Gewichtsklasse sehen. Aber da musste ich jetzt durch, ob ich wollte oder nicht.

An dem Nachmittag und Abend wurde mit mir im Krankenhaus nicht mehr viel gemacht. Es wurde mir nur noch jede Menge Blut in sehr vielen Röhrchen abgenommen. Und das war's auch schon für den ersten Tag.

Am nächsten Morgen war Visite bei mir. Der Arzt kam rein, stellte sich vor mein Bett, begrüßte mich, sah mit sorgenvoller Miene auf mein Krankenblatt und schaute mich dann ernst an.

„Da müssen wir aber nun schnell was tun, damit es ihnen bald besser geht. Sie sind leider durch ihr Gewicht zum Diabetiker geworden. Wir werden das nun zunächst einmal mit Medikamenten bekämpfen" erklärte mir der Arzt".

. Sollte das nicht reichen, dann müsse ich mir wohl oder übel Insulin spritzen. Aber es hat so ausgesehen, dass mein Körper noch eigenes Insulin produziert. Nur durch das hohe Gewicht kann es nur sehr schlecht ins Blut gehen. Das A und O dieser ganzen Krankheit bei mir wäre, dass ich in der nächsten Zeit so viel wie möglich an Gewicht verlieren müsse. Dann würde auch der Zuckerspiegel wesentlich sinken. Als Unterstützung bekomme ich eine Diätassistentin an die Hand, die zusammen mit mir, in einem Kursus, zu dem ich dreimal hin müsste, einen Plan erarbeiten würde, was ich essen kann und worauf ich alles achten müsse. Wenn ich einige Dinge beachten würde, dann wäre es halb so schlimm. Dann verabschiedete sich der Doc wieder von mir und ich war leider wieder mit meinen Sorgen und Nöten allein.

Zwei Tage später war der erste Termin bei dieser Diätassistentin. Ich hatte mir eigentlich nicht viel davon versprochen und auch deshalb war meine Erwartungshaltung nicht so groß. Aber je länger ich der guten Frau zuhörte, desto interessanter wurde es für mich. Sie gab mir das Gefühl, dass ich es, trotz meines hohen Gewichtes, sehr gut schaffen könne viele Kilos zu verlieren. Sie meinte auch, dass ich mich mal mit dem Gedanken anfreunden solle, nur noch 1200-1300 kcal am Tag zu mir zu nehmen. Sie meinte aber auch, dass es nicht einfach werden würde, aber trotzdem gut zu schaffen ist. Dann lernte ich etwas über Broteinheiten (BE). Broteinheiten werden aus Kohlenhydraten berechnet. Eine Broteinheit sind 12 g

Kohlenhydrate. Ich sollte nicht mehr am Tag wie 12 BEs zu mir nehmen.

Das war die erste medizinische Assistentin, die mir erklären konnte, was in meinem Körper vorgeht und was ich dagegen tun muss. Außerdem hat sie mich bei diesen drei Sitzungen jedes Mal total motiviert. Ich merkte, wenn ich wieder zu Hause bin, dass ich ungefähr so essen muss, wie sie mir das vorgeschlagen hat. Trotzdem würde ich meine Lebensqualität nicht einbüßen.

Dann gab sie mir ein dickes Heftchen (Kalorien mundgerecht) in dem fast alle Lebensmittel drin standen, die man so kannte. Sogar mit den ganzen Nährwerten. Kcal, Kohlenhydrate, Fette, Eiweiß, Natrium und vieles mehr. Sogar von Fertigprodukten stand alles drin (Heute steht das ja auf jeder Packung, aber damals noch nicht). Ich war total überrascht, dass es sowas überhaupt gab. Da hatte ich reichlich zu lesen und habe mir auch schon mal die Lebensmittel heraus gesucht, die ich am häufigsten gegessen habe. Dabei lernte ich dann, dass ich doch so einige Sachen besser weglassen müsse und von anderen Dingen viel mehr essen könnte, wie ich es bisher getan habe. Jedenfalls war ich richtig motiviert. Nicht so wie früher, als ich am Anfang von FDH stand, nein, diese Motivation war stärker und kam bei mir von tief innen heraus. Zu dem damaligen Zeitpunkt kam bei mir zum ersten Mal der Wunsch auf, einmal im Leben Normalgewicht zu haben. Wenn ich aber überlegte, wie viel ich dafür abnehmen müsse, war ich dann doch nicht mehr so sicher, ob ich das überhaupt jemals schaffen würde. Mir war es bewusst, dass es eine sehr lange Zeit brauchen wird und dass ich nicht zu schnell abnehmen dürfe, denn schnell abgenommen heißt auch schnell wieder drauf.

Aber man kennt das ja. Zunächst ist man total motiviert und meint, dass es jetzt richtig losgeht. Aber wie wird das in sechs Wochen sein, wenn ich immer noch bei dieser Ernährungsumstellung bin und ich nicht mehr so viel Gewicht in der Woche verliere. Halte ich durch, oder verfalle ich wieder in den alten Trott?

Nach ungefähr zwei Wochen wurde ich aus dem Krankenhaus entlassen.

Im Krankenhaus habe ich mir schon überlegt, was ich nach meiner Entlassung für Silvia und mich kochen könnte. „Kalorien mundgerecht" hat mir sehr dabei geholfen. Und die Zeit in der Klinik ging auch schneller vorbei, weil ja nichts mehr mit mir gemacht wurde. Ich merkte, dass die Tabletten, die ich dort bekommen hatte,

mir nicht so gut taten. Dieses Schwummerige im Körper hat sich, ich nehme an durch die Tabletten, wesentlich verstärkt. Aber ich hatte die Hoffnung, wenn ich Gewicht verlieren würde, dass es mir dann besser geht. Das hatten jedenfalls auch die Ärzte im Krankenhaus gesagt….. Welch eine Fehldiagnose.
Jedenfalls lief ich beim Einkaufen nur noch mit diesem Kalorienheftchen herum. Ich versuchte die 1200 kcal/Tag
nicht zu überschreiten. Leider waren da ab und zu Gerichte dabei, die man gar nicht als Mittagessen oder so bezeichnen konnte. Ich nahm das am Anfang aber in Kauf, denn der Gewichtsverlust gab mir ja auch recht. Langsam purzelten die Kilos und auf der Waage konnte ich sehr oft gute Fortschritte
verzeichnen. Aber natürlich hatte ich auch Hunger. Mir kann niemand erzählen, dass er oder sie bei einer Diät keinen Hunger hat und trotzdem abnimmt. Dafür mache ich das schon zu lange und hab Erfahrungen ohne Ende gesammelt. Aber damals habe ich mir immer gesagt: „Wer schön sein will muss leiden. Und außerdem merkt man, wenn man Hunger hat, dass sich im Körper was tut.
Ich glaube, ich habe in dieser damaligen Zeit jeden um mich herum fürchterlich genervt. Es drehte sich bei mir alles nur noch rund ums Essen bei mir. Dafür danke ich z.B. Silvia, dass sie das alles ertragen hat. Essen und Ernährung war damals für mich das Wichtigste in meinem Leben. Und je mehr ich abnahm, desto motivierter wurde ich. Wichtig ist auch, dass der Partner mitspielt. Nicht, das er oder sie jeden Tag anfeuert, sondern das, was der abnehmende Partner macht auch akzeptiert und ihn dabei unterstützt.
Aber glauben Sie nicht lieber Leser liebe Leserin ich hätte das alles ganz ohne einen Jojo geschafft. Wenn man Monate lang die Ernährung umgestellt und dabei auch oft Hunger hat, dann kommt irgendwann mal der Zeitpunkt, wo es einfach nicht mehr geht. Ich habe dann versucht, dass erreichte Gewicht zu halten. Manchmal klappte es eine Zeit lang, manchmal ging ich auch wieder etwas hoch. Ich habe mir nie Vorwürfe gemacht, wenn ich manchmal wieder etwas zunahm, sondern habe mir die Jojos erlaubt. Ich wusste ja, dass es wieder weitergeht, mit dem Gewichtsverlust. Von dem Gedanken, dass ich in 2-3 Jahren schlank sein könnte, hatte ich mich sowieso schon längst verabschiedet. Aber ich wollte weiter runter mit dem Gewicht. Ich wollte auch mal ein Hemd für 10 D-Mark kaufen, dass ich eine Saison tragen und wenn es dann schlecht würde einfach wegschmeißen konnte. Bisher musste ich ja immer super

teure Hemden kaufen. Das ging mir alles im Kopf herum, wenn ich mal keine Lust mehr auf hungern hatte. Danach ging es mir dann wieder besser. Ich wusste aber auch zu der Zeit, dass es für mich noch nicht die richtige Ernährungsform ist. Die musste ich weiterhin suchen. Selbst wenn ich jetzt ungefähr wusste, wie viele kcal ich am Tag esse, weil ich mir alles, so gut es ging, aufgeschrieben habe, wusste ich aber nie hundertprozentig, ob ich nicht doch irgendetwas vergessen habe zu notieren. Ja, abnehmen und das alles nachhalten war damals eine sehr schwere Sache. Wenn ich daran denke wie einfach das heute ist…..

Wir hatten mittlerweile einen zweiten Betrieb aufgemacht, ein Restaurant ein paar Orte weiter entfernt und wir wohnten Gott sei Dank eines Umzuges nun in der Nähe der Betriebe. Die lange Fahrerei jeden Abend war damit Geschichte.

Es war eine sehr schöne Wohnung, vor allen Dingen weil sie schön groß war. Das Wohnzimmer konnte man sehr gut abtrennen, sodass ich mir dort noch ein Büro einrichten konnte. Und alles mit Fußbodenheizung – herrlich. Es war eine Einliegerwohnung in einer, ich würde sagen Villa, sehr schön gelegen an einem Ortsteilrand.

Das Einzigste, was ich nicht so gut fand an der Lage der Wohnung war, dass man dort zwingend ein Auto brauchte. Ohne Auto war man dort aufgeschmissen. Ich glaube in der Woche fuhr dreimal am Tag ein Bus und am Wochenende nur einmal.

Ich kann mich noch daran erinnern, dass ich mir einmal im Grill bei Ladenschluss ein Taxi rufen wollte, da mein Auto zu dem Zeitpunkt in der Werkstatt war. Silvia konnte ich nicht erreichen, das hätte auch nichts genützt sie war in dem anderen Betrieb, der noch ein paar Stunden länger geöffnet hatte.

Es war kaum zu glauben, aber in der Taxizentrale ging niemand ans Telefon. Ich hatte mir dann gedacht, dass ich etwas warte und dann noch einmal anrufe, doch auch beim zweiten und auch beim dritten Anruf ging niemand ans Telefon. Oh man, wie sollte ich jetzt nach Hause kommen? Den langen, weiten Weg laufen? Das ging doch nur bergauf zu unserer Wohnung. Neee, das darf doch wohl jetzt nicht wahr sein. Dabei war es mir so fürchterlich schwindelig und schwummerig. Man man man, so ein paar Kilometer waren das schon. Und ich mit meinem Gewicht – das soll mir was geben. Hoffentlich komm ich überhaupt zu Hause an. Das einzigste Handy dass wir hatten, so ein Yuppie-Knochen, total schwer und

unhandlich, hatte Silvia bei sich im Betrieb. Sie musste ja nach Feierabend noch weiter fahren und wenn dann mal was passieren sollte, war es mir sicherer.
Es nützte alles nichts. Es war keine Mitfahrgelegenheit weit und breit zu sehen. Ich verstaute die Tageseinnahmen an meinem Körper, denn jetzt zur Bank zu gehen, das wäre ja noch wesentlich weiter geworden. Nee, ich war so schon froh, dass ich mein Leben hatte.
Ich ging dann langsam über die Straße und den langen Weg hoch zu unserer Wohnung. Zwischendurch hoffte ich immer mal, dass am Wegesrand eine Bank stehen würde, auf die ich mich etwas ausruhen konnte. Aber dem war leider nicht so. Ab und zu dachte ich wohl mal, dass ich es bestimmt nicht schaffen würde, weil mir so elendig zumute war. Aber ich ging weiter langsam aber sicher Richtung Wohnung.
Der Weg kam mir so vor, als ob er immer länger wurde. Meine Beine wurden ganz langsam lahm und ich sehnte die Zeit herbei, dass ich den Eingang zu unserer Wohnung sehen würde. Aber das dauerte noch eine ganze Zeit. Oh man war ich sauer – auf das Taxiunternehmen.
Da denkt man den ganzen Tag über an nichts Schlimmes – und dann sowas. Das hatte mir gerade noch gefehlt. Aber ich lief langsam und kontinuierlich weiter.
Dann endlich war es doch soweit. Ich sah meinen Wohnungseingang.
„Jetzt waren es nur noch 300 m und die werde ich auch noch schaffen" dachte ich mir nur so, um auf andere Gedanken zu kommen und von meinen Beschwerden abzulenken. Aber irgendwann hatte ich es doch geschafft. Ich schloss die Tür auf und war in der Wohnung. Als erstes ging ich sofort ins Wohnzimmer und setzte mich auf die Couch. Man, was war das für ein klasse Gefühl. In Gedanken schimpfte ich immer noch auf dieses Taxiunternehmen, als ich merkte, dass es mir auf einmal so richtig gut ging. Es fühlte sich so an als ob ich total fit wäre. Mit so etwas hätte ich nie gerechnet.
„Vielleicht sollte ich öfters mal so einen Gewaltmarsch (für mich war das einer) machen. Ich war noch immer sehr erstaunt, aber mir ging es nun richtig prima. Als Silvia einige Stunden später nach Hause kam, erzählte ich ihr von dem Vorfall, doch sie lachte nur und meinte, dass mir das wohl mal so richtig gut getan hätte.

Aber sonst fühlten wir uns in der Wohnung zunächst richtig wohl.
Wir hatten nun aber nur noch ein Problem. Da wir ja in den beiden Betrieben von morgens bis spät abends arbeiteten und eigentlich nur noch zum Schlafen zu Hause waren, kam die Hausarbeit ein wenig zu kurz. Gut, wir machten ja nichts dreckig, aber die Wäsche musste auch mal gewaschen werden, vor allem die Handtücher und Küchentücher für die Betriebe. Wir überlegten eine Zeit lang, wie wir das bewerkstelligen könnten, aber dann kamen wir zu dem Entschluss, dass wir wohl dringend für ein paar Stunden in der Woche eine Haushaltshilfe benötigten.
Für die nächste Ausgabe unserer Heimatzeitung haben wir dann eine Annonce geschaltet. Es gab viele Bewerberinnen, doch unsere Wahl fiel auf eine Frau in den mittleren Jahren, mit der wir uns sofort gut verstanden. Sie sollte dann diese Sachen bei uns in der Wohnung machen, für die wir gar keine Zeit mehr hatten.
Natürlich wussten wir nicht, ob diese Frau auch ehrlich war, man guckt den Menschen ja nur vor den Kopf. Deshalb habe ich mal ein wenig Geld liegen gelassen, oder auch Dinge in den Schränken so gestellt, dass ich hinterher sehen konnte, ob da jemand dran war. Aber meine leichten Befürchtungen waren total unbegründet. Die gute Frau legte mir alles auf den Schreibtisch, was sie fand. Und auch als Haushaltshilfe war sie einsame Spitze. Silvia meinte später zu mir, sie hätte noch nie so gut gebügelte Blusen und ich noch nie so gut gebügelte Hemden gehabt. Ja, sie war wirklich klasse.
Das Restaurant wurde erst ab 17:00 Uhr geöffnet, deshalb konnte ich morgens und mittags Zuhause die Bücher und alles was für die Betriebe am PC anfiel von Zuhause aus machen.
Aber eins war komisch in der Wohnung. Wenn ich morgens so ganz allein am Schreibtisch saß, hatte ich immer das Gefühl, es wäre noch jemand in der Wohnung. Oder auch wenn ich dort saß, spürte ich oft einen Windzug in meinem Nacken. Ich habe dann öfter mal geguckt, dass kein Durchzug in der Wohnung war – doch meistens waren die Fenster alle geschlossen oder ich machte sie zu. Trotzdem schlugen öfters die Türen einfach ins Schloss. So verging eine ganze Weile.
Irgendwann sagte Silvia mir mal, dass bei uns in der Wohnung irgendetwas nicht stimmen würde. Ich fragte sie, was das denn sein könnte? Sie konnte es mir nicht beschreiben, aber irgendwie fühlte sie sich nicht wohl. Sie hatte ebenfalls das Gefühl, dass sie nicht allein war, selbst wenn kein anderer mit ihr in der Wohnung war.

„Du siehst Gespenster" sagte ich lachend zu ihr. Hier ist doch alles normal. Aber damit gab sie sich nicht zufrieden. Sie blieb dabei, dass etwas in der Wohnung nicht stimmte. Ich sah ihr an, dass sie das sehr ernst meinte.

Ich fragte sie, was wir denn Ihrer Meinung nach machen sollten. Sollen wir denn schon wieder umziehen? Sie sagte einfach nur: „Ja". Oh man, das hat mir jetzt gerade auch noch gefehlt. Jetzt wohnen wir schon Monate in dieser Wohnung und nun sowas. Ich sagte ihr, dass das wahrscheinlich alles eine ganz einfache physikalische Erklärung hätte. Aber welche, das wusste ich leider auch nicht.

Ich dachte mir nur so als ich wieder allein war: „und wenn es ein Geist ist, ist es mir auch egal. So lange er mich in Ruhe lässt, kann er hier herumschwirren, soviel er will".

Aber es passierte mehr in den nächsten Monaten in unserer Wohnung. Es begannen plötzlich Wasserhähne richtig fest zu laufen, obwohl niemand sie berührt hatte. Einmal fielen die Handtücher, die auf dem Wäscheständer waren mit einem Ruck alle zusammen runter. Ja, etwas komisch war es schon, aber ich machte mir da trotzdem nichts draus.

Irgendwann ging unsere Haushaltshilfe auf Silvia zu und sagte ihr leise, dass sie nicht mehr bei uns arbeiten möchte. Silvia war total konsterniert und fragte sie auch wieso und warum. Daraufhin meinte sie, dass in der Wohnung irgendetwas nicht stimmt. Oh man, das war Wind auf die Mühlen von Silvia. Jetzt ist unsere Haushaltshilfe die zweite Frau die glaubt, dass es bei uns spukt. Nachdem Silvia mir Bescheid gesagt hatte und ich dazugekommen war, sind wir so verblieben, dass sie nur noch dann bei uns arbeitet, wenn einer von uns mit in der Wohnung ist. Alleine hatte sie Angst.

Ich hab mir nur so gedacht, dass man das keinem erzählen darf. Die halten einen alle für bekloppt.

Wir haben uns dann nach diesen Vorfällen natürlich erkundigt, was mit dem Haus los ist und haben erfahren, dass vor gar nicht zu langer Zeit sich die Ehefrau des Vermieters dort am Tage ihrer Abfahrt in den Urlaubsort erhängt hat. Der kleine Sohn von ihr hat sie gefunden und mein Hausarzt hatte sie abgeschnitten. Das war eine richtige Tragödie, aber sie war vor unserer Zeit dort.

Dann, ein paar Monate später, meldete der Vermieter Eigenbedarf für unsere Wohnung an. Wir waren richtig geschockt und wir wollten da eigentlich auch nicht raus. Um uns doch noch umzustimmen, hatten wir plötzlich kein heißes Wasser mehr, oder wir hatten kein kaltes Wasser mehr und meistens passierte das wenn man unter der Dusche stand. Wir hatten noch überlegt nachprüfen zu lassen, ob das rechtlich alles o. k. ist, was der Vermieter mit uns macht, doch wir suchten erst mal schnell eine neue Wohnung. Durch unsere Kunden fanden wir auch relativ schnell eine. Als wir zur Schlüsselübergabe der alten Wohnung bei dem Vermieter waren, sagte uns die neue Lebensgefährtin des Mannes, dass wir die Kündigung bekommen hätten, weil sie und ihr Lebensgefährte in unsere Wohnung einziehen wollen. Und ganz leise fügte sie noch hinzu, dass es bei ihr oben in der großen Wohnung spukt. Ich sah ihr an, dass ihr unwohl war, als sie uns das sagte, aber ich erwiderte ihr, dass sie dann gar nicht umzuziehen brauche, denn bei uns in der Wohnung ist der gleiche Geist auch. Da fiel ihr das Gesicht runter. Aber irgendwie tat mir das gut nach all dem ganzen Ärger, den wir in der letzten Zeit mit unserem Vermieter gehabt hatten.

Was noch interessant war: einige Monate nachdem wir aus dieser Wohnung ausgezogen sind, kam ein Mann in unseren Imbiss, wartete bis alle Kunden bedient und wieder weg waren und fragte dann Silvia, ob sie die Frau wäre, die mit ihrem Mann in dieser Wohnung gewohnt hätte. Nachdem Silvia das bestätigte, sagte er im Vertrauen zu ihr, dass er bald wahnsinnig würde. Seine Frau will unbedingt aus dieser Wohnung raus, weil es da spuken würde. Silvia hat ihm erzählt, was uns widerfahren ist und kurze Zeit ist er dann auch ausgezogen.

Das Haus wurde in den nächsten Jahren dreimal verkauft….. Woran das wohl gelegen hat?

In dem Restaurant lernte ich eine junge Frau kennen, die Sängerin in einer Band war. Sie wurde aber von dieser Band kaum berücksichtigt, obwohl sie eine Riesenstimme hatte. Nachdem wir uns ein paar Mal unterhalten haben, fragte ich sie, ob sie nicht Lust hätte mit noch ein paar anderen Leuten in einer Countryband zu singen und zu spielen. Sie spielte ja auch Leadgitarre. Sie willigte ein und ab dem Zeitpunkt suchte ich Musiker. Glücklicherweise fand ich in den nächsten Wochen einen Schlagzeuger, einen Bassisten und zur Aushilfe einen Steelgitarristen. Der Schlagzeuger hatte einen Proberaum, in dem wir zwei bis dreimal in der Woche proben konnten. Ich stellte ein Programm auf die Beine und das musste richtig gut einstudiert werden. Das dauerte natürlich seine Zeit, doch langsam aber sicher wurden wir immer besser. Die Sängerin hatte eine tolle zweite Stimme und es hörte sich super an, wenn wir beide im Duett gesungen haben.

Ich kaufte mir eine größere Gesangsanlage und eine Lichtanlage, sodass ich hinterher bis zu siebenhundert Leute beschallen konnte.
Dann suchte ich mir Auftrittsmöglichkeiten, telefonierte ohne Ende, verschickte Werbematerial, aber ganz langsam im Laufe der Zeit begann es, sich zu lohnen. Wir bekamen unsere Auftritte und wurden auch von Mal zu Mal besser. Ich weiß gar nicht wie wir das damals auf die Reihe bekommen hatten mit den zwei Läden, den Proben und den Auftritten. Aber es ging. Ich verlor weiter an Gewicht, was wahrscheinlich mit dem Stress zu tun hatte, dem ich zu dieser Zeit ausgesetzt war.

Aber ich hatte immer noch Hunger. Es war manchmal so schlimm, dass ich nachts von Eisbeinen, Schwalbennestern, Pommes frites und Mayonnaise träumte, zusätzlich auch noch Magenschmerzen hatte, weil ich zu wenig aß. Aber wenn ich einmal drin war in der Nahrungsumstellung, dann ließ ich mich auch so schnell durch nichts abbringen davon.

Ich weiß es noch wie heute. Bis 150 kg lachten die Kinder, wenn sie mich sahen oder machten dumme Sprüche. Unter 150 kg hörte das schlagartig auf.

Jetzt hatte ich schon einiges abgenommen, wog so ca. 140 kg und doch war mir noch so oft schwummerig und schwindelig. Klar, die Ärzte sagten immer, dass es bei weitem noch nicht genug ist, was ich abgenommen habe. Ich müsse weiter am Ball bleiben, damit es besser werden sollte. Irgendwie vertraute ich noch den Ärzten, denn ich konnte ja nichts Gegenteiliges beweisen. Ich wollte aber wissen, wie das ist mit dem Schwindel, wenn ich noch weitere 30 kg verlieren würde. An mein Normalgewicht glaubte ich nicht, aber ich

dachte mir, wenn ich so 110-120 kg wiegen würde, dann wäre das genug. Ich bin ja mit 1,86 m auch nicht gerade klein.
Mit meinem Essen hat sich mittlerweile auch etwas getan. Ich entdeckte von einem großen Lebensmittelhersteller, dessen Name ich hier nicht nennen möchte, diese Tütchen, die das Kochen sehr vereinfachen sollten. Im Supermarkt waren auch ganze Regalwände voll mit diesen Tütchen. Ich probierte Rezepte mit diesen Tüten aus und sie schmeckten mir, obwohl ich wusste, dass da Geschmacksverstärker, Farbstoffe viele E-Nummern usw. drin sind. Ich hatte ja schon immer gesagt, dass die Nahrung, die ich zu mir nehme, nicht im Entferntesten nach Diät aussehen darf, damit ich das alles über längere Zeit durchhalten kann. Und das war bei den Tüten nicht der Fall.
Und mein Kopf musste mitspielen. Sie glauben gar nicht liebe Leserin, lieber Leser wie oft ich mir eingeredet habe, dass diese 1200 kcal-Ernährungsumstellung das Normalste von der Welt ist. Dass alle Leute so essen würden. Ich wollte mich nicht daran erinnern müssen, dass ich abnehme.
Es hat Jahre gedauert, bis der Kopf mitgespielt hat und wenn ich Hunger hatte, er mich nicht jedes Mal daran erinnerte, dass ich am abnehmen war.
Wir haben diese Tütenwirtschaft relativ lange gemacht, ich glaube sogar zwei Jahre, bis wir leider irgendwann feststellen mussten, dass Silvia wahrscheinlich von den Inhaltsstoffen der Tüten begonnen hat, allergisch zu reagieren. Zuerst habe ich das noch so abgetan, aber nach einer Weile wurde mir das auch klar, dass es von den Tüten kommt. So musste ich mir etwas anderes einfallen lassen. Ohne diese Tüten war das Kochen doch etwas aufwendiger, aber ich kochte gern und es schmeckte plötzlich viel besser. Irgendwie haben die Saucen aus den Tüten immer den gleichen Grundgeschmack gehabt, egal wie man sie auch zusätzlich abschmeckte. Jetzt essen wir schon seit vielen Jahren unsere Mahlzeiten ohne Geschmacksverstärker und das ist sehr lecker so.
Mit der Musik lief es ebenfalls ganz gut. Mir machte es sehr viel Spaß auf der Bühne zu stehen und vor allen Dingen eine Band im Rücken zu haben. Das war doch ganz was anderes, wie damals noch als Solokünstler mit Teil Playbacks oder nur mit einer Gitarre
Dann eines Tages musste ich mit der Band für eine Woche auf eine großen Messe um Musik zu machen..........

Anmerkung: *Die Zeit mit der Diagnose Diabetes war eine der schlimmsten Zeiten in meinem Leben. Ich habe zwar gehört, was mir die Ärzte sagten, doch begriffen habe ich das erst viel später. Jetzt musste ich abnehmen, ob ich wollte oder nicht, zumindest wenn ich älter werden wollte. Die Ärzte haben mir auch sehr viel Angst gemacht und mittlerweile weiß ich ja, was alles passieren kann durch diesen blöden Diabetes.*
Aber es dauerte halt, bis ich meine Ernährung so umstellen konnte, dass die Glukosewerte weit runter fielen.
Es gab aber auch immer wieder Monate, in denen ich in meinen alten Trott zurück fiel, doch meiner Beharrlichkeit ist es zu verdanken, dass ich nach einer Zeit immer wieder neu anfing und weitermachte mein Gewicht zu reduzieren. Es ist nicht einfach, aber man muss sich halt Prioritäten setzen und einfach nur dranbleiben, egal was auch passiert. Dann funktioniert das auf sensationelle Weise sehr gut.

Kapitel 17

Abnehmen unter extremen Stress

Die Band und ich trafen uns morgens in der Woche jeden Tag um 9:00 Uhr, packten die Anlage ins Auto und fuhren dann erst einmal gemütlich frühstücken. Als wir das erledigt hatten, machten wir uns auf den gut 200 km weiten Weg zu dem Messegelände. Die Auftritte waren am frühen Nachmittag und um 18:00 Uhr war unser Engagement beendet. Dann ging es wieder die gut 200 km zurück nach Hause.
Das machte uns sehr viel Spaß, obwohl es auch ziemlich stressig war. Doch es war mal etwas anderes wie die tägliche Arbeit zu Hause, auch wenn die Musik für uns ebenfalls Arbeit bedeutete. Silvia hatte sich wieder mal eine Lungenentzündung eingefangen und blieb zuhause ziemlich schlapp am Telefon, um für die Mitarbeiter da zu sein, wenn irgendwas Unvorhergesehenes geschehen sollte. Ja, in dieser Woche wurden die Betriebe nach meiner Anweisung nur durch die Mitarbeiter geführt. Hoffentlich ging das gut. Aber ich hatte da ein gutes Gefühl.
Ich hatte jeden Tag eines meiner Showhemden an, die mir mal vor längerer Zeit genäht wurden und mittlerweile schon etwas weiter geworden waren. Als ich sie anzog, hatte ich das Gefühl, dass das Abnehmen in meinen Augen schon größere Fortschritte gemacht hat. Auch wenn es andere noch nicht sahen, aber ich merkte es, dass ich Gewicht verloren hatte. Ja, abnehmen ist eine langwierige Geschichte. Ich hatte dieses Gewicht ja auch nicht in ein paar Monaten zugenommen. Aber durch dieses Erfolgserlebnis fiel es mir auch etwas leichter, weiter zu machen mit der Ernährungsumstellung, um irgendwann einmal mein Ziel zu erreichen. Aber was war mein Ziel eigentlich? Zu dem damaligen Zeitpunkt wollte ich zuerst einmal nur, dass mir meine Klamotten viel besser passen würden. Ein anderes Ziel hatte ich noch nicht. Das würde erst viel später kommen.
Zu der Zeit auf der Messe waren Handys total in Mode gekommen. Telefonzellen gab es auf dem Messegelände fast überhaupt nicht mehr. Dafür hörte man es an jeder Ecke klingeln und bimmeln. Die Einkäufer waren nun wesentlich leichter zu erreichen. Wir hatten

zwar auch schon ein Handy, aber das war, wie ich es schon im vorherigen Kapitel beschrieben habe, so klobig und vor allen Dingen sehr teuer, dass ich es gar nicht zu den Messetagen mitgenommen habe. Ich konnte ja auch nicht wissen, dass auf dem Messegelände nur ganz wenige Telefonzellen standen und außerdem waren wir ja auch jeden Abend wieder zu Hause.

Die Musik lief gut, wir liefen zu Höchstform auf und hatten in der 3 x 45minütigen Show ein fulminantes Programm auf die Beine gestellt. Meistens dauerte es aber noch ein wenig länger, weil wir einige Zugaben geben mussten. Es war schon interessant. Da waren Geschäftsleute mit Anzug und Krawatte, doch vor der Bühne wurde im Takt geklatscht, mitgesungen und ich denke dass diese Leute für einige Zeit ihren geschäftlichen Auftrag hinten angestellt haben. Wir haben sie mitgenommen in das Land der Cowboys, Indianer, Trucker, Spieler und Revolverhelden. Besonders meine Sängerin hat es den Leuten vor der Bühne angetan. Mit ihren langen blonden Haaren war sie auch ein richtig hübsches Ding. Der erste Tag war schon ein voller Erfolg, und so fuhren wir dann um kurz nach 18:00 Uhr wieder in Richtung Heimat, um morgen, am frühen Nachmittag, hier wieder auf der Bühne zu stehen.

Gegen 21:00 Uhr waren wir dann endlich zu Hause. Der Tag war lang. Aber bevor ich es mir im Wohnzimmer gemütlich machte, fuhr ich noch eben schnell am Grill vorbei, um dort zu sehen, ob alles in Ordnung ist. Dabei fiel mir ein, dass ich heute Mittag und heute Abend noch gar nichts gegessen hatte. So nahm ich mir noch zwei Frikadellen und fuhr dann die Wohnung. Ich ließ die Musikanlage und die Lichtanlage im Auto, in der Hoffnung, dass sie am nächsten Morgen noch drin sein würde. Dann war es endlich soweit, ich hatte Feierabend. Als ich in unsere Wohnung trat, lag Silvia auf der Couch. Ich ging zu ihr hin und begrüßte sie mit einem dicken Kuss. Nachdem ich mich erkundigt hatte, wie es ihr mit ihrer Lungenentzündung geht, warf ich noch einen Blick auf die Umsatzzahlen des Tages und war sehr zufrieden für einen Montag.

Nur Silvia mit ihrer Lungenentzündung machte mir etwas Sorgen. Es war nicht das erste Mal, dass die Ärzte ihr diese Krankheit diagnostiziert haben. Irgendwie war mir das zu oft. Ich hoffte nicht, dass das ganz was anderes war. Was genau das aber sein konnte, wusste ich natürlich nicht. Ich bin ja auch kein Arzt. Aber irgendwie hatte ich immer ein ungutes Gefühl, wenn ich an Silvia dachte und es ihr nicht so gut ging.

Wir redeten noch ein wenig über den Tag, wie er gelaufen ist. Ich aß derweil genüsslich meine beiden Frikadellen. Irgendwie hatte ich danach immer noch Hunger, aber ich riss mich zusammen und dachte mir, dass es für den Tag mit dem Essen jetzt gut wäre. Morgen würde es weitergehen. Dann merkte ich aber auch, dass ich rechtschaffen müde war. Der Tag war doch um einiges anstrengender, als ich es vorher vermutet hatte. Dann ging ich aber auch schon ins Bett und schlief sehr schnell, tief und fest, ein.
Als ich am nächsten Tag aufwachte, taten mir irgendwie alle Knochen weh. Das war bestimmt das Ungewohnte vom Vortag, an das ich mich erst mal gewöhnen musste. Aber sonst war ich relativ fit. Im Bad machte ich mich frisch, zog mich an und war schon vorbereitet für den heutigen Auftritt. Die Showklamotten packte ich in meine Tasche, denn ich zog mich immer erst kurz vor Auftritt am Ort um. Nun frühstückte ich noch kurz, rechnete mir meine Broteinheiten aus und war zufrieden.
„Wenn ich doch nur schon mehr Gewicht weg hätte, das dauert soooo lange und ich kann doch nicht mein ganzes Leben so essen" jammerte ich ein wenig bei Silvia.
„Ach das wird schon mit der Zeit, du brauchst nur viel Geduld, dann wird es schon werden. Wir haben schon so viel geschafft, das wirst du mit Sicherheit auch schaffen" antwortete sie mir motivierend.
Ja, Silvia war schon klasse. Nicht ein böses Wort kam von ihr über ihre Lippen. Obwohl, sie wusste schon was sie wollte und vor allem was sie nicht wollte. Darin war sie auch resolut. Ab und zu bekam ich dann auch mal „mecker" wenn sie anderer Meinung war wie ich. Aber das blöde war, mit ihrer Meinung lag sie immer zu 99 % richtig. Ich konnte nie etwas dagegen sagen *lach. Doch ich liebte sie so wie sie war, denn sie war genau richtig für mich.
Dann ging es aber los. Ich holte die Musiker ab, die packten ihre Instrumente ins Auto und wir begannen unsere Fahrt zum nächsten Auftritt. Der Morgen versprach, dass es ein schöner Tag werden sollte. Das war auch wichtig, denn wir spielten ja „open air". Bei Regen wäre das nicht so der Bringer gewesen. Aber die Sonne schien und wir waren alle gut gelaunt und scherzten schon am frühen Morgen. Es war komisch, wir brauchten ca. anderthalb Stunden zur Messestadt, das meiste davon war Autobahn und dann noch einmal anderthalb Stunden vom Stadtrand zum Messegelände. Man, war das immer ein Verkehr auf den Straßen. Aber wir sind ja früh

losgefahren, sodass wir immer überpünktlich am Auftrittsort angekommen sind.

Dann begann wieder der leidige Aufbau der Musik-und Lichtanlage. Wir mussten mit den Geräten etwas weiter laufen, da wir an dem Tag nicht direkt bis vor die Bühne fahren konnten. Unser Schlagzeuger schimpfte darüber, weil seine Teile so schwer waren und er so weit laufen musste.

„Du hättest Flöte lernen sollen und nicht Schlagzeug, dann hättest du jetzt diese Probleme nicht" sagte ich ihm lachend. Aber nachdem wir ihm geholfen hatten, stand irgendwann dann alles so, wie es stehen musste. Nun noch eben alles anschließen, danach ein kurzer Soundcheck und dann konnte es auch bald schon losgehen.

Ich hatte herausgefunden, dass die Firma, die uns gebucht hatte, für uns und ihre Mitarbeiter ein Catering aufgebaut hatte. Das war prima. Auf dem Buffet gab es alles was das Herz und der Magen begehrte. Natürlich kam ich mit den Kalorien in Schwierigkeiten, denn ich wusste nicht wie viele dort in den einzelnen Gerichten drin waren. Aber zuerst wollten wir sowieso die erste Dreiviertelstunde Musik machen, bevor wir dann in der Pause essen konnten.

Es lief gut ab, wir wurden immer sicherer und besser. Das Programm stand und kam auch bei den Leuten sehr gut an. Wir spielten gut gelaunt und ich arbeitete auch mit dem Publikum. Das kam gut an. Dann hatten wir die ersten 14 Titel gespielt und verabschiedeten uns für eine gute halbe Stunde zur Pause.

Meine Befürchtungen vom Morgen hatten sich bestätigt und es ist an diesem Tage sehr heiß geworden. In der Pause tranken wir zuerst etwas, weil doch der Flüssigkeitsverlust auf der Bühne sehr hoch war. Dann ging ich an das Büfett, sah mir die ganzen Gerichte an und entschied mich für ein Filetgeschnetzeltes „Stroganoff" mit etwas Kartoffelschnee und Rote-Bete Salat. Kartoffelschnee sind nur einfache Salzkartoffeln, die durch eine Presse gedrückt werden und dann wie Schnee auf den Teller fallen. Dieses Gericht schien mir noch die wenigsten Kalorien zu haben. Ich wusste zwar nicht genau wie kalorienhaltig dieses Gericht war, doch ich füllte mir eine kleine Portion auf den Teller. Bei der Hitze konnte ich nicht so viel essen. Aber irgendwas musste sich ja zu mir nehmen, schon aus dem Grund, damit ich nicht unterzuckere. Und außerdem, ich würde es ja bald auf der Waage sehen, ob ich wieder zu oder abgenommen habe. Aber das Essen schmeckte sehr lecker.

Nachdem wir alles verputzt hatten, war unsere Pause schon vorbei und wir gingen langsam wieder zur Bühne. Die alten, bekannten Country Songs kamen sehr gut an und wir unterhielten die Zuseher und Zuhörer so, dass es für sie sehr kurzweilig wurde. Aber uns machte es auch sehr viel Spaß und schnell war es 18:00 Uhr und wir hatten unser Programm durchgespielt.

Ich hatte an diesem Tag ein rotes Showhemd an, das mittlerweile sehr dunkelrot war. So sehr hatte ich geschwitzt.

„Aber das konnte ja auch nur gut sein für das Abnehmen" dachte ich mir. Doch ich nahm mir vor, für den nächsten Tag ein zweites Hemd mitzunehmen, damit ich mich zwischendurch mal umziehen kann.

Bevor wir wieder die Anlagen ins Auto verfrachteten, ging ich auf die Ladefläche und zog mir erst einmal ein trockenes Hemd an. Das Showhemd hätte man fast auswringen können und ich hatte Angst, dass ich mich darin erkälten würde.

Dann ging es endlich wieder los. Immer noch gut gelaunt starteten wir auf den Rückweg in die Heimat. Ich war froh dass ich tagsüber etwas gegessen hatte, denn jetzt ging es mir ziemlich gut. Naja, so ein bisschen schwummerig war es mir schon. Aber das kannte ich ja, weil ich ja meistens permanent das Gefühl hatte. Aber sonst war alles o. k. und wir fuhren über die Autobahn in den Abend.

Zuhause angekommen ließ ich die Musiker an deren Autos raus und fuhr dann noch mal zu meinem Restaurant, um nach dem Rechten zu sehen. Aber es war alles in Ordnung, der Tag hatte gut funktioniert und irgendwie war ich ein wenig erleichtert. Es ist schon ein komisches Gefühl wenn man tagelang weg ist und das Geschehen in den Läden quasi nicht mehr unter eigener Kontrolle hat. Aber ich hatte im Grill sowie auch im Restaurant zwei richtig tolle Mitarbeiter, auf die ich mich total verlassen konnte. Wenn das nicht so gewesen wäre, dann hätte ich das mit der Musik auch gar nicht angenommen.

Nachdem ich dann später im Restaurant am Feierabend die Kasse abgeschlagen hatte, nahm ich mir die Tageseinnahmen und fuhr dann nach Hause zu Silvia. Ein Mitarbeiter im Restaurant musste noch etwas aufräumen und er sollte dann schließlich den Laden abschließen, was er dann auch getan hat.

Zuhause bei Silvia war alles gewohnt gut. Ich begrüße sie zärtlich und fragte sie wie es ihr geht mit der Lungenentzündung. Na, so richtig war sie noch nicht auf dem Damm. So ein wenig machte ich mir Sorgen. Trotz der Antibiotika tat sich bei ihr noch nicht sehr viel.

Aber sie sagte mir, dass das doch eine langwierige Geschichte sei und dass sie noch einige Zeit ausfallen würde.
„Ja, kurier dich nur gut aus. Es bringt nichts wenn du zu früh wieder an die Arbeit gehst und es hinterher noch viel schlimmer wird, weil du nicht auf dich aufgepasst hast" antwortete ich ihr mit sorgenvoller Miene.
Sie fehlte mir auf der Tour. Silvia war zwar keine Tontechnikerin, aber sie hatte es mit der Anlage richtig gut raus – ein Naturtalent. Sie mischte uns so toll ab, dass es sich für das Publikum immer total gut anhörte, wenn sie am Mischpult stand. Nur mitsingen durfte sie am Mischpult nicht. Damit brachte sie uns alle aus dem Takt und bekam dann auch von uns böse Blicke.
Ich erzählte Silvia noch, dass im Restaurant alles in Ordnung war und dass ich die Tageseinnahmen mitgebracht habe. Dann überfiel mich aber plötzlich eine bleierne Müdigkeit von dem anstrengenden Tag. Ich ging ins Bett und schlief wieder sehr schnell tief und fest ein.
Als ich am nächsten Morgen aufwachte, war es mir total schlecht. Ich wusste nicht woher es kam, doch ich verdächtigte die Tabletten, ich gegen meinen Diabetes einnehmen musste. Seitdem ich sie nahm, hatte sich auch mein Schwindel wesentlich verstärkt. Ich nahm mir vor, in der nächsten Woche zum Arzt zu gehen, um mich zu erkundigen, ob diese Beschwerden Nebenwirkungen von den Tabletten sein können.
Aber zunächst mussten wir wieder los zum nächsten Auftritt. So langsam wurde es schon Routine, aber es machte immer noch sehr viel Spaß. An dem und am nächsten Tag war alles irgendwie gleich. Es geschah nichts Außergewöhnliches, wir spielten mit dem gleichen Enthusiasmus wie in den Tagen zuvor und bereiteten den Leuten auf der Messe kurzweilige Unterhaltung.
Erst am Freitag, dem letzten Tag unserer Buchungen tat sich wieder etwas, was mein Gewicht beeinflussen sollte.
Wir fuhren genauso wie immer zu dem Messegelände, spielten unser Programm, freuten uns, dass es in der Woche so gut funktioniert hat und fuhren dann auch wieder so gegen 18:00 Uhr in Richtung Heimat. Wie jeden Abend fuhr ich noch im Restaurant vorbei, nachdem ich meine Musiker zu ihren Autos gefahren habe. Dort im Betrieb freute ich mich darüber, dass ebenfalls alles gut abgelaufen ist in der Woche. Dass es so reibungslos mit allem ablief, damit hätte ich vorher nicht gerechnet. Aber umso besser, dass es so war.

Danach hatte ich Feierabend und fuhr zu Silvia nach Hause. Es hatte zwar sehr viel Spaß gemacht auf der Messe, doch nun war ich froh, dass diese Tage vorbei waren.
Als ich die Tür aufschloss und hineinging, saß Silvia irgendwie ganz komisch auf der Couch. Ich begrüßte sie sehr herzlich, doch von ihr kam nicht sehr viel zurück, quasi nur das Nötigste. Ich fragte noch ein paar Mal nach, ob alles o. k. ist, doch sie bekam kaum den Mund auf. Nach einer Weile wurde es mir zu bunt.
„Hey Schatz, was ist los mit dir? Sag mir doch bitte was du hast" fragte ich sie im lauteren Ton.
„Krebs" sagte sie nur ganz trocken zu mir und begann zu weinen. Mir fiel das Gesicht runter, aber ich ging schnell zu ihr hin und nahm sie in meine Arme.
„Wieso Krebs Schatz? Und woher weißt du das" hakte ich bei ihr nach.
Mit vom Weinen erstickter Stimme erzählte sie mir, dass sie am Morgen beim Hausarzt wegen ihrer Lungenentzündung war, weil sie immer noch nicht wesentlich besser geworden ist. Der Arzt verschrieb ihr ein anderes Antibiotikum, das besser helfen würde. Ganz zum Schluss, als sie eigentlich schon gehen konnte, sagte sie dem Doc, dass sie irgendetwas an ihrer Brust spüren würde. Der Doc bat sie ihren Oberkörper frei zu machen und untersucht ihre Brüste. Plötzlich wäre er ganz ernst geworden und hat zu ihr gesagt, dass sie sofort ins Krankenhaus müsse und er würde ihr sofort dort einen Termin machen und den Krankenwagen bestellen.
Der Doc ließ sich zunächst gar nicht darauf ein, als Silvia ihm sagte, dass ich die ganze Woche weg gewesen war sie auf mich warten müsse, bevor sie ins Krankenhaus gehen kann. Sie würde nicht eher in die Klinik gehen, bevor ich nicht da wäre.
Der Doc bemerkte, dass es Silvia sehr ernst war, rief dann aber doch die Klinik an und vereinbarte für den kommenden Sonntag einen Termin. Das war für Silvia dann o. k. Sie musste ja noch einige Sachen einkaufen, denn sie war noch nie im Krankenhaus. Es fehlte ihr an alles. Nachthemden Bademantel usw., alles musste noch gekauft werden.
Der Arzt sagte ihr zwar, dass er nicht weiß, ob der Knubbel bösartig ist, er könnte auch gutartig sein. Aber trotzdem wäre jetzt Eile geboten. Damit war Silvia einverstanden.
„Ich hoffe, das ist jetzt nicht mein Todesurteil" sagte sie mit immer noch weinender Stimme zu mir.

„Ach was" meinte ich nur. „Brustkrebs ist doch heutzutage heilbar. Wie lange spürst du da denn schon etwas"? Fragte ich sie mit sorgenvoller Stimme.
„Na so 3-4 Wochen, mal mehr, Mal weniger" antwortete sie prompt. Ich sagte ihr, dass wir uns jetzt erst mal nicht verrückt machen werden, sondern auf die Ergebnisse vom Krankenhaus warten sollten.
„Vielleicht ist dann alles halb so wild" fügte ich noch beruhigend hinzu.
Silvia war total am Boden. Ich versuchte sie so gut wie möglich zu trösten und wieder aufzubauen. Aber das ist schwierig bei so einer Diagnose. Ich kann mir gut vorstellen wie viel bei ihr durch den Kopf gegangen ist. Ist ja auch kein Wunder dass sie sich Gedanken gemacht hat, denn ihre Mutter ist an Hautkrebs gestorben, weil man es zu spät entdeckt hat. Und in ihrer Familie gibt es noch mehrere Verwandte, die an Krebs gestorben sind. Wir wollten nicht dran glauben, aber es lag wohl bei Silvia in den Genen.
„Ruf du morgen früh deine Freundin an und dann geht ihr zusammen alles das einkaufen, was du für das Krankenhaus brauchst. Ich kümmere mich derweil morgen früh um den Grill und am Abend fahr ich in das Restaurant. Mach dir jetzt bloß keinen Kopp darüber, wie es weitergehen wird. Es wird weitergehen, keine Sorge" sagte ich ihr in einem ruhigen Ton. Damit war sie sehr einverstanden und wurde auch nach außen hin etwas ruhiger. Wie es innen drin in ihr aussah, konnte ich natürlich nicht beurteilen.
Wir haben diesen Abend noch sehr lange miteinander gesprochen und ich konnte sie davon überzeugen, dass Brustkrebs nicht zwingend das Schlimmste bedeutet.
Ja, das war ein Schock in der Abendstunde. Wenn ich mit allem gerechnet hatte, aber mit so etwas sicher nicht. Ich musste mich dann auch erst mal sortieren und überlegen, wie ich das alles zeitlich auf die Reihe bekomme. Ja, Zeitmanagement ist alles.
Am nächsten Morgen rief Silvia früh ihre Freundin an, sie war auch total geschockt von der Diagnose und kam auch sofort zu ihr, um mit ihr diese Krankenhaussachen zu kaufen.
Ich ging in der Zeit schon in den Grill um alles für den Mittag vorzubereiten. Dabei hatte ich Zeit zu überlegen, wie ich das alles in der nächsten Zeit händeln würde. Ich kam zu dem Entschluss, dass ich das alles packen würde. Ich musste mich nur etwas mehr und

etwas schneller bewegen. Und außerdem hatte ich ja auch gute Mitarbeiter, die mir helfen würden.
Eine Sache ist mir bei der Schockdiagnose von Silvia aber an mir aufgefallen. Ich bin danach nicht sofort zum Kühlschrank gerannt, oder habe den Pizzadienst angerufen, wie ich es noch vor längerer Zeit gemacht hätte. Ich merkte, dass ich mich nicht mehr bei Stress oder Ärger belohnen wollte und glaubte, dass diese Fressattacken wohl endgültig vorbei sind. Naja, jedenfalls hoffte ich das. Das fand ich schon mal total gut. Diese Neuerung in meinem Verhalten kannte ich bisher noch nicht.
Als ich dann abends nach Hause kam, fragte ich Silvia, ob sie alles bekommen hat für ihren Krankenhausaufenthalt.
„Ja, ich hab alles gekauft was ich für die Klinik brauche" meinte sie, doch ich sah ihr an, dass es ihr lieber gewesen wäre, sie würde diese Sachen nicht brauchen, weil sie nicht ins Krankenhaus gemusst hätte. Aber im Leben kann man sich sowas nicht aussuchen. Wenn es kommt, dann kommt es meistens dick.
Ich fuhr Silvia am nächsten Tag dann in die Klinik. Sie hat mir vorher schon ein paar Mal gesagt, dass sie da gar nicht rein will und dass sie den Krebs sowieso nicht haben will. Das war ihre Art mit dieser Krankheit umzugehen. Aber nun waren wir dort und sie bezog ihr Zimmer. Nachdem sie sich umgezogen und wir ihre Sachen in den Schrank verstaut hatten, kam auch ihre Gynäkologin, um sie zu begrüßen. Sie wäre zwar bei der OP dabei, würde aber selbst nicht operieren. Das machte ein anderer Gynäkologe.
Nachdem sie Silvia aufgeklärt hatte, was mit ihr bei der OP passieren und wie der Ablauf aussehen wird, hatte ich auch noch eine Frage an die Ärztin:
„Wir sind ja jetzt nicht verheiratet. Wenn bei der OP irgendetwas passiert, was natürlich keiner glaubt und annimmt – werde ich dann informiert"? war meine berechtigte Frage, die mir schon seit einem Tag im Kopf herumschwirrt.
Die Ärztin meinte, dass es manchmal ein kleines Problem ist, wenn man nicht verheiratet ist.
„Wenn ich nicht informiert werden sollte, dann gehe ich jetzt und hole sofort einen Standesbeamten" fiel ich der Ärztin ins Wort. Das war zwar unhöflich, aber es sollte ihr klarmachen, dass wir zwei ja schon lange wie ein Ehepaar lebten. Silvia sagte der Ärztin auch sofort, dass wir schon so lange zusammen leben, dass man meinen könnte wir wären verheiratet – wir haben nur keinen Ring. Danach

sagte die Ärztin lächelnd, dass es in dem Fall kein Problem ist mich zu benachrichtigen, wenn etwas Unvorhergesehenes geschehen sollte, was sie aber nicht glaubte.
Später, als die OP Gott sei Dank gut verlaufen ist, erzählte mir Silvia, als ich sie besucht habe, dass die Ärztin doch sichtlich beeindruckt gewesen war von meiner Aussage, dass ich sofort einen Standesbeamten holen würde, falls ich nicht vom Krankenhaus benachrichtigt werden würde. Ich meinte nur zu meinem Schatz, dass es für mich kein Problem gewesen wäre, wenn wir hier im Krankenhaus geheiratet hätten. Vorher hatten wir ja nie Zeit, oder es kam immer etwas dazwischen. Aber dass wir beiden zusammen bleiben wollten, egal was auch geschieht, das wussten wir damals schon sehr genau.
Die OP hat Silvia gut überstanden und war auf dem Wege der Heilung.
Mittlerweile hatten wir auch eine Waage Zuhause, die ein Gewicht bis 150 kg aushielt. Als ich darauf stieg, zeigte sie mir 135,4 kg an. Na das war doch schon mal was. Von meinem Höchstgewicht sind jetzt nun schon fast 50 kg weg. Aber trotzdem war ich mir immer noch nicht sicher, dass das der richtige Weg ist, den ich eingeschlagen habe. Es sah mir jeden Tag noch immer nach zu viel Diät aus. Vor allem das warme Essen, das wir meistens abends gegessen haben. Und das nur aus dem einzigen Grund weil die große Mahlzeit abends länger satt macht und weil es bis zum Frühstück am nächsten Tag sehr lange ist. Aber mit der Essenseinteilung kam ich sehr gut klar.
Doch in dieser Stresszeit besuchte mich der Herr Jojo. Immer wenn ich ihn am aller wenigsten brauchte, kam er vorbei. Ich hatte zu diesem Zeitpunkt gar keine Zeit für mich allein zu kochen. Deshalb ernährte ich mich wieder aus dem Grill, oder dem Restaurant. Doch ich war froh darüber, dass die großen Fressattacken weiterhin ausblieben. Ich gönnte mir diesen Jojo und machte mir auch keine Vorwürfe, dass ich nicht konsequenter war. Ich wusste aber auch, dass es in 1-2 Wochen wieder weiter geht mit dem abnehmen. Sicher, ich nahm wieder ein paar Kilos zu, doch ich hatte ja ein Ziel vor Augen. Und wenn ich so über die letzten Jahre nachdenke, dann habe ich doch stetig und beharrlich daran gearbeitet, weiterhin Gewicht zu verlieren. Und außerdem sagten mir die Ärzte immer: Was man schnell abnimmt, nimmt man auch schnell wieder zu. Also machte ich alles ein wenig langsamer. Vielleicht war das auch

effektiver so. Was mich an meiner Ernährungsumstellung störte war, dass ich bei der Essensaufnahme nur ca. Kalorienwerte hatte. Heute weiß ich, dass ich damals mehr gegessen habe, als ich eigentlich wollte. Und nicht nur weil ich mehr Hunger hatte, sondern weil ich meinen ganzen Tages-Ernährungsplan nicht nachhalten konnte. Heute sieht das ganz anders und viel besser aus. Aber zu dem Thema schreibe ich noch wesentlich ausführlicher in einem anderen Kapitel.
Silvia wurde nach gut zwei Wochen aus dem Krankenhaus entlassen und war Gott sei Dank wieder besser drauf.
Leider wurde bei der Brust-OP durch puren Zufall eine allergische Lungenkrankheit festgestellt. Diese Krankheit ist sehr selten, lebensbedrohend und unheilbar. Weil sie so selten ist, wird daran auch nicht geforscht, sondern nur Kortison verabreicht. Andere Medikamente gibt es nicht. Das ging so weit, dass sie jeden Tag an ein Sauerstoffgerät musste, dass wir dann auch Zuhause hatten. Gott sei Dank ist diese Krankheit mit den Jahren zum Stillstand gekommen und ihr Lungenarzt meinte, dass sie ein medizinisches Wunder wäre. Das Allergen wurde trotz größter Suche bis heute nie gefunden.
Das hat mich alles total mitgenommen, aber ich stand damals zu Silvia, genauso wie es heute noch ist.
Doch sie musste jetzt erst einmal zur Bestrahlung. Die Chemotherapie ist ihr vorerst erspart geblieben. Ich war froh dass sie wieder zu Hause war, doch meine Angst, dass wieder etwas kommen könnte, war ziemlich groß. Bei jedem Husten von ihr erschrak ich, oder wenn ihr etwas weh tat, fragte ich sofort, was los sei. So etwas kann man nicht nachvollziehen, wenn man es nicht selbst erlebt hat. Aber es war schlimm, gerade in der Anfangszeit.
Ich hatte den Herrn Jojo nach einer Zeit wieder vor die Türe gesetzt und fuhr fort mit der „Mission Gewichtsverlust". Ja, mein ganzes Leben war wie der Mond – mal zunehmend, mal abnehmend. Aber in den letzten Jahren ging die Tendenz immer nach unten, auch wenn ich zwischendurch mal wieder etwas zunahm. Es dauerte nur so fürchterlich lange und Geduld war das wichtigste was ich haben musste. Ohne Geduld hätte das nie funktioniert. Aber in der langen Zeit habe ich es wirklich gelernt geduldig zu sein, zumal ich auch immer wieder Erfolge sah
Silvia hatte die Bestrahlungstherapie hinter sich und in diesem Herbst lief es ganz gut. Egal ob mit den Betrieben, oder auch mit der Musik. Wir hatten gut zu tun. Silvia wollte immer mit zu den

Auftritten und sie fuhr auch immer mit, wenn es die Zeit zuließ. Diese Zeit war für uns wirklich gut. Die Angst, dass sich ein neuer Krebs bilden konnte wurde weniger und wir lebten so ziemlich unser ganz normales Leben.

So liefen dann die nächsten Wochen einigermaßen ruhig ab, bis Silvia eines Morgens im Bad mit Erschrecken feststellte, dass sie wieder einen Knubbel in der Brust spürte. Sie rief mich und sagte mir voller Entsetzen, dass dort in der Brust wohl wieder ein Fremdkörper sei. Oh man, ich war erneut geschockt. Wir spürten, dass in uns die Angst so ganz langsam wieder hoch kroch. Was war das nur für eine verteufelte, heimtückische Krankheit? Die ganze Ruhe, die wir mittlerweile wieder gefunden hatten, war plötzlich wie weg geblasen.

„Mach sofort einen Termin bei deiner Gynäkologin und lass die sich das mal ansehen" sagte ich zu Silvia noch immer tief betroffen. Ich wusste nicht, was ich sonst noch sagen sollte, zu tief saß der Schock über diese neuerliche Entdeckung.

Silvia zierte sich erst mit dem Anruf, ich denke weil sie einfach nur Angst hatte, doch als ich ihr erklärte, dass es so wichtig ist, dass sie sofort etwas unternehmen muss, wählte sie die Nummer ihrer Ärztin. Schon am gleichen Tag bekam sie einen Termin d.h. sie konnte sofort zu ihr hin fahren. Ja, jetzt wurden auch die Ärzte schnell. Silvia zog sich an und fuhr direkt zu der Gynäkologin, mit der sie sich mittlerweile schon duzte. Es war eine tolle Ärztin. Immer war sie da für ihre Patienten. Silvia konnte froh sein dass sie sie gefunden hatte.

Ich wartete unterdessen zu Hause, konnte aber keinen klaren Gedanken fassen. Was würde jetzt wohl passieren mit Silvia? Wenn sich früher bei mir alles nur noch ums Essen gedreht hatte, rückte das nun komplett in den Hintergrund. Mir war es zu dem Zeitpunkt vollkommen egal, ob ich dünner würde, oder auch dicker, Hauptsache Silvia würde wieder gesund.

Anderthalb Stunden später kam Silvia zurück aus der Praxis und erzählte mir mit traurigem Blick, dass die Ärztin wieder etwas gefunden hat und sie sehr wahrscheinlich noch einmal operiert werden müsse. Die Ärztin konnte ihr aber nicht sagen, ob es gutartig oder bösartig wäre. Das müsste man im Krankenhaus bei der OP sehen. In den nächsten Tagen würde sie den OP-Termin für das Krankenhaus mitgeteilt bekommen. Silvia war total am Boden, doch ich versuchte sie mit allen Mitteln aufzubauen.

Der Termin für die OP war schon ein paar Tage später. Ich fuhr Silvia wieder ins Krankenhaus und hoffte inständig, dass die neue Geschwulst in der Brust gutartig sei. Silvia hatte höllische Angst, als ich mit ihr auf ihr Zimmer ging und ihre Tasche auspackte. Ich hätte nicht mit ihr tauschen wollen, doch da mussten wir jetzt durch.

Die OP war am nächsten Morgen und ich fuhr ziemlich früh in das Krankenhaus, um sofort aus erster Quelle zu erfahren, wie es Silvia geht. Die OP fand nicht um die Uhrzeit statt, wie sie angekündigt war, denn sie wurde um ein bis 2 Stunden verschoben. So hatte ich noch Zeit und musste warten. Das Warten kann so unangenehm werden, wenn man ein Ergebnis haben möchte und deshalb wie auf heißen Kohlen sitzt.

Aber dann irgendwann war es endlich soweit, Silvia wurde in den Aufwachraum geschoben. Ich war total gespannt auf das Ergebnis, denn bis jetzt wusste ich noch nichts. Ihr Arzt, der sie operiert hatte, kam ebenfalls in den Raum und sagte mir, dass alles gut verlaufen wäre. Der Fremdkörper in der Brust war ein Gewebeknubbel, der zwar gutartig war, aber dennoch entfernt werden musste.

Mir fiel ein Stein, der so groß wie ein Felsbrocken war, vom Herzen. Silvia war mittlerweile auch wieder richtig dabei und freute sich ebenfalls über diese gute Nachricht. Sie wurde ein paar Tage später aus dem Krankenhaus entlassen. Jetzt konnte unser normales Leben weitergehen.

Dann, nach ein paar Tagen, wurde Silvia mitgeteilt, dass ihre Fäden gezogen werden sollten. Sie ging dazu ins Krankenhaus zu dem Arzt, der sie operiert hatte. Er guckte sich die Narbe an, befand sie für gut und begann langsam die Fäden herauszuziehen.

Als mein Schatz dann wieder zu Hause war, da war sie gut gelaunt, weil sie dachte, dass es jetzt aufwärtsgeht und von der OP bald nichts mehr zu sehen war. Welch ein Trugschluss…..

Als wir abends ins Bett gingen waren wir noch guten Mutes ob der Dinge, die sich am Tag ereignet hatten.

Mitten in der Nacht machte mich Silvia wach und sagte ganz erschrocken zu mir:

„Die Wunde ist aufgegangen, ich habe ein ganz großes Loch in der Brust".

„Ach du Sch….. dachte ich nur und konnte es zunächst gar nicht glauben. Aber ich vergewisserte mich und bekam ebenfalls einen großen Schrecken. Ich konnte dort ja fast bis aufs Herz sehen.

„Oh man" sagte ich zu Silvia „die hätten die Fäden noch gar nicht ziehen dürfen bei der Bestrahlung, die du bekommen hast. Lass uns das wieder verbinden und mit Pflaster zu kleben und dann morgen früh sofort ab zu deiner Ärztin".
„Ja, das machen wir" antwortete Silvia mir immer noch erschrocken.
An schlafen war diese Nacht kaum noch zu denken. Zu viel ging uns durch den Kopf. Und wir warteten darauf, dass es 8:00 Uhr wird und die Ärztin ihre Praxis aufmacht.
Dann war es endlich soweit. Silvia fuhr zu ihrer Gynäkologin und die schlug auch die Hände über den Kopf zusammen. Aber sie meinte, dass das jetzt von innen heraus heilen muss. Silvia ging über ein halbes Jahr jeden Tag zu der Ärztin, die ihr täglich die Kruste abmachte und sie neu verband. Jeden Tag – egal ob Wochentag oder Wochenende, auch an den Feiertagen war sie dort. Und ganz ganz langsam heilte die Wunde von innen her zu. Aber das war sehr langfristig.
Ich war stolz auf Silvia, weil sie alles so tapfer ertrug. Ich hätte damals nicht in ihrer Haut stecken wollen. Mir war nur schwindelig, schwummerig und dick, aber die Krankheit von ihr war eine ganz andere Liga.
Ich wusste gar nicht wie mir geschah, aber jetzt begann für mich die schlimmste und schwierigste Zeit mit Silvia in unserer eheähnlichen Gemeinschaft. Und das hatte mit der Psyche von Silvia zu tun nach dieser unsäglichen Operation. Es wurde zwar bei ihr brusterhaltend operiert doch ich hörte ziemlich oft von ihr:
„ich bin keine Frau mehr, ich bin nichts mehr wert, ich kann nichts mehr machen" und alles solche Sachen. Ich habe versucht ihr beizustehen, doch in dieser Zeit kam ich auch nur sehr schlecht an sie heran.
Vor allem war ich schuld an allen Dingen, die ihr im Leben widerfahren sind.
Hat es geregnet – ich war schuld, schien die Sonne und sie schwitzte – ich war schuld, war der Film im Fernsehen katastrophal schlecht – ich war ebenfalls schuld.
Viele Frauen sind nach so einer Brust OP von ihren Männern verlassen worden. Silvia hat das später in einer Kur hautnah miterlebt. Für mich kam das nie infrage und ich habe noch nicht mal im Entferntesten daran gedacht. Dafür war mir Silvia viel zu wertvoll.

Aber ich musste in dieser Zeit viel runter schlucken, denn ich wusste dass es nicht diese Silvia war, die ich kennengelert habe und dass dieses alles nur aufgrund ihrer Krankheit geschieht. Und vor allen Dingen hoffte ich, dass es mit der Zeit wieder besser werden würde.
Mit der Hoffnung sollte ich ja auch Recht behalten. Nur mein Gewicht ging in der Zeit steil nach oben.
Doch ich denke, dass so ein Schicksalsschlag eine Partnerschaft entweder ungemein festigt, oder sie im schlechtesten Fall entzweit. Bei uns war es Gott sei Dank das Erste
Eines Tages, als Silvia zum Verbinden zu ihrer Gynäkologin ging, fragte diese sie, wie es mir eigentlich gehen würde. Ich bin ihr wohl noch wegen dem Standesbeamten im Krankenhaus in Erinnerung geblieben. Silvia antwortete ihr, dass ich zurzeit jede Weintraube abwiege. Da begann die Ärztin schallend an zu lachen und bekam sich kaum noch ein. Sie wusste nicht dass ich so viel abnehmen wollte und nach dem Silvia ihr das erklärt hatte, war es für sie auch nachvollziehbar.
Das stimmte auch mit den Weintrauben, aber geschuldet ist das nur den Aussagen der Ärzte und der Ernährungs- Beraterinnen. Sie alle sagten mir immer wieder, dass ich um Gottes Willen keine Weintrauben essen dürfe bei meinem Diabetes. Vier Weintrauben hätten schon 1 BE und wären Gift für mich – so ein Bullshit. Klar haben Weintrauben Kohlenhydrate, aber bei weitem nicht so viel, wie man mir immer suggerieren wollte. 100 g Weintrauben = 71 kcal, 15,6 g Kohlenhydrate, das ist etwas mehr wie 1 BE. Aber das passt genau zu der Einschätzung von den Ärzten, die ich schon länger habe. Alles nur Panikmache, um den Patienten zu verunsichern. Ich baue Weintrauben heute in meinen Ernährungsplan genau so ein, wie alle anderen Lebensmittel und mein Langzeitzucker (Hb1c) liegt immer noch bei 5,3.

Anmerkung: *Diese Zeit war für mich abnehmtechnisch eine der schwierigsten Zeiten in meiner kompletten Abnehmenphase. Zunächst viel Stress mit der Musik und dann denkt man an nichts Boses als Krankheiten bei der Partnerin zuschlagen. Wir können beide froh sein, dass wir uns gefunden haben. Sie half mir, als ich nicht mehr konnte und ich half ihr so gut es ging, als sie am Boden war. In so Zeiten hat man wirklich was ganz anderes* *im Kopf, wie das Abnehmen. Viele Dinge werden klein, die vorher groß und übermächtig erschienen. Wie ich es schon in diesem Kapitel geschrieben habe, wächst man durch solche Schicksalsschläge richtig eng zusammen, oder es geht alles in die Brüche.*

Aber egal wie stark der Stress und die Angst um die Partnerin waren, im Hinterkopf hatte ich komischerweise immer mein Abnehmen. Auch wenn ich es zwischendurch mal ein wenig schleifen lassen ließ, der Gedanke an das dünner werden war immer in meinem Kopf. Das hat sich aber auch erst mit der Zeit entwickelt.

Kapitel 18

Die Sache mit dem Grill

Ich war gerade dabei, 20 Kg Hackfleisch für Frikadellen (bei der Größe hatte ich das schnell verarbeitet), Schwalbennester und Schlemmerrollen herzustellen, als die Türe aufging und unser Postbote hereintrat.
„Guten Morgen. Ich habe ein Einschreiben für Sie und benötige eine Unterschrift" rief er in das Lokal. Ich wusch mir die Hände und ging nach vorn.
„Oh toll, ein Einschreiben. Sind Sie vielleicht heute der Geldbriefträger? Das wäre mal etwas anderes wie nur immer Rechnungen" scherzte ich mit dem Postboten.
„Nee nee, leider habe ich kein Geld für Sie" sagte er lächelnd „Hier ist nur ein Brief, für den ich eine Unterschrift von Ihnen benötige. Ich nahm den Kugelschreiber, den er mir entgegen hielt und schrieb meinen Namen auf die Empfangskarte. Danach händigte er mir den Brief aus und verließ mit einem Gruß das Lokal.
„Oh man, ein Einschreiben " ging es mir durch den Kopf, als ich den Postboten verabschiedete. Ein Blick auf den Umschlag sagte mir, dass dieser Brief von meinem Verpächter war.
„Das hat sicherlich nichts Gutes zu bedeuten" dachte ich mir. Er verlangte zwar ganz schön viel Pacht für den Betrieb aber sonst war er eigentlich ganz ok. Er war eigentlich immer schnell da, wenn etwas kaputt ging, das in seiner Haftung lag. Das Einzigste was ich an ihm nicht leiden konnte (außer der hohen Pacht) war seine laute Art mit Leuten umzugehen. So erzählte er fast jedes Mal, wenn er den Betrieb betrat und egal ob Kunden da waren oder nicht mit seinem lauten Organ, das ich nach Feierabend das Geld nicht zähle, sondern im Keller schaufeln würde. Das ging mir jedes Mal sowas von auf die Nerven. Schnell riss ich den Umschlag auf und begann zu

lesen. Aber was ich da las, nahm mir fast die Luft und mir liefen heiße und kalte Schauer über den Rücken. ....kündige ich Ihnen zum..........las ich wie versteinert und konnte das eigentlich gar nicht glauben, was da stand. Aber je öfter ich den Brief las desto sicherer war ich, dass er uns aus dem Betrieb haben wollte. Ja, er sagte uns schon letztes Jahr, dass sein Schwager diesen Laden gerne haben würde, aber damals hab ich ihn immer auf den Vertrag verwiesen. Warum sollte ich auch einen Betrieb abgeben den ich kaputt übernommen und durch viel Arbeit und Energie zu dem gemacht habe, was er nun war.
Nachdem ich alles begriffen hatte, ging ich zum Telefon und rief Silvia an. Ich merkte sogar durch den Hörer, dass sie kreidebleich wurde.
„Lass uns das heute Abend in Ruhe zu Hause besprechen" sagte sie zwar geschockt jedoch auffallend ruhig.
„Mach jetzt bloß keinen Mist und ruf ihn jetzt nicht an, du bist zurzeit viel zu wütend. Wir müssen nun gut überlegen, was zu tun ist und dafür sollten wir besonnen sein, sonst machen wir mehr kaputt, wie es jetzt schon ist. „Ja du hast recht Schatz" sagte ich und versuchte mich zu beruhigen was mir natürlich in dieser Situation nicht gelang
„Ja gut, lass uns heute Abend überlegen und einen Schlachtplan erstellen" meinte ich zu Silvia „ denn es wird alles nicht so heiß gegessen, wie es gekocht wird. Den ganzen Tag überlegte ich, was wir gegen diese Kündigung machen könnten und ich war mir, ich weiß nicht warum sicher, dass da noch etwas ging. Obwohl, wenn ich nachrechnete, der Pachtvertrag lief aus und er wurde nur nicht automatisch um ein Jahr verlängert, wenn eine Partei diesen Vertrag kündigte.
„Wo bekommst du nur schnell einen neuen Betrieb her, wie teuer wird das alles? Für die Jahre die du hier geschuftet und gekämpft hast, damit der Laden so lief wie er jetzt läuft, bekommst du keinen Pfennig" ging es mir den ganzen Tag durch den Kopf. Langsam wich meine Gelähmtheit und ging in Wut über. Er nimmt mir, aus welchem Grund auch immer,

so einfach meine Existenz. Je mehr ich darüber nach dachte desto wütender wurde ich. Ich hätte ihm in dem Moment den Hals umdrehen können, aber so was sagt man ja nicht. Wenn ihm dann etwas passiert wäre, dann würde man sofort verdächtigt. Ich bemühte mich auch meinen Kunden nichts von den Problemen zu erzählen, denn die würden es früh genug erfahren, wenn es soweit ist.

Mit meinen beiden Angestellten in diesem Betrieb suchte ich ein ruhiges Plätzchen und erzählte ihnen von den Vorkommnissen. Als ich geendet hatte, waren sie natürlich ebenfalls deprimiert, aber ich versuchte sie zu beruhigen, denn ich wusste ja noch nicht, ob und wann wir dort schließen würden. Nur rechtzeitig Bescheid sollten sie haben. Das fand ich nur fair. Und außerdem war ich ja dann auch dabei, einen neuen Betrieb zu suchen und dort benötigte ich ja auch Arbeitskräfte. Meine Ausführungen beruhigten sie ein wenig und sie waren mir dankbar dass ich mit offenen Karten gespielt habe.

Nun gingen wir wieder zum „normalen" Tagesablauf über, bereiteten vor, kochten, verkauften, fast alles war wie sonst auch. Nur ich war ab und an mit meinen Gedanken verständlicherweise woanders. Der Tag wollte auch nicht vorbeigehen und ich überlegte ein paarmal ob ich nicht doch meinen Verpächter anrufen sollte. Aber die Vernunft behielt die Oberhand und ich tat es nicht. Am Abend sollte ja die Entscheidung fallen, wie wir weiter vorgehen werden.

Wir hatten an diesem Tag sehr viel zu tun, sodass ich doch ein wenig von den Ereignissen abgelenkt wurde, denn, den Kunden zufriedenzustellen, das stand an allererster Stelle in meiner Unternehmensphilosophie. Nur zufriedene Kunden kamen immer wieder. Aber irgendwann neigte sich der Arbeitstag dann doch dem Ende entgegen und während meine Angestellten den Laden säuberten, machte ich schon mal die Kasse fertig. Finanziell war es ein sehr guter Tag und ich hätte mich wohl richtig gefreut, wenn da nicht morgens dieser

ominöse Brief gewesen wäre. Dann war endlich Feierabend. Ich war schon sehr gespannt, was Silvia zu dem Brief mit der Kündigung sagte. Schnell schloss ich die Tür ab und beeilte mich nach Hause zu kommen. Als ich dort ankam, begrüßte sie mich mit einem dicken Kuss und sagte mir sofort:
„Man", das ist ja ein dickes Ding! Darf der Verpächter das eigentlich?
„Ja sicher" antwortete ich ihr „rechne mal nach, unser Vertrag läuft aus". Das ist rechtlich alles ok.
"Und wie sollen wir so schnell einen neuen Betrieb her bekommen der einigermaßen gut läuft?" fragte sie etwas ängstlich hinterher.
„Und das alles kurz vor Weihnachten, das wird ja ein prima Fest" mutmaßte sie frustriert.
„Wir müssen in den Zeitungen nachsehen und zu unseren Lieferanten fahren damit wir die fragen können, ob sie etwas wissen, ob und wo ein Betrieb frei ist oder wird" schlug ich Silvia vor, aber sie bezweifelte, dass die Suche so einfach werden würde und so schnell ging. Wir waren ziemlich niedergeschlagen und Wut kam auch noch hinzu, aber es sah so aus, als wenn wir nichts gegen die Kündigung machen konnten. Wir hatten ja noch dieses Restaurant, also ganz so schlimm konnte es ja nicht kommen.
„Ich werde auf jeden Fall morgen unseren Verpächter anrufen und mich für das schöne Weihnachtsgeschenk bedanken" stellte ich noch fest, obwohl ich bezweifelte, dass das irgendetwas bei ihm bewirken würde.
„Komm lass uns ins Bett gehen, es ist schon spät und wir können heute Abend doch nichts mehr ausrichten" schlug ich Silvia vor, obwohl ich mir nicht sicher war, dass ich sofort einschlafen konnte, denn der Tag war doch sehr aufregend.
„Ja lass uns ins Bett gehen und ein wenig kuscheln bevor wir schlafen" lockte mich Silvia „dann geht es uns bestimmt wieder gut. Morgen früh sieht die Welt ganz sicher viel besser aus".

Silvia war eine tolle Frau und ich wusste mit ihr zusammen können wir Berge versetzen.
„Meinst du, dass wir die Probleme alle bewältigen werden" fragte sie mich und ein wenig Unsicherheit klang in ihrer Stimme mit.
„Na klar Schatz, wir haben bis jetzt alles geschafft und das werden wir auch auf die Reihe bekommen" beruhigte ich sie und war mir sicher dass wir das auch alles schaffen würden. Ich fühlte mich so leicht und mein Kopf war total frei. Ich wusste das machte die Liebe von Silvia. Wir lagen eine Zeit still nebeneinander, als ich plötzlich wie von der Tarantel gestochen hochfuhr, weil ich evtl. eine Idee hatte, die den Betrieb vielleicht retten könnte.
„Was ist los" fragte Silvia erschrocken, „ist etwas passiert?"
„Ich habe, so hoffe ich, eine glänzende Idee" erwiderte ich ihr „Man, warum bin ich da nicht früher drauf gekommen" freute ich mich und schlug mir mit der flachen Hand auf die Stirn.
„Erzähl mir bitte, was für eine Idee hast du" wollte sie jetzt dringend wissen.
„Überleg mal", fuhr ich fort, „unser Pachtvertrag läuft bis zum 31.Januar und was für ein Datum haben wir nun?"
„Wir haben den 17. Dezember" antwortete sie und ich glaubte, dass sie nicht wusste worauf ich hinaus wollte.
„Ich hol jetzt mal den Pachtvertrag" frohlockte ich. „Dieser Vertrag verlängert sich nur nicht, wenn man ihn kündigt." Aber wie lange vorher muss vorher die Kündigung bei uns sein, damit sie wirksam wird? 1 Monat? 3 Monate? Ich schau mal nach. Plötzlich war ich wieder hellwach. Silvia fiel es ebenfalls, wie Schuppen von den Augen und begriff, worauf ich hinaus wollte. Ich kramte den Vertrag aus dem Ordner. Hastig blätterte ich die Seiten durch und auf einmal hatte ich es. 3 Monate vor Ende der Vertragslaufzeit muss der Vertrag gekündigt werden, damit die Kündigung rechtskräftig wird.
„Schatz, das bedeutet unser Verpächter hat die fristgerechte Kündigung einfach nur verpennt, er hätte bis spätestens zum 30.11 kündigen müssen" freute ich mich. Silvia und ich

tanzten vor Glück im Schlafzimmer. Das bedeutete im schlechtesten Fall haben wir noch ein ganzes Jahr um uns einen neuen Laden zu suchen. Mit einem Schlag hatte sich unsere Position drastisch verbessert. Die Genugtuung war groß, als ich daran dachte, dass ich morgen den Verpächter anrufen wollte.

Die Nacht ging nun schnell um und am nächsten Morgen machten wir uns fertig und fuhren in den Betrieb. Das Restaurant öffneten wir ja erst um 17:00 Uhr so konnten wir uns tagsüber auf den Imbissbetrieb konzentrieren. Nachdem wir dort alles vorbereitet hatten, griff ich zum Telefon und wählte die Nummer des Verpächters.

„Tulpenberg" hörte ich die penetrant laute Stimme am anderen Ende der Leitung.

„Nashville-Gastronomie, guten Morgen Herr Tulpenberg, ich hab gestern ihre Kündigung erhalten" meldete ich mich und war gespannt darauf wie er auf das, was ich ihm zu sagen hatte, reagieren würde.

„Ja es tut mir sehr leid, dass ich ihnen die Kündigung schicken musste aber ich habe Ihnen ja schon gesagt, dass mein Schwager dort den Betrieb haben möchte und ihr Vertrag läuft ja aus" begann er seinen Redeschwall, den ich dann aber unterbrach.

„Das kann ich mir gut vorstellen das ihr Schwager hier gerne rein möchte, zumal wir die ganzen Jahre diesen toten Betrieb aufbauten, auch keine Kosten und Mühen gescheut haben, damit er so läuft wie jetzt." antwortete ich verärgert, weil ich ja wusste, dass ihm meine Existenz vollkommen egal war.

„Ich nehme Ihre Kündigung nicht an" fuhr ich weiter fort.

„Wieso, ihr Vertrag läuft doch aus" hörte ich ihn sagen und merkte am Telefon, dass er schlucken musste.

„Das ist richtig" antwortete ich "aber sie sollten mal in den Vertragstext reinschauen, denn danach hätte die Kündigung bis spätestens 30.11 bei mir vorliegen müssen" antwortete ich ziemlich zufrieden und war plötzlich sehr gut drauf. Das Leben war für mich wieder sehr schön geworden.

„Ich komme heute Nachmittag zu ihnen in den Betrieb und dann können wir noch mal darüber reden" sagte er schnell und seine Stimme wurde am Telefon ziemlich hektisch.

„Das können sie gerne machen" antwortete ich ihm „aber ich glaube nicht, dass es etwas an meiner Entscheidung ändern wird".

„Ja wir müssen sehen, bis heute Nachmittag" verabschiedete er sich relativ schnell. Ich konnte mir schon vorstellen, wie er mit seinem großen Mundwerk bei seinem Schwager getönt hatte.

„Du bekommst den Laden, gar kein Problem.". "Die Pächter bekomme ich ruck zuck raus" wird er ihm gesagt haben. Aber da hatte er sich in den Finger geschnitten, mit mir geht das nicht so einfach. Ich war gespannt was er mir heute Nachmittag denn noch erzählen wollte, aber fest stand, dass ich noch ein Jahr Zeit hatte, um mir in Ruhe einen neuen Betrieb **zu** suchen. Und das zu wissen das tat gut. Ab und zu hat man Gott sei Dank auch mal Glück, wenn man gar nicht damit rechnet.

Das Mittagsgeschäft lief relativ gut, und wir waren gerade fertig mit den Aufräumarbeiten, als kurz nach 15:00 Uhr unser „lieber" Verpächter im Türrahmen stand.

„Man" sagte er „das war mein Fehler mit der Kündigung, die zu spät ausgesprochen wurde. Ich hab meinem Schwager versprochen, dass er diesen Laden bekommt, denn er will ihn eigentlich schon ein paar Jahre haben" erklärte er mir und fügte fragend hinzu:

„Was meinen sie, könnten wir uns nicht doch noch irgendwie einigen?"

„Wie stellen sie sich das vor?" antwortete ich ihm und war gespannt darauf, ob und was für einen Vorschlag er mir machen würde.

„Ich sitze auf der Straße und muss sehen, dass ich einen neuen Laden bekomme und ihr Schwager setzt sich hier in das gemachte Nest." "Nein ich wüsste nicht, warum ich das tun sollte" erklärte ich ihm.

„Und außerdem kostet das richtig Geld wenn ich vorzeitig aus dem Vertrag gehe. Dann will ich nicht nur Geld für die Einrichtung, sondern auch eine richtig gute Ablöse."
Da ich wusste, dass er wie alle Verpächter geizig war, ging ich auch nicht davon aus das er auf meinen Vorschlag eingehen würde. Mir tat das so richtig gut, dass ich den Spieß umdrehen konnte. Er hätte ja auch im Laufe des Jahres mal etwas sagen können, dass er den Vertrag nicht verlängert, dann wäre uns ja noch Zeit geblieben etwas Neues, zu suchen. Aber zwei Monate vor Ablauf des Vertrages zu kündigen fand ich schon eine etwas linke Sache, zumal wir schon jahrelang bei ihm Pächter waren. Er hatte bestimmt nur Angst um seine Pacht, wenn er uns früher etwas gesagt hätte. Aber darum hätte er sich wirklich keine Sorgen machen müssen.
„Überlegen sie es sich noch mal ob wir da, doch was machen können" sagte er und verabschiedete sich mürrisch. Er wusste wohl auch, dass ich mich auf nichts einlassen würde.
„Das hast du klasse gemacht" sagte Silvia, als er den Betrieb verlassen hatte.
„Aber ich glaube, Freunde fürs Leben werdet ihr bestimmt nicht mehr werden" fügte sie lachend hinzu.

„Na nächstes Jahr wird er rechtzeitig kündigen, aber das ist ja egal wir haben nun genug Zeit uns jetzt was Neues zu suchen" stellte ich noch mal fest.
Der Druck fiel plötzlich von uns ab und wir konnten viel befreiter wieder leben.

Das kommende Weihnachtsfest verlebten wir ziemlich ruhig und besinnlich, sogar mit

Plätzchen, obwohl ich abnehmen wollte, doch am 2. Weihnachtstag waren ja die Betriebe wieder geöffnet. Das Weihnachtsfest war dieses Mal für mich kein Fest der Völlerei, sondern ich habe auf die Kalorien geachtet. Es sollte ja im Laufe der Zeit weiter runter gehen mit dem Gewicht.

Das Leben verlief in geordneten Bahnen und ab Frühjahr begann ich für uns ein neues Ladenlokal zu suchen. Diese Suche gestaltete sich als schwierig, denn ich wollte ja an einen Ort, an dem sich viele Menschen aufhielten und dieses Ladenlokal sollte leicht zugänglich sein. So etwas gab es eigentlich nur in Fußgängerzonen, doch die Mieten waren dementsprechend hoch.

Durch einen glücklichen Zufall sahen wir, dass in einer Kleinstadt, einige Kilometer von uns entfernt, ein Ladenlokal, das früher einen Imbiss beherbergte, zur Verpachtung frei stand. Es war in einer Seitenstraße der Fußgängerzone. In dieser Seitenstraße reihten sich aber Bistros, Kneipen und Cafés aneinander. Und mittendrin das Ladenlokal, das zur Verpachtung angeboten wurde.

Fast jeden Tag fuhr ich, mal allein, mal mit Silvia dorthin. Und das immer zu unterschiedlichen Zeiten, um zu sehen wie viel Betrieb zu diesen Zeiten in der Fußgängerzone war. Mir ging es zwar nicht so gut, da mir oft sehr schwindelig war, doch da musste ich jetzt durch. Ich wusste auch nicht woher der Schwindel kam, ob es durch das wenige Essen war, oder eine andere Ursache hatte.

Auf jeden Fall sah ich dort in der Fußgängerzone, dass mittags und nachmittags nicht das Meiste los war, aber abends dafür umso mehr. Die Seitenstraßen waren voll mit Menschen, die von einer Kneipe in die andere gingen. Und immer waren es Gruppen, die dort herumliefen. Einer Menschentraube folgte die Nächste.

Ich war ziemlich beeindruckt und fragte mich, warum dieses Ladenlokal leer stand, wenn doch so viele potentielle Kunden zumindest abends in den Straßen waren.

Je öfter ich abends oder nachts dort hin ging, um mir das Treiben anzusehen, desto öfter bekam ich Dollarzeichen in den Augen. Dort sollte doch geschäftlich etwas zu machen sein, dass man gut von diesem Betrieb leben konnte.

Nach einiger Zeit des Beobachtens haben wir uns entschieden, dass wir dieses Ladenlokal, das nicht zu groß war, gerne haben würden. Nun ging es noch darum, welche Gastronomie wir dort eröffnen wollten. Einen ganz normalen Imbissbetrieb wollte ich nicht, davon gab es schon zu viele. Für einen Diner war der Betrieb zu klein. Doch da wir sehr gerne mexikanisch essen gegangen sind, kam mir dann irgendwann die Idee, dass man dort einen mexikanischen Imbiss einrichten könnte. Mit Tacos, Burritos, Chimichangas, Chicken Wings, Spareribs und sowas alles. Mexikanisch war zu der Zeit extrem angesagt und deshalb meinte ich, dass man damit dort einen guten Umsatz und Gewinn erzeugen könnte.

Bevor ich aber mit dem Verpächter sprach, suchte ich mir zuerst mexikanische Großhändler, die die ganzen Salsas, Tortillas usw. verkauften. Ein großer Lieferant, den ich in einer Fachzeitung entdeckt hatte, war ziemlich weit weg. Trotzdem fuhr ich dorthin um mir mal die Angebotspalette von ihm anzusehen. Er hatte wirklich alles, was das Herz begehrte und was man für so einen Betrieb braucht. Er hätte auch geliefert, obwohl es so weit entfernt war. Das Problem dabei war nur, dass er ausschließlich palettenweise geliefert hätte. Und dafür wäre unser vermeintlicher Betrieb wesentlich zu klein gewesen. Also verabschiedeten wir uns und mit einem »Schade« auf den Lippen fuhren wir wieder Richtung Heimat. Aber wir hatten ja noch einen Großhändler, der nicht ganz so weit weg war und bei dem wir zur Not auch selbst hin fahren und einkaufen konnten. Er hatte auch alles da was wir brauchten, war aber leider wesentlich teurer. So waren wir gezwungen die Preise auf unserer Speisekarte, die wir zwischenzeitlich schon mal proforma gemacht hatten, noch einmal zu überdenken und neu zu berechnen.

Nun telefonierte ich aber erstmalig mit dem neuen Verpächter. Wir vereinbarten einen Termin und trafen uns ein paar Tage später in dem leer stehenden Lokal.
Nachdem ich ihm mein Konzept für diesen Betrieb erklärt hatte, war er ziemlich begeistert.
„Das wäre ja mal ganz was anderes wie diese Currywurst Pommes Buden, die ja überall sind" sagte er hocherfreut über mein Konzept.
„Ja, ich glaube da werden wir alle etwas von haben bei diesem Rummel, der hier abends in der Fußgängerzone herrscht" antwortete ich ihm hochmotiviert.
Plötzlich zog er aus seiner Tasche einen Pachtvertrag heraus und erklärte mir die einzelnen Punkte. Ich bat ihn darum den Pachtvertrag, bevor ich ihn unterschreibe, erst einmal mitnehmen zu dürfen, um ihn ein paar Tage zu prüfen. Wenn alles o. k. ist, dann würde ich ihn, ihm wieder, natürlich unterschrieben mit der Post zusenden. Nachdem wir noch den Pachtzins ausgehandelt hatten, war der neue Verpächter, aber auch ich, zufrieden. Wir verabschiedeten uns und ich war, sobald ich den Pachtvertrag unterschrieben hatte, Pächter eines neuen Lokals.
Diesem Vertrag legte ich dann zur Prüfung meinem Verband vor, der ihn dann auch eingehend auf Herz und Nieren untersuchte und befand, dass einige Klauseln in diesem Vertrag nichts zu suchen hätten.
Dieses konnte ich aber Gott sei Dank telefonisch aus der Welt schaffen. So unterschrieb ich den Vertrag und schickte ihn dann auf den Weg zu meinem neuen Verpächter.
Jetzt konnte es endlich losgehen. Wir begannen mit ein paar Freunden dieses Ladenlokal zu renovieren. Die Wände wurden bonbonfarben angestrichen, das Licht bestand aus Neon Werbung genauso wie in der Tür und an den Fenstern über Eck ein Neonschild „OPEN" hing. Ich überzeugte auch einen Spielautomatenaufsteller davon, dass der Nachbau einer Wurlitzer Jukebox total klasse in dem Laden aussehen würde. Nach langen zähen Verhandlungen besorgte er eine und stellte

sie bei mir auf. Ich hätte gerne noch auf jedem Tisch so ein passendes Schallplatten-Wahlgerät gehabt, aber das war dann wohl doch des Guten zu viel. Die restliche Deko bestanden aus Kakteen und viel mexikanischen Accessoires. Ich fand der Laden war zwar klein, aber sah richtig toll aus. Es war irgendwie so ein Mittelding zwischen American Diner und einer mexikanischen Bodega. Einfach klasse.

Bevor wir eröffneten sagte Silvias Gynäkologin zu ihr, dass sie doch bitte in eine Kur fahren sollte, um sich zu erholen. Das wäre ja schließlich nichts Leichtes gewesen, was sie mitgemacht hat. Silvia wollte zuerst auch nicht, weil sie an die Ladeneröffnung dachte, doch ich habe sie auch noch einmal dazu bestärkt, in die Kur zu fahren. Es würde schon alles laufen in den paar Wochen. Und so lange wäre sie ja auch nicht weg. Schließlich willigte sie ein und es wurde der Antrag von ihrer Ärztin gestellt.

Ich weiß nicht, ob so wenige Leute zu der damaligen Zeit in Kur gefahren sind, oder ob Silvia einfach nur Glück gehabt hat. Ihr Antrag wurde sehr schnell positiv entschieden und ihr wurde mitgeteilt, dass das Kurhaus, indem sie ihre nächste Zeit verbringen würde, im Schwarzwald liegt.

Wir eröffneten noch unseren mexikanischen Grill und ein paar Tage später musste sie auch schon los. Ihre Koffer wurden aber vorher aufgegeben, damit sie nicht so viel zu schleppen hatte, wenn sie umsteigen musste von einem Zug in den anderen auf der langen Strecke.

Mittlerweile freute sich Silvia auf die Kur und auf den Schwarzwald. Ich hatte ein wenig ein mulmiges Gefühl, denn ich war jetzt vier oder sechs Wochen auf mich allein gestellt. Und außerdem fehlte sie mir jetzt schon, wenn ich daran dachte, dass sie bald längere Zeit weg ist. Aber ich gönnte ihr die Kur von ganzem Herzen, weil sie bis jetzt schon so viel Stress mit Krankheiten hatte.

Nachdem ich Silvia zum Bahnsteig gebracht hatte, an dem wir uns ausgiebig verabschiedeten, kann der Zug und nahm sie mit in den schönen Schwarzwald.

Jetzt war ich erst mal allein. Aber ich hatte genug zu tun mit den Läden. Gott sei Dank hatte ich überall sehr gute Mitarbeiter, auf die ich mich verlassen konnte. Sonst hätte das gar nicht funktioniert.
Aber nun begann leider wieder die Zeit des Zunehmens für mich. Es war wie verhext. Ich konnte nicht mal über längere Zeit kontinuierlich Gewicht verlieren oder wenigstens halten. Darüber ärgerte ich mich maßlos. Aber es lag ja nur an mir. Niemand anderes war schuld. Aber trotzdem hätte ich mich in den Allerwertesten treten können.
Durch Zufall entdeckte ich eine Metzgerei in der Fußgängerzone. Die verkauften leckere frische Mettbrötchen und hatten einen richtig guten pikanten Eiersalat im Sortiment. Der war selbst gemacht und nicht aus dem Eimer. Lecker mit Erbsen Mais und natürlich viel Majo. Jeden Morgen fuhr ich eine gute Stunde früher in den mexikanischen Grill um mir vorher zwei Mettbrötchen und ein Töpfchen Eiersalat zu kaufen. Das aß ich dann alles sehr genüsslich, bevor die Arbeit für mich anfing. Aber das waren Kalorien ohne Ende. Es war komisch jeden Tag, nachdem ich es gegessen hatte ärgerte ich mich tierisch darüber. Aber trotzdem kaufte ich es am nächsten Tag wieder und aß es dann auch. Ich weiß, es klingt komisch, man kann es einfach nicht nachvollziehen, aber es war so und ich konnte nichts daran ändern. Es war nicht, dass ich mich nicht beherrschen konnte, es war irgendetwas

anderes. Ich wusste nur nicht was…. Natürlich ging ich wieder mit dem Gewicht hoch. So einige Kilos die ich mir ganz mühsam über einen längeren Zeitraum abgehungert hatte, waren ruck zuck wieder drauf. Es war zum heulen.
Aber viel Zeit über mein Gewicht nachzudenken, hatte ich in diesem Lebensabschnitt nicht. Es waren zwar schon zwei oder drei Teilzeitangestellte, die mir halfen mit dem Mexikaner, doch ich hatte nun allein drei Läden an der Backe. Da kam es oftmals vor, dass ich am Tag achtzehn oder 19 Stunden gearbeitet habe. Denn teilweise musste ich auch selbst einkaufen fahren. Man das war eine stressige Zeit, die ich versucht habe über das Essen zu kompensieren. Und schwummerig-schwindelig war es mir ohne Ende die ganze Zeit über. Aber die Arbeit musste ja gemacht werden.
Nach ca. drei Wochen fehlte mir Silvia ohne Ende – nicht als Arbeitskraft, sondern als Partnerin. Dienstags hatten wir in dem Mexikaner Ruhetag. Ich nahm mir am Wochenende vorher vor, Silvia einfach mal so zu besuchen. Ich sagte meinen Mitarbeitern Bescheid, dass sie Montagnachmittag alleine wären, denn ich musste vorschlafen. Um 2:00 Uhr nachts wollte ich dienstagmorgens losfahren, damit ich so zwischen 8:00 Uhr und 9:00 Uhr zum Frühstück bei ihr sein würde.
So wie ich es gesagt habe, hab ich es dann auch gemacht. Ich legte mich montags abends um 17:00 Uhr schon ins Bett, stellte den Wecker auf 0:00 Uhr und schlief, ich denke aufgrund des Stresses in den Tagen zuvor, auch relativ schnell ein. Als der Wecker um 0:00 Uhr klingelte, war ich wie gerädert. Aber ich freute mich auf die Fahrt.
 Mit etwas zu essen und zu trinken in einer Tasche stieg ich ins Auto ein und fuhr los. Die Fahrt war sehr gut und auch relativ einfach, denn ich musste nur zusehen, dass ich auf die A5 kam, die dann runter bis Freiburg ging. Aber ganz soweit brauchte ich gar nicht. Mit 1-2 Stopps ging es dann durch in Richtung Silvia. Kurz vor 9:00 Uhr morgens fuhr ich vor auf den Parkplatz des Kurhauses. Ich wollte gerade in die

Empfangshalle gehen, da sah ich Silvia auch schon. Ich glaube ihre Überraschung und Freude hätte nicht größer ausfallen können, als sie mich dann auch erblickte. Sie kam ganz schnell auf mich zu und ich nahm sie in meine Arme. Sie sah ziemlich entspannt und erholt aus und ich freute mich total, dass ich zu ihr in den Schwarzwald gefahren bin.

Wir verbrachten einige schöne Stunden, sie zeigte mir dort alles, doch ich musste ja noch am gleichen Tag zurück. Nachdem ich dort noch zu Mittag gegessen und im Souvenirladen noch einiges eingekauft hatte, hieß es so gegen 14:00 Uhr leider wieder Abschied nehmen. Aber nun dauerte es ja nicht mehr so lang, bis Silvia ihre Kur beendet hatte. Die Zeit würden wir jetzt auch noch rum bekommen. Wir verabschiedeten uns ausgiebig und ich fuhr dann zurück in Richtung Heimat. Abends, als ich wieder zu Hause war, da war ich trotz des ganzen Stress doch froh, dass ich Silvia besucht hatte. Sie tat mir sehr gut.

Der Mexikaner lief gut an, ich hatte sogar eine Gruppe Kanadier als Gäste, bei denen sich hinterher herausstellte, dass es die kanadische Altherren-Eishockey-Nationalmannschaft war, die eine Tournee durch Deutschland machte. Sie waren sehr zufrieden mit den Speisen und Getränken, die ich bei mir anbot und fühlten sich fast so wie zu Hause.

Aber ich kannte es ja schon – jedes Mal wenn etwas bei mir gut lief, kam auch schon bald der nächste Nackenschlag. Eine oder zwei Wochen später eröffneten in meinem Umkreis eine Großdiskothek und ein riesengroßes Bistro. Als ich das erfuhr, da fuhr mir der Schrecken in die Glieder. Und es kam auch so, wie ich es befürchtet hatte. Die Bierstraße, die jeden Abend schwarz vor Menschen war, die war plötzlich total leer.

„Sollte der Mexikaner an diesem Standort ein Griff ins Klo gewesen sein"? dachte ich mir voller Enttäuschung. Die Umsatzzahlen gingen rapide zurück. Aber da ich ja ein positiv denkender Mensch bin, wollte ich erst einmal abwarten, ob das ein bis zwei Monate nach der Eröffnung der Groß-Gastronomien immer noch so der Fall war. Vielleicht sollte sich das ja auch alles wieder einspielen. Auf jeden Fall war ich bereit zu kämpfen für meinen Betrieb.

Anmerkung: *Ich war froh, dass ich mit meinem Gewicht in dieser Zeit so ziemlich zufrieden sein konnte und dass es nicht so katastrophal wieder hochging. Nie wieder wollte ich 180 kg oder mehr auf die Waage bringen. Auch wenn ich kurzzeitig mal einige kg zugenommen hatte, war ich dennoch so ziemlich zufrieden. Ich wusste ja, dass es auch Zeiten geben wird, in denen es wieder runter gehen würde. Gott sei Dank blieben diese katastrophalen Fressattacken weitgehend aus. Ich ernährte mich zwar von den Betrieben, doch achtete ich immer darauf, dass es nicht allzu viel wurde. Und Bewegung hatte ich ja auch reichlich und genug.*
Zu der Zeit war ich froh, dass es mit der Musik ziemlich ruhig war (sonst hätte ich es zu dem Zeitpunkt gar nicht geschafft), doch ich wusste, dass es mit ihr auch bald wieder losgehen würde.
Nur mit dem Mexikaner machte ich mir Sorgen, wie es da weitergehen würde, wenn weiterhin so wenige Menschen abends in der Bierstraße verweilen würden. Aber ich wollte erst mal abwarten.....

Kapitel 19

Schlaganfall?? – Das Leben geht weiter

Silvia war nun schon länger aus der Kur zurück und wir betrieben weiterhin unsere drei Läden. Ich war quasi nur der Springer, der überall hin fuhr, wo Not am Mann war. Meistens pendelte ich zwischen dem Restaurant und dem Mexikaner. Silvia blieb im Grillimbiss, dessen Vertrag dieses Jahr frühzeitig vom Vermieter gekündigt wurde. Der Mexikaner machte mir immer noch Sorgen, weil sich der Besuch vieler Leute in der „Bierstraße" immer noch nicht wesentlich verbessert hatte.

In meinem Vertrag vom Mexikaner hatte ich eine Klausel übersehen, die besagt hatte, dass der Betrieb von mittags bis abends geöffnet sein muss. Das diese Klausel eigentlich entfernt werden musste, hatte ich damals bei der Vertragsunterzeichnung, aufgrund der hohen Frequentierung von Leuten der Bierstraße, nicht für zwingend notwendig erachtet. Später sah das ganz anders aus, doch der Verpächter bestand auf dieser Vertragsklausel. Damit hatte ich jetzt Lehrgeld bezahlt und durfte den Betrieb nicht, wie von mir angestrebt wurde, erst abends öffnen.

Vertrag ist Vertrag und ich wollte keine Konventionalstrafe riskieren, deshalb blieb der Betrieb, auch wenn wir dort tagsüber nur kleine Umsätze hatten, am Tag auch geöffnet.

Durch diese ganze Arbeitsbelastung wurde meine Gesundheit langsam aber sicher vehement in Mitleidenschaft gezogen. Irgendwie konnte ich zu der Zeit gar nicht mehr so, wie ich eigentlich wollte. Aber ich sagte mir immer, dass es bald auch mal wieder besser gehen würde. Wir wollten ja die Selbstständigkeit und eigentlich hat uns das ja auch sehr viel Spaß gemacht.

Ich merkte auch immer mehr, dass mir die Tabletten, die ich gegen meinen Diabetes bekommen habe, überhaupt nicht gut taten. Obwohl ich schon mehrere verschiedene Medikamente verschrieben bekommen habe, war es bei allen immer das gleiche. Immer öfter hatte ich das Gefühl, dass mein Kreislauf jeden Moment abstürzen und ich umfallen würde. Das war ein Gefühl, dass mir meine ganze Lebensqualität nahm. Ich meine, diesen Schwindel hatte ich ja schon ewig, auch bevor der Diabetes bei mir diagnostiziert wurde, aber diese Tabletten verstärken die Symptome ungemein. Ich wusste bald nicht mehr was ich machen sollte.

Dann an einem Abend, ich kam wie immer spät nach Hause, merkte ich plötzlich, dass ich kurzzeitig mein rechtes Bein und meinen rechten Arm nicht mehr bewegen konnte. Das ging sehr schnell wieder vorbei, doch Silvia bekam das mit und rief den Notarzt. Ich hatte das eigentlich nicht für notwendig erachtet, aber da war sie resolut. Im Nachhinein fand ich das auch eine total richtige Entscheidung von ihr.

Der Notarzt setzte mir eine Spritze in den Arm und meinte dass ich sofort ins Krankenhaus müsse.

„Oh je, jetzt das schon wieder" dachte ich mir. Aber bevor ich noch etwas sagen konnte, war auch schon der Krankenwagen da, die Sanitäter packten mich auf eine Trage und verfrachteten mich in ihr Auto. Dann ging es mit Blaulicht und teilweise Martinshorn ab ins Krankenhaus.

Da ich, mit noch immer ca. 135 kg, nicht gerade ein Leichtgewicht war, wussten die Ärzte sofort schon, als sie mich sahen, wodurch meine Beschwerden ausgelöst wurden. Mir wurde natürlich auch Blut abgenommen, Fieber und Puls gemessen und alles das, was man so macht, wenn man als Notfall ins Krankenhaus eingewiesen wird.

Am nächsten Tag bei der Visite fragte ich den Arzt, ob das eventuell ein Schlaganfall gewesen sein konnte.

„Ja, das war ein Vorbote von einem großen Schlaganfall. Er war zwar sehr leicht, aber sie müssen unbedingt abnehmen. So etwas kommt alles durch das Gewicht und natürlich auch durch das Rauchen, wenn Venen in der Halsschlagader verstopft werden" sagte er in einem lehrerartigen Ton.

Ja ja, ich kannte das schon. Aber ich habe mich mal gefragt, warum auch schlanke Nichtraucher einen Herzinfarkt oder einen Schlaganfall bekommen. Doch ich wollte nicht diskutieren mit dem Arzt. Er schien mir sowieso ein Halbgott in Weiß zu sein.

Zunächst habe ich Wortfindungsstörungen gehabt, die dann aber mit der Zeit wesentlich schwächer wurden und schließlich ganz verschwanden. Sonst ist nichts zurückgeblieben.

Ich wunderte mich nur, dass dieser Schlaganfall, selbst wenn er auch nur klein war, nicht untersucht wurde. Zumindest wäre doch ein MRT in der Röhre angezeigt gewesen. Doch wie ich viel später herausfand, wurde das aus Kostengründen nicht gemacht. Dieses Krankenhaus gibt es Gott sei Dank schon lange nicht mehr.

Ich blieb knappe zwei Wochen in dieser Klinik und es wurde bei mir nichts weiteres mehr gemacht, als Blut abzunehmen und mich auf Diät (800 kcal/Tag) zu setzen.

Als ich dann wieder zu Hause war, sagte mir mein Arzt, dass ich mir unbedingt mehr Ruhe antun müsse, denn sonst käme wahrscheinlich ein dicker Schlaganfall irgendwann hinterher. Am besten wäre es, wenn ich die Betriebe verkaufen würde. Oh man, ein Schock folgte auf den nächsten.

Zuhause erholte ich mich noch ein paar Tage vom Krankenhaus und akklimatisierte mich, doch dann ging ich wieder zurück in meinem Betrieb. Mir ging es aber leider mehr schlechter als besser. Der Schwindel war fürchterlich oft da ich fühlte mich irgendwie richtig krank. An meine Ernährungsumstellung war auch wieder nicht mehr zu denken, denn wenn ich wenig aß, verstärken sich die Symptome umso mehr.

Irgendwann nach ein paar Monaten, ging ich dann noch mal zu meinem Hausarzt und sagte ihm wie mies es mir ging. Er meinte, und das rechne ich ihm hoch an, dass ich doch ein MRT in der Röhre machen sollte und er überwies mich zu einem Radiologen. Ich machte mir sofort dort einen Termin und drei Wochen später war ich in der Röhre, die so fürchterlich laut klopfte. Es dauerte eine gute halbe Stunde und dann war ich endlich fertig. Ich habe nie gedacht dass eine halbe Stunde so lang sein kann. Kurze Zeit später rief mich der Arzt in seinen Behandlungsraum.

„Oh man, da haben sie ja noch einmal richtig Glück gehabt. Das hätte auch ganz anders ausgehen können" sagte er in einem freundlichen Ton und zeigte mir dabei die Bilder. Dann erklärte er mir, was in meinem Kopf vor sich gegangen ist und das jetzt andere Teile vom Gehirn die Arbeit mit übernehmen müssen, von dem Gehirnteil, der ausgefallen sei.

Er meinte aber auch zu mir, dass Stress etwas ist, das ich im Moment gar nicht gebrauchen könnte.

Als ich zurück zu Silvia in den Betrieb fuhr war mir klar, dass es wohl doch das Beste ist, wenn ich die Betriebe verkaufen würde. Zumal Silvia ihre allergische Lungenkrankheit auch sehr viel zu schaffen machte.

Der Grill war ja schon sowieso quasi weg, für das Restaurant fand ich einen Nachpächter, nur der Mexikaner machte anfangs noch ein paar Probleme. Aber die bekam ich nach und nach auch gelöst. Nur die Musik wollte ich noch behalten. Ich nahm mir vor, Musik zu machen so lange es ging.

Irgendwann war dann alles verkauft und ich konnte es gar nicht glauben: **ICH HATTE SEIT EWIGKEITEN MAL WIEDER FREIZEIT.**

Zuerst konnte ich damit irgendwie gar nichts anfangen, doch im Laufe der Zeit tat Silvia und mir die Ruhe doch sehr gut. Ich hatte sie gut abgesichert, sodass wir nach dem Verkauf der Betriebe auch noch zurechtkamen.

Jetzt, ohne den großen Stress hatte ich mir vorgenommen wieder wesentlich mehr für meine Ernährungsumstellung zu tun. Nun hatte ich ja die Zeit dafür im Internet nach Rezepten zu suchen, die für mich gut waren und die ich auch nach kochen konnte. Ich hatte ja noch immer diese 1200 kcal/Tag im Kopf. Meine Hoffnung bestand darin, dass ich mit mehr Ruhe auch wesentlich mehr abnehmen konnte.

Aus den Rezepten suchte ich mir die Zutaten heraus und rechnete sie mit dem Buch „Kalorien mundgerecht" in Kalorien um. Aber irgendwie waren das immer noch alles ca. Werte. Aber das war besser als nichts.

Ich aß sehr gerne als Zwischenmahlzeiten Quark und Joghurt mit Früchten. Das machte ich alles selbst. In der Erdbeerzeit kamen frische Erdbeeren in den Quark und in der Kirschzeit gab es dann Quark oder Joghurt mit frischen Kirschen. Von den Kirschen kaufte ich mir immer 5-10 kg, entsteinte sie und fror sie dann ein. Oder Silvia kochte sie ein.

Für Süßspeisen nahmen wir natürlich nur Süßstoff. Selbst wenn wir Kirschen einkochten, kam da auch nur Süßstoff dran.

Nach längerer Zeit merkte ich, dass ich wohl diesen vielen Süßstoff nicht vertragen würde. Ich trank ja auch Cola light in der Süßstoff drin war. Und ich musste ca. 3 l am Tag trinken. Entweder Cola light, Wasser oder Tee, den ich natürlich auch mit Süßstoff süßte. Ich bekam immer öfter Durchfall, so dass ich dann irgendwann mal überlegt habe, alles wieder mit Zucker zu süßen. Aber das hätte mein Diabetes nicht mitgemacht und meine Glucosewerte wären unter die Decke geschossen.

Durch Zufall erfuhr ich von einer Bekannten, dass es einen Süßstoff gibt, der nicht diese normalen Nebenwirkungen verursacht. Sie hätte das vor vielen Jahren im Fernsehen in der Sendung „Hobbythek" gesehen. Seitdem nimmt sie diesen Süßstoff, hatte nie Beschwerden und außerdem würde er viel mehr nach Zucker schmecken, wie die anderen Süßstoffe. Leider ist er aber auch wesentlich teurer wie die anderen, die man so kennt. Aber das wäre ihr das wert. Ich bat sie um den Namen des Herstellers und des Produktes und überlegte mir dort schon, dass ich im Internet nachsehen würde, ob und wo ich das bestellen kann.

Lightsüsse von der Firma Spinnrad (ich weiß gar nicht ob ich das hier reinschreiben darf, weil ich weder für diese Firma arbeite, noch Geld von denen dafür bekomme), aber der Süßstoff ist sowas von gut, dass ich ihn jetzt schon seit vielen Jahren nehme. Mein Durchfall ist total vorbei und die Speisen schmecken mit ihm wirklich genauso gut wie gezuckert. Vor allen Dingen löst er sich sogar auch in kalter Flüssigkeit auf.

Ja, ich machte also weiter mit meinen 1200 kcal/Tag und so langsam ging auch wieder Gewicht runter. Doch dieses ganze abwiegen der Zutaten, dann alles auf Papier aufschreiben und abends das Zusammenrechnen, war schon etwas lästig. Aber trotzdem war ich ganz langsam auf dem besten Wege dahin, ein uhu (unter hundert) zu werden. Noch konnte ich ja auf die Ü100-Parties gehen. Das hieß nicht über hundert Jahre, dann wäre ich ja mit Jopi Heesters fast alleine gewesen, nein, das hieß über 100 kg. Ich hatte mir vorgenommen, dass ich beim Eintritt zu diesen Veranstaltungen Schwierigkeiten bekommen würde *lach. Aber noch war es sehr lange nicht so weit.

Natürlich kam auch der Herr Jojo ab und zu wieder vorbei, aber er blieb meistens nicht lange. Ich war so darauf fixiert weiterhin abzunehmen, dass der Jojo fast nie eine Chance hatte.

Aber natürlich hatte ich mir ab und zu auch mal etwas anderes außerhalb der Ernährungsumstellung mit den wenigsten Kalorien gegönnt. Es gab auch mal einen dicken Eisbecher für 800 kcal *lach. Das musste einfach mal sein, doch das war relativ selten. Ich habe festgestellt das, wenn ich mir irgendwas verwehrt habe, schwirrte das so lange in meinem Kopf herum, bis ich dann irgendwann doch nachgegeben habe – und dann umso mehr. Deshalb habe ich mir in der Zeit nie etwas verboten, aber nur eben in Maßen gegessen und getrunken. Hauptsache ich hatte mal den Geschmack im Mund. Dann ging es auch wieder eine Zeit lang gut.

Ich machte natürlich weiter mit meinen 1200 kcal/Tag, doch irgendwie ging es mir nicht gut dabei. Durch den Schwindel und dieses schwummerige Gefühl, dass durch die wenigen Kalorien, die ich zu mir nahm, noch wesentlich verstärkt wurde, da ist mir doch ein Großteil meiner Lebensqualität genommen worden. Es gab dann eine Zeit, in der ich nur noch das gemacht habe, was wirklich notwendig war. An Ausgehen war in dieser Zeit kaum noch zu denken. Nach außen hin habe ich immer gesagt, dass ich dauernd auf Festen bin, wenn ich gebucht wurde. Da brauche ich dann so als Privatmensch nicht mehr auf Veranstaltungen zu gehen. In Wirklichkeit war es so, dass ich einfach nicht konnte. Ich war in der Zwickmühle. Ich wollte abnehmen, habe deshalb wenig gegessen und hatte ständig das Gefühl dass ich unterzuckern würde. Mehr Essen ging auch nicht, denn damit begab ich mich in Gefahr, meinen bis dato langfristigen Abnehmerfolg zu gefährden.

Als es mir wieder einmal sehr schlecht ging, machte ich mich wiederum auf den Weg zu meinem Hausarzt, um ihn zu fragen, ob es nicht noch andere Untersuchungsmöglichkeiten für mich gäbe. Ich wollte endlich wissen was das mit dem Schwindel auf sich hat.

Mein Doc war sehr verzweifelt, denn er wusste nicht mehr wie er mir helfen sollte. Er hatte mich schon zu sämtlichen Fachärzten geschickt, die eventuell mir bei meinem Problem helfen konnten.

Das war aber leider nicht der Fall. Ich hörte von diesen Ärzten immer nur einen Glückwunsch, dass ich gesund bin. Das zog mich jedes Mal sehr nach unten. Manchmal hatte ich das Gefühl, dass ich ein Hypochonder bin. In seiner Hilflosigkeit gab mir mein Doc den Ratschlag, die Cola light weg zu lassen aus meinem Ernährungsplan. Diese Aussage von ihm trieb mir doch nur ein müdes Lächeln auf die Lippen. Aber ich sah ein, dass auch er nicht mehr weiter wusste.
Daraufhin sagte ich ihm, dass ich ab sofort die Medikamente gegen die Diabetes weglassen werde, denn die verstärkten meine Beschwerden noch ungemein.
„Um Gottes Willen, das sollten Sie nicht tun, denn sie brauchen die Medikamente sonst werden Ihre Glucosewerte wieder katastrophal in die Höhe gehen" sagte er ziemlich erschrocken. Ich fragte ihn noch, ob man nicht diese Werte durch Sport und abnehmen in den Griff bekommen könnte. Er meinte Sport und Gewichtsreduktion ist auf jeden Fall die richtige Entscheidung, aber ob die Werte dabei so runter gehen, dass ich richtig gut eingestellt wäre, das wagte er zu bezweifeln.
Für mich stand aber nach diesem Arztbesuch fest, dass ich meine Diabetesmedikamente ab dem nächsten Tag weglassen und es dafür mit Sport und wenig kcal versuchen würde. Ich hatte das Gefühl, dass es sowieso nicht mehr schlimmer kommen könnte.
Bei mir am Ort gibt es einen kleinen See, um den man rumlaufen konnte. Das habe ich dann ab sofort dreimal in der Woche gemacht. Zuerst nur eine Runde und das hat sich dann gesteigert bis auf vier Runden. Joggen konnte und durfte ich nicht, weil mir Ärzte immer wieder gesagt haben, dass Joggen bei meinem Gewicht Gift für meine Gelenke wäre. Also ging ich nur um den See aber mit strammen Schritten. Alle sechs Wochen musste ich zu meinem Arzt, damit er den Langzeitzucker durch eine Blutabnahme bestimmen konnte. Das Laufen zeigte nach einiger Zeit seine Wirkung. Der Langzeitzucker und das Gewicht ebenfalls gingen langsam runter.
Für Zuhause hatte ich mir ein Ergometer besorgt, auf dem ich dann jeden zweiten oder dritten Tag gefahren bin. Es fing an mit fünf Minuten und steigerte sich dann im Laufe der Zeit bis hin zu 1 Stunde. Aber das war für mich jedes Mal einen Gewaltakt. Ich war und bin so ein Sportmuffel, dass ich dieses fahrradfahren nur als Qual gesehen habe. Freunde und Bekannte von mir konnten das nicht verstehen dass ich gar keinen Spaß daran hatte. Ich wiederum konnte nicht verstehen, dass man an so etwas Spaß haben kann. Man

sieht ja auch wohl schon auf dem Foto, dass ich nicht wirklich glücklich aus der Wäsche gucke. Mich trieb nur die Angst um meine Gesundheit auf dieses Fahrrad. Ich wusste und hatte es zu der damaligen Zeit schon verinnerlicht, dass Diabetes eine total heimtückische, und wenn man nichts dagegen unternimmt, auch tödliche Krankheit sein kann.

Mit der Musik lief es auch noch weiter. Wir hatten einige Auftritte auf Straßenfeste, in Countryclubs und anderen Feierlichkeiten. Das ging solange gut, bis meine Sängerin mir mitteilte, dass sie in Zukunft nicht mehr so viel Zeit haben würde. Ich war also gezwungen, mir eine zweite Sängerin zu suchen, die dann auch das Programm einstudieren musste. Nach einiger Zeit war es dann soweit, ich hatte sie gefunden und sie hatte auch eine wirklich schöne Stimme. Das Problem war nur, dass sie überhaupt kein Englisch sprach und alles nur phonetisch mitsingen konnte. Aber wir studierten mit ihr das gesamte Programm ein und konnten da weitermachen, wo wir mit der ersten Sängerin aufgehört hatten. Aber irgendwie war es doch nicht mehr dasselbe. Sie sang auch noch zusätzlich in einer Tanzband und es wurde wesentlich schwieriger, Termine zu vereinbaren und alle Musiker unter einen Hut zu bekommen. Aber in der nächsten Zeit funktionierte das noch. Ich merkte, dass es mir immer schwieriger fiel, obwohl ich das Diabetesmedikament abgesetzt hatte und Sport machte, auf der Bühne zu stehen. Es war irgendwie nicht mehr der Spaß, den es mir mal gemacht hat. Im Gegenteil – es bedeutete nur noch Anstrengung für mich. Ich weiß nicht, ob ich da schon merkte, dass meine Zeit auf der Bühne bald vorbei sein würde, jedenfalls fühlte ich mich bei Auftritten überhaupt nicht mehr wohl. Jetzt hatte ich schon so ca. 60 kg abgenommen, doch es ging mir immer schlechter, statt besser.
„Ich bin doch nicht der einzigste, der so dick auf der Bühne steht" dachte ich mir so oft.
„Was ist denn mit Joseph Hannesschläger von den Rosenheim Cops, der ja auch Musik gemacht hat, oder Michael Thürnau, dem Bingomann NDR. Was ist mit den Wildecker Herzbuben, oder Ottfried Fischer, der ja auch vor der Kamera und auf Kabarettbühnen stand. Ging es denen immer gut? Oder hatten die auch dieselben Probleme wie ich" ging mir immer wieder durch den Kopf.
Da ich jetzt schon diese vielen Kilos abgenommen hatte, kam in mir immer mehr der Verdacht auf, dass meine Beschwerden vielleicht

gar nichts mit meinem Gewicht zu tun hatten. Alle anderen Leute in meiner Gewichtsklasse konnten tun und machen, nur ich war durch diese Beschwerden so etwas von behindert in meinen täglichen Aktivitäten, dass es für mich bald keinen Spaß mehr machte. Jetzt kam das auch noch mit der Bühne hinzu, das Letzte, was mir so richtig gut gefallen hat.

Dann, einige Monate später, nach einem Auftritt, bei dem es mir total mies ging, stand es für mich fest, dass es das war mit der Bühne. Ich sagte bei allen Veranstaltern, bei denen ich noch Buchungsverträge hatte, diese Auftritte ab bzw. vermittelte sie weiter an eine befreundete Band, um nicht noch Konventionalstrafe zahlen zu müssen.

Meiner Band sagte ich natürlich auch sofort Bescheid, dass es nicht mehr ging und so trennten sich dann unsere Wege. Ein Kapitel, was mir zumindest am Beginn, sehr viel Spaß gemacht hat, war damit abgeschlossen. Silvia konnte es zuerst gar nicht glauben, dass ich es ernst meinte mit dem Rücktritt. Sie dachte immer das wäre mein Leben gewesen. War sie ja auch und ich hätte sehr gerne noch viele Jahre weitergemacht, obwohl ich nicht der große Star geworden bin. Aber ich war so extrem angeschlagen, dass ich einfach nicht mehr konnte. Und niemand konnte mir bis dato helfen.

Dass ich definitiv mit der Musik aufgehört habe, war nicht so einfach und leicht, wie es durch das Buch vielleicht rüber kommt. Ich habe mich danach wochenlang verkrochen, wollte keinen mehr sehen (außer Silvia, sie war immer für mich da).und auch nichts mehr über Musik hören. Ich musste mich nun erst mal selbst damit auseinandersetzen, dass es keinen Applaus mehr gab und auch keine Zugabe-Rufe, sondern das ich wahrscheinlich jetzt nur noch im stillen Kämmerlein meiner Arbeit nachging.

Zwischenzeitlich hatte ich eine Internet-Schreibagentur eröffnet. Da konnte ich dann von Zuhause aus arbeiten und es war nicht mehr so hektisch wie in den Jahren zuvor. Aber nach einer gewissen Zeit vermisste ich irgendwie die Hektik von früher. Aber man kann ja leider nicht alles haben.

Ich sah weiterhin zu, dass ich von meinem Gewicht runter kam und mittlerweile hatte ich mir auch ein ganz festes Ziel gesetzt. Ich wollte einmal ein Uhu sein. Also unter hundert Kilo. Ich sagte immer und überall wenn man mich wegen meines Gewichtes fragte, dass ich kurz nach meiner Geburt das letzte Mal unter 100 kg wog. Deshalb wollte ich mich noch einmal zweistellig auf der Waage erleben. Aber das dauerte noch. Dazu muss ich bestimmt noch 20-25 kg abnehmen. Aber ich war beharrlich und ganz langsam aber sicher ging mein Gewicht auch weiter runter. Silvia war total stolz auf mich, dass ich das so gut auf die Reihe bekam, selbst wenn zwischendurch mal wieder Herr Jojo vorbei schaute.

Im Jahre 2000 bekam ich meinen nächsten Schlaganfall. Dieses Mal war ich aber nicht im Krankenhaus, sondern ging sofort zu meinem Hausarzt, der mich in die Radiologie überwies. Dieser Schlaganfall war wieder leicht und ich hatte auch wieder diese Wortfindungsstörungen, nur diesmal kam noch hinzu, dass meine linke Seite immer ziemlich lahm war. Ich konnte zwar greifen und laufen, aber es war am Anfang viel schwieriger. Mein Gang wurde krampfhaft und ich war unsicher auf den Beinen. Von diesem Schlaganfall erholte ich mich nicht so schnell. Der Radiologe zeigte Silvia und mir bei der Besprechung seiner Diagnose genau, wie ich zurzeit gehe. Silvia erkannte das sofort wieder. Und er erklärte mir erneut, dass andere Gehirnsteile die Funktion mit übernehmen müssten, die gestört waren.

Eines Tages fuhr ich mit meinem kleinen alten Auto zu Bekannten von früher, die so ca. 30 km entfernt wohnten von mir. Wir hatten einen schönen Nachmittag und unterhielten uns über die alten Zeiten. Danach wollte ich aber wieder los, verabschiedete mich und fuhr in Richtung Heimat. Die Straße führte durch sehr viel Natur. Ich fuhr durch Wälder, Wiesen und Felder, als plötzlich mein Auto schlapp machte. Oh man, was war ich sauer. Weit und breit kein Haus zu sehen, nur Kühe. Es nützte alles nichts, ich musste laufen um irgendwann und irgendwo telefonieren zu dürfen. Ich brauchte ja ein Taxi, das mich zumindest nach Hause brachte und meine Werkstatt würde dann auch mein Auto abholen. Also lief ich nicht 1 Stunde, nicht 2 Stunden, nein, ich glaube es waren fast 3 Stunden als ich in der Ferne einen Bauernhof entdeckte. Ich war fertig wie ein Turnschuh. Das war die Rache dafür, dass ich mein ganzes Leben lang ein Sportmuffel war.

Als ich endlich an dem Bauernhof angekommen war, sah ich die Bäuerin draußen (ich nehme an, das war die

Bäuerin). Ich ging auf sie zu und fragte sie ob ich mal telefonieren dürfe, weil ich mit meinem Auto liegen geblieben bin. Sie war sehr freundlich und sagte mir, dass ich natürlich anrufen dürfte. Daraufhin ging sie mit und zeigte mir wo das Telefon stand. Ich bestellte mir ein Taxi und habe dann auf dem Hof auf dieses Taxi noch mal bestimmt eine Dreiviertelstunde gewartet. Als es dann endlich kam war ich ziemlich froh und es fuhr mich nach Hause.
Unterwegs im Taxi dachte ich mir dann, dass das heute wohl meine letzte Fahrt gewesen wäre ohne ein Handy. Wenn man ein älteres Auto fährt, ist so ein Handy zwingend notwendig. Gerade wenn es durch Wiesen und Wälder geht. Ich nahm mir vor sofort morgen früh ein Handy zu kaufen. So etwas wie heute Nachmittag wollte ich nicht noch mal erleben. Was war das für ein Gewaltmarsch (naja, für mich jedenfalls).
Ich kam aber gut zu Hause an und am nächsten Tag wurde auch mein Auto abgeholt. Das war vielleicht eine Aufregung. Ich weiß gar nicht mehr, ob dieser Gewaltmarsch etwas bei mir auf der Waage gebracht hat *lach. Aber ich glaube, den werde ich mein ganzes restliches Leben nicht mehr vergessen. Heute schmunzele ich darüber. Aber damals war mir das todernst.
Doch ich habe es überlebt und auch halbwegs gut überstanden. Nur nach diesem Kraftakt ist mir wieder einmal klar geworden, dass ich überhaupt nicht mehr fit war. Ich sollte also auch etwas für meine Fitness tun. Nur wie? In ein Fitnessstudio wollte ich nicht, denn ich habe mich davor gescheut, einen langjährigen Vertrag zu unterschreiben. Ich wusste ja auch gar nicht, ob ich diesen Vertrag erfüllen konnte.
Also ging ich zu meinem Hausarzt und sprach mit ihm darüber. Vorher dachte ich mir noch, dass vielleicht eine Kur das Richtige für mich wäre. Dort bin ich dann auch gut aufgehoben, falls mir mal etwas passieren sollte.
Mein Doc befand das für eine gute Idee und sagte mir, dass ich den Antrag ruhig bei der Krankenkasse einreichen könne, denn er würde mich unterstützen…………

Anmerkung: *Dieses Kapitel beschreibt eine ziemlich schlechte und traurige Phase in meinem Leben. Dass ich die Musik an den Nagel hängen musste, hat mich schon tief getroffen.*
Das Schlimme daran war, dass ich nicht wusste

warum es mir so schlecht war und ich nicht mehr auf die Bühne konnte.

Andere Musiker tranken viel Alkohol, kifften oder hatten auch sonst einen unsoliden Lebenswandel. Bei mir war das überhaupt nicht der Fall und trotzdem ging es mir so dreckig.

Ich wurde mir mit der Zeit immer sicherer, dass meine Beschwerden gar nicht vom Gewicht kommen konnten.

Aber nun hatten die Ärzte eine weitere Ausrede dafür, dass es mir so schlecht ging.

„Ja, sie haben Übergewicht, sie rauchen und sie hatten zwei Schlaganfälle. Deshalb geht es ihnen so schlecht. Nehmen Sie ab und lassen Sie das Rauchen, dann wird es Ihnen wieder besser gehen" so redeten alle Ärzte, die keine Ahnung hatten. Hauptsache den Patienten verunsichern und irgendwas erzählen, was der Patient nicht belegen kann.

Ich hätte mir die ganzen Jahre über gewünscht, dass Fachärzte mir mal so richtig zugehört hätten. Mein Hausarzt hatte zugehört, ihm mache ich auch keine Vorwürfe, auch wenn er mir nicht helfen konnte.

Kapitel 20

Die Kur und die Fehlentscheidung

Mit einem guten Gefühl kam ich wieder vom Arzt nach Hause und schrieb sofort den Kurantrag für meine Krankenkasse. Es musste etwas passieren, denn Silvia kämpfte sehr mit dieser heimtückischen allergischen Lungenkrankheit. Ich musste unbedingt wieder fit werden, damit ich ihr viel besser helfen konnte. Und außerdem hatte ich die Hoffnung, dass man in der Kur etwas gegen meinen Schwindel und den anderen Beschwerden finden würde. Vielleicht lag es ja auch an dem Diabetes, oder eventuell auch am Bewegungsmangel – ich wusste es leider nicht.

Am nächsten Tag brachte ich den Kurantrag direkt zur Krankenkasse, doch dort sagte man mir sofort, dass es einige Zeit dauern würde, bis über einen Bewilligungs-oder Ablehnungsbescheid entschieden würde. Mir war das in dem Moment egal wie lange es dauert, Hauptsache es tat sich irgendwann etwas.

Zuhause machte ich natürlich weiter mit meinen üblichen 1200 kcal/Tag, um schon noch vor der Kur einiges abzunehmen. Ich ging nicht davon aus, dass ich in den nächsten 3-4 Wochen meinen Aufenthalt im Kurort schon antreten kann.

Nach gut drei Wochen bekam ich Post von meiner Krankenkasse. Darin war ein Ablehnungsbescheid mit der Begründung, da ich das alles, was ich in der Kur vor hatte auch Zuhause ambulant in einem Fitnessstudio oder bei Sportkursen der Krankenkasse absolvieren könne. Dafür wäre ein Kuraufenthalt nicht zwingend erforderlich. Natürlich war ich enttäuscht, als ich das gelesen hatte, doch ich wusste, dass Krankenkassen den ersten Kurantrag meistens sowieso ablehnen würden. Ich musste also Widerspruch einlegen. Mit dem Ablehnungsbescheid ging ich dann zu meinem Hausarzt und zeigte ihm diesen. Er meinte sofort, dass wir Widerspruch einlegen werden und er würde ein Gutachten dazu schreiben. Ich war gespannt was in den nächsten Wochen passieren würde.

Nach wiederum drei Wochen bekam ich erneut Post von der Krankenkasse. Dieses Mal war aber ein Bewilligungsbescheid der Inhalt. Es wurde mir mitgeteilt, dass ich diese Kur in Bad Kissingen absolvieren sollte. Na, das war ja mal eine gute Nachricht. Ich freute mich richtig, dass es bald losgehen sollte. Und wie es aussah, war die Einrichtung, in die ich meine Kur verbringen sollte kein normales Kurhaus, sondern ein 4 oder 5 Sterne Hotel, in dem meine Krankenkasse Belegbetten hatte. Vor allen Dingen war dieses Hotel mitten im Ort und nicht irgendwo abgelegen in der Walachei. Ich war total gespannt darauf.

Silvia und ich kauften für mich noch Bekleidung, die ich für meinen Aufenthalt in Bad Kissingen benötigen würde, darunter war auch ein weißes Hemd mit dicken schwarzen Streifen, die wie Dreck aussahen. Dieses Hemd war zu klein, ich bekam es nicht zu, doch Silvia steckte es trotzdem zusammen mit den anderen Sachen in den Koffer.

Im März 2005 ging es dann endlich für mich los und Silvia brachte mich zum Zug. Wir verabschiedeten uns und der Zug brachte mich in voller Hoffnung auf Gesundung an das Ziel, dass mir dabei helfen sollte.

Es war ein wirklich gutes Hotel. Ich hatte ein sehr schönes geräumiges Zimmer, natürlich mit Dusche und WC und auch einen Balkon. Als ich mir diesen Betrieb genauer ansah, empfand ich immer mehr Begeisterung für dieses Kurhaus-Hotel. Es war wirklich alles da, was man zum rundum-wohl-fühlen benötigt. Zwei Schwimmbäder, davon ein Sportbecken, Fitnessräume und Räume für sportliche Anwendungen gehörten zu diesem Hotel. Es war einfach nur klasse und ich war total begeistert. Dass ich in so einen tollen Laden kommen würde, das hätte ich nie gedacht. Aber ab und zu braucht der Mensch auch mal etwas Glück.

Am zweiten Tag wurden wir alle gewogen und ich brachte stolze 121 kg auf die Waage. Das waren zwar 63 kg weniger als mein Höchstgewicht, aber trotz meiner Größe von 1,86 m immer noch viel zu viel.

Nachdem ich die ganzen Untersuchungen und die Einteilung für die Anwendungen hinter mich gebracht hatte, sah ich mir am ersten Wochenende die Umgebung an, in der ich jetzt einige Wochen leben würde. Und was ich dort sah, gefiel mir außerordentlich gut. Jetzt konnte es losgehen mit dem Unternehmen gesund werden. Das Abnehmen war zwar in der Kur nicht meine erste Priorität, das war das fit werden – doch ich hoffte, dass ich bei meinem Kuraufenthalt doch noch einige Kilos verlieren würde.

Ich machte alles mit, was mir dort angeboten wurde. Die Anwendungen sowieso, aber zusätzlich ging ich noch mindestens zweimal am Tag schwimmen und auch zweimal am Tag Fahrradfahren. Es war herrlich, ich konnte endlich mal wieder schwimmen gehen, ohne die blöden Blicke und dummen Sprüche ertragen zu müssen. Viele Kurgäste waren in der gleichen Gewichtsklasse wie ich. Und außerdem gab's noch die Wassergymnastik, die viel anstrengender war, wie es sich vorher vermuten ließ. Aber das tat mir alles sowas von gut, ich blühte richtig auf. Da ich ja mittlerweile ein Handy hatte, telefonierte ich jeden Abend mit Silvia und stellte dabei fest, dass das Wetter in Bad Kissingen meistens viel besser war, als in Nordrhein-Westfalen. Ich genoss meinen Kuraufenthalt ohne Ende.

Was auch sehr schön war, war das, dass in der Halle mehrere Computerterminals standen, die wir als Kurgäste kostenlos benutzen konnten. Davon machte ich auch regen Gebrauch. Besuch bekam ich ja keinen, da war das surfen im Internet am Computer schon eine schöne Abwechslung.

Das Essen war ebenfalls klasse. Mittags wurden wir bedient, da gab es ein festes Essen, doch morgens und abends war dort ein Buffet, an dem sich jeder bedienen konnte. Ja, man konnte so viel essen wie man wollte, doch ich denke, dass die Bedienungen und eventuell Aufsichtskräfte ein Auge darauf geworfen haben, was man gegessen hat.

Aber ich kam damit gut klar, denn viel verändert hatte sich zudem, was ich zu Hause gegessen hatte, nicht. Natürlich hatte ich auch dort Hunger, wie zu Hause auch, wenn ich am abnehmen war. Doch irgendwie war das anders in Bad Kissingen. Vielleicht ist mir der Hunger gar nicht so aufgefallen, weil ich den ganzen Tag in Bewegung war. Ich fühlte mich jedenfalls pudelwohl in dem Hotel.
Nach ein paar Wochen bekam ich aber leider Probleme mit dem Schwimmen. Nachts bekam ich „Rücken" und konnte mich kaum noch bewegen, sodass der Notarzt kommen musste. Er gab mir eine

Spritze und sagte mir, dass ich nur noch Rückenschwimmen machen dürfe. Brust, Kraul und Schmetterling würde mein Rücken nicht vertragen. Also schwamm ich dann nur noch auf dem Rücken, es gab ja dort auch noch viele andere Betätigungsmöglichkeiten, um Gewicht zu verlieren.

Gegenüber vom Empfang gab es eine offene Bar mit Theke und ein paar Tischen mit Stoffsesseln. Das war dort sehr gemütlich. An dieser Bar trank ich meinen aller ersten Cappuccino. Man konnte an den Finger einer Hand abzählen, wann ich in meinem bisherigen Leben mal Kaffee getrunken habe. Aber von dem Cappuccino war ich sowas von begeistert, dass ich langsam aber sicher zu einem Cappuholic wurde. Einige Male am Tag ging ich an diese Bar, um dieses Getränk zu genießen – natürlich mit Süßstoff.

Schnell waren die ersten drei Wochen um und ich musste zu dem Kurarzt, der mich fragte, ob ich noch eine Woche verlängern würde, weil er sehr viele Erfolge bei mir sehen würde. Ich nahm das Angebot sehr gerne an. Nur mit meinen Hemden bekam ich Probleme. Aber Gott sei Dank bot das Hotel einen Waschservice an, den ich auch sehr gerne in Anspruch nahm. Es war zwar teuer, aber ich bekam die Hemden gewaschen und gebügelt ein Tag später wieder zurück.

Abends telefonierte ich natürlich immer noch mit Silvia und erzählte ihr alles, was tagsüber mit mir so geschehen ist. Ich freute mich immer, ihre Stimme zu hören. Aber ich hatte so das Gefühl, dass es ihr nicht so wirklich gut ging.

„Diese blöde Lungenkrankheit macht ihr bestimmt zu schaffen" dachte ich mir. Es wird Zeit, das ich wieder nach Hause komme. Aber noch hatte ich ja einiges vor mir.

Mir fiel auf, obwohl es mir in Bad Kissingen sehr gut ging, dass der Schwindel immer noch da war. Gerade wenn ich mich viel bewegt hatte, dann hatte ich öfters das Gefühl umzukippen. Ich kann mich noch gut daran erinnern, dass es in dem Ort eine Kneipe gab, die

„Premiere" hatte. Dort wurde dann die erste und zweite Bundesliga live übertragen. Da damals mein Fußballverein noch in der zweiten Liga spielte, war ich hocherfreut ihn mal im Fernsehen zu sehen. Ich ging also dann regelmäßig in die Kneipe, trank 2-3 Cola light und sah Fußball. Nur der Rückweg wurde regelmäßig ein Problem. Auf dem Rückweg wurde es mir immer so schwindelig und ich hatte ein Gefühl zu unterzuckern, dass ich mir schon ernsthaft überlegt hatte nicht mehr in diese Kneipe zu gehen. Aber die Kneipe konnte ja da nichts zu.

Ich erzählte dass auch dem Kurarzt bei einer Visite, doch er meinte, dass der Körper zur Zeit sich sehr anstrengen muss und eventuell geschwächt ist, dadurch, weil ich so viel Sport treibe und kalorienreduziert esse. Das würde aber wieder besser werden. Danach sagte ich nichts mehr dazu. Irgendwie war für mich nach der Arztauskunft die Hoffnung gestorben, dass ich nach der Kur ein Leben schlank und ohne Schwindel leben zu können.

Ich setzte aber die Kur weiterhin fort und gab alles was ich konnte, denn ich hatte ja ein Ziel. Insgesamt blieb ich sechs Wochen in Bad Kissingen. Es war eine wunderschöne Zeit. Aber irgendwann geht auch mal die beste Zeit zu Ende.

Einen Tag vor meiner Abreise musste ich zum Arzt wegen der Abschlussbesprechung und auch natürlich auf die Waage. Ich war gespannt, was es gebracht hat. Hocherfreut las ich die Zahl, die da auf der Waage stand. Es waren 110,9 kg. 11 kg in sechs Wochen, das fand ich schon eine sehr gute Leistung. Der Arzt sagte noch zu mir dass, wenn er Noten für mich vergeben müsste, dass es dann eine 1* sein würde. Ich hätte sehr gut mitgezogen und aber auch sehr gute Erfolge erzielt in diesen sechs Wochen. Ich solle so weitermachen, dann würde ich mein Ziel bestimmt erreichen.

Ich packte meine Koffer und die wurden einen Tag vor meiner Abreise abgeholt und schon nach Hause geschickt. Ich hatte nur noch meine Jeans und ein sauberes Hemd, dass ich mir für die Abreise aufbewahrt hatte. Ich zog meine Jeans an und dann das Hemd, doch ich hatte das Gefühl, es war dreckig. Irgendwie so schwarze Ränder überall. Und dann fiel es mir siedend heiß ein – das war das Hemd, das mir vorher zu Hause überhaupt nicht passte. Wenn mir das immer noch nicht gepasst hätte, dann hätte ich nackich nach Hause fahren müssen, weil ich alles andere ja schon eingepackt und verschickt hatte *lach. Oh man, da hatte ich Schwein.

Dann ging es wieder zu Silvia. Mit einem lachenden und einem weinenden Auge stieg ich in den Zug, setzte mich in ein Abteil und machte es mir bequem. Mit einem lachenden Auge, weil ich mich so sehr auf Silvia freute und mit einem weinenden Auge, weil mir der Abschied aus Bad Kissingen doch sehr schwer fiel. Es war eine wunderschöne Zeit dort und ich hatte mir fest vorgenommen, noch einmal dorthin zu fahren, aber diesmal nicht als Kurgast, sondern als Urlauber. Leider ist es mir bis zum heutigen Tage noch nicht vergönnt gewesen, das zu machen. Aber wer weiß – vielleicht wird das doch noch einmal etwas.

Silvia holte mich am Bahnhof ab und sie staunte nicht schlecht als sie mich sah. So dünn hatte sie mich noch nie gesehen. Es waren nur elf kg aber das hat eine Menge bei meinem Aussehen gemacht. Wir drückten und küssten uns erst mal sehr intensiv und liebevoll. Es war schön für mich wieder bei ihr zu sein. Sie hat mir doch ziemlich gefehlt in der Kur, obwohl es dort sehr schön war. Mit Silvia wäre es perfekt gewesen.

Wir fuhren nach Hause und ich merkte, dass sie in den letzten Wochen wohl sehr viel zu kämpfen hatte mit ihrer komischen allergischen Lungenkrankheit. Sie musste auch ständig noch an das Sauerstoffgerät, damit ihr Körper genug Sauerstoff bekam. Aber wir freuten uns, dass wir wieder zusammen waren. Und das zählte.

Ich machte noch ein paar Wochen weiter mit meiner Ernährungsumstellung so, wie ich es in der Kur gelernt hatte.

Doch irgendwann traf ich eine Entscheidung, die ein sehr großer Fehler war und die ich im Nachhinein bis heute bereut habe. Ich fühlte mich sehr dünn und dachte, dass ich nun mein Wohlfühlgewicht hätte. Darum beschloss ich, mit dieser Ernährungsumstellung aufzuhören und mein Gewicht auf diesem Level zu halten. Klar, ich fühlte mich dünn, denn so schlank war ich seit der Lehre nicht mehr. Aber dünn war ich eigentlich nicht wirklich. Ich hatte immer noch Übergewicht. Mein Normalgewicht hatte die Obergrenze von 88 kg und ich hatte immer noch ca. 30 kg mehr. Aber ich war wild entschlossen so zu bleiben, wie ich war. Dass das nicht gut ging, können Sie sich vielleicht denken liebe Leserin, lieber Leser. In der Kur war auch alles viel einfacher. Die Büfetts waren angerichtet, das Mittagessen bekam ich serviert und brauchte nicht selbst zu kochen und zu Hause sah alles wieder anders aus.

Nach Wochen ging ich das erste Mal wieder auf die Waage und sah, dass ich gut 2 kg zugenommen hatte. Das verdrängte ich und redete weiterhin von den 110 kg, die ich am Kurende gehabt hatte. Es ging zu Hause ohne Hilfen nicht so einfach wie in der Kur. Irgendwann hatte ich meine 120 kg wieder. Leise schleichend und ohne eine Fressattacke sind die Kilos wieder drauf gekommen. Ich dachte am Anfang noch, dass es nun für mich etwas Leichtes sei, dass alles wieder abzunehmen, doch mit dieser Einschätzung hatte ich mich gründlich getäuscht. Klar, ein paar kg gingen immer mal wieder runter, aber sie gingen danach auch wieder drauf. Ich war wieder wie der Mond mal abnehmend, mal zunehmend. Es war wie verhext.

Ich kann jetzt schon vorwegnehmen, dass ich dieses Gewicht von ca. 120 kg, mal etwas mehr, mal etwas weniger, sage und schreibe neun Jahre lang hielt. Irgendwie hatte ich in der Zeit auch keinen Draht mehr zum Abnehmen. Vielleicht war es vorher schon zu lange und zu viel.

Aber eins hatte ich mir aus der Kur mitgenommen, und das hat sich bis heute nicht geändert – der große Genuss, wenn ich einen Cappuccino trinke. Als ich wieder zu Hause war, kaufte ich mir eine

Pad Maschine und einen Milch-Hand aufschäumer. Zusätzlich besorgte ich mir mehrere wunderschöne Cappuccinotassen-Sets. Ja, stilvoll geht die Welt zugrunde ☺. Aber diese Cappuccino sollten mir noch viel helfen bei meinem weiteren Abnehmen. Ich hatte ja das Ziel ein Uhu zu werden.
So gingen die Monate und Jahre ins Land. Silvia wurde zunächst noch kranker. Diese allergische Alviolitis nahm ihr sehr viel von ihrer Lebensqualität. Diese Krankheit bewirkt, dass sich die Lunge ganz langsam selbst auffrisst. Wir hatten schon ernsthaft überlegt, sie in Hannover auf die Warteliste der Datenbank für Lungentransplantationen setzen zu lassen. Aber komischerweise hatte die Krankheit irgendwann im Laufe der Jahre einen Stillstand. Sie konnte das Cortison bis auf eine Erhaltungsbasis (für den Rest ihres Lebens) absetzen. Dadurch wurde sie auch wieder wesentlich schlanker. Ihr Lungenarzt konnte es nicht verstehen, wieso das so war und meinte, dass sie ein medizinisches Wunder sei.

Mein Schwindel war mal mehr und mal weniger da. Er war eigentlich immer permanent, sobald ich etwas machte. Immer wieder reduzierte ich kurzfristig meine Ernährung, sobald sich auf der Waage abzeichnete, dass ich mit dem Gewicht wieder hochging. Ich ging immer noch alle sechs Wochen zum Arzt und lies meinen Glukosespiegel (Langzeitzucker) messen. Vor dieser Messung hatte ich regelmäßig Angst. Ich wusste ja, da ich gegen den Diabetes keine Medikamente mehr nahm und so musste ich alles nur über die Ernährung und Bewegung kontrollieren. Auf nur 12 BE´s/Tag achtete ich regelmäßig. Dazu musste ich sehr viel rechnen, damit ich nicht darüber kam Der Glukosewert ging schleichend, obwohl ich mein Essen dauernd kontrolliert hatte, immer weiter nach oben. Was ist das nur für eine tückische Krankheit.
Eines Tages sagte mein Hausarzt zu mir, dass ich nicht mehr ohne Medikamente auskommen würde, denn die Werte gingen weiterhin permanent hoch. Da ich diese Tabletten nicht vertragen würde, blieb nur noch, dass ich Insulin spritzen müsste. Boah, das war die Aussage, vor die ich mich schon seit langer Zeit fürchtete. Ich weiß, dass Insulin ein Mastmittel ist, dass in der Schweinezucht angewendet wird, damit die Schweine schneller größer und breiter werden. Das wollte ich mir unter keinen Umständen spritzen. Wenn ich Insulin nehmen würde, dann würde ich die 60 kg Abnahme, meinen ganzen Erfolg, den ich mir seit Jahren mit dem Gewicht

erarbeitet habe, total aufs Spiel setzen. Nein, nicht mit mir. Das mache ich nicht mit. Ich will mit dem Gewicht nie wieder so hochgehen. Mein Arzt versuchte mich an dem Tag noch zu überzeugen, aber er hatte keinen Erfolg damit.
Irgendwann, ich glaube es war Anfang 2010 musste ich wieder zu ihm hin. Er begann erneut mir zu sagen, dass es dringend notwendig wäre, dass ich Insulin spritzte. Als ich ihm aber dann aber erzählte, dass ich eher lieber qualvoll krepieren würde, als mit dem Gewicht hoch zu gehen, da wusste er, dass bei mir nichts zu machen war und das ich das sehr ernst meinte. Daraufhin empfahl er mir, dass ich zu einem Diabetologen gehen sollte, denn die haben heute ganz andere Medikamente, vor allem neuere und besser verträglichere, als die Tabletten, die ich damals schlucken musste. Darauf ließ ich mich dann ein und machte mir ein Termin bei einer Diabetologin, so ca. 18 km von mir entfernt, die in einer Gemeinschaftspraxis mit einer Fußambulanz ist. Dort sollte ich gut aufgehoben sein, auch wenn mal was passiert.
Ich fuhr zu dieser Diabetologin und sie erzählte mir, dass es ein neues Präparat gibt, das ich nur einmal die Woche spritzen müsse. Und vor allem würde ich von diesem Medikament nicht zunehmen. Darauf ließ ich mich dann ein. Da die Spritze zwei Medikamente enthielt, die zusammen gemixt werden mussten, bekam ich eine Einweisung in der Praxis. Das Mischen war nicht sehr schwer und so probierte ich es mit dem neuen Medikament.
Im Anfang hatte ich sehr viele Nebenwirkungen, die ich aber in Kauf nahm, weil ich keine BEs mehr zählen musste. Nach einigen Wochen waren die Nebenwirkungen aber fast alle weg. Mein Hb1c (Langzeitzucker) fiel sprunghaft schon bei der ersten Messung nach unten. Ich war total begeistert. So konnte ich gut leben.
Ein paar Monate später, ich fror fürchterlich an den Füßen, gab mir Silvia selbst gestrickte Socken von einer Freundin, die eigentlich für sie bestimmt waren. Ich zog sie an und es war schön warm. Abends, als ich sie auszog, sah ich, dass an dem rechten großen Zeh zwei riesengroße Wasserblasen entstanden sind. Oh man, was war das denn schon wieder? Ich zeigte sie Silvia und meinte, dass ich erst mal schlafen geh und wenn das morgen früh immer noch so wüst aussieht, würde ich dann zum Arzt gehen. In der Nacht wurde ich wach, weil alles irgendwie an den Beinen so feucht war. Ich sah nach und erschrak total. Die Wasserblasen waren aufgeplatzt und es sah fürchterlich aus.

Ich wusste ja, dass bei der Diabetologin auch eine Fußambulanz war und da fuhr ich direkt am nächsten Morgen hin, denn ich war ja ein Notfall. Der Arzt guckte sich das alles an und verband den Fuß. Jetzt musste ich einmal in der Woche zu ihm kommen und mich verbinden lassen. Im Laufe der Zeit versuchte er alles Mögliche. Selbst Verbände mit einer Silberauflage halfen nicht wirklich. Ich weiß nicht mehr genau wie es war, aber ich denke dass sich die Wunde entzündet hatte. Und irgendwann sagte mir der Doc Ende November oder Anfang Dezember, ob ich auch bereit wäre für drei Tage nach Werl ins Krankenhaus zu gehen, damit die dort Untersuchungen machen, die er in seiner Praxis nicht machen kann, sonst würde ich wohl noch bis Ostern wöchentlich kommen müssen. Nach einem kurzen Zögern habe ich dann ja gesagt. Der Doc ließ für mich in dem Krankenhaus sofort ein Bett reservieren, damit ich nicht der vierte Mann auf einem Dreibettzimmer bin und ein paar Tage später fuhr ich dann mit Silvia in diese Klinik.

In der Erstaufnahme wollte eine etwas mollige Ärztin meinen Zeh mal sehen und dazu musste ich meine Hose ausziehen. Als sie mir auf dem Bauch sah sagte sie:

„Oh man, Sie haben aber auch reichlich abgenommen. Da sollte Ihnen doch die Krankenkasse als Belohnung diese Bauch OP bezahlen". Naja, an diese Hautschürzen-OP hatte ich zwar schon mal gedacht und zu Freunden und Bekannten gesagt, dass ich mir die Haut weg nehmen lasse und davon wird mir dann von einem Kürschner eine Lederhose genäht☺. Aber zu dem Zeitpunkt war das noch gar nicht spruchreif, dazu hatte ich in meinen Augen noch viel zu viel Gewicht. Und außerdem wusste ich nicht, ob sowas die Krankenkasse überhaupt bezahlt, oder sie das als Schönheits-OP sieht.

Naja, ich wurde in der Klinik aufgenommen und kam auf ein Zimmer. Es war ein Dreibettzimmer aber mit einer Nasszelle und einer Toilette.

Bei der Visite kam zunächst ein Internist und guckte sich alles an, später dann ein Chirurg, ein Russe, den ich und der mich kaum verstanden hatte, und guckte sich ebenfalls noch einmal alles an. Zu dem Zeitpunkt war ich noch einigermaßen gut drauf. Das sollte sich aber ändern……..

Zwei oder drei Tage wurde dann gar nichts mit mir gemacht, außer dass ich mit Antibiotika am Tropf hing. Ich hatte mir schon gedacht, dass sich das Bein bzw. der Fuß entzündet hatte, weil ich kaum noch laufen konnte vor Schmerzen. Der nächste Arzt der zu mir kam, war der Chef. Er setzte sich zu mir ins Bett und erklärte mir, dass der ganze Fuß bis ins Bein hoch entzündet sei. Und dass es aussichtslos sei, den Zeh zu retten. War das ein Schock. Aber der Arzt fügte noch hinzu, wenn sie jetzt nichts machen würden, wäre es gut möglich, dass etwas später der ganze Unterschenkel amputiert werden müsste. Ich war fertig mit den Nerven. Die ganze Abnehmerei, die für mich immer so wichtig war, rückte nun vollkommen in den Hintergrund. Denn jetzt gab es viel Wichtigeres worüber ich nachdenken musste. Werde ich hinterher vernünftig laufen können? Kann ich noch Autofahren? Wie werde ich die Treppen zu unserer neuen Wohnung hochkommen? Der Arzt sagte mir das, wenn alles verheilt ist, ich Spezialschuhe bekommen würde – Straßenschuhe, Hausschuhe und Sportschuhe, die von der Krankenkasse bezahlt werden würden. Damit könnte ich dann wieder gut laufen, aber sie müssten jetzt was machen, nicht dass das immer mehr wird, was später amputiert werden muss.

Notgedrungen stimmte ich der OP zu. Ich konnte auch nichts dagegen sagen, denn ich war kein Arzt und hatte auch keine Ahnung von sowas. Aber das war's wohl mit den drei Tagen, wie man mir in der Fußambulanz gesagt hat.

Drei Tage später wurde ich operiert. Als ich wieder aufwachte war mein Fuß dick verbunden, ich konnte nichts sehen. Als ich wieder bei mir auf dem Zimmer war, kam der Stationsarzt und sagte mir, dass ich drei Tage jetzt nicht mehr aufstehen darf. Auch nicht mehr zur Toilette. Oh je, es wurde immer schlimmer. Ich hatte mir geschworen diese drei Tage nichts zu essen, damit ich nicht auf die Pfanne muss. Oh man was war ich nervlich ein Wrack.

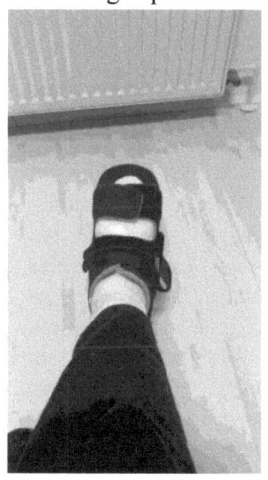

Silvia kam so oft es ging mich besuchen, tröste mich und versuchte mich wieder aufzubauen. Ich war froh, dass es sie gab. Ihr ging es ja auch nicht gut und trotzdem besuchte sie mich. Eine Strecke waren fast 50 km. Und das mitten im Winter. Ich rechne ihr das hoch an.

Diese drei Tage ging auch vorbei und wenn ich dann mal raus wollte, konnte ich einen Rollstuhl nehmen. Aber Rollstühle waren dort in der Klinik Mangelware und andauernd unterwegs. Irgendwann dachte ich mir, dass ich gerne einen eigenen Rollstuhl hätte. So fragte ich Silvia, ob sie nicht mal bei eBay nachsehen könnte, ob der Rollstühle angeboten werden und wie teuer sie dann sind. Wir haben Bekannte, die sich mit eBay sehr gut auskennen, dort kaufen und verkaufen. Zu ihnen fuhr Silvia und sie klärten sich auch sofort bereit, für mich einen Rollstuhl zu besorgen. Sie hatten Glück, es war was Passendes im Angebot. Dieser Rollstuhl den Silvia ausgesucht hatte sollte 100€ kosten. Das war o. k. für uns und ein paar Tage später bekam ich meinen eigenen Rollstuhl und brauchte nicht mehr fragen und warten. Das war richtig klasse. Ich war mobil.

Dann tat sich das nächste Problem auf. Die Wunde am Zeh wollte einfach nicht heilen. Die Chirurgen entschlossen sich für eine Hauttransplantation. Die Haut sollte mir aus dem Oberschenkel entnommen und auf die Wunde am Zeh genäht werden. Ich musste dafür aber nun noch mal operiert werden. Irgendwie ließ ich das alles über mich ergehen, denn ich wollte ja irgendwann mal wieder gesund werden.

Die OP verlief wieder einmal richtig gut, nur ich durfte erneut drei Tage nicht aufstehen. Die Zeit ging nicht rum. Was sehr gut an dem Krankenhaus war, war die Tatsache, dass sich die Schwestern und Pfleger immer sehr um einen bemüht haben. Sie hatten auch immer ein offenes Ohr und waren da, wenn man sie brauchte. In der Hinsicht war das Krankenhaus wirklich klasse. Nur die Heilung dauerte und dauerte. Aus drei Tagen wurden drei Wochen und es war dann noch nicht mal auch nur etwas Hoffnung auf baldige Entlassung. Ich habe schon gelernt. Alles was mit Füßen zu tun hat, ist sehr langwierig und benötigt ein Höchstmaß an Geduld. Wenn es nicht richtig ausheilt und man zu früh entlassen wird, dann wird es oftmals später wesentlich schlimmer, wie es vorher war. Aber ich nahm mir die Zeit. Über Weihnachten und Silvester war ich ja sowieso schon im Krankenhaus, und es war weiterhin nicht abzusehen, wann ich entlassen werde. Aber wichtig war für mich, dass ich hinterher bei der Entlassung wieder hergestellt war.

Das Essen in der Klinik war auch sehr gut. Ich achtete aber darauf, dass ich die Teller nie leer aß, denn ich hatte ja keine Bewegung. Die Schwestern gucken manchmal schon komisch, wenn die Hälfte vom

Essen wieder zurückgegangen ist, doch ich sagte ihnen, dass ich einfach gar keinen Hunger habe.

Mit dem Rollstuhl kam ich auch gut zurecht. Ich raste da durch die Gänge und es war gut, dass ich wenigstens ein wenig mobil war. Nur mit dem Rauchen hatten es die Ärzte nicht so. Weil dafür musste man nach draußen, doch der Fuß sollte eigentlich warm gehalten werden und nicht in der Kälte sein. Das war wichtig für die Durchblutung. Aber irgendwie funktionierte das alles. So viel geraucht habe ich da sowieso nicht.

Silvia kam unter anderem jeden Dienstag um mir meine Spritze zu geben. Die Schwestern hatten es einmal probiert, aber dabei gelierte alles und man bekam das Medikament nicht mehr aus der Spritze. Da die Spritzen sehr teuer sind, baten sie hinterher Silvia, mir sie zu verabreichen. Das tat sie natürlich gern.

Jetzt war es schon Februar und ich lag immer noch in der Klinik. So langsam wurde es für mich aber Zeit, dass ich dort entlassen wurde. Ab Mitte Februar fing ich an zu drängeln. In der Fußambulanz hätten sie das ja auch immer verbinden können, dafür muss ich nicht im Krankenhaus liegen.

Anfang März war es dann endlich soweit. Aus den drei Tagen sind drei Monate geworden. Ich freute mich riesig, dass der Krankenhausaufenthalt zu Ende ging. Vor allem durfte ich dann wieder laufen.

Ich rief Silvia an und sie holte mich natürlich sehr gerne ab. Ich freute mich unbeschreiblich auf sie. Meine Koffer waren sehr schnell gepackt, Silvia fuhr mich mit dem Rollstuhl noch bis zum Auto, wir verstauben alles und dann ging es ab so schnell wie möglich in Richtung Heimat. Man was war ich froh. Jetzt ging das normale Leben wieder weiter. Zwar mit einem Zeh weniger, aber das machte nichts. Hauptsache ich konnte

wieder laufen.
Im Krankenhaus hat man mir schon meine Füße ausgemessen, damit ich auch die Spezialschuhe für die Straße und für Zuhause bekam. Die musste ich mir dann nur noch abholen. Sie sind zwar etwas klobiger und das Autofahren ist ein wenig schwieriger, aber dafür sind die Füße sicher darin und es können keine Druckstellen mehr geben.
Zuhause ging alles seinen gewohnten Gang. Es war ein tolles Gefühl, wieder zu Hause auf dem Balkon rauchen zu dürfen und nicht mit einem Rollstuhl vorher ewig lange unterwegs zu sein.

Ich hatte im Krankenhaus ein wenig abgenommen, darüber war ich auch ganz froh, aber die nächsten drei Jahre machte ich mir über das weitere Abnehmen keine Gedanken. Es war gut so wie es war. Jetzt sah man so langsam doch den Unterschied gegenüber früher, als ich noch wesentlich mehr kg hatte. Ich war froh darüber, obwohl ich noch immer viel zu viel Übergewicht hatte. Irgendwann sollte das auch noch mal weg, doch in dieser Zeit hatte ich dafür den Dreh nicht raus. Aber was nicht ist konnte er noch werden. Auf jeden Fall war es wieder sehr schön, zu Hause zu sein.
Meine Beschwerden hatten mich auch im Krankenhaus nicht verlassen, obwohl der Schwindel dort gar nicht so groß war. Ich weiß nicht woher das kam, ob das vielleicht mit dem Rollstuhl zusammenhängt, ich durfte ja kaum laufen. Den Ärzten im Krankenhaus hatte ich das natürlich auch gesagt, aber es kam wieder nur das übliche abnehmen, aufhören zu rauchen, dann wird das wieder. Ich bin dann gar nicht näher darauf eingegangen.
Die nächste Zeit verlief verhältnismäßig ereignislos. Ich nahm nicht zu, ich nahm nicht ab. Für mich war aber trotzdem in dieser Zeit die Welt in Ordnung. Und ich war gespannt was mir die nächsten Jahre noch bringen werden.

Anmerkung: *Die Kur in Bad Kissingen war eine sehr schöne und erfolgreiche Zeit für mich. Ich habe dort auch viel gelernt bezüglich darüber, wie man vernünftig ißt. Ja, diese Zeit möchte ich nicht missen.*
Aber es war hinterher ein sehr großer Fehler von mir zu denken, dass ich jetzt schlank sei. Ich hätte

einfach weiter machen sollen. Vielleicht kam das aber auch daher, weil ich mein ganzes Leben über gedacht habe, dass es für mich niemals möglich sei, Normalgewicht zu bekommen. Das war bei mir so im Kopf eingetrichtert, dass es sehr schwer für mich wurde eine ganz andere Denkweise zu bekommen.

Und mit dem Zeh war es natürlich auch sehr schlimm. Da soll man dann für drei Tage um ein oder zwei Untersuchungen zu bekommen in eine Klinik gehen und daraus werden dann drei Monate. Außerdem kommt man zurück mit einem Zeh weniger.

Ich hab vorher noch im Spaß zu dem Arzt gesagt, dass man mir vielleicht dort alles abhackt, aber er hat nur gelacht und dann gesagt, dass das nicht passieren wird.

Psychisch hat mich diese plötzliche Amputation ganz schön mitgenommen. Es wäre sehr wahrscheinlich für mich einfacher gewesen, wenn man mir vorher mindestens eine Andeutung gemacht hätte. Aber was soll's, es ist vorbei und es ist so wie es ist. Heute kann ich damit ganz gut leben. Muss natürlich immer noch aufpassen, dass sich dort nichts entzündet. Aber dafür gehe ich ja regelmäßig in die Fußambulanz.

Kapitel 21

Abnehmen mit Internetunterstützung

Die nächsten Jahre zu Hause verliefen verhältnismäßig ereignislos. Naja, bis 2013 wenigstens. Zunächst bekam Silvia einen Verschluss der Bauchaorta. Sie konnte kaum noch laufen und hatte tierische Schmerzen. Unser Hausarzt überwies sie sofort in die Uniklinik Essen. Dort wurde ihr mit einer Schlüsselloch-OP sehr gut geholfen. Sie konnte wieder laufen wie ein junges Reh. Wir beide waren sowas von glücklich. Doch Ende 2013 kam der nächste Nackenschlag. Es wurde bei ihr Lungenkrebs diagnostiziert. Aufgrund ihrer allergischen Lungenkrankheit konnte nicht operiert werden, Menno….☹. Sie bekam stattdessen eine Chemotherapie. Dadurch wurde wiederum ihre Bauchschlagader verstopft. Durch eine erneute OP hätte ihr eine Y Prothese eingesetzt werden können, aber der Professor, der das machen sollte, traute sich nicht bei ihrer Vorgeschichte. Er meinte, dass das Risiko, dass sie das nicht überlebt, sehr sehr hoch sei. Also wurde die OP nicht mehr angesetzt und nun wird sie mit Blutverdünner und Schmerzmitteln behandelt.
Ich behielt mein Schwindelgefühl, der Diabetes war sehr gut eingestellt und vom Gewicht her ging es mal wieder rauf und dann auch mal wieder runter. Aber ich bekam keine Fressattacken mehr, auch nicht nach den schlimmen Diagnosen der Ärzte. Wir halfen und helfen uns gegenseitig, wenn der eine oder die andere mal nicht konnte.
Ich überlegte ab und zu dann doch, wie ich denn weiterhin wieder etwas abnehmen könnte. So, wie ich es bisher gemacht habe, wollte ich das nicht mehr fortsetzen. Ich hatte zwar Erfolge, aber irgendwie merkte ich, dass es noch einen besseren Weg geben müsse. Wenn ich 1200 kcal/Tag zu mir nahm, waren das leider nur immer geschätzte

Werte. Ich hatte schon überlegt, mir selbst am PC auf Excel eine Tabelle zu erstellen um dann dort alles einzutragen, was ich esse. Aber dafür würde mir ja dann auch eine Datenbank fehlen, in der die ganzen Nährwerte stehen würden. Aber so gut war ich nicht am PC, dass ich das alles selbst erstellen konnte. So verwarf ich schnell wieder diesen Gedanken.

Die Monate gingen ins Land, ohne dass sich etwas Größeres an meinem Gewicht tat. Doch dann, im Herbst 2014 sah ich ein Foto von mir und ich wusste sofort, dass ich wieder an meiner Ernährungsumstellung arbeiten musste. Ich empfand mich als viel zu dick auf diesem Foto und wollte plötzlich unbedingt wieder abnehmen. Vielleicht sah ich mich auf diesem Bild mal so, wie mich andere real gesehen haben. Auf jeden Fall musste wieder Gewicht runter.

Ich hatte Zeit und so setzte ich mich vor den PC und suchte ein Programm, das mich bei meinem Vorhaben Gewicht zu reduzieren unterstützen konnte. Das war nicht so einfach, denn es gab zwar viele Diätforen, die aber für mich nicht das Richtige waren. Ich wusste ja ungefähr wie es geht, sonst hätte ich ja nicht schon über 60 kg abgenommen. Aber ich wollte ein Programm haben, in dem ich alles eintragen und es auch später noch nachverfolgen konnte, was ich z.B. gegessen hatte. Es durfte aber auch nicht so sein, dass ich die Hälfte des Tages am Computer saß, um mein Essen einzugeben und die andere Hälfte des Tages in der Küche stand und kochte. So etwas wollte ich nicht. Es musste einfacher sein – viel einfacher, damit man diese ganze Ernährungsumstellung mit 1200kcal/Tag auch über längere Zeit durchhalten würde.

Es dauerte etwas, doch dann hatte ich eine Website gefunden, die für mich genau das Richtige zu sein schien. Sie hieß FatSecret.de. Ich sah mir die Website länger und auch öfter an, bevor ich mich dort evtl. anmelden würde. Sie hat eine riesige Datenbank mit

Nahrungsmitteln und man kann mit ihr Kalorien zählen und die eigene Ernährung überwachen. Ich meldete mich an und war erstaunt darüber, dass sie kostenlos war und es auch keine Werbung dort gab. Ich nehme an, dass die großen Lebensmittelkonzerne, oder auch kleinere Hersteller dafür bezahlen, dass sie in der Datenbank sind.

Nachdem ich mich angemeldet hatte, ging ich am 27.12.2014 auf die Waage. Diese sagte mir, dass ich 118,6 kg wog. Am 28.12.2014 begann ich erneut meine Ernährung umzustellen und nichts und niemand konnte mich davon abbringen. Wie die letzten Jahre war es auch nun wieder ca. 1200 kcal/Tag mein Ernährungsziel. Aber dieses Mal sollte alles wesentlich genauer werden.

Gut, ganz am Anfang war das Eingeben der Lebensmittel etwas aufwendig. Aber je mehr man eingab, desto leichter wurde es. Ich habe mir z.B. für das Frühstück Schinkenbrötchen, Käsebrötchen, Eibrötchen, Mettbrötchen und vieles andere eingegeben. Alles was ich gern gegessen habe. Das schöne ist, FatSecret synchronisiert auch durch eine App die Daten auf das Handy. Oder man kann alles ins Handy eingeben und es wird automatisch auf den PC übertragen. Genauso die warmen Mahlzeiten, da habe ich mir alle Zutaten rein gegeben die Webseite sagte mir, wie viel Kalorien eine Portion hat. Es ist total einfach. Ich habe mittlerweile 137 Rezepte eingegeben, die ich immer wieder gern esse und muss nicht mehr lange überlegen was ich kochen werde. In meinem Terminkalender am PC, oder auch auf dem Handy notiere ich, was ich an den Tagen esse. Meistens für eine bis zwei Wochen im Voraus. Es ist so klasse. Einmal die Woche, immer sonntags, gehe ich auf die Waage und gebe dann das Gewicht ein. Es ist so toll mit der Website, dass der ganze Ernährungsplan offen gehalten wird, ohne wirklich viel dafür zu tun.

Natürlich muss man auch ehrlich zu sich sein. Es nützt nichts etwas zu essen und nicht einzugeben. Ich habe das nie gemacht, weil ich

schon immer diese Einstellung habe, dass ich niemanden anderen betrüge und dann schon gar nicht mich selbst. Aber so langsam ging es los mit meinem abnehmen. Sehr viel einfacher wie gedacht. Und vor allem sieht man sofort, wenn man etwas verkehrt gemacht hat. Dann lässt man es weg und nimmt dafür etwas anderes.

Ich hab in der folgenden Zeit 600-700 g/Woche im Durchschnitt abgenommen. Die Kurve ging steil nach unten. Und wenn man sich seine Erfolge ansieht, wirkt das auch sehr motivierend für das weitermachen. Na klar, es gab auch Tage an denen ich nicht so gut drauf war. Dafür hat die Website eine Community. Dort sind viele tolle Leute, alle mit dem gleichen Ziel, wie man selbst. Und meistens wird geholfen und aufgebaut von ihnen, sollte man mal einen Durchhänger haben. Ich bin sowas von froh, dass ich diese Website damals entdeckt habe.

Natürlich war ich auch noch immer ein richtiger Cappuholic☺. Cappuccino trinke ich heute auch noch für mein Leben gern.

Mein Ernährungsplan für den Tag sieht ungefähr so aus: morgens, nachdem ich die Augen aufgemacht habe, mache ich mir als erstes einen Cappuccino.

 Zwischenzeitlich habe ich die Pad Maschiene entsorgt, weil ich immer das Gefühl hatte, dass in diesen Kaffeepads sehr viele Füllstoffe sind, die nichts mit Kaffee zu tun haben. Deshalb kaufte ich mir einen Kaffeeautomat, der auch guten Espresso macht. Zusätzlich holte ich mir einen elektrischen Milchaufschäumer und mit diesen Geräten zaubere ich mir schon seit Jahren den perfekten Cappuccino. So gegen 8:30 Uhr esse ich dann zum Frühstück ein belegtes Brötchen. Gegen 10:00 Uhr gibt es den nächsten Cappuccino. Und um 12:30 Uhr esse ich als Mittagessen wiederum ein belegtes Brötchen. Nachmittags um 14:00 Uhr ist wieder Cappuccino Zeit. Wir essen die warme Mahlzeit abends gegen 17:00 Uhr, weil diese Mahlzeit länger satt macht und es bis zum nächsten Frühstück noch ziemlich lang ist. Außerdem haben wir morgens oft Termine, sodass ich nur sehr schlecht zum Kochen komme. Nach der Abendmahlzeit trinke ich meinen letzten Cappuccino des Tages. Später am Abend bekomme ich oft noch einen süßen Zahn, dann esse ich Praline, Plätzchen, Schokolade, Obst, je nachdem wie viel Kalorien ich noch darf. Ich meine, ich musste viel abnehmen und wollte auch relativ schnell Gewicht verlieren, deshalb habe ich mich für 1200 kcal/Tag entschieden.

Man kann aber auch mit 1500 kcal oder 1600 kcal/Tag starten. Low-Carb, das heute total in Mode ist, ist auch kein Problem. Die Website berechnet den Verbrauch von Tageskalorien und andere Nährwerte. Außerdem empfiehlt sie einen Ernährungs-Tagesbedarf (ETB) von

Kalorien. Den kann man, wenn man möchte, selbst ändern. Die Seite sagte mir, dass ich so 2000 kcal am Tag essen könne. Das war mir dann doch zuviel und deshalb habe ich ihn auf 1300kcal/Tag herunter geschraubt.

Jetzt machte es mir richtig Spaß abzunehmen. Man kann sagen, dass es eigentlich das erste Mal in meinem Leben so war. Und durch die ständige Gewichtsabnahme, ließ auch meine Motivation nicht nach. Jedenfalls zunächst nicht. Es vergingen Wochen  und Monate und ich wurde immer leichter auf der Waage. Und vor allen Dingen sah ich jetzt auch jetzt selbst meine Erfolge.

Ein neues Ziel stand sehr schnell fest, nachdem ich wieder begonnen hatte abzunehmen. Mein großer Wunsch war es, dass ich einmal sagen konnte, dass ich mich halbiert habe. Dazu musste ich aber noch einiges an Gewicht verlieren. Von 184 kg Höchstgewicht war dann mein Zielgewicht 92 kg. Das waren noch jede Menge Kilos, die weg mussten. Doch ich blieb beharrlich dran. Irgendwie machte es von Tag zu Tag mehr Spaß. Vor allem weil ich immer nachsehen konnte, wie es läuft. Wenn man in der Statistik die Kurve sah, wie sie nach unten zeigte, war das für mich total motivierend. Jetzt war ich schon ein paar Monate dran, und ich hatte noch nicht einmal das Bedürfnis einen „Fresstag" einzulegen. Das war früher öfter der Fall.

Ich habe auch sehr viel gelernt durch die Datenbank. Früher habe ich z.B. immer gedacht, dass ein Brötchen 100 kcal hat. Nun erschrak ich mich, weil ein kleines Brötchen von 60 g schon 152 kcal hat. Die meisten Brötchen vom Bäcker haben aber über 70 g. Ich kaufe mir die 60 g Brötchen von einer großen Bäckerei bei meinem Lebensmittelhändler tiefgefroren. Das ist eine tolle Sache. Auf dem

Toaster sind sie ruck zuck aufgetaut und ich habe jeden Morgen und Mittag ein frisches, knuspriges Brötchen.

Im Frühjahr 2015 schlug das Schicksal bei Silvia wieder zu. Ihr wurde erneut ein Brustkrebs diagnostiziert. Jetzt ging die ganze Aufregung wieder von vorn los. Ich versuchte sie so gut es ging aufzubauen, aber geht sowas überhaupt noch nach so vielen Nackenschlägen? Ich jedenfalls gab mein Bestes. Der Krebs wurde durch eine OP entfernt, Silvia bekam Bestrahlungen und wir hofften, dass jetzt endlich Ruhe sei. Aber die Hoffnung hielt nicht lange an, denn bei einer Routineuntersuchung stellten die Ärzte fest, dass irgendwas im Darm war. Sie konnten nicht sagen, ob das etwas Bösartiges oder etwas Gutartiges war, dazu musste Silvia eine Darmspiegelung über sich ergehen lassen. Das hat sie dann auch gemacht und es stellte sich heraus, dass das, was man vorher gesehen hatte, sich als gutartiger riesengroßer Polyp entpuppte, der nur zur Hälfte heraus genommen werden konnte weil er so groß war. Der Rest wurde dann mit einer 2. Darmspiegelung entfernt.

Aber seit 2015 haben wir jetzt Ruhe. Der Lungenkrebs ist durch die Chemotherapie sehr klein geworden und schläft in einer Ecke der Lunge und tut nichts mehr. Und beim Brustkrebs ist auch alles ruhig.

Ja es ist schon schlimm, permanent die Angst bei jeder Veränderung oder Anzeichen einer Erkältung. Aber seit 2015 geht's uns eigentlich gut. Ich bekam keine Fressattacken mehr, aß alles, was ich durfte, nicht mehr und nicht weniger. Und vor allem nahm ich ab. Mein Wunsch mich zu halbieren, nahm konkrete Formen an. Am 12. Juli 2015 hatte ich mein 1. großes Ziel, dass ich mir schon so lange herbeigesehnt hatte, erreicht. **Ich war ein Uhu**. Die Waage zeigte 99,5 kg und ich war total glücklich. Man, wie lange hatte ich darauf hin gearbeitet. Ich glaube, das letzte Mal hatte ich dieses Gewicht in meiner Lehrzeit. Und ich konnte, dank FatSecret, noch nicht mal sagen, dass es mir schwer gefallen ist, diese 19 kg abzunehmen. Es war wirklich Wahnsinn. So ein Glücksgefühl gönne ich wirklich mal jedem. Denn ich weiß ja, wie schwer das Abnehmen eigentlich ist. Aber mittlerweile ernährte ich mich so, wie ich es mir die zig Jahre vorher gewünscht hatte. Ich kochte die tollsten Gerichte, trug sie bei FatSecret ein und wusste dann sofort, ob ich dieses Gericht in meinen Ernährungsplan einbinden konnte, oder nicht. Teilweise baute ich das Gericht noch etwas um, um diese Mahlzeit letztendlich doch noch in meinen Ernährungsplan aufzunehmen. Ich freute mich auf jede Mahlzeit, so wie ich es mir immer gewünscht hatte. Und zwischendurch hatte ich ja immer noch den Cappuccino, den ich dann genüsslich zu mir nahm. Der hat 44 kcal. Diese habe ich mir immer gegönnt. Mit der Zeit spielte auch mein Kopf mit und sah meine Ernährung nicht mehr als Diät an, sondern als ganz normale Nahrung. Das gab mir auch noch mal einen Schub nach vorn. Ja, beim Abnehmen ist die Geduld die wichtigste Tugend. Irgendwann kommt dann plötzlich alles von allein.

Auf dem letzten Foto mit dem Auto sehen Sie, dass mein Bauch noch etwas über die Hose quillt. Das ist kein Fett mehr, sondern nur Haut. Ich wollte daran noch etwas ändern und schrieb meiner Krankenkasse einen Antrag für die Übernahme der Kosten einer plastischen Hautschürzen-OP, da ich fürchterliche Probleme mit Entzündungen und Wunden unter der Bauchdecke hatte. Ich ging zu mehreren Ärzten und bat sie, ein Gutachten zu schreiben, was sie dann auch gerne taten. Das alles schickte ich dann zu meiner Krankenkasse und war gespannt, wie sie reagieren würde. Zunächst sollte ich der Kasse unbekleidete Fotos von mir per E-Mail schicken, auf denen man die Bauchschürze von allen Seiten gut erkennen konnte. Das lehnte ich telefonisch bei der Sachbearbeiterin der Kasse kategorisch ab. Der Vertrauensarzt sollte mich einladen und dann könnte er es Live sehen. Das müsste doch reichen. Einige Zeit später kam wieder ein Brief mit einer Einladung zum Vertrauensarzt der Krankenkasse. Es war eine Ärztin. Sie holte eine Kamera und fragte mich, ob sie einige Aufnahmen von mir machen dürfe. Ich willigte dem zu, nachdem ich ihr erklärt hatte das, wenn ich die Bilder bei Facebook, Twitter und Konsorten sehen sollte, ich ja dann wüsste, von wem sie kommen.

Die Ärztin war nett und bestätigte mir auch, dass man mit so einer Hautschürze Probleme hat, wenn man nicht höllisch aufpasst.

Als ich dann dort aus der Praxis hinaus ging, hatte ich ein gutes Gefühl, dass sie der Krankenkasse ein positives Gutachten vorlegen würde. Wenn das so wäre, dann würde es nicht mehr lange dauern, bis die Haut entfernt werden würde. Psychische Probleme hatte ich wegen der Haut keine. Ich bin ja schon seit 27 Jahren mit Silvia in einer Partnerschaft und habe auch nicht vor sie zu kündigen. Silvia kennt meinen Bauch schon sehr lange und dass wäre kein Problem geworden. Das einzigste Problem was ich mit diesem Bauch hatte, waren diese ständigen Entzündungen unter der Hautschürze. Die Haut platzte dann teilweise auf und da ich ja Blutverdünner nehme und Diabetiker bin, wurde das zum Problem. Teilweise konnte ich mich dort nicht einmal mehr mit dem Handtuch abtrocknen und musste stattdessen den Föhn dazu nehmen, da die Haut selbst mit einem weichen Handtuch aufplatzte.

Ein paar Wochen später schickte mir die Krankenkasse den Bescheid. Ich riss schnell den Umschlag auf und las, dass sie meinen Antrag ablehnen. Das Gutachten vom Hautarzt hätte nicht gereicht, ich hätte wesentlich öfter bei ihm sein müssen. Der Hautarzt sagte mir damals, dass das unter der Schürze wie in einer Sauna ist. Da könnte man nichts dran machen, außer diese Schürze abzunehmen.

Ich ging mit diesem Ablehnungsbescheid zu meinem Hausarzt, er versprach mir, dass er noch einmal ein Gutachten schreiben und der Kasse es klarmachen würde, dass es keine Schönheits-OP, sondern diese medizinisch angezeigt wäre und dass wir Widerspruch einlegen. Das war alles etwas nervig, doch wenn Krankenkassen sparen wollen, dann versuchen Sie es mit jedem Mittel.

Dieser Widerspruch wurde dann leider ebenfalls abgelehnt. Man schrieb mir, wie die Unterwäsche beschaffen sein muss, damit es unter der Hautschürze nicht mehr wund wird und welche Stoffe ich mir unter die Bauchschürze klemmen könne, damit die Haut nicht mehr so leicht aufgeplatzt. Sie schrieben mir alles so einen Bullshit, nur damit sie nicht bezahlen müssen. Irgendwann fragte die Krankenkasse schriftlich bei mir an, ob ich nicht doch vielleicht den Widerspruch zurücknehmen würde und erwartete eine Antwort bis zum 23. 12. 2015. Da es Silvia zu der Zeit wieder schlechter ging, schrieb ich der Krankenkasse, dass ich den Widerspruch mit Sicherheit nicht zurücknehmen würde und gleichzeitig bat ich sie um eine Fristverlängerung von 4 Monaten. In diesen Monaten sollte sich dann entscheiden wie ich weiter vorgehen würde. Die Fristverlängerung wurde genehmigt.

Ich überlegte hin und her. Einerseits müsste ich einen Anwalt einschalten, um meiner Antragsforderung mehr Druck zu verleihen, denn ich ging davon aus, dass es vor Gericht gehen würde, andererseits hatte ich etwas Angst vor dieser OP, die ziemlich groß ist,. Da ich Diabetiker bin, könnten eventuell im schlimmsten Fall Wundheilungsstörungen nach der OP auftreten und ich würde dann ziemlich lange im Krankenhaus liegen. Wenn in dieser Zeit etwas mit Silvia passieren würde und sie müsste auch wieder ins Krankenhaus, würde keiner dem anderen helfen können. Das ging so nicht. Ich musste diese Bauch OP zurückstellen, um für Silvia da zu sein, wenn sie mich brauchen sollte.

So rief ich also die Krankenkasse an und nahm meinen Widerspruch telefonisch zurück. Der Sachbearbeiter sagte mir noch das, wenn es mit Silvia wieder besser gehen würde, ich gerne noch einmal einen Antrag stellen könne. Aber ich wusste, im Moment war das so das Beste für Silvia und für mich.

Nun war die Bauch-OP erst mal vom Tisch und das Leben ging so weiter, so, wie es vor dem Ärger mit der Krankenkasse war.

Zur gleichen Zeit im Sommer und Herbst 2015 hatte ich immer wieder die Songs im Kopf, die ich geschrieben hatte. Es wäre schade gewesen, wenn ich sie nicht aufgenommen hätte. Doch ich wusste ja, dass das sehr teuer ist und deshalb sprach ich mit Silvia, dass ich das gerne machen würde. Wenigstens ein oder 2 Titel, keine ganze CD. Silvia war damit einverstanden und wir begannen ein Tonstudio zu suchen. Nach einer Weile fanden wir, so wie ich meine, ein sehr gutes am Niederrhein. Ich machte mit dem Besitzer einen Termin aus und wir fuhren dorthin, um alles zu besprechen. Nachdem auch das Finanzielle geregelt war, verabredeten wir einen Termin, um die Titel einzuspielen. Ich sagte dem Tontechniker noch, dass ich diese Songs gerne im Country Sound hätte. Der eine Titel heißt: „Tell me why…." Und der andere: „Es tut gut….".

Einige Zeit später spielten wir an einem Wochenende die Instrumente ein und ich sang dann zum Schluss darüber.

Es dauerte eine ganze Zeit, bis die Titel fertig und gemastert waren.

Leider hatte ich einen Fehler gemacht. Ich habe nicht damit gerechnet, dass Tonstudios in Deutschland keine Ahnung von der Country-Musik haben. Ich hätte mir vorher Country Musiker suchen und mit denen zusammen das einspielen sollen.

So, wie die Songs nun waren, gefielen sie mir leider nicht wirklich, doch ich mache dem Tonstudio nicht den geringsten Vorwurf. Sie haben alles das aus sich herausgeholt, was sie können. Für Schlager sind sie bestimmt die richtige Wahl. So habe ich die Songs dann nicht bei der GEMA angemeldet und auch nicht veröffentlicht. Jetzt sind sie nur für Silvia und mich bestimmt. Wir hören sie mittlerweile ganz gerne. Ich habe den einen Titel als Klingelton gemacht, wenn Silvia mich anruft. Es ist klasse.

Mit der Ernährung lief auch weiterhin alles prima. Ich freute mich immer noch auf jede Mahlzeit, besonders um 17:00 Uhr auf die warme. Das ist bis heute richtig gut.

Doch ich esse auch gerne Süßigkeiten. Vor allem Plätzchen und Kuchen. Deshalb habe ich 2015 auch begonnen zu backen. Weil ich so gerne Marmorkuchen esse, habe ich mich als erstes an diesem Kuchen gewagt. Silvia hat mir natürlich geholfen. Sie ist einsame Spitze im backen. Ich wollte gerne einen Vanillekuchen mit Schokotröpfchen darin und mit einer Schokoglasur außen herum. Und das alles von 1 kg Mehl. Die Zutaten habe ich zunächst alles bei FatSecret eingegeben und danach kaufte ich mir 24 Muffinförmchen aus Silicon in Form eines Gugelhupfs. Dann habe ich den Kuchen zusammengerührt und den Teig in die Förmchen gegeben. Ab in den Ofen damit und nach gar nicht mal allzu langer Zeit waren 24 kleine

Kuchen fertig. Ich gab bei FatSecret 24 Portionen ein und sah sofort, dass so ein kleiner Kuchen 220 kcal hat. Als er abgekühlt war, wurde er natürlich noch mit Schokoladenglasur eingestrichen. Herrlich, so einen kleinen Kuchen kann ich mir mit einem Cappuccino ab und zu genehmigen.

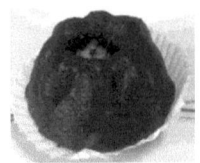

Auch Marzipanplätzchen habe ich gebacken. Wieder alles bei FatSecret eingegeben, die Plätzchen zusammengerührt, geformt und danach gebacken. Ich stellte fest, dass es aus 1 kg Mehl 74 Plätzchen gegeben hat und FatSecret sagte mir sofort, dass ein Plätzchen 95 kcal hat. Es ist einfach nur klasse, wie leicht Abnehmen sein kann.

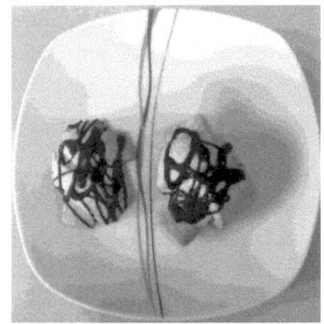

Ich bin zwar kein Arzt, auch kein Ernährungswissenschaftler, aber durch das jahrelange intensive Beschäftigen mit Kalorien und Nährwerten habe ich herausgefunden, dass man, um abzunehmen, eigentlich ganz „normal" essen kann. Die Dickmacher sind diese Dinge, die man achtlos und im Vorübergehen zu sich nimmt. Wichtig ist es, dass man sich Zeit nimmt und bewusst die Schokolade, den Kuchen, die Plätzchen oder auch die Chips genießt. Und auch das Eintragen hilft ungemein. Denn dann ist man ehrlich zu sich selbst und sieht jeden Tag, ob und wie viel man „gesündigt" hat. Ich gebe mittlerweile alle Dinge, die ich esse, über die App auf dem Handy ein. Das Handy habe ich immer dabei und es erleichtert auch ungemein die Übersicht der Ernährung.

Selbst wenn ich mal bei einer großen Hamburgerbraterei einkehre, ist das auch kein Problem, denn die App hat alle Produkte von diesen großen Konzernen in der Datenbank. Aber wie gesagt, interessant wird das alles nur, wenn man wirklich abnehmen will.

In diesem Buch habe ich hier nur zwei Dinge hervorgehoben, die mir bei meinem Abnehmen sehr geholfen haben. Das ist einmal FatSecret und zum anderen der Süßstoff von Spinnrad. Ohne diese beiden Dinge wäre es mir nicht so einfach gefallen, so viel Gewicht zu reduzieren. Aber ich will auch noch mal betonen, dass ich weder für diese Firmen arbeite, noch Geld von ihnen dafür bekomme, dass ich sie hier in diesem Buch erwähnt habe. Ich bin einfach nur sehr glücklich, dass diese Firmen mit ihren Produkten mir das Leben doch ziemlich vereinfacht haben.

Ich habe eigentlich einfach ganz normal gegessen, keine speziellen Diät-Produkte gekauft, sondern nur Lebensmittel, die man überall bekommt. Zwei Dinge möchte ich aber noch erwähnen. Die Sahne und die Creme fraîche, die ich beim Kochen immer sehr gerne verwende, nehme ich von Rama. Denn das spart doch einiges an Kalorien. Und die Margarine kommt bei mir von Lätta. Ansonsten nehme ich Produkte, die jeder andere auch nimmt.

Dann, am 4. Oktober 2015 war es dann soweit. Ich stieg auf die Waage und sie zeigte mir 92,2 kg an. Ich hatte es geschafft und habe mich halbiert. Zuerst konnte ich es gar nicht glauben, dass alles jetzt schon vorbei ist und ich bin noch ein paar Mal auf die Waage gestiegen. Aber sie zeigte immer dasselbe an. Sie können es sich nicht vorstellen, wie glücklich ich war. Viele lange Jahre habe ich auf dieses Ziel, auf diesen Moment hingearbeitet und gewartet.

Ich wusste danach noch nicht, was die Zukunft bringen würde. Ob bei mir noch weiterhin Abnehmen angesagt ist, oder ob ich das Gewicht erst einmal halten sollte, stand noch in den Sternen. So, wie ich zuvor gegessen habe, wollte ich auf jeden Fall weitermachen. Vielleicht mit ein paar Kalorien mehr. Das Eintragen, so dachte ich, wird wahrscheinlich nicht mehr von Nöten sein, da ich ja nun über lange Zeit mit FatSecret so viele Erfahrungen gesammelt hatte.

Aber zuerst genoss ich meinen Erfolg und sagte jedem, der es hören wollte und auch jedem, der es nicht hören wollte, was sich bei mir verändert hat. Oh man, ich war so stolz auf mich.

Dass ich mich halbiert habe, sieht man auch an meinem BMI. Von **53,2 auf 26,6** bis dahin. Ich denke, das ist eine Wahnsinnsleistung.

Kapitel 22

Der letzte Kraftakt

Ich hatte wirklich gedacht, dass ich von nun an mein Gewicht halten kann, ohne regelmäßig auf die Waage zu gehen und vor allen Dingen ohne diese Eintragungen bei Fatsecret – aber Pustekuchen.

Der Gang auf die Waage sagte mir im Herbst 2016, dass ich fast wieder 100 kg an Gewicht hatte. Langsam und schleichend ging es kg für kg wieder rauf.

Das war für mich ein großes Warnsignal und ich hatte panische Angst davor, schleichend wieder auf 130 oder 140 kg zu kommen.

So konnte es nicht weitergehen. Mit der Zeit hatte ich festgestellt, dass Leute, so wie ich, mit Veranlagung zum dick werden, ihr gesamtes restliches Leben das Gewicht beobachten müssen. Es geht nicht, einfach so drauf los zu essen, selbst wenn es nicht so viel ist, das Gewicht geht sofort wieder hoch. Es musste auf jeden Fall bei mir jetzt wieder etwas geschehen. Ich habe erneut begonnen, die warmen Mahlzeiten in meinen Kalender einzutragen, damit ich nicht täglich überlegen musste, was ich kochen und essen würde.

Natürlich wollte ich mir auch wieder ein neues Ziel setzen. Halbiert hatte ich mich ja schon mal, deshalb musste es weniger werden.

Ein anspruchsvolles Ziel ist es, wenn ich mir vornehme, mein Gewicht bis 84 kg zu reduzieren. Dann könnte ich auch sagen, dass ich **zwei Zentner (100 kg)** abgenommen habe. Ich nahm mir es fest vor, aber für dieses Ziel brauchte ich allerdings noch einige Zeit.

Ich begann also wieder, meine Ernährung auf 1200 kcal/Tag umzustellen, alles bei FatSecret einzutragen und mich jeden Sonntag auf die Waage zu stellen. Und siehe da, das Gewicht ging wieder runter. Es ist schon wirklich Wahnsinn, was das Eintragen und das Kontrollieren ausmacht. Aber ich habe mir geschworen, falls ich diese 84 kg erreichen werde, dann werde ich hinterher weiterhin meine Kalorien eintragen und auch das Wiegen notieren. Dieses hoch und runter mit dem Gewicht will ich einfach nicht mehr. Wenn ich mein Zielgewicht erreicht habe, werde ich es erst mal mit 1600 oder 1700 kcal ausprobieren. Mal sehen ob ich dann stehen bleibe, zu-, oder abnehme.

Ich denke, dass ich den Rest meines Lebens alles was mit meinem Gewicht zusammenhängt sehr genau kontrollieren muss, sofern ich nicht wieder richtig viel zunehmen will. Es ist für mich total klasse, wenn ich Kleidung in den Größen M oder L kaufen kann und die mir dann auch passt. Dieses Gefühl möchte ich nie wieder verlieren.

Jetzt ging es aber erst mal weiter mit dem abnehmen. Als ich zwei Wochen dabei war, da kam komischerweise auch plötzlich meine Motivation wieder. Nur der Anfang ist oftmals sehr schwer.

Wichtig war, dass ich mir wieder leckere Rezepte vom Chefkoch aussuchte und die dann so optimierte, dass sie in meinen Ernährungsplan passten.

Ja, ich esse so gerne. Es muss nicht immer viel sein, aber es muss gut sein, sodass ich mich immer auf die Mahlzeiten freuen kann. Es gibt so viel Gutes was man essen und dabei auch abnehmen kann. Es muss nicht immer nur ein Salatblatt mit Garnitur sein wenn man abnimmt.

Anfang November hatte ich wieder 92 kg. Das war schon einmal der erste Schritt.

Aber im November es noch etwas geschehen. Ich ging noch einmal zu meinem Hausarzt, wegen meiner blöden Beschwerden. Wir unterhielten uns zunächst über meinen Gewichtsverlust und über den sehr gut eingestellten Diabetes. Er konnte das alles gar nicht richtig fassen, dass ich das alles so gut hinbekommen habe. Ich glaube, in der Zeit habe ich mir seine Hochachtung verdient. Dann ging es um meine Beschwerden. Er wusste immer noch nicht, wie er mir helfen sollte, doch dann überwies er mich in einem Versuch zu einer anderen Ärztin. Das war eventuell wieder eine Chance für mich, meine Beschwerden loszuwerden.

Ich besorgte mir dort einen Termin und nach einigen Wochen erzählte ich ihr von meinem Schwindel, dass mir immer so schwummerig ist, dass alle Ärzte mir gesagt haben, dass ich abnehmen soll, dann würde es mir besser gehen und dass es schon fast mein ganzes Leben lang so geht.

Sie wusste zunächst auch nicht den Grund, doch dann fragte sie mich, ob ich damit einverstanden wäre, dass sie mir versuchsweise ein Medikament verschreibt. Da ich ja mittlerweile nach jedem Strohhalm griff, willigte ich ein. Sie meinte noch zu mir, dass ich bei diesem Medikament nicht davon ausgehen solle, dass meine Beschwerden schon nach der zweiten Einnahme besser werden würden. Diese Tabletten würden so ca. vier Wochen dauern, bis sie wirken.

Als ich mich von ihr verabschiedete, war ich sehr gespannt was mich erwartete. Aber es war für mich wieder ein Hoffnungsschimmer, dass ich eventuell bald ein ganz normales Leben führen könnte. Ich habe es ja schon mal in diesem Buch erwähnt, dass ich ziemlich positiv eingestellt bin und deshalb ging ich auch diese ganze Sache positiv an.

Nachmittags holte ich mir das Medikament aus der Apotheke und am nächsten Tag begann die Einnahme.

Es dauerte wirklich so ca. vier Wochen, ich dachte gar nicht mehr an die Tabletten, bis ich auf einmal merkte, dass der Schwindel weg war. Ich konnte viel besser laufen und auch der Druck, den ich immer im Kopf verspürt habe, war plötzlich weg. Ich konnte es zunächst gar nicht glauben und wartete immer darauf, dass er zurückkommen würde, aber er kam nicht zurück. Es war Wahnsinn, über 50 Jahre hatte ich diese Beschwerden nun waren sie plötzlich weg. Ich konnte es kaum fassen.

Nun, da ich die 92 kg wieder erreicht hatte, war mein nächstes Ziel die U 90. Ich weiß gar nicht wann ich dieses Gewicht zuletzt hatte. Aber Anfang Januar 2017 war es soweit. Die Waage zeigte mir 87,5 kg. Ich war überglücklich. Jetzt konnte auch mein nächstes und damit letztes Ziel in Angriff genommen werden. Diese U 90 verstärkte vehement noch einmal meine Motivation. Ich aß aber

nicht weniger, die 1200 kcal/Tag begleiteten mich bis zum bitteren Ende. D.h., so bitter war das Ende gar nicht – im Gegenteil.
Es war schon ein sehr sehr gutes Gefühl fast am Ende meines Zieles zu sein. Dieses Gefühl kann man nicht beschreiben, denn darauf habe ich ca. 24 Jahre gewartet.

Ende Januar 2017 war es endlich soweit. Die Waage zeigte **84,7 kg**

Geschafft!!!

Kapitel 23

Einige meiner Lieblingsrezepte:

(Immer für 6 Portionen)

Spaghetti vom Blech

Zutaten: <u>6 Port.</u> 489kcal | Fett: 19,49g | Kohlh: 40,47g | Eiw: 35,56g

400 g Spaghetti, trocken
250 ml Cremefine Sahne zum Kochen
3 Eier
2 rote Paprika
250 g Kirschtomaten
1 Knoblauchzehe
1 Zwiebel
2 Stangen Lauch
1 EL Tomatenmark

Spaghetti etwas härter als bissfest garen. Lauch in dicke Ringe schneiden und ca. 4 min mit kochen. Alles sehr gut abtropfen lassen.

Tomaten und Paprika putzen und in kleine Stücke schneiden. Petersilie, Zwiebel und Knoblauch klein hacken. Zwiebel und Knoblauch in etwas Öl leicht anbraten. Tomatenmark dazu geben und gründlich verrühren. Herausnehmen und etwas abkühlen lassen.

Eier mit Sahne und den Käse vermengen. Zwiebel / Knoblauch dazugeben. Alle Zutaten (außer den Nudeln /Lauch) kräftig vermischen und mit Salz und Pfeffer abschmecken.

Zum Schluss die Nudeln/Lauch mit den anderen Zutaten vermengen.

Nudelmasse auf ein gefettetes Backblech gegeben und bei 200°C ca. 30 min im Backofen backen.

Viel Spaß beim Nachkochen und Guten Appetit

Senfeier

Zutaten: 6 Port. 436kcal | Fett: 85g | Kohlh: 30,24g | Eiw: 24,08g 23,

1 l Milch
10 Eier
3 EL Senf, scharf
125 g Bacon
600 g Kartoffeln
40 g Butter
40 g Mehl

Zuerst eine Mehlschwitze herstellen. In einem Topf die Butter auslassen. Mehl einstreuen und gut verrühren. Sofort die Milch angießen. So lange rühren, bis eine Sauce ohne Knubbel entsteht. Eventuell noch etwas Milch nachgießen, wenn die sauce so dick ist. Den Senf unterrühren. Mit Salz und Pfeffer würzen.
Nun die Kartoffeln schälen und in Salzwasser 20 min kochen.

Eier hart kochen und in einer Pfanne den Speck knusprig auslassen. Danach in die Sauce geben. Die Eier in Scheiben schneiden und ebenfalls in die Sauce legen.
Das Eierragout über die Salzkartoffeln geben. Gurkensalat schmeckt gut dabei.

Viel Spaß beim Nachkochen und Guten Appetit

Schnüsch
ein leckerer norddeutscher Eintopf

Zutaten: 6 Port. 489kcal | Fett: 19,49g | Kohlh: 40,47g | Eiw: 35,56g

1 l Milch
6 Wiener Würstchen a`
50 g
300 g Kartoffeln
300 g Möhren
300 g grüne Bohnen, TK
300 g Kohlrabi
300 g Erbsen, TK
40 g Butter
40 g Mehl
gekörnte Brühe
Salz
Pfeffer
Muscat
Petersilie

Kartoffeln schälen, waschen und in kleine Würfel schneiden. Möhren und Kohlrabi putzen, schälen, waschen und in kleine Würfel schneiden.

In einem großen Topf Salzwasser zum Kochen bringen das Gemüse hinzufügen und bei mittlerer Hitze ca. 20 min zugedeckt garen. Die tiefgefrorenen Erbsen und Bohnen kurz vor Ende der Garzeit hinzufügen und mitkochen. Gemüse abgießen, Petersilie waschen und klein schneiden.

Butter gut mit Mehl vermengen. In einem Topf Milch aufkochen, Brühe darin auflösen. Die Mehlbutter in Flocken unterrühren. Petersilie und das gegarte Gemüse in den Topf geben und nach Belieben mit Salz, Pfeffer und Muskatnuss abschmecken. Die Würstchen in der heißen Suppe erwärmen.

Viel Spaß beim Nachkochen und Guten Appetit

Schlemmerauflauf mit Hähnchen

Zutaten:

498kcal | Fett: 19,69g | Kohlh: 30,65g | Eiw: 47,09g

500 g Champignons, frisch
600 g Hähnchenbrust frisch
1000 g Kartoffeln
200 g Cremefine Creme fraîche
125 g Schinkenwürfel, roh
4 große Eier
1 Zwiebel
Salz
Pfeffer
Muskatnuss
Hähnchengewürz

Die Kartoffeln als Pellkartoffeln gar kochen, pellen, in Scheiben schneiden und in eine Auflaufform legen. Mit Salz und Pfeffer würzen. Die Hähnchenbrust in schmale Streifen schneiden, mit dem Hähnchengewürz großzügig würzen und etwas durchziehen lassen. In einem Löffel Öl kurz anbraten. Aus der Pfanne nehmen.

Die Zwiebel pellen, würfeln, die Champignons in Scheiben schneiden. Beides zusammen in dem restlichen Öl braun braten. Währenddessen mit Salz und Pfeffer würzen. Den Camembert in Scheiben schneiden.

Die Hähnchenstreifen über die Kartoffeln verteilen und darüber die Champignons-Zwiebel Mischung geben. Nun die Schinkenwürfel darüber streuen. Als letzte Schicht den Camembert oben darauf legen.

Die Eier verquirlen und mit der Creme fraiche verrühren. Mit Salz, Pfeffer Muskat würzen. Alles über den Auflauf gießen und im Backofen bei 180°C ca. 40 min backen.

Viel Spaß beim Nachkochen und Guten Appetit

Rustikale Tagliatelle-Pfanne

Zutaten: 6 Port. 489kcal | Fett: 19,49g | Kohlh: 40,47g | Eiw: 35,56g

600g Hähnchenbrust
600 g Tagliatelle (frisch aus dem Kühlregal)
250 ml Cremefine Sahne zum Kochen
200 g Schmelzkäse
1 Stange Lauch

Hähnchenbrust schnetzeln und in einer beschichteten Pfanne braun braten. Mit Sahne und Milch ablöschen, den Schmelzkäse zugeben und unter rühren darin auflösen lassen. Lauch putzen, in feine Ringe schneiden und kurz mit garen.
Die frischen Tagliatelle nach Packungsanleitung zubereiten.
Die Sauce mit Salz, Pfeffer, Muskat und Zitronensaft abschmecken, die Tagliatelle unterheben und in der Sauce vorsichtig erwärmen

Viel Spaß beim Nachkochen und Guten Appetit

Rindfleisch-Kasserolle

Zutaten: <u>6 Port.</u> 373kcal | Fett: 6,19g | Kohlh: 46,27g | Eiw: 34,19

800 g Rindfleisch (Bug, besser ist Tafelspitz)

600 ml Brühe
500g Möhren
750g Kartoffeln
4 Zwiebeln
150g Erbsen, tk
20g Mehl

Den Ofen auf 180° vorheizen. Zwiebeln, Karotten und Kartoffeln schälen und in Scheiben schneiden. Das Fleisch in 2 cm große Würfel schneiden und mehlieren.

In einer Schüssel geschnittene Zwiebeln, Möhren und Kartoffeln füllen und mit Majoran, Muskat, Salz und Pfeffer würzen und alles vermengen. Die Hälfte des Gemüses in einen Bräter geben. Dann das Fleisch darauf legen und das restliche Gemüse darauf geben. Alles mit der Brühe aufgießen.

Zum Schluss die gestückelten Tomaten daraufsetzen und zugedeckt im Ofen ca. 2 1/2 Std. schmoren lassen

Viel Spaß beim Nachkochen und Guten Appetit

Maultaschen-Frischkäse-Auflauf

Zutaten: <u>6 Port.</u> 525kcal | Fett: 30,14g | Kohlh: 40,30g
Eiw: 22,55g

900g Maultaschen (Bürger)
400g Champignons, frisch
200g Frischkäse
1 EL ÖL
250g Cremefine Sahne zum kochen
100g geriebener Käse

Die Maultaschen in Streifen schneiden. Den Backofen auf 200°C Ober-/Unterhitze vorheizen
Fett in der Pfanne heiß werden lassen und die Maultaschenstreifen darin anbraten. Je nach Geschmack können auch noch gewürfelte Zwiebeln mit angebratenen werden. Die Maultaschen anschließend in eine Auflaufform geben. Die Pilze in Scheiben schneiten und in etwas Fett in einer 2. Pfanne braten. Mit Salz und Pfeffer würzen. Nun über die Maultaschen verteilen. Aus dem Frischkäse und der Sahne eine Soße herstellen und nach Belieben abschmecken. Am besten eignen sich frische Kräuter Wie Petersilie und Schnittlauch und natürlich Salz und Pfeffer. Die Soße über die Maultaschen in die Form geben und gleichmäßig verteilen. Den geriebenen Käse darüber streuen.
Das ganze kommt dann für circa 25-30 min in den Backofen bis der Käse schön goldgelb und verlaufen ist.

Viel Spaß beim Nachkochen und Guten Appetit

Leberkäse-Champignon-Pfanne in Senf-Rahm

Zutaten: 6 Port. 453kcal | Fett: 31,28g | Kohlh: 27,13g | Eiw: 16,69g

400g Leberkäse
800g Champignons, frisch

2 EL süßer Senf
1 TL scharfer Senf

250ml Cremefine Sahne zum kochen

200g Cremefine Creme Fraiche

2 EL Öl

2 Zwiebeln

Den Leberkäse in Streifen schneiden. Die Pilze putzen und blättrig schneiden. Die Zwiebeln würfeln. Den Leberkäse in der Pfanne anbraten, wenn er Farbe angenommen hat, die Zwiebeln hinzufügen und weiter braten. Nachdem auch die Zwiebeln Farbe genommen haben, alles aus der Pfanne nehmen und die in Scheiben geschnittenen Champignons in etwas Öl braun braten. Nun die Leberkäse-Zwiebel Mischung und Petersilie zurück in die Pfanne geben. Mit frisch gemahlenen Pfeffer würzen. Kurz weiter braten.
Nun 2 EL süßen Senf einrühren. Mit 1/4 l Brühe ablöschen und zum Kochen bringen.

Nach ca. 5 min die Sahne hinzu geben und mit einem TL scharfen Senf, Salz und Pfeffer abschmecken und mit Creme Fraiche andicken. Noch ungefähr 10 min auf kleiner Flamme weiter kochen lassen.

Viel Spaß beim Nachkochen und Guten Appetit

Amerikanische Käsekartoffeln

Zutaten:

1300g Kartoffeln
200g Kochschinken
500ml Cremefine - Sahne zum kochen
200g Schmelzkäse

6 Port.: 421kcal | Fett: 22,38g | Kohlh: 40,27g | Eiw: 14,67g

Kartoffeln schälen, waschen und in Scheiben schneiden. Kartoffeln 10 min vorkochen lassen, dann herausnehmen. Schinken in feine Streifen schneiden und mit den Kartoffeln vermengen. Alles in eine Auflaufform geben und kräftig salzen und pfeffern.
Sahne und Schmelzkäse in einem Topf kurz aufkochen lassen und über die Kartoffel schütten, bis alle gut bedeckt sind und bei 180°C Umluft oder 200°C Ober-Unterhitze ca. 30-40 min backen, bis alles goldbraun ist.

Viel Spaß beim Nachkochen und Guten Appetit

Bunte Hackfleischpfanne mit Reis

Zutaten:

300 g Hackfleisch, gemischt
200 g Langkornreis
200 ml Brühe
200 g Cremefine Creme fraîche
2 El Öl
1 rote Paprika
250 g Bohnen, grün TK
300 g Kidneybohnen
50 g Käse
1 Dose Tomaten, gestückelt

6 Port: 449kcal | Fett: 21,75g | Kohlh: 45,51g | Eiw: 19,09g

Die tiefgekühlten Bohnen eventuell klein schneiden. 1 l Wasser zum Kochen bringen, salzen. Die Bohnen zugeben und ca. 5-7 Minuten darin kochen lassen, abtropfen lassen

Paprikaschoten putzen, Kerne entfernen und Paprika in Würfel schneiden. In einer großen Pfanne Öl erhitzen. Hackfleisch braun braten. Grüne und rote Bohnen, Paprika und Reis dazu geben, kurz andünsten. Tomaten und 300 ml Wasser zu geben und zum Kochen bringen Brühe einrühren und bei geringer Wärme ca. 30 Minuten kochen. Kurz vor Ende der Garzeit den Käse unterrühren und schmelzen lassen.

Die Hackfleischpfanne mit Crime fraîche garniert servieren.

Viel Spaß beim Nachkochen und Guten Appetit

Cremiges Putenragout

Zutaten:

600 g Putenbrust

2 m-große rote Paprikaschoten

1 Glas Pfifferlinge
2 EL Öl

Salz
weißer Pfeffer
edelsüß Paprika
30g Mehl

250ml Cremefine Sahne zum kochen

200 g Cremefine Creme fraiche

600g Kartoffeln

6 Port: 413kcal | Fett: 18,74g | Kohlh: 35,43g | Eiw: 24,78g

Fleisch waschen, trocken tupfen und würfeln. Paprika waschen, putzen und in Streifen schneiden. Pfifferlinge gut abtropfen lassen. 1 EL Öl erhitzen, Pfifferlinge darin unter wenden ca. 2 Min braten. Mit Salz und Pfeffer würzen. Herausnehmen und zur Seite stellen. In dem Bratöl die Paprikastreifen ebenfalls 2 Min. braten, herausnehmen und zur Seite stellen.
1-2 EL Öl in die Pfanne geben und die Putenwürfel unter wenden goldbraun braten. Mit Salz, Pfeffer und Paprika würzen. Mehl darüber stäuben und mit 1/4l Wasser ablöschen. Alles ca. 20 Min zugedeckt schmoren lassen. Creme fraiche, Pfifferlinge, Paprika und Erbsen zufügen und weitere 10 Min garen
Sahne und Eigelb verquirlen, in das Ragout rühren. Dabei nicht mehr kochen lassen. Mit gehackter Petersilie anrichten.

Viel Spaß beim Nachkochen und Guten Appetit

Füllsel
Ein Schmankerl aus der Pfalz

Zutaten:

6 Port. 518kcal | Fett: 17,71g | Kohlh: 47,75; | Eiw: 40,68g

800 g Schweinerücken o. Knochen
7 Brötchen
250 ml Cremefine Sahne zum Kochen
5 große Eier
3 Knoblauchzehen
4 Zwiebeln
Salz
Pfeffer
Muscat
Cayennepfeffer
Petersilie
Majoran

Das Fleisch mit Salz, Pfeffer, Paprika un Kümmel gut würzen, kräftig anbraten, de klein geschnittenen Knoblauch und d gehackten Zwiebeln mit braten. Mit c 1/4 L Wasser ablöschen und g schmoren. Sahne, Eier, Milc zerdrückten Knoblauch, Salz, Pfeff Muskat, Cayennepfeffer, Petersilie u Majoran verrühren. Die Brötchen kle schneiden und eine halbe Stunde dar einweichen.

Das fertige Fleisch in dünne Scheibe schneiden, schichtweise mit den Brötche (nicht ausgedrückt) in eine Auflauffor oder Bräter mit Deckel geben, zuletzt d Bratensaft über das Ganze gießen. D Deckel schließen und im vorgeheizte Backofen bei ca. 180° C etwa 45-6 Minuten backen.

Dazu passt am besten Sauerkraut od auch eine große Schüssel Salat

Viel Spaß beim Nachkochen und Guten Appetit

Hackbällchen in Paprikarahm

Zutaten:

<u>6 Port.</u> 442kcal | Fett: 27,94g | Kohlh: 33,72g
Eiw: 15,04g

500g Mini-Frikadellen
150 ml Brühe
2 EL ÖL
3 rote Paprika
2 Zwiebeln
600g Kartoffeln
200g Cremefine-
Creme Fraiche

Die kleinen Frikadellen der Hälfte nac durchschneiden. Paprika waschen, d Haut abschälen, das Kerngehäus herausnehmen und in mundgerecht Stücke schneiden. Zwiebeln schälen un in Spalten schneiden.
Nun das Öl heiß werden lassen und d Hackfleischbällchen darin rundheru, braun anbraten, herausnehmen. D Zwiebelspalten im restlichen Bratfe anbraten und die Paprikastücke zugebe 2-3 mal durchschwenken dann mit de Brühe ablöschen. 5-10 min schmore lassen. Mit Salz, Pfeffer rote Currypas und Paprika abschmecken und die Cren fraiche in das Gemüse geben. Umrühre und die gebratenen Hackfleischbällche zugeben, nochmal alles abschmecken.

*Viel Spaß beim Nachkochen und
Guten Appetit*

Hähnchen-Pfifferling-Pfanne

Zutaten:　　　　　6 Port. 302kcal | Fett: 10,22g | Kohlh: 21,90g | Eiw: 27,52g

600g Hähnchenbrust
400g Pfifferlinge (2 Gläser)
1 EL Butter
100 ml Brühe
250 ml Cremefine Sahne zum kochen
1 EL Tomatenmark
Etwas Sojasauce und Worchestershiresauce
2 EL ÖL
100 g Lauchzwiebeln
20g Mehl
600 g Kartoffeln

Hähnchenfilets in Streifen schneiden Lauchzwiebeln samt den grünen Anteil in dünne Ringe schneiden. In einer tiefen Pfanne zunächst 1-2 EL Öl einfüllen. Die Fleischstreifen im heißen Öl unter mehrfachen wenden braun anbraten. Anschließend die Fleischstücke in eine Schüssel umfüllen und warm halten.

Wieder Öl in einer Pfanne geben. Die Zwiebelröllchen darin kurz anbraten, die Pfifferlinge mit der Butter hinzugeben und alles zusammen, bei etwas zurückgedrehter Heizstufe noch etwa 5 min weiter garen, dabei die Pfifferlinge öfters wenden. Zuletzt die Pfifferlingsmischung mit Salz und Pfeffer würzen.

Die Pfanne zur Seite ziehen, dass Mehl darüber stäuben, mit dem Rührlöffel untermischen. Tomatenmark und Brühe hinzugeben, zusammen mit der Sojasoße Worchestershire und der Sahne einrühren. Kurz durchkochen lassen. Fleisch in die Pfifferlingsauce eingeben und heiß werden lassen. Ich esse dazu Salzkartoffeln.

Viel Spaß beim Nachkochen und Guten Appetit

Beefsteak Kasserolle

Zutaten:

800g Tafelspitz
0, 5l Brühe
1 Dose Tomaten, gewürfelt
5 Möhren
150g Erbsen
4 Zwiebeln
700g Kartoffeln
Salz
Pfeffer
Muskat
Majoran

6 Port.: 373kcal | Fett: 6,19g | Kohlh: 46,27g | Eiw: 34,19g

Zwiebeln, Karotten und Kartoffeln schälen und in Scheiben schneiden. Das Fleisch in 2 cm große Würfel schneiden und mehlieren. Den Ofen auf 180°C vorheizen.

In einer Schüssel geschnittene Zwiebeln, Möhren und Kartoffeln füllen und mit Majoran, Muskat, Salz und Pfeffer würzen und alles vermengen. Die Hälfte des Gemüses in einen Bräter geben. Dann das Fleisch darauf legen und das restliche Gemüse darauf geben. Alles mit der Brühe aufgießen.

Zum Schluss die gestückelten Tomaten daraufsetzen und zugedeckt im Ofen ca. 2 1/2 Std. bei ca. 180°C schmoren lassen

Viel Spaß beim Nachkochen und Guten Appetit

Rührkuchen-Muffins mit Schokotropfen

Zutaten:

200g Zucker
200g Butter
400g Mehl
4 Eier, groß
150g Schokotropfen
1 Päckchen Vanillezucker
4 tl Backpulver
120g Couvertüre

24 Port.: 225kcal | Fett: 11,04g | Kohlh: 27,52g | Eiw: 3,59g

Mehl mit dem Backpulver mischen und beiseite stellen.
Weiche Butter mit dem Zucker, Salz und Vanillezucker hell cremig aufschlagen.
Nach und nach die Eier dazu geben und weiter aufschlagen (pro Ei ca 1 Minute)..
Mehlgemisch und 2 EL Milch darüber geben und so lange rühren, bis sich das Mehl mit der Masse gut verbunden hat.
Nun die Schokotröpfchen zugeben und verrühren.
Den Rührteig mit einem Löffel in die Muffinförmchen geben (3/4 voll).
Muffinformen auf die mittlere Schiene in den vorgeheizten Backofen geben und bei 160°C Umluft ca. 30 Min backen.
Nach dem backen aus dem Ofen herausnehmen und 15-30 Min ruhen lassen. Wenn sie erkaltet sind, mit der Couvertüre bestreichen

Viel Spaß beim Nachkochen und Guten Appetit

Cabanossi-Eintopf mit Kartoffeln und Käse

Zutaten:

300 g Cabanossi
1,3 l Brühe
200g Schmelzkäse
250 ml Cremefine, Sahne zum kochen
2 EL Öl
500 g Möhren
600 g Kartoffeln
1 Stange Lauch
1 Zwiebel
15 g Mehl
Salz
Pfeffer
Petersilie

6 Port.:394kcal | Fett: 27,28g | Kohlh: 26,00g | Eiw: 11,85g

Die Cabanossi in Scheiben schneiden. Zwiebel abziehen und fein hacken. Die Kartoffeln schälen und waschen. Das Gemüse putzen und waschen. Die Kartoffeln in kleine Würfel, Möhren in Scheiben, dem Lauch in feine Ringe schneiden.

Das Fett in einem Topf erhitzen und die Cabanossi-Scheiben darin anbraten. Die Zwiebelwürfel dazugeben und leicht anschwitzen. Mit Mehl bestäuben. Unter rühren die Brühe angießen alles kurz aufkochen lassen. Die Sahne unterrühren, Kartoffeln und Möhren hineingehen und bei mittlerer Hitze 15 min garen.

Die Lauchringe und den Schmelzkäse unterrühren. Den Eintopf weitergaren, bis der Käse ganz geschmolzen ist. Vor dem servieren den Käse-Cabanossi-Eintopf mit Salz und Pfeffer abschmecken und mit gehackter Petersilie bestreuen.

Viel Spaß beim Nachkochen und Guten Appetit

Grenobler Kartoffeln (Fleischwurstauflauf)

Zutaten:

400 g Fleischwurst
500 ml Cremefine, Sahne zum kochen
200 g Käse, gerieben
2 Dosen Tomaten, gestückelt
1200 g Kartoffeln
3 Zwiebeln
2 Knoblauchzehen
Salz
Pfeffer
Muskat
Basilikum

6 Port.: 450kcal | Fett: 27,70g | Kohlh: 34,64g | Eiw: 16,03g

Die Fleischwurst in ca. 1 cm große Stücke würfeln, Zwiebeln hacken, Knoblauch - wenn gewünscht - pressen oder hacken. Die Zutaten, ausser der Sahne, mit dem Käse mischen und mit Salz, Pfeffer und Muskat würzen.
Die Kartoffeln waschen, schälen und in ca. 2 mm starke Scheiben hobeln. Die Auflaufform einfetten und mit einer Lage Kartoffeln auslegen. Anschließend eine Schicht mit der Wurstmischung darauf geben, dann wieder Kartoffeln, dann wieder die Mischung usw. mit einer Lage Kartoffeln abschließen.
Sahne über alles gießen und die gehackten Tomaten über die letzte Schicht geben. Mit getrocknetem Basilikum bestreuen.
Im Ofen zugedeckt bei 180°C Umluft ca. 2 Std. backen.

Viel Spaß beim Nachkochen und Guten Appetit

Hähnchen-Pilz-Gulasch

Zutaten: 6 Port. 337 kcal | Fett: 11,17g | Kohlh: 28,97g | Eiw: 27, 88

600 g Hähnchenbrust
500 g Mischpilze oder Champignons
250 ml Hühnerbrühe
2 EL Öl oder Butterschmalz
4 mittelgroße Zwiebeln
2 El Tomatenmark
600g Kartoffeln
200g Rama Creme fraiche
Salz Pfeffer Thymian

Öl in einer Pfanne erhitzen. Fleischwürfel mit Salz, Pfeffer und Paprikapulver würzen und kräftig anbraten, herausnehmen

Zwiebelwürfel in gleichem Bratfett anbraten. Pilze hinzugeben und ebenfalls braten. Nun Tomatenmark zugeben, kurz mit braten und mit Hühnerbrühe ablöschen, Fleisch wieder zugeben, bei schwacher Hitze ca. 6 Minuten köcheln lassen. Thymian zugeben. Nun noch den Pfeffer zu dem Fleisch geben und ca. 10 Minuten kochen lassen. Creme fraiche separat dazu reichen

Viel Spaß beim Nachkochen und Guten Appetit

Hähnchen-Pilz-Gulasch

Zutaten: <u>6 Port.</u> 337 kcal | Fett: 11,17g | Kohlh: 28,97g | Eiw: 27,88g

600 g Hähnchenbrust 500 g Mischpilze oder Champignons 250 ml Hühnerbrühe 2 EL Öl oder Butterschmalz 4 mittelgroße Zwiebeln 2 El Tomatenmark 600g Kartoffeln 200g Rama Creme fraiche Salz Pfeffer Thymian	*Öl in einer Pfanne erhitzen. Fleischwürfel mit Salz, Pfeffer und Paprikapulver würzen und kräftig anbraten, herausnehmen* *Zwiebelwürfel in gleichem Bratfett anbraten. Pilze hinzugeben und ebenfalls braten. Nun Tomatenmark zugeben, kurz mit braten und mit Hühnerbrühe ablöschen, Fleisch wieder zugeben, bei schwacher Hitze ca. 6 Minuten köcheln lassen. Thymian zugeben. Nun noch den Pfeffer zu dem Fleisch geben und ca. 10 Minuten kochen lassen. Creme fraiche separat dazu reichen*

Viel Spaß beim Nachkochen und Guten Appetit

Kapitel 24

Resümee´

So, das war ein sehr langer Weg, bis ich zum Normalgewicht zurückgekehrt bin und ich sagen konnte, dass ich zwei Zentner (100 kg) abgenommen habe. D.h. Normalgewicht hatte ich eigentlich noch nie. Selbst bei der Geburt war ich schon übergewichtig und das hat sich durch mein ganzes Leben bis ins Alter von 58 Jahren wie ein roter Faden hindurch gezogen.

Als ich auf dieser Wäschewaage im Krankenhaus mein Höchstgewicht von 184 kg erreichte und natürlich mir dann sofort vornahm, richtig viel Gewicht zu reduzieren, da war ich zum zweiten Mal erschrocken, als ich überlegte wie viele kg ich denn abnehmen müsse und wie lange es dauern würde. Im Grunde habe ich nie gedacht, dass ich das irgendwann mal schaffen würde – es waren viel zu viele kg und viel zu lange Jahre mit diesem hohen Gewicht. Von außen bekam ich auch keine Hilfen, weil es mir niemand zutraute (einschließlich der Ärzte), dass ich das jemals schaffen würde.

Aber ich habe es doch geschafft. Nicht weil ich mir vorgenommen habe, dass ich in zwei Jahren Normalgewicht haben werde, sondern weil ich meinen Körper in den vielen langen Jahren der Ernährungsumstellung daran gewöhnt habe, mit weniger Kalorien auszukommen und dadurch abzunehmen und sehr viel Stehvermögen hatte.

Sicher möchte man, wenn man sich entschließt abzunehmen, so schnell wie möglich das Zielgewicht erreichen. Aber es zeigt auch niemand mit dem Finger auf einen, wenn es nicht so schnell geht, wie geplant. Im Gegenteil – es gibt nichts Schöneres, wenn man ganz langsam merkt, dass die Kleidung wieder besser passt, oder dass man neue Kleidung in kleineren Größen kaufen kann. Auch wenn man noch nicht das Zielgewicht erreicht hat. Ich habe es immer genossen einkaufen zu gehen, wenn ich ein Teilziel erreicht hatte. Das war dann die Bestätigung für mich, dass ich alles richtig gemacht habe.

An mir sieht man, dass es jeder schaffen kann, egal wie viel sie oder er wiegt.

Irgendwie sage ich mir, dass der Weg das Ziel war. Sicher war ich auch manchmal enttäuscht, wenn die Waage nicht das sagte, was ich von ihr erwartet habe. Aber es gab auch sehr viele richtig gute

Momente, in denen das Weitermachen mir sehr viel Spaß bereitet hat.

Bei mir kam ja noch der erschwerend hinzu, dass ich am Anfang ständig diese Fressattacken hatte, die sich, so glaube ich, in eine Fresssucht gesteigert haben. Diese Fresssucht zu bekämpfen, war am Anfang mein vordringlichstes Ziel.

Auch wenn die Ärzte immer gesagt hatten, dass ich nur abnehmen müsste, damit es mir mit dem Schwindel und der Schwummerigkeit wieder besser gehen würde, habe ich mich nie beirren lassen und bin meinen Weg gegangen. Nach einer gewissen Zeit habe ich es den Ärzten sowieso nicht mehr geglaubt.

Die meisten Abnehmwilligen müssen ja gar nicht so viel Gewicht verlieren, wie ich. 20 oder 30 kg sind doch in einer gewissen Zeit gut zu schaffen. Und die Zeit ist das wichtigste, was man braucht. Sich unter Druck setzen, führt nicht zum Ziel – im Gegenteil. Man ist eher bereit alles aufzugeben, wenn das Ziel in der vorgegebenen Geschwindigkeit, nicht erreicht wird.

Und man sollte sich nicht mit Modediäten verheddern. Die wollen alle nur verkaufen. Entweder Bücher, CDs, Fitnessdrinks und alles sowas. Es kommt nur auf die Energiebilanz an. Füge ich dem Körper mehr Kalorien zu wie er braucht, nehme ich ganz automatisch zu. Dasselbe ist es mit Low-Carb. Ich habe Leute kennengelernt, die meinten, dass man bei Low-Carb so viel essen könne wie man wollte, Hauptsache keine Kohlenhydrate. Aber das ist totaler Quatsch. Auch bei Low-Carb muss ich Kalorien zählen, wenn ich abnehmen will

Jede Kalorie die ich zu viel esse, lässt mich zunehmen, egal ob sie aus Kohlehydrate, Eiweiß oder Fett besteht. Außerdem sollte man sich nicht blenden lassen von Diäten, die versprechen, dass man ohne Hunger abnehmen kann. So etwas gibt es nicht. Sicher, ich selbst habe auch ab und an Hunger gehabt. Aber er war nicht ganz so schlimm und auch aushaltbar. Außerdem merkt man, wenn man Hunger hat, dass man abnimmt.

Falls Sie auch dabei sind oder vorhaben Ihre Ernährung umzustellen - ich wünsche Ihnen viel Kraft und Erfolg damit.

Anmerkung zur Krankenkasse:
Ich habe während meiner langjährigen Gewichtsreduktion nicht einen Cent

von meiner Krankenkasse in Anspruch genommen. Alles habe ich ganz alleine gemacht. Und total ohne Hilfsmittel, wie Magenband, Magenverkleinerung o.ä. Eigentlich habe ich ja auch der Krankenkasse durch meinen Gewichtsverlust geholfen, Geld einzusparen. Gewichtsbedingte Krankheiten habe ich auf ein Minimum reduziert. Folgeerkrankungen, aufgrund des hohen Gewichts, sind nahezu ausgeschlossen.
Mich befremdet es außerordentlich, dass meine Krankenkasse, die ja eine der größten in Deutschland ist, jetzt so auf stur schaltet und mir nicht dabei hilft, meine Schmerzen zu lindern. Es ist schon traurig, dass diese ganze Sache von einem Gericht entschieden werden muss.
Ich habe zig Jahre das gemacht, was die Krankenkassen immer wieder empfehlen – abgenommen und mich gesund ernährt. Jetzt wo ich am Ziel bin, lässt mich meine Krankenkasse im Regen stehen. Wieder zunehmen ist ja auch keine Option. Aber ich bin total enttäuscht.

So, das musste mal gesagt werden.

Herzlichst, Ihr

ENDE